SANSKRIT *for* ENGLISH SPEAKING PEOPLE

WITH TRANSLITERATION

A SYSTEMATIC TEACHING AND SELF-LEARNING TOOL

Prof. Ratnakar Narale

Ratnakar
PUSTAK BHARATI
BOOKS-INDIA

Author : **Dr. Ratnakar Narale,** Ph.D (IIT), Ph.D. (Kalidas Sanskrit Univ.)
Prof. Hindi, Ryerson University, Toronto
web : www.books-india.com * email : books.india.books@gmail.com

Title : **Sanskrit for English Speaking People.**
This is newly revised, revamped, improved and updated edition. Sanskrit for English Speaking People is a systematic teaching and self-learning tool to read, write, understand and speak Sanskrit. This book is suited for beginner to intermediate level learners.

Published by :
Pustak Bharati (Books-India),
Division of PC PLUS Ltd.

Web : www.books-india.com

For :
Sanskrit Hindi Research Institute, Toronto

ISBN 978-1-897416-59-4
90000
9 781897 416594

ISBN 978-1-897416-59-4

Dedicated to

My Loving Grandchildren

Samay, Sahas, Saanjh, Saaya, Naksh, Nyra Narale

A PRAYER
TO THE GODDESS OF LEARNING
शारदावन्दना

शारदा सदा स्मरणीया।	śāradā sadā smaraṇīyā
स्वरदा वरदा स्तवनीया।	svaradā varadā stavaṇīyā
भारतजननी नमनीया।	bhārata jananī namanīyā
संस्कृतवाणी श्रवणीया।	saṁskṛt vānī śravaṇīyā
अनुकम्पा हृदि धरणीया।	anukampā hṛdi dharaṇīyā
सेवा मनसा करणीया।	sevā manasā karaṇīyā
शारदा सदा स्मरणीया।	śāradā sadā smaraṇīyā
स्वरदा वरदा स्तवनीया।	svaradā varadā stavaṇīyā
नहि सुखशय्या शयनीया।	nahi sukhaśaiyyā śayanīyā
न नीचचिन्ता चयनीया।	na nīća-ćintā ćayanīyā
रजःकामना शमनीया।	rajaḥ-kāmanā śamanīyā
तमोवासना दमनीया।	tamo-vāsanā damanīyā
अनुकम्पा हृदि धरणीया।	anukampā hṛdi dharaṇīyā
सेवा मनसा करणीया।	sevā manasā karaṇīyā
शारदा सदा स्मरणीया।	śāradā sadā smaraṇīyā
स्वरदा वरदा स्तवनीया।	svaradā varadā stavaṇīyā
सततसुबुद्धिर्धरणीया।	satata-subuddhir-dharaṇīyā
मानसशुद्धिर्वरणीया।	mānasa-śuddhir-varaṇīyā
शुभा सरणिरनुसरणीया।	śubhā saraṇi-ranusaraṇīyā
सत्सङ्गतिरभिलषणीया।	sat-saṅgati-rabhilaṣaṇīyā
अनुकम्पा हृदि धरणीया।	anukampā hṛdi dharaṇīyā
सेवा मनसा करणीया।	sevā manasā karaṇīyā
शारदा सदा स्मरणीया।	śāradā sadā smaraṇīyā
स्वरदा वरदा स्तवनीया।	svaradā varadā stavaṇīyā
जातिकुप्रथा त्यजनीया।	jāti-kuprathā tyajanīyā
बन्धुभावना भजनीया।	bandhu-bhāvanā bhajanīyā
अखिलसङ्घता करणीया।	akhila-saṅghatā karaṇīyā
विश्वे समता भरणीया।	viśve samatā bharaṇīyā
अनुकम्पा हृदि धरणीया।	anukampā hṛdi dharaṇīyā
सेवा मनसा करणीया।	sevā manasā karaṇīyā
शारदा सदा स्मरणीया।	śāradā sadā smaraṇīyā
स्वरदा वरदा स्तवनीया।	svaradā varadā stavaṇīyā
प्रमत्तकुमतिर्दहनीया।	pramatta-kumatir-dahanīyā
आगतहानिस्सहनीया।	āgata-hāni-ssahanīyā
प्रजाप्रतिष्ठा वहनीया।	prajā-pratiṣṭhā-vahanīyā
मया प्रतिज्ञा ग्रहणीया।	mayā pratijña grahanīyā
अनुकम्पा हृदि धरणीया।	anukampā hṛdi dharaṇīyā
सेवा मनसा करणीया।	sevā manasā karaṇīyā
शारदा सदा स्मरणीया।	śāradā sadā smaraṇīyā
स्वरदा वरदा स्तवनीया।	svaradā varadā stavaṇīyā

–रत्नाकरः –Ratnākaraḥ

INDEX

anukramaṇikā

अनुक्रमणिका।

The *anuṣṭubh* metre	अनुष्टुभ्-छन्दः	viii
Lesson 1 The Sanskrit Alphabet	संस्कृतवर्णमाला	1
Lesson 2 Reading Sanskrit (Pronunciation)	उच्चाराः	3
Lesson 3 The Sanskrit Characters	संस्कृतवर्णाः	6
Lesson 4 Writing the Sanskrit Consonants	व्यञ्जनानि	13
Lesson 5 Writing the Sanskrit Vowels	स्वराः	15
Lesson 6 Writing the Vowel-Signs	स्वरचिह्नानि	18
Sound Formulas from Śiva	माहेश्वराणि सूत्राणि	22
Application of Vowel-signs		23
Anusvara and Avagraha	अनुस्वारः अवग्रहः च	24
Rules for Sanskrit to English Transliteration with diacritical marks		25
Lesson 7 Writing Compound Consonants		26
Lesson 8 Writing Special Compound Characters	संयुक्तशब्दाः	32
Word endings	शब्दान्ताः	41
Lesson 9 Rapid Reading :	शीघ्रपठनम्	43
The Sanskrit Language	संस्कृतभाषा	43
Rāmāyaṇam	रामायणम्	45
A Devotional Song	भक्तिगीतम्	46
Mahābhāratam	महाभारतम्	47
The Gītā	गीता	49

	I am Śiva	शिवोऽहम्	50
	Obeisance to Motherland	वन्दे मातरम्	51
	The Gāyatrī Chant	गायत्री-मन्त्रः	52
Lesson 10	Introduction to *Sandhi*	सन्धिः	53
	Compounding Vowels	स्वरसन्धिः	53
	Compounding Consonants	व्यञ्जनसन्धिः	61
	Flowchart of Visarga-Sandhi	विसर्गसन्धिः	64
Lesson 11	Introduction to Numerals	संख्याः	68
Lesson 12	Sanskrit Verbs	क्रियापदानि	78
Lesson 13	Persons	पुरुषाः	83
Lesson 14	Numbers	वचनानि	85
	Genders	लिङ्गानि	90
Lesson 15	Nouns	नामानि	91
	Dictionary of Nouns	शब्दकोशः	93
Lesson 16	Pronouns	सर्वनामानि	103
Lesson 17	The Present Tense	लट्	106
	Use of the Particle *sma*	स्म	109
Lesson 18	The (Past) Imperfect Tense	लङ्	116
	Use of the phrase *mā sma*	मा स्म	124
Lesson 19	The (Past) Perfect Tense	लिट्	121
Lesson 20	The (Past Indefinite) Aorist Tense	लुङ्	123
	Use of the Particle *mā*	मा	125
Lesson 21	The Indefinite Future Tense	लृट्	126

Lesson 22 The Definite Future Tense	लुट्	150
WHICH TENSE TO USE?	लकारप्रयोगः	130
Lesson 23 *Parasmaipadī* and Ātmanepadī Verbs	आत्मनेपदी परस्मैपदी च	135
Transitive and Intransitive Verbs	सकर्मकम् अकर्मकम् च	140
The Causative Verbs	णिजन्तप्रक्रिया	142
The Desiderative Verbs	सन्नन्तप्रक्रिया	143
The Frequentive Verbs	यङन्त–यङलुगन्तप्रक्रिये	145
Lesson 24 The 11 Classes of Verbs	गणाः	147
1. The First Class	भ्वादिः	150
2. The Second Class	अदादिः	154
3. The Third Class	जुहोत्यादिः	158
4. The Fourth Class	दिवादिः	162
5. The Fifth Class	स्वादिः	166
6. The Sixth Class	तुदादिः	169
7. The Seventh Class	रुधादिः	173
8. The Eighth Class	तनादिः	177
The verb √(to do)	√कृ	181
9. The Nineth Class	क्र्यादिः	183
10. The Tenth Class	चुरादिः	187
Lesson 25 The Cases	कारकाणि च विभक्तयः च	192
The Nominative (1st) Case	प्रथमा	197
The Accusative (2nd) Case	द्वितीया	198
The Instrumental (3rd) Case	तृतीया	201
The Dative (4th) Case	चतुर्थी	206
The Ablative (5th) Case	पञ्चमी	210

The Possessive (6th) Case	षष्ठी	215
The Locative (7th) Case	सप्तमी	221
The Vocative Case	सम्बोधनम्	224
Lesson 26 The Voices	प्रयोगा:	225
The Active Voice	कर्तरिप्रयोग:	225
The Passive Voice	कर्मणिप्रयोग:	227
The Bhāve Voice	भावेप्रयोग:	230
Lesson 27 The Moods	अर्था:	233
The Negative Mood	नकारार्थ:	233
The Interrogative Mood	प्रश्नार्थ:	235
The Imperative Mood	लोट्	237
The Potential Mood	विधिलिङ्	240
The Benedictive Mood	आशीर्लिङ्	244
The Conditional Mood	लृङ्	245
Lesson 28 The Adjectives and Participles	विशेषणानि कृदन्तानि च	247
The Adjectives	विशेषणानि	248
The Degree of Comparison	तर–तम–भावौ	254
The Participles	कृदन्तानि	257
Past Passive Participle, ppp∘	क्त	257
Past Active Participle	क्तवतु	259
Present Active Participle	शतृ–शानच्	261
Potential Participle	अनीयर्	267
Future Passive Participle		269
Indeclinable Past Participle	क्त्वा, ल्यप्	272
The Infinitive	तुमुन्	276

seṭ and *aniṭ* verbs	सेट् अनिट्	279
Creating Existance of Non-existent	च्वि	281
Sati Saptami	सति–सप्तमी	283
Lesson 29 The Adverbs and Conjunctions		284
Adverbs	क्रियाविशेषणानि	284
Conjunctions	यौगिकशब्दा:	292
Lesson 30 The Prepositions	औपसर्गिकशब्दा:	296
Lesson 31 The Compound Words	समासा:	300
Lesson 32 Conversations	वार्तालापा:	315
Lesson 33 Prose Reading	गद्यपठनम्	324
Short Stories	लघुकथा:	324
Mother and the Baby Parrot	शुकीशावकौ	324
Unnecessary Advice	निरर्थक: उपदेश:	326
The Inherant Nature	जातिस्वभाव:	328
Short Essays	लघुनिबन्धा:	330
The Horse	अश्व:	330
The Sun	सूर्य:	331
The Knowledge	विद्या	333
Poetic Sayings	सुभाषितानि	335
The Words of Wisdom	सदुपदेशा:	336
Righteous Sayings	सुवचनानि	338
Lesson 34 General Knowledge	सामान्यज्ञानम्	340
The Days of the Week	वासरा:	340
The Names of the Months	मासा:	341
The Measurements	परिमाणानि	342

The Names of the Directions	दिशः	343
Time	समयः	344
Relationships	सम्बन्धाः	346
Lesson 35 Antonyms	विलोमशब्दाः	349
Lesson 36 Words with Suffixes	प्रत्ययान्तशब्दाः	350
Words with Primary Suffixes	कृत्प्रत्ययान्तशब्दाः	351
Words with Secondary Suffixes	तद्धित-शब्दाः	355
Using Nouns as Verb Roots	नामधातुः	362

APPENDICES :

(i) Charts of conjugations of the Tenses		363
Ten *Parasmaipadī* tenses, Active voice		363
Ten Ātmanepadī tenses, Active voice		376
Ten Passive Voice tenses		380
(ii) Charts of Declensions of the Cases		382
Declensions of Irregular Words		408
(iii) Declensions of Pronouns		412
(iv) Declensions of Numerical Adjectives		418
(v) Chart of Participles	कृदन्तानि	422
(vi) Breakdown, Transliteration and Meaning of the Verses		424
(vii) Answers to the Exercises	उत्तराणि	446

The Anuṣṭubha Metre

The earliest and most important work on the Saṁskṛt prosody is the *Pingala-ćhanda-śāstra.* Most popular among the metres used for the *śloka*s of the Saṁskṛt epics, such as Rāmayaṇa and Mahābhārata, is the celebrated *anuṣṭubh* metre. In general a meter with 32 syllables is *anuṣṭubh* metre.

For their lyrical value and in order to maintain uniformity in this book, mostly the verses composed in the *anuṣṭubh* metre are included in this book. There are many types of the *anuṣṭubh* metre, however, the one that is used in the composition of the Saṁskṛt *śloka*s (√*ślok*, to praise in verses) follows the following definition, itself written in the *anuṣṭubh* metre.

संस्कृतश्लोकः ।
'श्लोके' षष्ठो गुरुर्वर्णो लघुश्च पञ्चमः सदा ।
गुरुर्विषमयोर्ह्रस्वः सप्तमः समपादयोः ।। 1/1835
चतुष्पादस्य श्रीयुक्तो वाल्मीकिकविना कृतः ।
द्वात्रिंशद्वर्णयुक्तो हि छन्दोऽनुष्टुप्स कथ्यते ।। 2/1835
(from Sangita-Krishna-Ramayan, by Ratnakar Narale)

The above definition says that in a *śloka* (verse), there are four quarters (*pāda*), each with eight syllables. The fifth syllable of each quarter should be short (*laghu*), the sixth long (*dīrhga*), and the seventh alternately long and short in the odd and even quarters. e.g. (गीता : 1.1)

धर्मक्षेत्रे कुरुक्षेत्रे समवेता युयुत्सवः।
मामकाः पाण्डवाश्चैव किमकुर्वत संजय।।

LESSON 1

Prathamaḥ abhyāsaḥ प्रथमः अभ्यासः।

THE SANSKRIT ALPHABET

saṁskṛta-varṇamālā संस्कृतवर्णमाला।

Vowels (*svarāḥ* स्वराः)

अ	**आ**	**इ**	**ई**	**उ**	**ऊ**	**ऋ**	**ॠ**	**ऌ**	**ॡ**	**ए**	**ऐ**	**ओ**	**औ**	**अं**	**अः**
a	**ā**	**i**	**ī**	**u**	**ū**	**ṛ**	**ṛ́**	**ḷ**	**ḷ́**	**e**	**ai**	**o**	**au**	**ṁ**	**ḥ:**

Consonants (*vyañjanāni* व्यञ्जनानि)

क	**ख**	**ग**	**घ**	**ङ**	**the Gutterals**
ka	**kha**	**ga**	**gha**	**ṅa**	
च	**छ**	**ज**	**झ**	**ञ**	**the Palatals**
ća	**ćha**	**ja**	**jha**	**ña**	
ट	**ठ**	**ड**	**ढ**	**ण**	**the Cerebrals**
ṭa	**ṭha**	**ḍa**	**ḍha**	**ṇa**	
त	**थ**	**द**	**ध**	**न**	**the Dentals**
ta	**tha**	**da**	**dha**	**na**	
प	**फ**	**ब**	**भ**	**म**	**the Labials**
pa	**pha**	**ba**	**bha**	**ma**	

य	**र**	**ल**	**व**	**श**	**ष**	**स**	**ह**	**ळ**
ya	**ra**	**la**	**va**	**śa**	**ṣa**	**sa**	**ha**	**ḷa**

NOTES:

* Character ळ (*ḷa*) comes in the Vedas e.g. Rigveda 1.1 (अग्निमीळे पुरोहितम्)

** In this book, the pronunciation of Sanskrit character *'ch'* is transliterated as *ć* in order to distinguish it from the common English character c (which = k).

e.g. The car moves. कारयानं चलति *cāryānaṁ ćalati (cāryānaṁ calati).*

PRONUNCIATIONS:

(1) GUTTURALS : The consonants from k-class (k, kh, g, gh, ṅ) and (h) are pronounced by touching the hind part of the tongue to the THROAT (Gutter).

(2) PALATALS : The consonants from ć-class (ć, ćh, j, jh, ñ) and (i, ī, y, ś) are pronounced by touching the middle part of the tongue to the middle roof of the mouth i.e. the PALATE.

(3) CEREBRALS : The consonants from ṭ-class (ṭ, ṭh, ḍ, ḍh, ṇ) and (ṛ, ṛ́, r, ṣ) are pronounced by momentarily touching tip of the tongue against roof of the mouth i.e. the CEREBRUM.

(4) DENTALS : The consonants from t-class (t, th, d, dh, n) aand (lṛ, lṛ́, l, s) are pronounced by touching tip of the tongue against the base of the TEETH.

(5) LABIALS : The consonants from p-class (p, ph, b, bh, m) and (u, ū, v) are pronounced by touchning the LIPS together.

LESSON 2

PRONOUNCING HINDI CHARACTERS

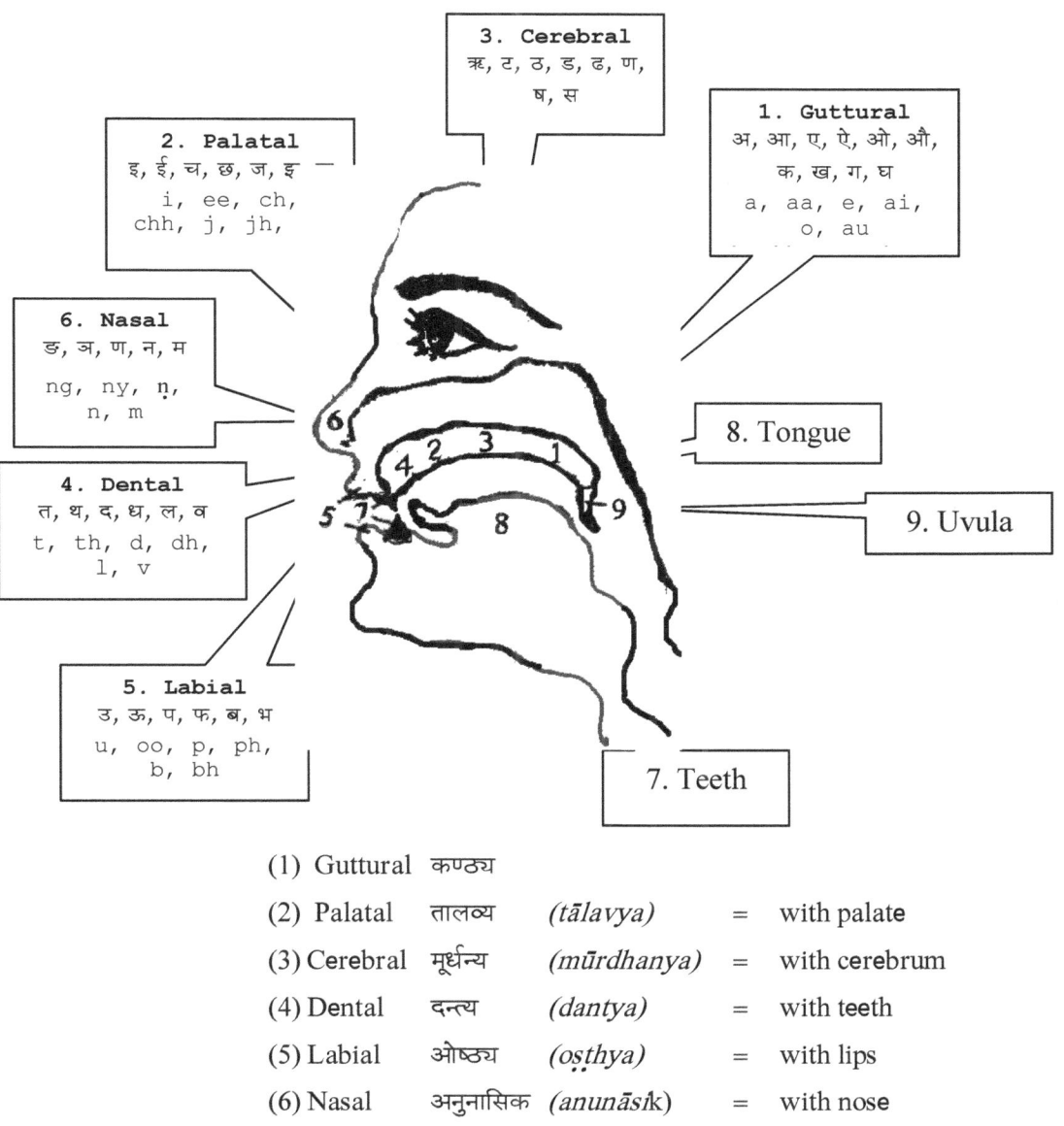

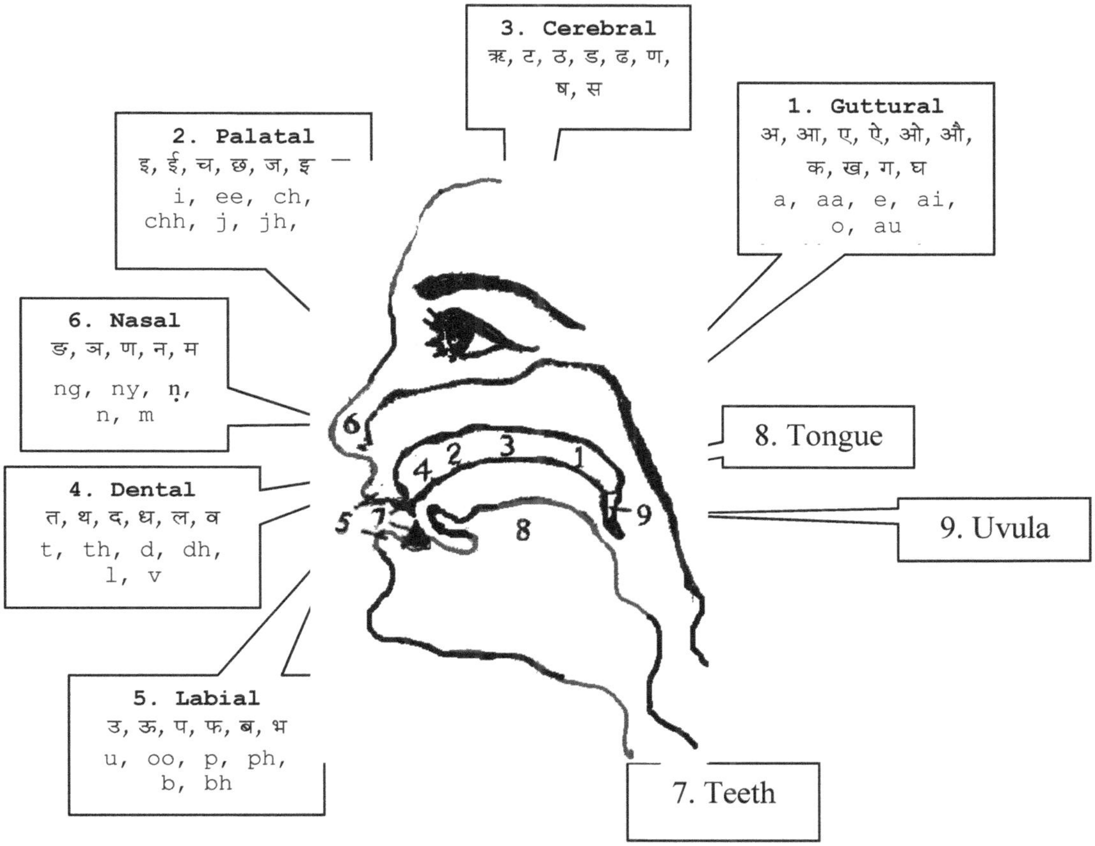

(1) Guttural	कण्ठ्य			
(2) Palatal	तालव्य	*(tālavya)*	=	with palate
(3) Cerebral	मूर्धन्य	*(mūrdhanya)*	=	with cerebrum
(4) Dental	दन्त्य	*(dantya)*	=	with teeth
(5) Labial	ओष्ठ्य	*(oṣṭhya)*	=	with lips
(6) Nasal	अनुनासिक	*(anunāsik)*	=	with nose

(1) THE VOWELS :

Vowel	Stands for	Sounds like	As in	Pronunciation
a	(अ)	A	American	Guttural
ā	(आ)	a	car	Guttural
i	(इ)	I	India	Palatal
ī	(ई)	ee	peel	Palatal
u	(उ)	u	pull	Labial
ū	(ऊ)	oo	pool	Labial
ṛ	(ऋ)	ri, ru	ring, crucial	Cerebral
ṛ́	(ॠ)	rī, rū		Cerebral
e	(ए)	e	grey	Guttural+Palatal
ai	(ऐ)	ai	aisle	Guttural+Palatal
o	(ओ)	o	go	Guttural+Labial
au	(औ)	au	gauge	Guttural+Labial

(2) THE SEMIVOWELS :

m̃	(अं)	ã		nasal
ḥ:	(अः)	half-h		breath

(3) THE CONSONANTS :

k	(क्)	k	kit	Guttural
kh	(ख्)	kh	khyber	Guttural
g	(ग्)	g	god	Guttural
gh	(घ्)	gh	ghost	Guttural
ṅ	(ङ्)	n	ring	Guttural
ć, c	(च्)	ch	rich	Palatal
ćh	(छ्)	chh	ć with breath	Palatal
j	(ज्)	j	jug	Palatal

jh	(झ्)	dgeh	hedgehop	Palatal
ñ	(ञ्)	n	hinge	Palatal
ṭ	(ट्)	t	cuṭ	Cerebral
ṭh	(ठ्)	th	ṭ with breath	Cerebral
ḍ	(ड्)	d	red	Cerebral
ḍh	(ढ्)	dh	adhere	Cerebral
ṇ	(ण्)	n	band	Cerebral
t	(त्)	t	(soft t)	Dental
th	(थ्)	th	thunder	Dental
d	(द्)	th	other	Dental
dh	(ध्)	dh	buddha	Dental
n	(न्)	n	no	Dental
p	(प्)	p	cup	Labial
ph	(फ्)	ph, f	photo	Labial
b	(ब्)	b	rub	Labial
bh	(भ्)	bh	abhore	Labial
m	(म्)	m	mug	Labial
y	(य्)	y	yes	Palatal
r	(र्)	r	rub	Cerebral
l	(ल्, ऌ)	l	love	Dental
v	(व्)	v, w	wave	Dental + Labial
ś	(श्)	sh	shoot	Palatal
ṣ	(ष्)	sh	should	Cerebral
s	(स्)	s	sun	Dental
h	(ह्)	h	hug	Guttural
ḷ	(ळ्)	soft l		Cerebral

LESSON 3

tṛtīyaḥ abhyāsaḥ तृतीय: अभ्यास:।

WRITING SANSKRIT WORDS

PRACTICING SIMPLE CONSONANTS

asaṁyukta-varṇānām abhyāsaḥ असंयुक्तवर्णानाम् अभ्यास:।

Study the order of the Sanskrit consonants given in Lesson 1, and then do the following exercises. Uniquely in this book, the characters are grouped according to their shapes, and not according to their usual aplhabetical order. For, we have observed that, with this novel way it is easy for a new learner to co-relate and remember the *Sanskrit* characters.

RULE : In order to develop a good writing style and skill, write each part of each character from left to right and from top to bottom. For example - for writing the letter व, first write the oval of ठ . Then write the vertical bar by starting it at the top and drawing it downward to bottom.

All Sanskrit letters and words have a line on top to indicate the grouping of characters into a word. Follow this rule for each letter carefully and consistently.

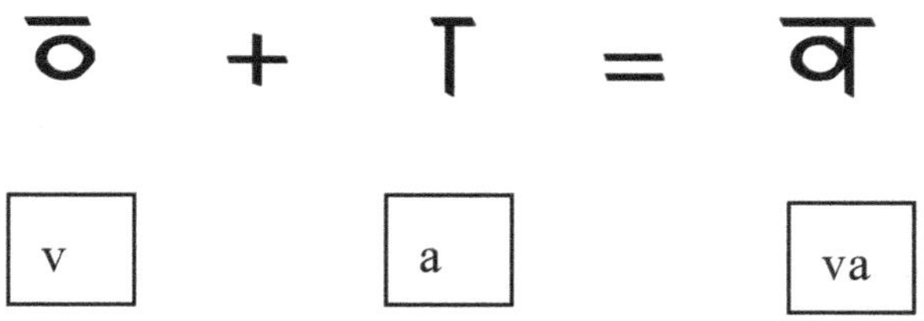

3.1 Letters : व *va (wa),* ब *ba,* क *ka*

v (w) → va (wa)   v → b → ba   v → va → ka

vana (forest)

baka बक (stork)

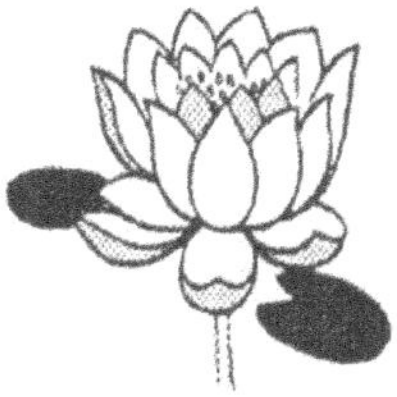

kamala (lotus)

EXERCISE 3 : Only on what we have learned so far. Write the following in Sanskrit :

1. ka, ba, ka	2. ba, va, ba	3. va, ka, ba	4. ba, va, ka
5. ka, va, ba	6. va, ba, ka	7. क, ब, व	8. कक, कब, कव
9. बब, बक, बव	10 वव, वक, वब	11 ककक, कबव, कवब	12 वबक, बकव

3.2 Letters : प *pa,* ष *ṣa,* फ *pha (fa),* ण *ṇa*

p → pa   p → ṣ → ṣa   p → pa → pha, fa   ṇ → ṇa

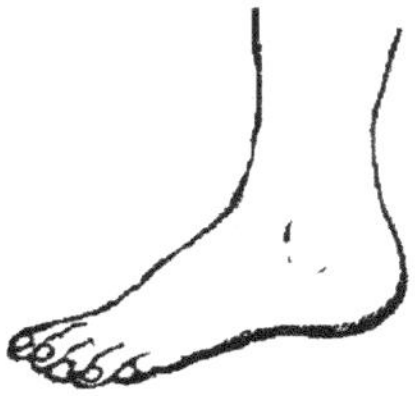

pada (foot)

viṣa (poison)

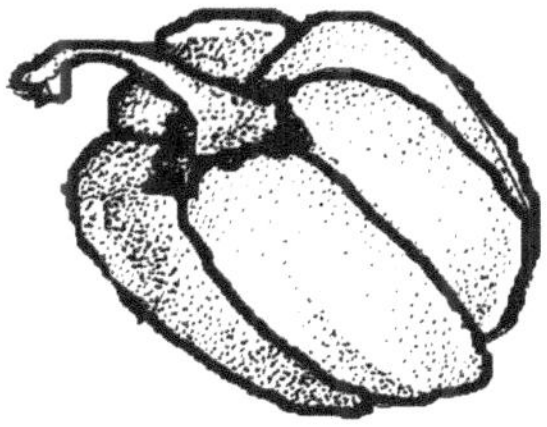

fal, phal (fruit)

bāṇa (arrow)

EXERCISE 4 : Only on what we have learned so far. Write the following in Sanskrit :

1. pa, pha   2. pha, ba   3. va, pa, ka   4. pa, ṣa, ṇa   5. pha, ṣa, pa

6. ba, pa, pha 7. ष, प, फ 8. क, ण, फ, व 9. ब, ण

10. कण, बब, कप, फण, बव, कब, णण, षण, षप, बफ, कफ, पष, बक, वक, पक, बफ, वफ, पब, वण, बष, णष, पव, कव

3.3 Letters : त *ta,* न *na,* ग *ga,* म *ma,* भ *bha*

त् त   न् न   ग् ग   म् म   भ् भ

t → ta   n → na   g → ga   m → ma   bh → bha

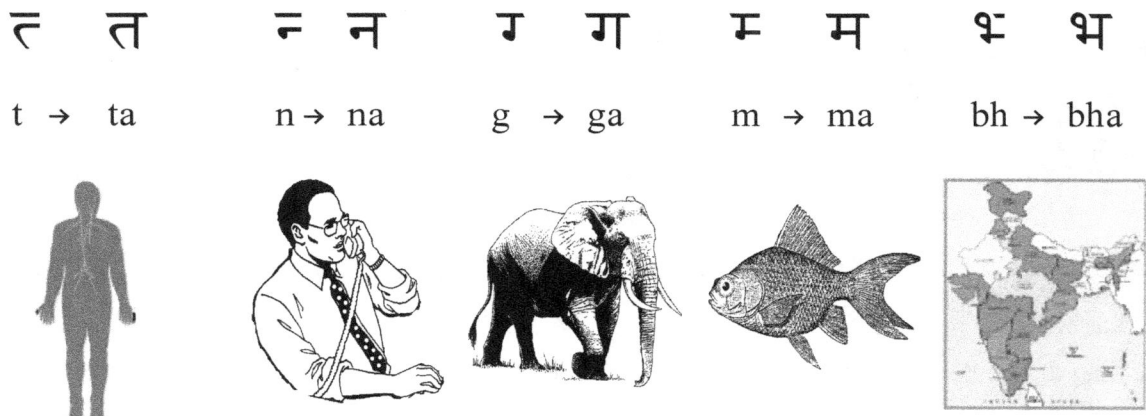

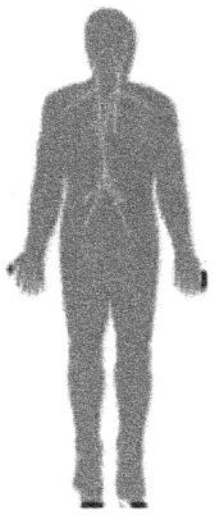

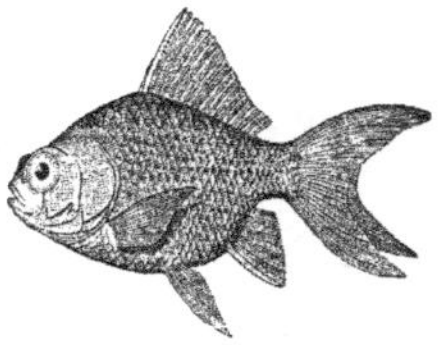

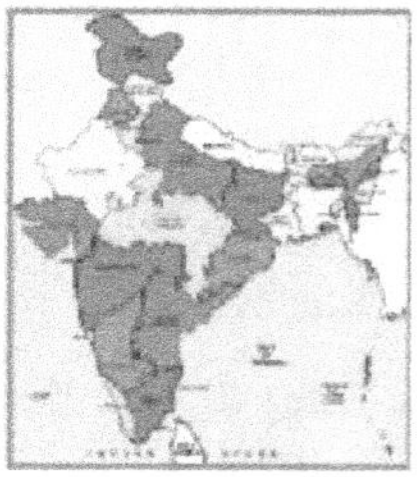

tanu (body)   *nara* (man)   *gaja* (elephant)   *mīna* (fish)   *bhārata* (India)

EXERCISE 5 : Only on what we have learned so far. Write the following in Sanskrit :

(A) 1. ma, bha 2. bha, ga 3. ma, na 4. ka, ta, ga 5. va, ṣa 6. pa, na

(B) 1. त, न, भ 2. म, भ, न, त 3. ग, त, क, ब 4. मन (mind), नग (mountain), कण (particle), वन (forest), गत (gone), तम (darkness), बक (stork), मत (opinion), गगन (sky), पतन (downfall)

3.4 Letters : च *ća,* ज *ja,* ञ *ña,* ल or ल *la*

च च ज ज ञ ञ ल ल(ल)

ch, ća → ća (cha) j → ja ñ → ña l → la (la)

chaṭikā (sparrow) *jagat* जगत् (world) *lūtā* (spider)

EXERCISE 6 : Only on what we have learned so far. Write the following in Sanskrit

1. ka, ća, ṇa, pa 2. la, ma, ja, ta 3. bha, pha, ṣa 4. mana, manana 5. kaṇa, vana 6. labha, ćala 7 ज, च, ञ 8. ल, ज, च 9. ल, ल 10. जलज, चपल 11. जल, चल 10 लवण

(WORDS : मन *mind,* मनन *meditation,* कण *particle,* वन *forest,* लभ *get,* चल *moving,* जलज *water-born,* चपल *quick,* जल *water,* लवण salt)

3.5 Letters : र *ra,* स *sa,* ख *kha,* श *śa*

र स स ख ख श श

ra s → sa kh → kha ś → śa

kara कर (hand) *sumana* (flower) *khaga* खग (bird) *śaśak* शशक (Rabbit)

EXERCISE 7: Only on what we have learned so far. Read and write in Sanskrit :

1. ća, ja, la 2 ña, ja, ća 3. la, ća, ja 4. sa, kha, ra 5. sa, śa, kha 6. ra, sa, śa

7. च, ज, ञ, ल   8. र, स, ख, श 9. चल, जल, जन 10. कलश, चरण, रस, शर, रस, सम, फल, कमल, सरल, भरत 11. चणक, चरम, समर, कण, परम, चपल, पत, नर 12. नभ, नरक, जल, खल, शर, पर, सम, चल, शरण, सबल।

(for meanings of the words, see Answers in Appendix - 7)

3.6 Letters : घ *gha,* ध *dha,* छ *ćha*

घ्   घ   ध्   ध   छ

gh → gha   dh → dha   ćha

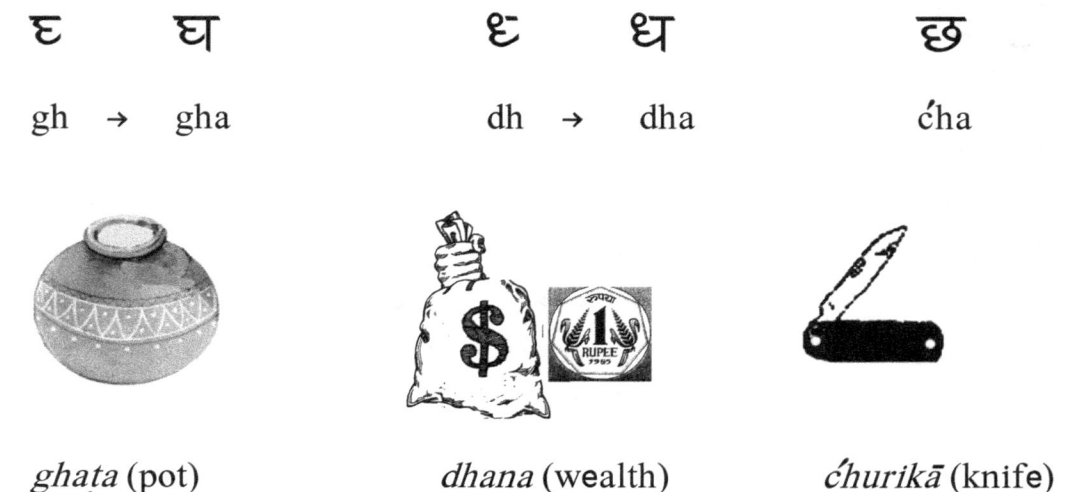

ghaṭa (pot)   *dhana* (wealth)   *ćhurikā* (knife)

EXERCISE 8 : Only on what we have learned so far. Read and witer in Sanskrit :

1. ća, ga, ćha 2. na, ća, ma, ćha 3. bha, ća, gha 4. घ, ध, न, ग 5. छ, च, भ, त
6. म, छ, भ, च7. नग, घन, धन 8. मनन, गत 9. मम, वचन, कनक
10. छल, वध, धवल, मरण, वमन, खर, बल, पल, फल, मल।

(for meanings of the words, see Answers in Appendix - 7)

3.7 Letters : य *ya,* थ *tha;* क्ष *kṣa,* ज्ञ *jña*

य् य

y → y a

yajña (sacrifice)

थ् थ

th → tha

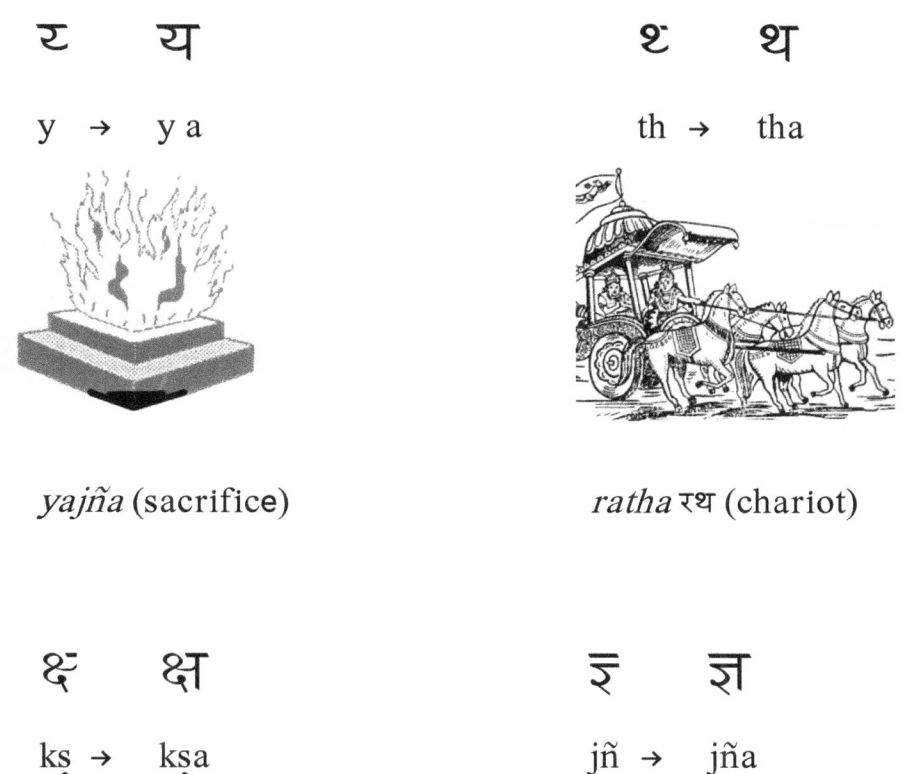

ratha रथ (chariot)

क्ष् क्ष

kṣ → kṣa

ज्ञ् ज्ञ

jñ → jña

EXERCISE 9 : Only on what we have learned so far. Write the following in Sanskrit :

(A) 1. ćha, gha, dha 2. dha, gha 3. ya, tha 4. kṣa, jña 5. gha, jña, ya, tha 6. jña, dha, tha, gha.

(B) 1. घ, ध, छ 2. य, थ 3. क्ष, ज्ञ 4. क्षय, शर, यक्ष 5. यज्ञ, रथ, धन 6. घन, यम, क्षर 7. मय धन, वध, जय, लय, यजन, छल, सधन, घन, सम, शरण; 8. भय, शयन, रण, रक्षण, कक्ष, क्षण, पक्ष, लभ, तरल, सरल, गरल; 9. चल, मत, यज्ञ, भक्षण, कर, वर, धर, भर, खर, चर, नर, हर, शर; 10. भक्ष, यक्ष, रक्ष, तक्षक, तज्ञ, कक्ष, यम, शम, क्षण, रक्षण, सज्ञ, यज्ञ, कक्ष, पक्ष, भक्ष, लक्ष, वक्ष, रक्षक, भक्षक, सयज्ञ। (for the meanings, see Answers in Appendix - 7)

3.8 Letters : *ṭa, ṭha, ḍa, ṅa, ḍha, da, Jha, ha*
ट, ठ, ड, ङ, ढ, द, झ, ह

ट

ṭa

vaṭa वट (Banyan)

ठ

ṭha

maṭha मठ (Ashram)

ढ

ḍha

ḍhola (drum)

द

da

dīpa (lamp)

ड

ḍa

ḍuli (ḍoli)

ङ

ṅa

झ

jha

jhaṣa झष (fish)

ह

ha

hariṇa (deer)

EXERCISE 10 : On what we have learned. Write the following characters in Sanskrit

1. ṭha, ṭa, ḍa, ha 2. ḍa, ṭa, ṭha 3. ṅa, ḍa, ṭha 4. ḍha, da, jha 5. da, ḍha, jha 6. ṭa, ṭha, ḍa, ḍha 7. ट, ठ, ढ, द, ड, ङ, झ, ह, झ, दल, दम, लभ, जनन 8. डयन, रम, बक, झष, हत, कर, तमस, तल, दम, शम, पवन, हर 9. झष, वर, नर, मद, पट, पटल, पद, बल, वन, सतत, खग, चल 10. भव, मन, बक, भज, वश, लक्ष, लक्षण, घन, धन, वरण, हय।

(for meanings of these words, see Answers section in the Appendix - 7)

LESSON 4

caturthaḥ abhyāsaḥ चतुर्थः अभ्यासः।

STUDY OF SANSKRIT VOWELS

saṁskṛta-svarāṇām abhyāsaḥ संस्कृतस्वराभ्यासः।

4.1

Letters : अ *a,* आ *ā,* ओ *o,* औ *au*

अ	ा	आ	अ	ो	ओ	अ	ौ	औ
a	→	ā	a	→	o	a	→	au

EXERCISE 11 : Only on what we have learned so far. Write the Sanskrit characters :

1. अ, आ, ओ, औ   2. आ, अ, औ   3. ओ, औ, ॐ

4. अक्ष आगम आगार   5. ओघ ओज   6. औदक औक्ष

(for meanings, see Answers in Appendix - 7)

4.2 Letters : इ *i,* ई *ī,*

इ	ई
i	ī

EXERCISE 12 : Only on what we have learned so far. Write the following in Sanskrit :

1. a, ā   2. i, ī   3. ā, ā   4. a, ī   5. ā, ī, i   6. ā, ī

7. इ, ई, ईरण, इह, ईड, ईशः, ईक्षक, इतर, इक्षव, ईक्षण, इव।

(for meanings, see Answers in Appendix - 7)

4.3 Letters : उ *u*, ऊ *ū*, ऋ *ṛ*, ॠ *ṝ*, ऌ *ḷ*, ॡ *ḹ*

उ	ऊ	ऋ	ॠ	ऌ	ॡ
u	ū	ṛ	ṛ́	lṛ	lṛ́

EXERCISE 13 : Only on what we have learned so far

Write the following Sanskrit characters and words :

1. उ, ऊ, उ, ऋ, ॠ   2. उक्षण, उदर   3. उप, उपग, कृपा
4. उपपद, अवकर   5. उपमान, उपल   6. ऊत, ऊषक

(for meanings of words, see Answers in Appendix - 7)

4.4 Letters : ए *e*, ऐ *ai*

ए	ऐ
e	ai

EXERCISE 14 : Only on what we have learned so far

(A) Write the following Sanskrit words :

1. ए, ऐ   2. एक, एकतर   3. एषण, ऐक्षव
4. ऐरावत, ऐल   5. एतद्, एकादश   6. ऐरावण, ऐश

(for meanings, see Answers in Appendix - 7)

(B) A lphabetically arrange the words given in items 1-6 above.

LESSON 5

pañćamaḥ abhyāsaḥ पञ्चमः अभ्यासः।

THE SANSKRIT VOWEL-SIGNS

saṁskṛta-svara-ćihnānām abhyāsaḥ संस्कृतस्वरचिह्नानाम् अभ्यासः।

SANSKRIT VOWEL-SIGNS

Vowels :	अ	आ	इ	ई	उ	ऊ	ऋ	ॠ	ए	ऐ	ओ	औ
signs :		ा	ि	ी	ु	ू	ृ	ॄ	े	ै	ो	ौ
sound:	a	ā	i	ī	u	ū	ṛ	ṛ́	e	ai	o	au
		aa		ee		oo	ri	rī				

ा	ि	ी	ु	ू	ृ	ॄ	े	ै	ो	ा
ā	i	ī	u	ū	ṛ	ṛ́	e	ai	o	au

Example :	प	पा	पि	पी	पु	पू	पृ	पॄ	पे	पै	पो	पौ
	p	pā	pi	pī	pu	pū	pṛ	pṛ́	pe	pai	po	pau

पु	पू	कु	कू	कृ	क्रु	रु	रू	छ्रु	तृ	हृ	दृ	शृ	तॄ
pu	pū	ku	kū	kṛ	kru	ru	rū	ćhru	tṛ	hṛ	dṛ	śṛ	tṛ́

EXERCISE 15 : On what we have learned. Read and write the following in Sanskrit :
1. जयी, जयति, जिगीषा 2. जिगीषु, कति 3. शृणु, कृपा 4. दीप, हृदय, पूत, पूति 5. पूजक, पूजन 6. दृति, दृढ 7. ज्ञानी, महा, सुख, दुःख, दृश्, दूषण, वृथा, पृथा, पृथिवी 8. ज्ञानयोग, महाभारतीय, संशय, नील, पौराणिक, भिक्षु, पितृणाम, गुरु, रूप, तरु, तरुण, करुण।

(for meanings, see Answers in Appendix - 7)

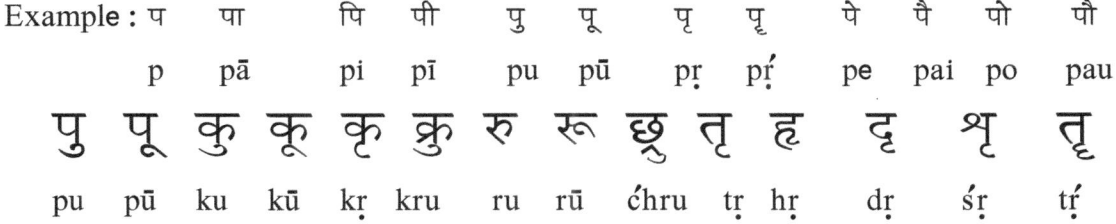

CHART OF VOWEL-SIGNS APPLICATION

अ	आ	इ	ई	उ	ऊ	ऋ	ॠ	ए	ऐ	ओ	औ
	ा	ि	ी	ु	ू	ृ	ॄ	े	ै	ो	ौ
	ā	i	ī	u	ū	ṛ	ṝ	e	ai	o	au
क	का	कि	की	कु	कू	कृ	कॄ	के	कै	को	कौ
क्ष	क्षा	क्षि	क्षी	क्षु	क्षू	क्षृ	क्षॄ	क्षे	क्षै	क्षो	क्षौ
ख	खा	खि	खी	खु	खू	खृ	खॄ	खे	खै	खो	खौ
ग	गा	गि	गी	गु	गू	गृ	गॄ	गे	गै	गो	गौ
घ	घा	घि	घी	घु	घू	घृ	घॄ	घे	घै	घो	घौ
ङ	ङा	ङि	ङी	ङु	ङू	–	–	ङे	ङै	ङो	ङौ
च	चा	चि	ची	चु	चू	चृ	चॄ	चे	चै	चो	चौ
छ	छा	छि	छी	छु	छू	छृ	छॄ	छे	छै	छो	छौ
ज	जा	जि	जी	जु	जू	जृ	जॄ	जे	जै	जो	जौ
ज्ञ	ज्ञा	ज्ञि	ज्ञी	ज्ञु	ज्ञू	–	–	ज्ञे	ज्ञै	ज्ञो	ज्ञौ
झ	झा	झि	झी	झु	झू	झृ	झॄ	झे	झै	झो	झौ
ञ	ञा	ञि	ञी	ञु	ञू	–	–	ञे	ञै	ञो	ञौ
ट	टा	टि	टी	टु	टू	टृ	टॄ	टे	टै	टो	टौ
ठ	ठा	ठि	ठी	ठु	ठू	ठृ	ठॄ	ठे	ठै	ठो	ठौ
ड	डा	डि	डी	डु	डू	डृ	–	डे	डै	डो	डौ
ढ	ढा	ढि	ढी	ढु	ढू	ढृ	–	ढे	ढै	ढो	ढौ
ण	णा	णि	णी	णु	णू	णृ	–	णे	णै	णो	णौ
त	ता	ति	ती	तु	तू	तृ	तॄ	ते	तै	तो	तौ
थ	था	थि	थी	थु	थू	थृ	थॄ	थे	थै	थो	थौ
द	दा	दि	दी	दु	दू	दृ	दॄ	दे	दै	दो	दौ
ध	धा	धि	धी	धु	धू	धृ	धॄ	धे	धै	धो	धौ
न	ना	नि	नी	नु	नू	नृ	नॄ	ने	नै	नो	नौ
प	पा	पि	पी	पु	पू	पृ	पॄ	पे	पै	पो	पौ
फ	फा	फि	फी	फु	फू	फृ	–	फे	फै	फो	फौ

ब	बा	बि	बी	बु	बू	बृ	बॄ	बे	बै	बो	बौ
भ	भा	भि	भी	भु	भू	भृ	भॄ	भे	भै	भो	भौ
म	मा	मि	मी	मु	मू	मृ	मॄ	मे	मै	मो	मौ
य	या	यि	यी	यु	यू	यृ	–	ये	यै	यो	यौ
र	रा	रि	री	रु	रू	–	–	रे	रै	रो	रौ
ल	ला	लि	ली	लु	लू	लृ	लॄ	ले	लै	लो	लौ
व	वा	वि	वी	वु	वू	वृ	वॄ	वे	वै	वो	वौ
श	शा	शि	शी	शु	शू	शृ	शॄ	शे	शै	शो	शौ
ष	षा	षि	षी	षु	षू	षृ	–	षे	षै	षो	षौ
स	सा	सि	सी	सु	सू	सृ	सॄ	से	सै	सो	सौ
ह	हा	हि	ही	हु	हू	हृ	–	हे	है	हो	हौ

SIGNS FOR ANUSWARA AND AVAGRAHA

अं *ṁ*, अः *ḥ*

पं   पः

paṁ   paḥ

EXERCISE 16 : On what we have learned so far. Read and write the following words.

1. अम्, अः, अण्डजः (born from egg), वंशः (linage), पङ्कजं पङ्‌कजम् (lotus), रंगः रङ्गः (colour), दंडः दण्डः (punishment), भंगः भङ्गः (breaking), गंधः गन्धः (smell), 2. संगः सङ्गः (attachment), संशयः (doubt), हंसः (swan), कंसः (a glass), स्वतः (oneself), कंपनं कम्पनम् (shaking), खंजः खञ्जः (bald), भयंकरः भयङ्करः (terrible), चंदनं चन्दनम् (sandlewood), कंदरं कन्दरम् (cave) 3. कंठः कण्ठः (throat), पतंगः पतङ्गः (moth), भंजनं भञ्जनम् (breakage), गंधकः गन्धकः (sulphur), तरंगः तरङ्गः (wave), वदनं वदनम् (mouth), वंदनं वन्दनम् (salute), शंखः शङ्खः (conch-shell), संकलनं सङ्कलनम् (weaving), संचयः सञ्चयः (assembly), संपदा सम्पदा (wealth), मंचः मञ्चः (a stage) 4. षडंगं षडङ्गम् (of six organs), अंब अम्ब (mother), मंजनं मञ्जनम् (rubbing compound), अंबरं अम्बरम् (sky), शंकरः शङ्करः (Shiva), संचयः सञ्चयः (gathering), रंजनं रञ्जनम् (entertainment), बलवंतः बलवन्तः (powerful), भगवंतं भगवन्तम् (to god), संजयः सञ्जयः (Sanjaya), संगरः सङ्गरः (battle), संघः सङ्घः (group), संचः सञ्चः (gathering), संतः सन्तः (saint) , मंद मन्दः (slow), अनंतरं अनन्तरम् (after) 5. छंदः छन्दः (meter), दंभः दम्भः (pretending), रंकः रङ्कः (poor), संगमः सङ्गमः (meeting), संकरः सङ्करः (admixture).

LESSON 6

ṣaṣṭah abhyāsaḥ षष्ठः अभ्यासः।

THE SANSKRIT CHARACTERS

saṁskṛta-varṇāḥ संस्कृतवर्णाः।

(see the coloured chart of Sanskrit Alphabet on the back cover)

A character (*varṇaḥ* वर्णः) that can be pronounced independently is called a VOWEL (*svaraḥ* स्वरः). यस्य वर्णस्य उच्चारणं स्वतन्त्रतया भवति सः स्वरः कथ्यते। **

e.g. अ, इ, उ (a, i, u) ...etc.

A character that can NOT be pronounced independently (without the help of a vowel), is called a CONSONANT (*vyañjanānam* व्यञ्जनम्). ययस्य वर्णस्य उच्चारणं स्वतन्त्रं न भवति तत् व्यञ्जनम् कथ्यते। e.g. क्, ख्, ग् (k, kh, g) ...etc. Therefore,

क् + अ = क; ख्, + अ = ख k + a = ka; kh + a = kha ...etc.

** NOTE : You may understand these Sanskrit definations in your second reading of this book, when you have learned the basics.

6.1

THE VOWELS

svarāḥ स्वराः।

(shown with red background colour in the chart on the back cover)

अहम् आत्मा **इ**दम् **ई**शः **उ**दकम् **ऊ**र्जदायकम्।
ऋजुकायम् **ॠ**णान्मुक्तिः क्**लृ**प्तम् सदा भवेत् ।
एषः **ऐ**षम् **ओ** **औ** च स्वराः संस्कृतमार्गतः।। (by Prof∘ BVK Sastry)

In Sanskrit, the vowels are of three types. संस्कृतस्वराः त्रिविधाः सन्ति।

(A) The SHORT vowels (*hrasvāḥ svarāḥ* ह्रस्वाः स्वराः) are those which take one unit of time to pronounce them. अ, इ, उ, ऋ, लृ (*a, i, u, ṛ, lṛ*) are the five basic short vowels.

(B) The LONG vowels (*dīrghāḥ svarāḥ* दीर्घाः स्वराः) are those which take two units of time to pronounce them. आ, ई, ऊ, ॠ, ए, ऐ, ओ, औ, ॡ (*ā, ī, q̣, ṛ́, e, ai, o, au, lṛ́*) are the nine long vowels. Each long vowel is made up of two or more short vowels.

The Short vowels अ, इ, उ, ऋ, लृ (*a, i, u, ṛ* and *lṛ*) and the Long vowels आ, ई, ऊ, ॠ and ॡ (*ā, ī, ū, ṛ* and *lṛ́*) are together called SIMPLE vowels (अमिश्रस्वराः)

The four Long vowels ए, ऐ, ओ औ (*e, ai, o, au*) composed of two dis-similar vowels, are called DIPTHONGS (मिश्रस्वराः)

EXAMPLES : Long Vowels

(1) Long vowel आ = short vowel अ + short vowel अ

(2) Long vowel ई = short vowel इ + short vowel इ

(3) Long vowel ऊ = short vowel उ + short vowel उ

(4) Long vowel ए = short vowel अ + short vowel इ

(5) Long vowel ओ = short vowel अ + short vowel उ

(C) The PLUTA vowels (*plutāḥ svarāḥ* प्लुताः स्वराः) are those that take at least three units of time to pronounce them. The long expressions such as vowel आ (ā) in the word राऽऽऽम, form the pluta vowels.

1.Short vowels	अ, इ, उ, ऋ, लृ	*a, i, u, ṛ, lṛ*
2.Long vowels	आ, ई, ऊ, ॠ, ए, ऐ, ओ, औ, ॡ	*ā, ī, q̣, ṛ́, e, ai, o, au, lṛ́*
3.Simple vowels	अ, आ, इ, ई, उ, ऊ, ऋ, ॠ, लृ, ॡ	*a, ā, i, ī, u, ū, ṛ, ṛ́, lṛ, lṛ́*
4.Dipthongs	ए, ऐ, ओ औ	*e, ai, o, au*
5.Pluta vowels	ऽ	

एकमात्रो भवेत् ह्रस्वो द्विमात्रो दीर्घ उच्यते।
त्रिमात्रश्च प्लुतो ज्ञेयो व्यञ्जनं चार्धमात्रकम्।।

ekmatro bhavet hrasvo, dvimātro dīrgha ućyate,
trimātraśća ploto jñeuo, vyañjanaṁ ćārdhamātrakam.

EXERCISE 1 : A. Read the following characters:

(1) अ, उ, इ, ऋ (2) इ, ऋ, अ (3) उ, इ, अ

(4) ऊ, आ, ई (5) औ, ए, ओ (6) ए, ऐ, ऊ, आ

B. Fill in the blanks:

(1) अ + अ = ——— (2) अ + उ = ——— (3) अ + इ = ———

6.2

THE CONSONANTS

(*vyañjanāni* व्यञ्जनानि)

In Sanskrit there are 25 class consonants (*varga-vyañjanāni* वर्गव्यञ्जनानि) and there are nine non-class (*avarga* अवर्ग-) consonants. संस्कृते पञ्चविंशतिः वर्गव्यञ्जनानि नव च अवर्गव्यञ्जनानि सन्ति।

(1) The 25 Class Consonants (shown with a black outline in the chart on the back cover) from क् to म् are grouped phonetically into five classes (*vargāḥ* वर्गाः) consisting of five consonants each. These 25 consonants from *k* क to *m* म are also called 'Contactuals' (*sparśa-vyañjanāḥ* स्पर्श–व्यञ्जनाः। कादयः मावसानाः स्पर्शाः)

1. Class k (क) क् ख् ग् घ् ङ् k kh g gh ṅ 2. Class ć (च) च् छ् ज् झ् ञ् ć ćh j jh ñ

3. Class ṭ (ट) ट् ठ् ड् ढ् ण् ṭ ṭh ḍ ḍh ṇ 4. Class t (त) त् थ् द् ध् न् t th d dh n

5. Class p (प) प् फ् ब् भ् म् p ph b bh m

(2). The next 4 characters य्, र्, ल्, व् are semi-consonsnts or semi-vowels (*antasthāḥ* यरलवाः अन्तस्थाः), shown with dark blue outline in the chart on the back cover.

(3). The remaining four characters श्, ष्, स्, ह् are the 'warm breath characters' (*uṣmāṇāḥ* उष्माणाः। शषसहाः उष्माणाः) of which the first three श्, ष्, स् are called 'sibilants' (shown with green background in the bottom row of the chart on back cover) and ह् is the aspirate (shown with purple background in the chart on the back cover).

THE PRONUNCIATIONS

(1) GUTTURALS are अ, आ, : , क्, ख्, ग्, घ्, ङ्, ह्: *(a, ā, ḥ, k, kh, g, gh, ṅ, h, ḥ).*

They are pronounced from the **throat**

(2) PALATALS are इ, ई, च्, छ्, ज्, झ्, ञ्, य्, श् *i, ī, ć, ćh, j, jh, ñ, y, ś.*

They are pronounced from the **palate**

(3) CEREBRALS are ऋ, ॠ, ट्, ठ्, ड्, ढ्, ण्, र्, ष् *ṛ, ṛ́, ṭ, ṭh, ḍ, ḍh, ṇ, r, ś, s.*

They are pronounced from the **roof of the mouth**

(4) DENTALS are लृ, (लॄ), त्, थ्, द्, ध्, न्, ल्, स् *lṛ, (lṛ́), t, th, d, dh, n, l.*

They are pronounced from the **teeth**

(5) LABIALS are उ, ऊ, प्, फ्, ब्, भ्, म्, व् *u, ū, p, ph, b, bh, m, v.*

They are pronounced from the **lips.** Character व *v* is dental-labial; ए, ऐ *e, ai* are guttural-palatal, and ओ, औ *o, au* are guttural-labials.

(6) THE HARD CONSONANTS (shown with green background on the back cover)

The first two consonants from each class (क्, ख्; च्, छ्; ट्, ठ्; त्, थ्; प्, फ् *k, kh, ć, ćh, ṭ, ṭh, t, th, p, ph*) and the three sibilants (श्, ष्, स् *ś, ṣ, s*) are Hard Consonants (*kaṭhora-vyañjanāni* कठोर-व्यञ्जनानि).

(7) THE SOFT CONSONANTS (shown with green, blue, black and purple backgrounds on the back cover)

The rest of the consonants, namely, the last three consonants from each class (ग्, घ्, ङ्; ज्, ज्, ञ्; ड्, ढ्, ण्; द्, ध्, न्; ब्, भ्, म् *g, gh, np, j, jh, ñ, ḍ, ḍh, ṇ, d, dh, n, b, bh, m*), the semi-vowels (य्, र्, ल्, व् *y, r, l, v*) and the aspirate (ह् *h*) are Soft Consonants (*mṛdu-vyañjanāni* मृदुव्यञ्जनानि).

(8) THE NASAL CONSONANTS (shown with black background on the back cover)

The last character from each of the five classes ṅ, ñ, ṇ, n, m (ङ्, ञ्, ण्, न्, म्), are the Nasal Consonants (*anunāsikāni* अनुनासिकानि).

(9) THE ANUSVĀRA AND THE VISARGA

Anusvāra (ं) and *visarga* (:) are two more sounds in Sanskrit. The *anuswāra* (अनुस्वारः) is the modification of nasal consonants ङ्, ञ्, ण्, न्, म् and अं् *(ṅ, ñ, ṇ, n, m, m̃).* The the *visarga* (विसर्गः) is the modified form of consonant स् or र् (*s* or *r*). The *anusvāra* and *visarga* are are not counted as separate characters, but they are sometimes treated as semi-vowels. Together they are called *Āyogavāhas* (*āyogavāhau* आयोगवाहौ).

6.3

THE 'SOUND-FORMULAS' FROM SHIVA

māheśvarāṇi sūtrāṇi

माहेश्वराणि सूत्राणि।

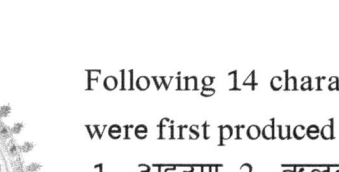

Following 14 character strings, in the form of sounds chords, were first produced by Lord Śiva from his *damru* drum : 1. अइउण् 2. ऋलृक् 3. एओङ् 4. ऐऔच् 5. हयवरट् 6. लण् 7. ञमङणनम् 8. झभञ् 9. घढधष् 10. जबगडदश् 11. खफछठथचटतव् 12. कपय् 13, शषसर् 14. हल्। The last character of each equation string is always a consonant.

These characters are grouped into several strings (प्रत्याहाराः) according to their assigned attributes (साङ्केतिकनामानि). e.g. अण् प्रत्याहारः means the characters अ, इ, उ of the first सूत्रम् अइउण्, i.e. all characters except the last character of that *sūtra.*

6.4 RULES FOR PROPER TRANSLITERATION OF SANSKRIT CHARACTERS INTO ENGLISH, WITH DIACRITICAL MARKS

m̃ (अं), ṁ, m (म्); ma (म), ṅ (ङ्), ñ (ञ्), ṇ (ण्), n (न्), na (न)

Character *m̃* (अं) or *ṁ* (म्) is the nasal dot (अनुस्वारः) placed over a chacter in a word :

(i) **ṁ** → Within a word, when the nasal dot is followed by any consonant from p-class (p ph b bh m प फ ब भ म), then and then only that nasal dot means half character म् (m).

e.g. *saṁpadā* संपदा = सम्‌पदा = सम्पदा। *guṁphana* गुंफन = गुम्‌फन = गुम्फन, *aṁbara* अंबर = अम्‌बर = अम्बर। *daṁbha* दंभ = दम्‌भ = दम्भ। *saṁmati* संमति = सम्‌मति = सम्मति।

NOTE: संस्कृत is *sam̃skṛta* not saṁskṛta, because स् (of स्कृतम्) is not a p-class character.

(ii) **m̃** → Within a word, when the nasal dot is followed by any non-class consonant (*y r l v ś ṣ s h* य र ल व श ष स ह), **that nasal dot means *m̃* अं** (just a nasal sound, even though it is generally inaccurately transliterated as *ṁ*). e.g. संस्कृतं पठ = स्‌अंस्कृतम् पठ = *sam̃skṛtaṁ paṭha* NOT *saṁskṛtaṁ paṭha* सम्स्कृतम् पठ *nor sanskṛtam paṭha* सन्स्कृतम् पठ (NOTE: the nasal dots in *sam̃s* संस् and in *kṛtam* कृतम् both have different pronunciations, and thus must be transliterated differently (as *m̃* and *ṁ*, but NOT both as *ṁ*). *Same is tru for words like* मांसम् = म्‌आंसम् *mām̃sam etc.*

Similarly, संयत = sam̃yata, not सम्‌यत saṁyata; संरक्षण = sam̃rakṣaṇa, not सम्‌रक्षण saṁrakṣaṇa; संलग्न = sam̃lagna, not सम्‌लग्न saṁlagna; संवाद = sam̃vāda, not सम्‌वाद saṁvada; वंश = vam̃śa, not वम्‌श vaṁśa; मांसं = mām̃saṁ, not माम्सम् māṁsaṁ; कंस = kam̃sa, not कम्‌स kaṁsa, nor kansa; संहार = sam̃hara, not सम्‌हार saṁhāra ...etc. There is no *m* or *ṁ* in these words.

(iii) **m** → The half character *m* म् may come (1) at the end of any word that is followed by any word that is starting with a vowel, e.g. *bho Rāma māṁ tvam uddhara!* भो राम

मां त्वम् उद्धर! or (2) it may come at the end of a sentence. e.g. *bho Rāma māṁ uddhara tvam!* भो राम माम् उद्धर त्वम्! भो राम मामुद्धर त्वम्!

(iv) The full character *ma* म (म् + अ = म *m + a = ma*) may come anywhere in a sentence. e.g. *bho Rāma māṁ tvam uddhara!* भो राम मां त्वम् उद्धर! भो राम मां त्वमुद्धर! भो राम माम् उद्धर त्वम्! भो राम मामुद्धर त्वम्! = भो रामोद्धर त्वं माम्। भो राम त्वमुद्धर माम्।

(v) **ṁ** → Within a sentence, when character *m* (म्) comes **at the end of any word** that is followed by a word that begins with any consonant, **only that nasal dot means *ṁ* (म्)**

e.g. *aham kim karomi = ahaṁ kiṁ karomi* अहम् किम् करोमि = अहं किं करोमि।

(vi) **m** → Within a sentence, when *m* (म्) comes at the end of a sentence, it stays as म् (m).

e.g. *kim karomi aham = kiṁ karomi aham* किम् करोमि अहम् = किं करोमि अहम्।

Anuswara = ṅ (ङ्), ñ (ञ्), ṇ (ण्), n (न्), ṁ (म्), m̐ (अं)

For transliterating the *anusvāraḥ* (अनुस्वारः) **within a word,** following six rules apply.

(refer to the characters shown in Black Background in the chart on Back Cover)

(1) Whdn the nasal dot is followed by any character from k-class (क्, ख्, ग्, घ् k, kh, g, gh), that nasal dot is transliterated as → ṅ (ङ्) e.g. *raṅka* रङ्क, *raṅga* रङ्ग etc.

(2) When the nasal dot is followed by any character from ć-class (च्, छ्, ज्, झ् ć, ćh, j, jh), that nasal dot is transliterated as → ñ (ञ्) e.g. *pañća* पञ्च, *rañja* रञ्ज etc.

(3) When the nasal dot is followed by any character from ṭ-class (ट्, ठ्, ड्, ढ् ṭ, ṭh, ḍ, ḍh), that nasal dot is transliterated as → ṇ (ण्) e.g. *kaṇṭaka* कण्टक, *kaṇṭha* कण्ठ etc.

(4) When the nasal dot is followed by any character from t-class (त्, थ्, द्, ध् t, th, d, dh), that nasal dot is transliterated as → n (न्) *anta* अन्त, *pantha* पन्थ etc.

(5) When the nasal dot is followed by any character from p-class (प्, फ्, ब्, भ् p, ph, b, bh), that nasal dot is transliterated as → m (म्) *amba* अम्ब, *dambha* दम्भ etc.

(6) When the nasal dot is followed by any non-class character (य् र् ल् व श् ष् स ह् y, r, l, v, ś, ṣ, s), that nasal dot is transliterated as → m̐ (अं) *svam̐śaḥ* वंशः, व्अंशः।

EXERCISE and PRELIMINARY VOCABULARY 17 :

What we learned so far. Can you Read and Write the following Sanskrit words? (pronunciations are shown for your help)

अहम् (*aham* I), आवाम् (*āvām* we two), वयम् (*vayam* we), माम् (*mām* to me), मया (*mayā* by me), मे (*me* for me), मम (*mama* my), न: (*naḥ* to us), मयि (*mayi* in me), भवान् (*bhavān* you m∘), भवती (*bhavatī* you f∘), त्वम् (*tvam* you), यूयम् (*yūyam* you pl∘), तव (*tava* your), स: (*saḥ* he), तम् (*tam* to him), तेन (*tena* by him), ते (*te* they), सा (*sā* she), ताम् (*tām* to her), य: (*yaḥ* who), क: (*kaḥ* who?), यौ (*yau* who two), कौ (*kau* who two?), ये (*ye* all who), ke (*ke* all who?), यम् (*yām* to whom), यान् (*yān* to whom all), येन (*yena* by whom), या (*yā* who f∘), या: (*yāḥ* who all f∘), याम् (*yām* to whom f∘), यया (*yayā* by whom f∘), एष: (*eṣaḥ* this), एते (*ete* these), एतम् (*etam* to this), एतान् (*etān* to these), एतेन (*etena* by this), एतै: (*etaiḥ* by these), एतेषु (*eteṣu* in these), एषा (*eṣā* this f∘), एता: (*etāḥ* these f∘), एताम् (*etām* to this f∘), एतया (*etayā* by this f∘), एतासु (*etāsu* in these f∘), एतत् (*etat* this n∘), एतद् (*etad* this n∘), एतानि (*etāni* these n∘), क: (*kaḥ* who? m∘), कौ (*kau* who two? m∘), के (*ke* who all? m∘), कम् (*kam* to whom? m∘), केन (*kena* by whom?), केषु (*keṣu* in whom?), का (*kā* who? f∘), का: (*kāḥ* who all? f∘), कया (*kayā* by whom? f∘), काभि: (*kābhiḥ* by whom all? f∘), किम् (*kim* what? n∘), कानि (*kāni* which all? n∘), अयम् (*ayam* this m∘), इमे (*ime* these m∘), इमम् (*imam* to this), अनेन (*anena* by this), एषाम् (*eṣām* of these), एषु (*eṣu* in these), इदम् (*idam* this n∘), इमानि (*imāni* these n∘), असौ (*asau* this m∘).

राम (*rāma* Rām), वन (*vana* forest), माला (*mālā* garland), कवि (*kvi* poet), वारि (*vāri* water), मति (*mati* thinking), नदी (*nadī* river), भानु (*bhānu* sun), मधु (*madhu* honey), धेनु (*dhenu* cow), वधू (*vadhū* bride), पितृ (*pitṛ* father), धातृ (*dhātṛ* bearer), मातृ (*mātṛ* mother), गो (*go* cow), नौ (*nau* boat), वाच् (*vāć* speech), राज् (*rāj* king), राट् (*rāṭ* king), जगत् (*jagat* world), आत्मन् (*ātman* soul), शशिन् (*śaśin* moon), दिक् (*dik* direction), पयस् (*payas* water), भू (*bhū* to become), अस् (*as* to be), अद् (*ad* to eat), तुद् (*tud* to hurt).

LESSON 7

saptamaḥ abhyāsaḥ सप्तमः अभ्यासः।

COMPOUND CONSONANTS

saṁyukta-vyañjanānām abhyāsaḥ संयुक्तव्यञ्जनानाम् अभ्यासः।

Very well, now that you have learned the chart of simple consonants and vowels, let us study compounding of the consonants and application of vowel-signs, through proper examples.

THE HALF CONSONANTS : (*halantāḥ* हलन्ताः) :

The Chart shown in Lesson 1 contains the full consonants i.e. each base consonant with vowel *a* (अ) added to it. Let us now see the consonants without this vowel (अ) *a*. These consonants are called Half-consonants (*halantāḥ* हलन्ताः) and they are either written by attaching a small slant at the bottom of the character or by writing their half-letter shapes.

A **half-consonant** can not be pronounced by itself, unless a vowel is added to it. A vowel can be pronounced by itself. A consonant can be added to another consonant or consonants, and, at least one vowel must be added to it, to make it a complete compound character that can be pronounced.

Study the following chart of half-consonants and then do the following exercises. Please repeat the exercises, if necessary, to attain a good grasp of the material given here.

7.1

The Sanskrit Half-Consonants

EXERCISE 18 : Write the following

Half Consonants (pure consonants without a vowel)

क् क्‍	ख् ख्‍	ग् ग्‍	घ् घ्‍	ङ्
k	**kh**	**g**	**gh**	**ṅ**
च् च्‍	छ्	ज् ज्‍	झ् झ्‍	ञ् ञ्‍
ć	**ćh**	**j**	**jh, z**	**ñ**
ट्	ठ्	ड्	ढ्	ण् ण्‍
ṭ	**ṭh**	**ḍ**	**ḍh**	**ṇ**
त् त्‍	थ् थ्‍	द्	ध् ध्‍	न् न्‍
t	**th**	**d**	**dh**	**n**
प् प्‍	फ् फ्‍	ब् ब्‍	भ् भ्‍	म् म्‍
p	**ph, f**	**b**	**bh**	**m**

य् य्‍	र्	ल् ल्‍	व् व्‍
y	**r**	**l**	**v, w**
श् श्‍	ष् ष्‍	स् स्‍	ह् ह्‍
ś	**ṣ**	**s**	**h**

7.2

COMMON COMPOUND CHARACTERS

With the use of half characters such as:

क् k, ख् kh, ग् g, घ् gh, ङ् ṅ, च् ć, छ् ćh, ज् j, झ् jh, ञ् ñ, ट् ṭ, ठ् ṭh, ड् ḍ, ण् ṇ,
त् t, थ् th, ध् dh, न् n, प् p, फ् ph, ब् b, भ् bh, म् m,
य् y, र् r, ल् l, व् v, श् ś, ष् ṣ, स् s, ह् h

EXERCISE 19 : Read, study and write the following groups of Sanskrit Compound characters. Compare each of them with the corresponding full-character.

(1) Character k (क् क)

क k — पक्व, पक्‍व *(pakva* ripened*)*, क्लीबम्, क्‌लीबम्, *(klībam* weakness*)* क्लेद: क्‌लेद: *(kledaḥ* wettness*)*, वाक्यम्, वाक्‌यम् *(vākyam* speech*)*, रक्तम्, रक्‌तम् *(raktam* blood*)*, रुक्मिणी, रुक्‌मिणी *(Rukmiṇī)*, क्वचित्, क्‌वचित् *(kvaćit* sometimes*)*

(2) Character kh (ख् ख)

ख kh — ख्याति: ख्‌याति: *(khyātiḥ* fame*)*, आख्या आख्‌या *(ākhyā* saying*)*, सख्यम् सख्‌यम् *(sakhyam* friendship*)*

(3) Characters g and gh (ग् ग ; घ् घ)

ग g; घ gh — ग्लानि: ग्‌लानि: *(glāniḥ* downfall*)*, अग्नि: अग्‌नि: *(agniḥ* fire*)*, भाग्यम् भाग्‌यम् *(bhāgyam* fortune*)*, भग्न भग्‌न *(bhagna* broken*)*, विघ्नम् विघ्‌नम् *(vighnam* obstacle*)*

(4) Characters ṅ (ङ्)

ङ् ṅ	ङ्क ṅka	ङ्क्त ṅkta	ङ्ख ṅkha	ङ्ग ṅga
ङ्घ ṅgha	ङ्म ṅma	ङ्ल ṅla	ङ्क्ष ṅkṣa	ङ्क्ष्व ṅkṣva

लङ्का लङ्‌का *(laṅkā* Sri Lanka*)*, पङ्क्ति: पङ्‌क्ति: पङ्‌क्‌ति: *(paṅktiḥ* line, row*)*, शङ्ख: शङ्‌ख:

(śaṅkhaḥ conchshell*)*, रङ्गः रङ्‌गः *(raṅgaḥ* colour), सङ्घः सङ्‌घः *(saṅghaḥ* group*)*, वाङ्मयम् वाङ्‌मयम् *(vāṅmayam* literature), आङ्ल आङ्‌ल *(āṅla* English*)*, काङ्क्षा काङ्‌क्षा *(kāṅkṣā* desire), भुङ्क्ष्व *(bhuṅkṣva* please enjoy)

(5) Characters ć and ćh (च् च ; छ्)

च ć ; छ् ćh

अच्युतः अच्‌युतः *(aćyutaḥ* Krishna*)*, अवाच्य अवाच्‌य *(avāćyaḥ* unspeakable*)*, सुवाच्य सुवाच्‌य *(suvāćya* well said*)*, उच्छ्वासः उच्‌छ्‌वासः *(uććhvāsaḥ* breath*)*

(6) Characters j and ñ (ज् ज ; झ् झ ; ञ् ञ)

ज j ; झ jh ; ञ ñ

राज्यम् राज्‌यम् *(rājyam* kingdom*)*, सज्ज सज्‌ज *(sajja* ready*)*, उज्ज्वल उज्‌ज्‌वल *(ujjvala* bright*)*, ज्योतिः ज्‌योतिः *(jyotiḥ* light*)*, प्रोज्झ्य प्रोज्‌झ्‌य *(projhya* leaving*)*, पञ्च पञ्‌च *(pañća* five*)*, भञ्जनम् भञ्‌जनम् *(bhañjanam* destruction*)*, वाञ्छा वाञ्‌छा *(vāñćhā* desire*)*

(7) Characters ṭ, ṭh (ट्, ठ्)

ट् ṭ ; ठ् ṭh

पट्टकः पट्‌टकः *(paṭṭakaḥ* plate*)*, पट्टनम् पट्‌टनम् *(paṭṭanam* town*)*, कण्ठ्य कण्‌ठ्‌य *(kaṇṭhya* guttural)

(8) Character ḍ, ḍh (ड्, ढ्)

ड् ḍ ; ढ् ḍh

उड्डयनम् उड्‌डयनम् *(uḍḍayanam* flight*)*, उड्डित उड्‌डि *(uḍḍita* flown*)*, चकृढ्वे चकृढ्‌वे *(ćakṛḍhve* you all had done*)*

(9) Character ṇ (ण्, ण)

ण ṇ

पाण्डवः पाण्‌डवः *(Pāṇḍvaḥ)*, कण्ठः कण्‌ठः *(kaṇṭhaḥ* throat*)*, कण्टकः कण्‌टकः *(kaṇṭakaḥ* thorn*)*, षण्मासः षण्‌मासः *(ṣaṇmāsaḥ* six-months*)*

(10) Characters t, th and dh (त् त ; थ् थ ; ध् ध)

त t ; थ th ; ध dh

सत्कारः सत्‌कारः *(satkāraḥ* honour*)*, दुग्धम् दुग्‌धम् *(dugdham* milk*)*, रत्नाकरः रत्‌नाकरः *(ratnākaraḥ* ocean*)*, उत्पातः उत्‌पातः *(utpātaḥ* rise*)*, आत्मा आत्‌मा *(ātmā* soul*)*, सत्यम् सत्‌यम् *(satyam* truth*)*, त्यागः त्‌यागः

(tyāgaḥ sacrifice*)*, त्वरा त्‌वरा *(tvarā* rush*)*; तथ्यम् तथ्‌यम् *(tathyam* reality*)*; बाध्य बाध्‌य *(bādhya* binding*)*

(11) Character n (न्, न‍)

न‍ n — आनन्दः आनन्‌दः *(ānandaḥ* joy*)*, अन्नम् अन्‌नम् *(annam* food*)*, जन्म जन्‌म *(janma* birth*)*, अन्य अन्‌य *(anya* other*)*, अन्वयः अन्‌वयः *(anvayaḥ* relation*)*, भिन्न भिन्‌न *(bhinna* different*)*, वन्दनम् वन्‌दनम् *(vandanam* salute*)*, बन्धनम् बन्‌धनम् *(bandhanam* bondage*)*, पान्थः पान्‌थः *(pānthaḥ* traveller*)*

(12) Characters p, ph (प् प‍ ; फ् फ‍)

प‍ p ; फ‍ ph — समाप्त समाप्‌त *(samāpta* ended*)*, अप्सरा अप्‌सरा *(apsarā* celestial maid*)*, स्वप्नम् स्‌वप्‌नम् *(svapnam* dream*)*, पाप्मन् पाप्‌मन् *(pāpman* sin*)*, रूप्यकम् रुप्‌यकम् *(rūpyakam* Rupee*)*.

(13) Characters b, bh and m (ब् ब‍ ; भ् भ‍ ; म् म‍)

ब‍ b ; भ‍ bh ; म‍ m — शब्दः शब्‌दः *(śabdaḥ* word), शैब्यः शैब्‌यः *(śaibyaḥ)*, सभ्य सभ्‌य *(sabhya* gentle*)*, सम्पदा सम्‌पदा *(sampadā* wealth*)*, सम्यक् सम्‌यक् *(samyak* right*)*, धृष्ट धृष्‌ट *(dhṛṣṭa* courageous*)*, अम्ल अम्‌ल *(amla* sour*)*

(14) Characters y and l (य् य‍ ; ल् ल‍)

य‍ y ; ल‍ l — शय्या! शय्‌या! *(śayyā* bed*)*, उल्का उल्‌का *(ulkā* meteor*)*, उल्लेखः उल्‌लेखः *(ullekhaḥ* reference*)*, अल्प अल्‌प *(alpaḥ,* short*)*, कल्याणम् कल्‌याणम् *(kalyāṇam* benefit*)* वल्गना वल्‌गना *(valganā* chatter*)*

(15) Character v (व् व‍)

व‍ v — व्ययः व्‌ययः *(vyayaḥ* expense*)*, व्यायामः व्‌यायामः *(vyāyāmaḥ* exercise*)*, व्योम व्‌योम *(vyoma* sky*)*, व्यूढ व्‌यूढ *(vyūḍha* arranged*)*, व्यङ्गम् व्‌यङ्‌गम् *(vyaṅgam* deformity*)*, व्यवसायः व्‌यवसायः *(vyavasāyaḥ* business*)*

(16) Chararacter ś (श् श‍ श्‍)

श‍ श्‍ ś — विश्वासः विश्‍वासः विश्‌वासः *(viśvāsaḥ* trust*)*, निश्चयः निश्‍चयः निश्‌चयः *(niścayaḥ* firm resolution*)*, पश्चात् पश्‍चात् पश्‌चात् *(paścāt* after*)*,

काश्मीरः काश्‌मीरः *(kāśmīraḥ)*, अवश्यम् अवश्‌यम् *(avaśyam* certainly*)*, अश्मकः अश्‌मकः *(aśmakaḥ* stone*)*, विश्लेषणम् विश्‌लेषणम् *(viśleṣaṇam* analysis*)*

(17) Character ṣ (ष् ष्‍)

ष्‍ ṣ अष्ट अष्‌ट *(aṣṭa* eight*)*, इष्ट इष्‌ट *(iṣṭa* desired*)*, कष्टम् कष्‌टम् *(kaṣṭam* trouble*)*, आविष्कारः आविष्‌कारः *(āviṣkāraḥ* discovery*)*, मनुष्यः मनुष्‌यः *(manuṣyaḥ* man*)*, पुष्पम् पुष्‌पम् *(puṣpam* flower*)*, उष्मा उष्‌मा *(uṣmā* heat*)*, ओष्ठः ओष्‌ठः *(oṣṭhaḥ* lip*)*, उष्णः उष्‌णः *(uṣṇaḥ* hot*)*, कृष्णः कृष्‌णः *(kṛṣṇaḥ)*, बाष्पम् बाष्‌पम् *(bāṣpam* vapour*)*, भविष्यम् भविष्‌यम् *(bhaviṣyam* future*)*

(18) Character s (स् स्‍)

स्‍ s तस्करः *(taskaraḥ* thief*)*, अस्तु असतु *(astu* let it be*)*, स्थितिः सथितिः *(sthitiḥ* state*)*, स्फटिकः सफटिकः *(sphaṭikaḥ* crystal*)*, स्नायुः सनायुः *(snāyuh,* muscle*)*, स्पष्ट सपष्ट् *(spaṣṭa* clear*)*, अस्य असय *(asya* of this*)*, हास्यम् हासयम् *(hāsyam* laughter*)*, स्मितम् समितम् *(smitam* a smile*)*, स्वतः सवतः *(svataḥ* oneself*)*, स्वदेशः सवदेशः *(svadeśaḥ* motherland*)*, स्वागतम् *(svāgatam* welcome*)*, स्कन्दः सकन्दः *(skandaḥ)*, स्मृतिः समृतिः *(smṛtiḥ* memory, rememberance*)*

(19) Character h (ह् ह)

ह h हृ hṛ ह्ण hṇa ह्न hna ह्य hya

ह्म hma ह्र hra ह्ल hla ह्व hva

हृदयम् हृदयम् *(hṛdayam* heart*)*, बाह्य बाह्‌य *(bāhya* external*)*, ब्रह्म ब्‌रह्‌म *(brahma* Brahma*)*, आह्लादः आह्‌लादः *(āhlādaḥ* joy*)*, गृह्णाति गृह्‌णाति *(gṛhṇāti* he takes*)*, ह्रस्व ह्‌रस्‌व *(hrasvaḥ* short*)* चिह्नम् चिह्‌नम् *(ćihnam* sign*)*, वह्निः वह्‌निः *(vahniḥ* fire*)*, जिह्वा जिह्‌वा *(jihvā* toung*)*

LESSON 8

aṣṭamaḥ abhyāsaḥ अष्टमः अभ्यासः।

8.1
STUDY OF SPECIAL COMPOUND CHARACTERS

Characters क् + त can be written as क्त *(kta)*, but there is a special single character क्त for this purpose. e.g. रक्तम् रक्तम् *(raktam* blood*)*, भक्तिः भक्तिः *(bhaktiḥ* devotion*)*, वक्ता वक्ता *(vaktā* speaker*)*, युक्तः युक्तः *(yuktaḥ* equipped*)*

क्त क्त kta

Character *da* (द्) has following common compounds

1. d + da = dda → द् + द = द्द (उद्देशः *uddeśaḥ* objective, तद्दानम् *taddānam* that charity)
2. d + dha = ddha → द् + ध = द्ध (युद्धम् *yuddham* war, बुद्धिः *buddhiḥ* thinking)
3. d + ga = dga → द् + ग = द्ग (उद्गमः *udgamaḥ* rise, भगवद्गीता *bhagavadgītā*)
4. d + gha = dgha → द् + घ = द्घ (उद्घाटनम् *udghāṭaman* inauguration)
5. d + bha = dbha → द् + भ = द्भ (सद्भावः *sadbhāvaḥ* goodness; उद्भवः *udbhavaḥ* rise)
6. d + ya = dya written as : द् + य = द्य (आद्यः *ādyaḥ* first; द्यूतम् *dyūtam,* gambling)
7. d + ma = dma written as : द् + म = द्म (पद्मम् *padmam* lotus, छद्मी *ćhadmī* cunning)
8. d + va = dva written as : द् + व = द्व (द्वन्द्वः *dvandvaḥ* dual, विद्वान् *vidvān* learned)

द्द dda	द्घ dgha	द्ध ddha	द्ग dga
द्भ dbha	द्य dya	द्म dma	द्व dva

Letter ra (र) forms following two groups of compounds:

(A) When full-consonant र (ra) comes after any half-consonant, it is written as a slanted line (⸝) attached to that half-consonant.

1. k + ra (क् + र = क्र) चक्रम् *ćakram* wheel, क्रान्तिः *krāntiḥ* revolution, क्रोधः *krodhaḥ* anger, क्रिया *kriyā* deed, क्रूरः *krūraḥ* cruel, क्रेता *kretā* buyer

2. g + ra (ग् + र = ग्र) अग्रम् *agram* tip, अग्रेसरः *agresaraḥ* leader, ग्रामम् *grāmam* village, ग्रीवा *grīvā* neck

3. d + ra (द् + र = द्र) भद्रः *bhadraḥ* gentle, सुभद्रा *subhadrā*, द्रविड *draviḍa*, द्रोहः *drohaḥ* treachery, द्रुमः *drumaḥ* tree

4. ś + ra (श् + र = श्‍ + र = श्र) श्रद्धा *śraddhā* faith, विश्रांतिः *viśrāntiḥ* rest, श्री *śrī* divine, श्रेष्ठः *śreṣṭhaḥ* superior, श्रोता *śrotā* listner, श्रुतम् *śrutam* heard

5 t + ra (त् + र = त्र) यन्त्रम् *yantram* machine, रात्रिः *rātriḥ* night, पत्रम् *patram* leaf, त्रेता *tretā* saviour, त्रिधा *tridhā* in three ways, त्रेधा *tredhā* in three ways.

क्र kra   ग्र gra   श्र śra   त्र tra

6. ṭ or ḍ + ra (ट्र, ड्र) : उष्ट्रः उष्ट्‌रः *uṣṭraḥ* camel, राष्ट्रः राष्ट्‌रः *rāṣṭraḥ* country, पौण्ड्रः पौण्ड्‌रः *pauṇḍraḥ*

7. s + ra (स् + र = स्र) सहस्रम् सहस्‌रम् *sahasram* thousand, स्रावः स्‌रावः *srāvaḥ* a flow

8. s + t + ra (स् + त् + र = स्त्र) स्त्री स्‌त्‌री *strī* woman, अस्त्रम् अस्‌त्‌रम् *astram* weapon, वस्त्रम् वस्‌त्‌रम् *vastram* cloth

ट्र tra   स्र sra   स्त्र stra

(B) When half-consonant र् (r) comes before any consonant, it is written as (ˆ)

9. र् + प = (र्प); अर्कः अर्‌कः *arkaḥ* sun, सर्गः सर्‌गः *sargaḥ* the creation, अर्चना अर्‌चना *arćanā* worship, वार्ता वार्‌ता *vārtā* news, सर्पः सर्‌पः *sarpaḥ* snake, कर्म कर्‌म *karma* deed, कार्यम् कार्‌यम् *kāryam* duty

र्क rka   र्प rpa

Character *ta* (त्) makes following common compounds

1. t + ta = tta (त्+त = त्त, त्त) उत्तमम् *uttamam* best, सत्ता *sattā* jurisdiction, सत्त्वम् *sattavam* truth. 2. n + na = nna (न् + न = न्न) खिन्न *khinn* sad
3. h + ma = hma (ह् + म = ह्म) ब्रह्मा *brahmā* the Creator, ब्रह्माण्डम् *brahmaṇḍam* world
4. h + ya = hya (ह् + य = ह्य) बाह्यः *bāhyaḥ* external, गुह्यम् *guhyam* secret

त्त tta   त्त्व ttva   न्न nna

EXERCISE 20 : What we learned so far. Read and write the following Sanskrit words

1. क्रमः (order), कृष्ण (black), क्रुद्धः (angry), कृपणः (miser)
2. चञ्चलः (quick), शूच्यः (pure), पूज्यः (holy), ज्योत्स्ना (moonlight), धनञ्जयः (Arjun)
3. स्वप्नम् (dream), प्रश्नः (question), प्राधान्यम् (priority), प्रसन्नम् (pleased), धृष्टद्युम्नः (Draupadī's brother), अन्नम् (food)
4. व्याघ्रः (tiger), वज्रम् (thunderbolt), अभ्रम् (cloud), त्रिलोकः (three worlds), तृप्तः (satisfied), ध्रुवः (steady), धृतिः (courage), प्रत्येक (each), ब्रह्म (God), तीव्रम् (strong)
5. दृष्टिः (vision), वृष्टिः (rain), सृष्टिः (creation), पृथ्वी (earth), मृतात्मा (dead person), पृष्ठम् (surface)
6. वृत्तम् (news), धृतराष्ट्रः (a king's name), नृपः (king), क्रांतिः (revolution)
7. स्त्री (woman), स्त्रियः (women), स्तोत्रम् (praise), अजस्रम् (huge), सृजनम् (creation); पद्मनाभः (Viśṇu), पद्मा (Lakṣmī), पद्यम् (poetry), गद्यम् (prose)
8. स्थानम् (place), वयस्कः (old), स्मृतिः (memory), स्नानम् (bath), स्निग्धम् (viscous)
9. द्रौपदी, द्‌रौपदी, दुर्योधनः, दुर्‌योधनः, भार्गवः भार्‌गवः (proper nouns)
10. गर्वः (pride), सर्वः (all), पूर्वम् (earlier), स्वर्गः (heaven), अर्चना (worship), तर्कः (guess), दर्पणः (mirror)

8.2

SANSKRIT COMPOUND CHARACTERS

(WITH EXAMPLES)

sodāharaṇāḥ saṁyukta-varṇāḥ सोदाहरणाः संयुक्तवर्णाः।

Only a Reading and Writing Exercise : Read and write the Sanskrit words.

क् क्क, क्क (वुक्कति, वुक्कति वुक्कति *vukkati,* he barks), क्ख (कक्खति *kakkhati* he laughs, कक्खट *kakkhaṭa* hard), क्च (त्वक्चैव *tvakćaiva* skin also), क्त (उक्त *ukta* said), क्त्य (भक्त्या *bhaktyā* with devotion), क्त्र (वक्त्रम् *vaktram,* mouth), क्त्व (उक्त्वा *uktvā* having said), क्न (शक्नोमि *śaknomi,* I am able), क्प (पृथक्पृथक् *pṛthak-pṛthak* separately), क्म (रुक्मिणी *rukmiṇī*), क्य (वाक्यम् *vākyam* speech), क्र (क्रमः *kramaḥ* order), क्ल (क्लान्त *klānta* tired), क्लृ (क्लृप्तिः *klṛptiḥ* invention), क्व (क्वचित् *kvaćit* sometimes), क्श (प्राक्शरीरविमोक्षणम् *prāk-śarīra-vimokṣaṇam* before death), क्ष (क्षमा *kṣamā,* forgiveness), क्स (ऋक्साम *ṛk-sāma* Rigveda and Sāmveda)

क्ष् क्ष्म्य (सौक्ष्म्यम् *saukṣmyam* minuteness), क्ष्य (समीक्ष्य *samīkṣya* having seen), क्ष्व (*Ikṣvāku* इक्ष्वाकुः)

ख् ख्य (सांख्यः *sāṅkhyaḥ*)

ग् ग्द (वाग्देवी *vāg-devī* Sarasvatī), ग्ध (दुग्धम् *dugdham* milk), ग्न (अग्निः *agniḥ* fire), ग्प (वाग्पटुः *vāgpaṭuḥ* elouquent), ग्भ (पृथग्भावः *pṛthag-bhāvaḥ* different nature), ग्भ्य (लिग्भ्याम् *ligbhyām* for two writers), जग्मुः (*jagmuḥ* they went), ग्य (भाग्यम् *bhāgyam* luck), ग्र (ग्रसनम् *grasanam* eating), ग्ल (ग्लानिः *glāniḥ* downfall), ग्व (पृथग्विधा *pṛthagvidhā* differently), ग्व्य (सम्यग्व्यवस्थित *samyag-vyavasthita* properly established)

घ् घ्न (विघ्नम् *vighnam* obstacle), घ्न्य (अघ्न्यः *aghnyaḥ* not to be killed), घ्य (अर्घ्य *arghya* holy), घ्र (घ्राणम् *ghrāṇam* nose), घ्व (लघ्वाशी *laghvāśī* moderate eater)

ङ् ङ्क (अङ्कः aṅkaḥ body), ङ्क (भुङ्क्ते bhuṅkte he eats), ङ्क्थ (भुङ्ग्थ bhuṅktha you all enjoy), ङ्ख (शङ्खः śaṅkhaḥ conch-shell), ङ्ग (गङ्गा gaṅgā), ङ्ग (सङ्गीतम् saṅgītam music), ङ्घ (सङ्घः saṅghaḥ attachment), ङ्ध्व (भुङ्ध्वे bhuṅgdhve you all enjoy), ङ्म (वाङ्मयम् vāṅgmayam literature), ङ्क्ष (काङ्क्षामि kāṅkṣāmi I desire), ङ्भ्य (प्राङ्भ्याम् prāṅgbhyām for two Easterners)

च् च्च (उच्चैः uccaiḥ, loudly), च्छ (इच्छा icchā, desire), च्छृ (उच्छृङ्खल ucchṛṅkhala unrestrained), युद्धाच्छ्रेयः (yuddhācchreyaḥ better than war), च्य (अच्युतः acyutaḥ Krishna), उच्यते ucyate it is called), च्वि (cvi existance of non-existant)

छ् छ्य (छ्यवते chyavate he approaches), छ्र (यच्छ्रेयः yacchreyah that which is better), उच्छ्रित (ucchrita raised), उच्छ्वासः ucchvāsaḥ exhalation)

ज् ज्ज (सज्ज sajja ready), ज्ज्य (तज्ज्योतिः tajjyotih that light), ज्ज्ञ (तज्ज्ञात्वा tajjñātvā knowing that), ज्य (राज्यम् rājyam kingdom), ज्र (वज्रम् vajram thunderboalt), ज्व (ज्वाला jwālā flame)

ञ् ञ्च (पञ्च pañca five), ञ्छ (वाञ्छा vañchā desire), ञ्ज (सञ्जयः sañjayaḥ), ञ्ज्य (युञ्ज्याद्योगम् yuñjādyogam should practice yoga), ञ्झ (उञ्झति uñjhati he lets it go), ञ्ज्म (भुञ्ज्म bhuñjma we all enjoy), ञ्ज्व (भुञ्ज्व bhuñjva we both enjoy), ञ्श्र (पश्यञ्श्रुण्वन् paśyañ-śruṇvan while seeing and hearing), ञ्श्व (स्वपञ्श्वसन् svapañśvasan sleeping and breething)

ट् ट्ट (पट्टिका paṭṭikā, plate), ष्ट्र (राष्ट्रम् rāṣṭram country), ष्ट्व (दृष्ट्वा dṛṣṭvā, seeing)

ड् ड्ड (उड्डयते uḍḍayate he flies), ड्भ्य (राड्भ्याम् rāḍbhyām for two kings), ड्य (ईड्य īḍya glorified)

ढ् ढ्य (आढ्य āḍḍhyạ wealthy)

ण् ण्ट (कण्टकः kaṇṭakaḥ thorn), ण्ठ (वैकुण्ठम् vaikuṇṭham heaven), ण्ड (पाण्डवाः pāṇḍavāḥ), ण्ढ (षण्ढ ṣaṇḍha impotant), ण्ड्र (पौण्ड्रः pauṇḍraḥ), ण्ण (विषण्ण vṣaṇṇa dejected), ण्म (षण्मासाः ṣaṇ-māsaḥ six-months), ण्य (कार्पण्यम् kārpaṇyam pity)

त्‌ त्क (तत्कालः *tatkālaḥ,* that time), त्कृ (अभिभवात्कृष्ण *abhibhavāt-kṛṣṇa!* O Krishna! from the rise of), त्क्र (कामात्क्रोधः *kāmātkrodhaḥ* anger from desire), त्क्ष (अन्यत्क्षत्रियस्य *anyat-kṣatriyasya* anything else for a warrior), त्च (भयात्च *bhayātća* and from the fear), त्त (सत्ता *sattā* power), त्त्य (भयात्त्यजेत् *bhayāt-tyajet* let go out of fear), त्त्र (तत्त्रयम् *tat-trayam* those three), त्त्व (तत्त्वम् *tattvam* principle), त्थ (अश्वत्थामा *aśvatthāmā*), त्न (रत्नाकरः *ratnākaraḥ* ocean), त्प (तत्परम् *tatparam* that supreme), तात्पर्यं (*tātparyam* morale), त्प्र (तत्प्राप्य *tatprāpya* having attained that), त्म (आत्मा *ātmā* soul), त्म्य (महात्म्यम् *mahātmyam* greatness), त्य (त्यक्त्वा *tyaktvā* having renounced), त्र (धर्मक्षेत्रम् *dharmakṣetram* righteous place), त्र्य (रात्र्यागमे *rātryāgame* at night), त्व (त्वम् *tvam* you), त्स (उत्साहः *utsāhah* encouragement), त्स्थ (पश्यत्स्थितान् *paśyatsthitān* he saw the standing ones), त्स्न (कृत्स्नम् *kṛtsnam* all), त्स्म (सम्मोहात्स्मृतिविभ्रमः *sammohātsmṛti-vibhramaḥ* loss of thinking as a result of delusion) त्स्य (प्रतियोत्स्यामि *pratiyotsyāmi* I will defend) त्स्व (परधर्मात्स्वनुष्ठितात् *para-dharmāt-svanuṣṭhitāt* than performed others' duty)

थ्‌ मथ्नाति (*mathnāti* he churns), थ्य (तथ्यम् *tathyam* truth); मिथ्या *mithyā* false)

द्‌ द्ग (उद्गारः *udgāraḥ* exclamation), द्ग्र (असद्ग्राहः *asadgrāhaḥ* misunderstanding), द्घ (उद्घाटनम् *udghāṭanam* inauguration), द्द (उद्देशः *uddeśaḥ* objective), द्द्य (महद्द्युतिकरः *mahad-dyutikaraḥ,* sun), द्द्र (अन्यद्द्रष्टुमिच्छसि *anyad-draṣṭum-icćhasi* whatever else you wish to see), द्ध (युद्धम् *yuddham* war), द्ध्य (युद्ध्यस्व *yuddhyasva* please fight), द्ध्व (बुद्ध्वा *buddhvā* having known) द्ब (स्मृतिभ्रंशाद्बुद्धिनाशः *smṛti-bhraṁśād-buddhi-nāśaḥ* misunderstanding due to confusion), द्ब्र (तस्माद्ब्रह्मणि *tasmād-brahmaṇi* therefore in the brahma), द्भ (सद्भावः *sad-bhāvaḥ* righteousness), द्भ्य (भगवद्भ्याम् *bhagavadbhyām* for two gods), द्म (पद्मम् *padmam,* lotus), द्य (पद्यम् *padyam* song), द्र (द्रुपदः *drupadaḥ*), द्व (द्वंद्वम्, द्वन्द्वम् *dvandvam* duality), द्व्य (अव्यक्ताद्व्यक्तयः *avyaktād-vyaktayaḥ,* the manifest emerged from the unmanifest)

ध् ध्न (बध्नाति *badhnāti* it binds), ध्म (दध्मौ *dadhmau* he blew), ध्य (ध्यानम् *dhyānam* meditation), ध्र (ध्रुव *dhruva* unmoving), ध्व (ध्वजः *dhvajaḥ* flag)

न् न्क (समवेतान्कुरून् *samavetān-kurūn* to the assembled Kurus), न्ग (अश्नन्गच्छन् *aśnan-gacchan* eating and going), न्त (णिजन्त *ṇijanta* causative), न्त (अन्तः *antaḥ* end), न्त्य (व्यथयन्त्येते *vyathayantyete* these do bother), न्त्र्य (आमन्त्र्य *āmantrya* having invited), न्थ (मन्थनम् *manthanam* churning), न्त्र (यन्त्रम् *yantram* machine), न्त्व (सान्त्वना *sāntvanā* consolation), न्त्स्य (भन्त्स्यति *bhantsyati* he will tie), न्द (आनन्दः *ānandaḥ* joy), न्द्र (इन्द्रियम् *indriyam* organ), न्द्व (द्वन्द्वम् *dvandvam* duality), न्द्ध (रुन्द्धाम् *runddhām* he should resist), अरुन्द्ध्वम् (*arunddhvam* you all had resisted), न्द्ध्य (रुन्द्ध्याताम् *runddhyātām* may they stop), न्ध (अन्ध *andha* blind), अरुन्ध्महि (*arundhmahi* we all had resisted), विन्ध्यन्तः (*vindhyantaḥ* lacking), अरुन्ध्वहि (*arundhvahi* we two had resisted), न्न (अन्नम् *annam* food), न्प (स्थितान्पार्थः *sthitān-pārthaḥ* Arjuna to the seated ones), न्प्र (प्राणान्प्राणेषु *prāṇān-prāṇeṣu* breath in the breaths), न्ब (सर्वान्बन्धून् *sarvān-bandhūn* to all brothers), न्ब्र (तान्ब्रवीमि *tān-bravīmi* I tell about them), न्भ (भवान्भिष्मः *bhavān-bhīṣmaḥ* you Bhīshma), न्भ्य (खन्भ्याम् *khanbhyām* for two lame men), न्भ्र (मातुलान्भ्रातॄन् *mātulān-bhratṝn* to uncles and brothers), न्म (जन्म *janma* birth), न्य (अन्यः *anyaḥ,* other), न्र (अस्मिन्रणे *asmin-raṇe* on this battlefield), न्व (अन्वयः *anvayaḥ* following), न्व्य (भगवन्व्यक्तिम् *bhagavan-vyaktim* O Lord! Your personifiction), न्स (तान्समीक्ष्य *tān-samīkṣya* having seen them), न्स्य (बुद्धिमान्स्यात् *buddhimān-syāt* he will be wise), न्स्व (धार्तराष्ट्रान्स्वबान्धवान् *dhārtarāṣtrān-sva-bāndha-vān,* to our brother Kauravas), न्ह (सञ्जनयन्हर्षम् *sañjanayan-harṣam,* while increasing the joy)

प् प्त (पर्याप्तम् *paryāptam* limited), प्त्व (लोलुप्त्वम् *loluptvam* eagerness), प्न (स्वप्नम् *svapnam* sleep, dream), प्म (पाप्मानम् *pāpmānam* to the wicked), प्य (अवाप्य *avāpya* having obtained), प्र (प्रति *prati* towards), प्ल (संप्लुतोदकम् *samplutodakam* full of water), प्स (अप्सु *apsu* in the water), प्स्य (अवाप्स्यसि *avāpsyasi* you will attain)

ब् ब्द (शब्द: *śabdaḥ* sound), ब्ध (लब्ध *labdha* attained), ब्ध्व (लब्ध्वा *labdhvā* having), ब्भ्य (गुब्भ्याम् *gubbhyām* for tow defenders), ब्य (शैब्य: *śaibyaḥ*), ब्र (ब्रह्म *brahma*)

भ् भ्य (अभ्यास: *abhyāsaḥ* study), भ्र (भ्रम: *bhramaḥ* delusion), भ्वादि (*bhvādi* bhū etc.)

म् म्न (धृष्टद्युम्न: *dhṛṣṭadyumnaḥ*), म्प (विकम्प: *vikampaḥ* trembling), म्फ (गुम्फित *gumphita* intertwined), म्ब (अम्बा *ambā* mother), म्भ (अम्भसि *ambhasi* in the water), म्भ्य (पुम्भ्याम् *pumbhyām* for two persons), म्म (सम्मान: *sammānaḥ* respect), म्य (रम्य *ramya* enchanting), म्र (म्रियते *mriyate* it dies)

य् य्य (त्वय्युपपद्यते *tvayyupapadyate* it befits you)

र् र्क (अर्क: *arkaḥ* sun), र्क्ष्य (सूर्क्ष्यिष्यति *sūrkṣiṣyati* he will disrespect), र्ख (मूर्ख *mūrkha* foolish) र्ग (वर्ग: *vargaḥ* class), र्ग्भ्य (ऊर्ग्भ्याम् *ūrgbhyām* with two languages), र्ग्य (अस्वर्ग्य *asvargya* un-heavenly), र्घ्य (अर्घ्यम् *arghyam* of fering) र्च (अर्चना *arćanā* worship), र्च्य (अभ्यर्च: *abhyarćaḥ* salute), र्च्छ (मूर्च्छति *mūrćchati* it coagulates), र्ज (भीमार्जुनौ *bhīmārjunau* of Bhima and Arjuna), र्ज्य (वर्ज्य *varjya* without), र्ज्व (वदनैर्ज्वलद्भि: *vadanairjvaladbhiḥ* with balzing mouths), र्झ (झर्झरा *jharjharā* prostitute), र्ण (वर्ण: *varṇaḥ* a class), र्ण्य (आकर्ण्य *ākarṇya,* hearing), र्त (धार्तराष्ट्र: *dhārtarāṣṭraḥ* Kaurava), र्त्त (आर्त्त *ārtta* afflicted) र्त्म (वर्त्मनि *vartmani* on the path), र्त्य (मर्त्य *martya* dying), र्थ (अर्थ: *arthaḥ* meaning), र्द (जनार्दन: *janārdanaḥ* Kṛṣṇa), र्ध (अर्ध *ardha* half), र्ध्न (मूर्ध्नि *mūrdhni* in the head), र्ध्न्य (मूर्ध्न्याधायात्मन: *mūrdhnyādhāyātmanaḥ* having fixed in one's head), र्ध्र (मृत्युर्ध्रुवम् *mṛtyurdhruvam* death is certain), र्ध्व (ऊर्ध्व *ūrdhva* up), र्न (निराशीर्निर्मम: *nirāsīrnirmamaḥ* indifferent and selfless), र्प (सर्प: *sarpaḥ* snake), र्ब (दुर्बुद्धि: *dur-buddhiḥ,* wicked), र्ब्र (हविर्ब्रह्माग्नौ *havirbrhmāgnau* offering in the fire of brahma), र्भ (दर्भ: *darbhaḥ* grass), र्म (कर्म *karma* deed), र्म्य (धर्म्यात् *dharmyāt* than the righteous), र्य (शौर्यम् *śauryam* bravery), र्ल (चिकीर्षुर्लोकसंग्रहम् *ćikīrṣur-lokasaṅgraham* desirous of people), र्व (सर्व *sarva* all), र्व्य (बुद्धिर्व्यतितरिष्यति *buddhirvyatitariṣyati* mind will transcend), र्श (स्पर्श: *sparśaḥ* contact), र्ष (हर्ष: *harṣaḥ* joy), र्ष्ण (वार्ष्णेय: *vārṣṇeyaḥ* Krishna), र्ह (अर्ह: *ahraḥ* worthy), र्ज्ञ (प्रकृतेर्ज्ञानवानपि *prkrterjñānavānapi* the wise also - with his own nature)

ल् ल्क (वल्कलम् *valkalam* bark), ल्ग (वल्गना *valganā* chatter), ल्प (अल्प *alpa* short), उल्बेन (*ulbena* with umblical cord), प्रगल्भ (*pragalbha* proud), ल्म (कल्मषम् *kalmaṣam* sin), ल्य (शल्यः *śalyaḥ* thorn), ल्ल (श्रद्धावाँल्लभते *śraddhāvām̐l-labhate* the faithful person attains), ल्व (बिल्वम् *bilvam* the Bel tree)

व् व्य (व्याघ्रः *vyāghraḥ* tiger), व्र (व्रतम् *vratam* austerity)

श् श्च (आश्चर्यम् *āścaryam* wonder), श्छ (भ्रष्टश्छिन्नम् *bhraṣṭśchinnam* broken and spoiled), श्न (अश्नामि *aśnāmi* I eat), श्म (कश्मलम् *kaśmalam* delusion), श्य (पश्य *paśya* see), श्र (श्री *śrī* divine), श्व (अश्वः *aśvaḥ* horse), श्ल (अश्लील *aślīla* obscene)

ष् ष्क (निष्कामः *niṣkāmaḥ* without desire), ष्कृ (निष्कृतिः *niṣkṛtiḥ* fruitless act), ष्ट (अष्ट *aṣṭa* eight), ष्ट्य (द्वेष्ट्यकुशलम् *dveṣṭya-kuśalam* he hates non-pleasent), ष्ट्र (राष्ट्रम् *rāṣṭram* country), ष्ट्व (दृष्ट्वा *dṛṣṭvā* seeing), ष्ठ (पृष्ठम् *pṛṣṭham* surface), ष्ण (कृष्णः *kṛṣṇaḥ* black), ष्प (पुष्पम् *puṣpam* flower), ष्प्र (दुष्प्रापः *duṣprāpaḥ* difficult to attain), ष्ण्य (औष्ण्यम् *auṣṇyam* warmth), ष्म (भीष्मः *bhīṣmaḥ*), ष्य (मनुष्यः *manuṣyaḥ* man), ष्व (कुरुष्व *kuruṣva* do)

स् स्क (स्कन्दः *skandaḥ* chapter), स्ख (स्खलति *skhalati* it falls), स्ज् (भ्रस्ज् *bhrasj* to roast), स्त (अस्तम् *astam* setting), स्त्य (प्राणान्स्त्यक्त्वा *prāṇānstyaktvā* having renounced their lives), स्र (स्रंसते *sraṁsate* it falls), स्रोतः (*srotaḥ* flow), स्त्र (स्त्री *strī* woman), स्त्व (कुतस्त्वा *kutastvā* from where did you?), स्थ (स्थानम् *sthānam* place), स्न (स्नानम् *snānam* bath), स्प (स्पर्शः *sparśaḥ* contact), स्फ (विस्फोटः *visphoṭaḥ* explosion), स्म (तस्मात् *tasmāt* therefore), स्म्य (गिरामस्म्येकमक्षरम् *girām-asmyekam-akṣaram* among the syllables I am the syllable of Om), स्य (अस्य *asya* its), स्र (सहस्रम् *sahasram* thousand), स्व (स्वतः *svataḥ* oneself), स्स (हिनस्सि *hinassi* you kill)

ह् हृ (हृदयम् *hṛdayam* heart), हृष्यति (*hṛṣyati* he enjoys), ह्ण (गृह्णाति *gṛhṇāti* he takes), ह्न (वह्निः *vahni* fire), ह्म (ब्रह्मा *brahmā*), ह्य (दह्यते *dahyate* it burns), ह्र (जिह्रेति *jihreti* she blushes), ह्ल (प्रह्लादः *prahlādaḥ*), ह्व (जुह्वति *juhvati* he performs offering)

3.5

THE WORD ENDINGS

शब्दान्ता: ।

Below is how consonants and vowels are joined to form words. The last character of a word shows how the word ends. e.g. in the word राम (र् + अ + अ + म् + अ) the last letter is अ, therefore, the word राम is अकारान्त (*akārānta* = ending in character अ)

(A) अजन्त (ending in अच्, ending in a vowel)

(1) राम	= र् + आ + म् + अ	अकारान्त
(2) वन	= व् + अ + न् + अ	अकारान्त
(3) माला	= म् + आ + ल् + आ	आकारान्त
(4) कवि	= क् + अ + व् + इ	इकारान्त
(5) वारि	= व् + आ + र् + इ	इकारान्त
(6) मति	= म् + अ + त् + इ	इकारान्त
(7) नदी	= न् + अ + द् + ई	ईकारान्त
(8) भानु	= भ् + आ + न् + उ	उकारान्त
(9) मधु	= म् + अ + ध् + उ	उकारान्त
(10) धेनु	= ध् + ए + न् + उ	उकारान्त
(11) वधू	= व् + अ + ध् + ऊ	ऊकारान्त
(12) पितृ	= प् + इ + त् + ऋ	ऋकारान्त
(13) धातृ	= ध् + आ + त् + ऋ	ऋकारान्त
(14) मातृ	= म् + आ + त् + ऋ	ऋकारान्त

(B) हलन्त (ending in a consonant)

(15) वाच्	= व् + आ + च्	चकारान्त

(16) राज् = र् + आ + ज् जकारान्त

(17) मरुत् = म् + अ + र् + उ + त् तकारान्त

(18) जगत् = ज् + अ + ग् + अ + त् तकारान्त

(19) सुहृद् = स् + उ + ह् + ऋ + द् दकारान्त

(20) शशिन् = श् + अ + श् + इ + न् नकारान्त

(21) आत्मन् = आ + त् + म् + अ + न् नकारान्त

(22) कर्मन् = क् + अ + र् + म् + अ + न् नकारान्त

(23) दिश् = द् + इ + श् शकारान्त

(24) चन्द्रमस् = च् + अ + न् + द् +र् + अ + म् + अ + स् सकारान्त

(25) पयस् = प् + अ + य् + अ + स् सकारान्त

EXERCISE 2 : A. Fill in the blanks

(1) राम = ——— + ——— + ——— + ——— ।

(2) सीता = ——— + ——— + ——— + ——— ।

(3) पुष्प = ——— + ——— + ——— + ——— + ——— ।

(4) कृष्ण = ——— + ——— + ——— + ——— + ——— ।

(5) संस्कृत = ——— + ——— + ——— + ——— + ——— + ——— + ——— + ——— ।

(6) मनस् = ——— + ——— + ——— + ——— + ——— ।

(7) भानु = ——— + ——— + ——— + ——— ।

(8) वधू = ——— + ——— + ——— + ——— ।

(9) वेद = ——— + ——— + ——— + ——— ।

(10) वैद्य = ——— + ——— + ——— + ——— + ——— ।

(11) ब्रह्मा = ——— + ——— + ——— + ——— + ——— + ——— ।

LESSON 9

navamaḥ abhyāsaḥ नवमः अभ्यासः।

PRACTICING RAPID READING

śīghrapaṭhanam शीघ्रपठनम्।

9.1
THE SANSKRIT LANGUAGE
saṁskṛta-bhāṣā संस्कृतभाषा।

सुरस–सुबोधा विश्वमनोज्ञा ललिता हृद्या रमणीया।
अमृतवाणी संस्कृतभाषा नैव क्लिष्टा न च कठिना।।1।।

Surasa-subodhā viśva-manojñā lalitā hṛdyā ramaṇīyā,
Amṛta-vāṇī saṁskṛta-bhāṣā naiva kliṣṭā na ća kaṭhinā.

(for meaning of Sanskrit verses, please see Appendix 9)

EXERCISE 21: ONLY FOR **READING** PRACTICE on what we have learned so far in the previous pages. I assume that you have understood all previous lessons, before proceeding to the following eight exercises.

Following eight exercises are ONLY FOR A PRACTICE IN READING simpler sentences containing easy-to-read Sanskrit compound words. Please read the exercises several times, skip the meaning at this stage, until you finish the book up to lesson 30. Attain a comfortable Sanskrit-reading skill, so that you may be able to tackle the subsequent difficult exercises.

READ THE FOLLOWING PASSAGES

संसारे अनेकाः भाषाः सन्ति। (sam̃sāre anekāḥ bhāṣāḥ santi) तासु सर्वासु संस्कृत-भाषा सर्वोत्तमा च श्रेष्ठा च अस्ति। (tāsu sarvāsu sam̃skṛta-bhāṣā sarvottamā ća śreṣṭhā ća asti) एषा अमृत-वाणी गीर्वाण-वाणी गीर्वाणभारती देव-वाणी इत्यादिभिः नामभिः ज्ञायते। (eṣā amṛta-vāṇī, gīrvāṇa-vāṇī, gīrvāṇa-bhāratī deva-vāṇī ityādibhiḥ nāmabhiḥ jñāyate)

एषा न केवलं भारतीयानां भाषाणां जननी अस्ति (eṣā na kevalaṁ bhāratīyānaṁ bhāṣāṇāṁ jananī asti) अपितु वैदेशिकानां भाषानाम् अपि जननी अस्ति। (apitu vaideśikānāṁ bhāṣānām api jananī asti) ऋषयः समाधिम् आस्थाय एनां साक्षात् कृतवन्तः (ṛṣayaḥ samādhim āsthāya enāṁ sākṣāt kṛtavantaḥ) अत एव एषा भाषा दोषरहिता विकारशून्या संस्कार-सम्पन्ना च अस्ति। (ata eva eṣā bhāṣā doṣa-rahitā, vikāra-śūnyā, sam̃skāra-sampannā ća asti)

अस्याः व्याकरणम् अद्भुतम् अस्ति। (asyāḥ vyākaraṇam adbhutam asti) संस्कृतं वैज्ञानिकं सर्वाङ्गपूर्णं च अस्ति। (sam̃skṛtaṁ vaijñānikaṁ sarvāṅga-pūrṇaṁ ća asti) अस्याः शब्दरचना अभूतपूर्वा अस्ति। (asyāḥ śabda-raćanā abhūta-pūrvā asti) अस्याः च शब्दकोषः सुविशालः अस्ति। (asyāḥ ća śabda-koṣaḥ suviśālaḥ asti) साहित्यं च सुललितम् अस्ति। (sāhityaṁ ća sulalitam asti) वाल्मीकिः व्यासः कालिदासप्रभृतयः महाकवयः विश्वसाहित्ये दुर्लभाः सन्ति। (vālmīkiḥ, vyāsaḥ, kālidāsaprabhṛtayaḥ mahā-kavayaḥ viśva-sāhitye durlabhāḥ santi)

अस्याम् अनेकविधज्ञानम् विद्यते। (asyām aneka-vidhā-jñānaṁ vidyate) अस्यां भाषायां गणितस्य ज्योतिषस्य आयुर्वेदस्य अध्यात्मस्य च सूक्ष्म–विवेचनम् उपलभ्यते। (asyāṁ bhāṣāṁ gaṇitasya, jyotiṣasya, āyurvedasya adhyātmasya ća sūkṣma-vivećanam upalabhyate) संस्कृतं भारतीय–संस्कृतेः मूलम् अस्ति। (saṁskṛtaṁ bhāratīya-saṁskṛteḥ mūlam asti)

9.2

Rāmāyaṇam
रामायणम्।

कविकोकिल–वाल्मीकि–विरचिता रामायण–रमणीयकथा।
अतीव सरला मधुरा मञ्जुला नैव क्लिष्टा न च कठिना।।2।।

Kavi-kokila-vālmīki-viraćitā, rāmāyaṇa-ramaṇīya-kathā,
Atīva saralā madhurā mañjulā, naiva kliṣṭā na ća kaṭhinā.

EXERCISE 22 : ONLY A READING EXERCISE.

रामं समुदितैः गुणैः युक्तं समीक्ष्य दशरथः तस्य यौवराज्यम् अमन्यत्। (Rāmaṁ samuditaiḥ guṇaiḥ yuktaṁ samīkṣya daśarathaḥ tasya yauvarājyam amanyat) विविधान् नागरिकान् नाना जानपदान् अपि सर्वां सभाम् आमन्त्र्य दशरथः उवाच। (Vividhān nāgarikān nānā jānapadān api sarvāṁ sabhām āmantrya daśarathaḥ uvāća) श्रेष्ठः एव मम पुत्रः रामः सर्वैः गुणैः युक्तः अस्ति। अतः यौवराज्ये तम् नियोजयामि तस्मात् अनुमन्यताम्। (Śreṣṭhaḥ eva mama putraḥ rāmaḥ sarvaiḥ guṇaiḥ yuktaḥ asti. Ataḥ yauvarājye taṁ niyojayāmi tasmāt anumanyatām)

ते अपि दशरथम् ऊचुः (te api daśaratham ūćuḥ) नृपते! (Nṛpate!) श्रीरामः धर्मज्ञः सत्यसन्धः शीलवान् अनसूयकः (Śrīrāmaḥ dharmajñaḥ satyasandhaḥ śīlavān anasūyakaḥ) तस्मात् सर्वशत्रुदमनम् इमम् श्रीरामं यौवराज्ये वयम् अपि द्रष्टुम् इच्छामः (Tasmāt sarvaśatrudamanam imaṁ śrīrāmaṁ yauvarājye vayam api draṣṭum iććhāmaḥ)

EXERCISE 23: Fill in the blanks.

(1) रामं समुदितैः गुणैः —————— समीक्ष्य। (2) सर्वां सभाम् आमन्त्र्य —————— उवाच।

(3) मम पुत्रः —————— सर्वैः गुणैः युक्तः अस्ति। (4) यौवराज्ये —————— नियोजयामि।

(5) ते अपि —————— उचुः। (6) श्रीरामं यौवराज्ये —————— अपि द्रष्टुम् इच्छामः।

A Devotional Song

bhakti-gītam भक्तिगीतम् ।

EXERCISE 24 :

Only a Reading and Writing exercise. Read the paragrapha and write them in Sanskrit. If you want, the meaning of the verses is given in Appendix 9 at the end.

Śrīkṛṣṇa govinda hare murāre, He nātha nārāyaṇa vāsudeva,
Jihve! pibasvāmṛtametadeva, Govinda dāmodara mādhaveti.

> Jihve! sadaiva bhaja sundarāṇi, Nāmāni kṛṣṇasya manoharāṇi,
> Samasta bhaktārtivināśanāni, Govinda dāmodara mādhaveti.

Śrīkṛṣṇa rādhāvara gokuleśa, Gopāla govardhana nātha viṣṇo,
Jihve! pibasvāmṛtametadeva, Govinda dāmodara mādhaveti.

EXERCISE 25 :

Fill in the blanks with the Sanskrit words used in above English transliterated verses.

(1) जिह्वे सदैव ———————— सुन्दराणि । (2) ——————— कृष्णस्य मनोहराणि।

(3) ———————— भक्तार्तिविनाशनानि। (4) श्रीकृष्ण राधावर ————————।

(5) गोपाल गोवर्धन ———————— विष्णो। (6) ———————— दामोदर माधवेति।

9.4

Mahābhāratam

महाभारतम् ।

व्यासविरचिता गणेशलिखिता महाभारते दिव्यकथा।
कौरवपाण्डव–सङ्गर–मथिता नैव क्लिष्टा न च कठिना।।6।।

Vyāsa-viraćitā gaṇeṣa-likhitā, mahābhārate divya-kathā,
Kaurava-pāṇḍava-saṅgara-mathitā, naiva kliṣṭā na ća kaṭhinā.
(for meaning of Sanskrit verses, please see Appendix 9)

EXERCISE 26 : READING EXERCISE.

वैशम्पायनः अब्रवीत् (Vaiśampāyanaḥ abravīt)

ते पाण्डवाः वीराः बद्धखड्गाः बद्धकेशपाशाः कालिन्दीं नदीम् अभिमुखम् कृत्वा जग्मुः (te pāṇḍavāḥ vīrāḥ baddha-khaḍgāḥ baddha-keśa-pāśaḥ kālindiṁ nadīm abhimukhaṁ kṛtvā jagmuḥ) ततः ते दक्षिणं तीरं पादाभ्याम् एव अन्वगच्छन्। (tataḥ te dakṣiṇaṁ tīraṁ padābhyām eva anvagaććhan) तदा ते पाण्डवाः (tadā te pāṇḍavāḥ) निवृत्तवनवासाः (nivṛtta-vana-vāsaḥ) स्वराष्ट्रं प्रेप्सवः (sva-rāṣṭraṁ prepsavaḥ) गिरिदुर्गेषु वनदुर्गेषु धनुष्मन्तः (giri-durgeṣu vana-durgeṣu dhanuṣmantaḥ) ते महाधनुर्धारिणः महाबलाः (te mahā-dhanurdhāriṇaḥ mahā-balāḥ) वनेषु मृगसमूहान् शरैः विन्ध्यन्तः (vaneṣu mṛgasamūhān śaraiḥ vindhyantaḥ) उत्तरेण दशार्ण देशान् (uttareṇa daṣārṇa deśān) तथा दक्षिणेन पाञ्चालान् देशान् (tathā dakṣiṇena pāñćālān deśān) अन्तरेण च (antareṇa ća) यकृल्लोमान् शूरसेनान् कृत्वा (yakṛllomān śūrasenān kṛtvā) मत्स्यस्य विषयं देशं प्रविष्टाः (matsyasya viṣayaṁ deśaṁ praviṣṭāḥ)

ततः मत्स्यस्य नगरं प्राप्य (tataḥ matsyasya nagaraṁ prāpya) धर्मराजानं द्रौपदी उवाच। (dharmarājānaṁ draupadī uvāća) पश्य! एकपद्यः दृश्यन्ते। (paśya! ekapadyaḥ dṛśyante) अतः अनेन चिह्नेन व्यक्तं भवति (ataḥ anena ćihnena vyaktaṁ bhavati) यत् विराटस्य राजनगरी इतः दूरे एव भविष्यति। (yat virāṭasya rājanagarī itaḥ dūre eva bhaviṣyati)

EXERCISE 27 : Fill in the blanks :

(1) ते ———————— वीराः बद्धखड्गाः। (2) ते ———————— तीरं पदाभ्याम् एव अन्वगच्छन्।

(3) विराटस्य राजनगरी इतः ———————— एव भविष्यति।

9.5

The Gītā गीता।

कुरुक्षेत्र-समराङ्गण-गीता, विश्ववन्दिता भगवद्गीता।
अमृतमधुरा कर्मदीपिका, नैव क्लिष्टा न च कठिना।।7।।

Kurukṣetra-samarāṅgaṇa-gītāviśva-vanditā bhagavadgītā,
Amṛta-madhurā karma-dīpikā naiva kliṣṭā na ća kaṭhina.

EXERCISE 28 : READING EXERCISE

सञ्जयः उवाच। तं तथा कृपया आविष्टम् अश्रुपूर्णाकुलेक्षणम् विषीदन्तम् तम् इदं वाक्यम् उवाच मधुसूदनः। कुतः त्वा कश्मलम् इदम् विषमे समुपस्थितम्। अनार्यजुष्टम् अस्वर्ग्यम् अकीर्तिकरम् अर्जुन! क्लैब्यं मा स्म गमः पार्थ! न एतत् त्वयि उपपद्यते। क्षुद्रम् हृदय-दौर्बल्यं त्यक्त्वा उत्तिष्ठ परन्तप!

Sañjayaḥ uvāća. Taṁ tathā kṛpayā āviṣṭam aśru-pūrṇākulekṣaṇaṁ viṣīdan tam idaṁ vākyam uvāća madhusūdanaḥ. Kutaḥ tvā kaśmalam idaṁ viṣame sam-upasthitam. Anārya-juṣṭam asvargyam akīrtikaram arjuna! Klaibyaṁ mā sma gamaḥ pārtha! na etat tvayi upapadyate. Kṣudraṁ hṛdaya-daurbalyaṁ tyaktvā uttiṣṭha parantapa!

EXERCISE 29 : Fill in the blanks

(1) विषीदन्तम् तम् इदं वाक्यम् उवाच ————— । (2) कुत: त्वा कश्मलम् इदम् ————— समुपस्थितम्? (3) क्षुद्रम् हृदय-दौर्बल्यम् ————— उत्तिष्ठ परन्तप!

9.6

I am Śiva

śivo'ham शिवोऽहम्।

EXERCISE 30: Reade and write the verses as you see them. For meaning see Appendix 9.

Na me dveṣa-rāgau na me lobha-mohau, Mado naiva me naiva mātsarya-bhāvaḥ,
Na dharmo na ćārtho na kāmo na mokṣaḥ, Ćidānandarūpaḥ śivo'haṁ śivo'ham.

न मे द्वेषरागौ न मे लोभमोहौ। मदो नैव मे नैव मात्सर्यभाव:।
न धर्मो न चार्थो न कामो न मोक्ष:। चिदानन्दरूप: शिवोऽहं शिवोऽहम्।।8।।

Na puṇyaṁ na pāpaṁ na saukhyaṁ na duḥkham, Na mantro na tīrthaṁ na vedā na yajñāḥ,
Ahaṁ bhojanaṁ naiva bhojyaṁ na bhoktā, Ćidānandarūpaḥ śivo'haṁ śivo'ham.

न पुण्यं न पापं न सौख्यं न दु:खम्। न मन्त्रो न तीर्थं न वेदा न यज्ञा:।
अहं भोजनं नैव भोज्यं न भोक्ता। चिदानन्दरूप: शिवोऽहं शिवोऽहम्।।9।।

Na me mṛtyu-śaṅkā na me jāti-bhedaḥ, Pita naiva me naiva mātā na janma,
Na bandhurna mitraṁ gururnaiva śiṣyaḥ, Ćidānandarūpaḥ śivo'haṁ śivo'ham.

न मे मृत्युशङ्का न मे जातिभेद:। पिता नैव मे नैव माता न जन्म।
न बन्धुर्न मित्रं गुरुर्नैव शिष्य:। चिदानन्दरूप: शिवोऽहं शिवोऽहम्।।10।।

Ahaṁ nirvikalpo nirākāra-rūpaḥ, Vibhurvyāpya sarvatra sarvendriyāṇām,
Sadā me samatvaṁ na muktirna bandhaḥ, Ćidānandarūpaḥ śivo'haṁ śivo'ham.

अहं निर्विकल्पो निराकाररूप:। विभुर्व्याप्य सर्वत्र सर्वेन्द्रियाणाम्।
सदा मे समत्वं न मुक्तिर्न बन्ध:। चिदानन्दरूप: शिवोऽहं शिवोऽहम्।।11।।

9.7

OBEISANCE TO THE MOTHERLAND

Vande Mātaram

वन्दे मातरम्।

EXERCISE 31: Read this beautiful prayer from Bankim Chandra Chaterji's poetry.

वन्दे मातरम्। सुजलां सुफलां मलयज–शीतलाम्।
शस्यश्यामलां मातरम्। वन्दे मातरम्।।12।।

Vande mātaram, Sujalāṁ suphalāṁ malayaja-śītalām,
Śasya-śyāmalāṁ mātaram, vande mātaram.

शुभ्र–ज्योत्स्नां पुलकित–यामिनीम्। सुहासिनीं सुमधुर–भाषिणीम्।
सुखदां वरदां मातरम्। वन्दे मातरम्।।13।।

Śubhra-jyotsnāṁ pulakita-yāminīm, Suhāsinīṁ su-madhura-bhāṣiṇīm,
Sukhadāṁ varadāṁ mātaram, vande mātaram.

विद्यादायिनि नमामि त्वाम्। नमामि कमलाम् अमलाम् अतुलाम्।
सुजलां सुफलां मातरम्। वन्दे मातरम्।।14।।

Vidyā-dāyini! namāmi tvām, Namāmi kamalām amalām atulām,
Sujalāṁ suphalāṁ mātaram, vande mātaram.

श्यामलां सरलाम्। सुस्मितां भूषिताम्।
धरणीं भरणीं मातरम्। वन्दे मातरम्।।15।।

Śyāmalāṁ saralām, Susmitāṁ bhūṣitām,
Dharaṇiṁ bharaṇiṁ mātaram, vande mātaram.

9.8
THE VEDAS

The Gāyatrī Chant गायत्री-मन्त्रः ।

गीता गङ्गा च गायत्री गोविन्देति हृदि स्थिते। चतुर्गकारसंयुक्ते पुनर्जन्म न विद्यते।।16।।

Gītā gaṅgā ća gāyatrī govindeti hṛdi sthite, ćaturgakārasaṁyukte punarjanma na vidyate.

The loftiest among all Sanskrit writings is the divine Gāyatrī Mantra.

EXERCISE 32: Read, write and compare the Sanskrit and English characters.

1. ॐ भूर्भुवः स्वः। तत्सवितुर्वरेण्यं भर्गो देवस्य धीमहि। धियो यो नः प्रचोदयात्।।17।।

Oṁ bhūrbhuvaḥ svaḥ, tatsaviturvareṇyaṁ bhargo devasya dhīmahi, dhiyo yo naḥ praćodayāt.

2. ॐ एकदन्ताय विद्महे। वक्रतुण्डाय धीमहि। तन्नो दन्ती प्रचोदयात्।।18।।

Oṁ ekadantāya vidmahe, vakratuṇḍāya dhīmahi, tanno dantī praćodayāt.

3. ॐ तत्पुरुषाय विद्महे। महादेवाय धीमहि। तन्नो रुद्रः प्रचोदयात्।।19।।

Oṁ tatpuruṣāya vidmahe, mahādevāya dhīmahi, tanno rudraḥ praćodayāt.

4. ॐ नारायणाय विद्महे। वासुदेवाय धीमहि। तन्नो विष्णुः प्रचोदयात्।।20।।

Oṁ nārāyaṇāya vidmahe, vāsudevāya dhīmahi, tanno viṣṇuḥ praćodayāt.

5. ॐ देव्यै ब्रह्माण्यै विद्महे। महाशक्त्यै च धीमहि। तन्नो देवी प्रचोदयात्।।21।।

Oṁ devyai brahmāṇyai vidmahe, mahāśaktyai ća dhīmahi, tanno devī praćodayāt.

6. ॐ महालक्ष्म्यै च विद्महे। विष्णुपत्न्यै च धीमहि। तन्नो लक्ष्मीः प्रचोदयात्।।22।।

Oṁ mahālakṣmyai ća vidmahe, viṣṇupatnyai ća dhīmahi, tanno lakṣmīḥ praćodayāt.

7. ॐ भास्कराय विद्महे। महद्द्युतिकराय धीमहि। तन्न आदित्यः प्रचोदयात्।।23।।

Oṁ bhāskarāya vidmahe, mahaddyutikarāya dhīmahi, tanna ādityaḥ praćodayāt.

गायत्र्यास्तु परन्नास्ति शोधनं पापकर्मणाम्। गायन्तं त्रायते यस्माद्गायत्री सा ततः स्मृता।।24।।

Gāyatryāstu parannāsti śodhanaṁ pāpakarmaṇām, Gāyantaṁ tryāte yasmāt gāyatrī sā tataḥ smṛtā.

LESSON 10

daśamaḥ abhyāsaḥ दशमः अभ्यासः।

INTRODUCTION TO SANDHI

10.1

COMPOUNDING OF VOWELS

svara-sandheḥ paricayaḥ स्वरसन्धेः परिचयः।

RATNAKAR'S FLOWCHART FOR VOWEL SANDHI RULES

When two vowels come together, they are mathematically added into a single long vowel.

First vowel	+ Second vowel	=	Result, a long vowel
1 अ, आ	+ अ, आ	=	आ
	+ इ, ई	=	ए
	+ उ, ऊ	=	ओ
	+ ऋ, ॠ	=	अर्
	+ ए, ऐ	=	ऐ
	+ ओ, औ	=	औ
2 इ, ई	+ अ, आ, उ, ऊ, ए, ऐ, ओ, औ	=	य, या, यु, यू, ये, यै, यो. यौ
	+ इ, ई	=	ई, ई
3 उ, ऊ	+ अ, आ, इ, ई, ए, ऐ, ओ, औ	=	व, वा, वि, वी, वे, वै, वो, वौ
4 ऋ	+ अ, आ, इ, उ, ऊ, ई, ए, ऐ, ओ, औ	=	अर् + अ, आ, इ, ई, उ, ऊ, ए, ऐ, ओ, औ
5 ए	+ अ, आ, इ, ई, उ, ऊ, ए, ऐ, ओ, औ	=	अय् + अ, आ, इ, ई, उ, ऊ, ए, ऐ, ओ, औ
ऐ	+ अ, आ, इ, ई, उ, ऊ, ए, ऐ, ओ, औ	=	आय् + अ, आ, इ, ई, उ, ऊ, ए, ऐ, ओ, औ
6 ओ	+ अ, आ, इ, ई, उ, ऊ, ए, ऐ, ओ, औ	=	अव् + अ, आ, इ, ई, उ, ऊ, ए, ऐ, ओ, औ
औ	+ अ, आ, इ, ई, उ, ऊ, ए, ऐ, ओ, औ	=	आव् + अ, आ, इ, ई, उ, ऊ, ए, ऐ, ओ, औ

SANSKRIT VOWEL SANDHI CHART

अ	इ	उ	ण्	ऋ	लृ	क्

अ	इ	उ

अ	आ	इ	ई	उ	ऊ	ऋ

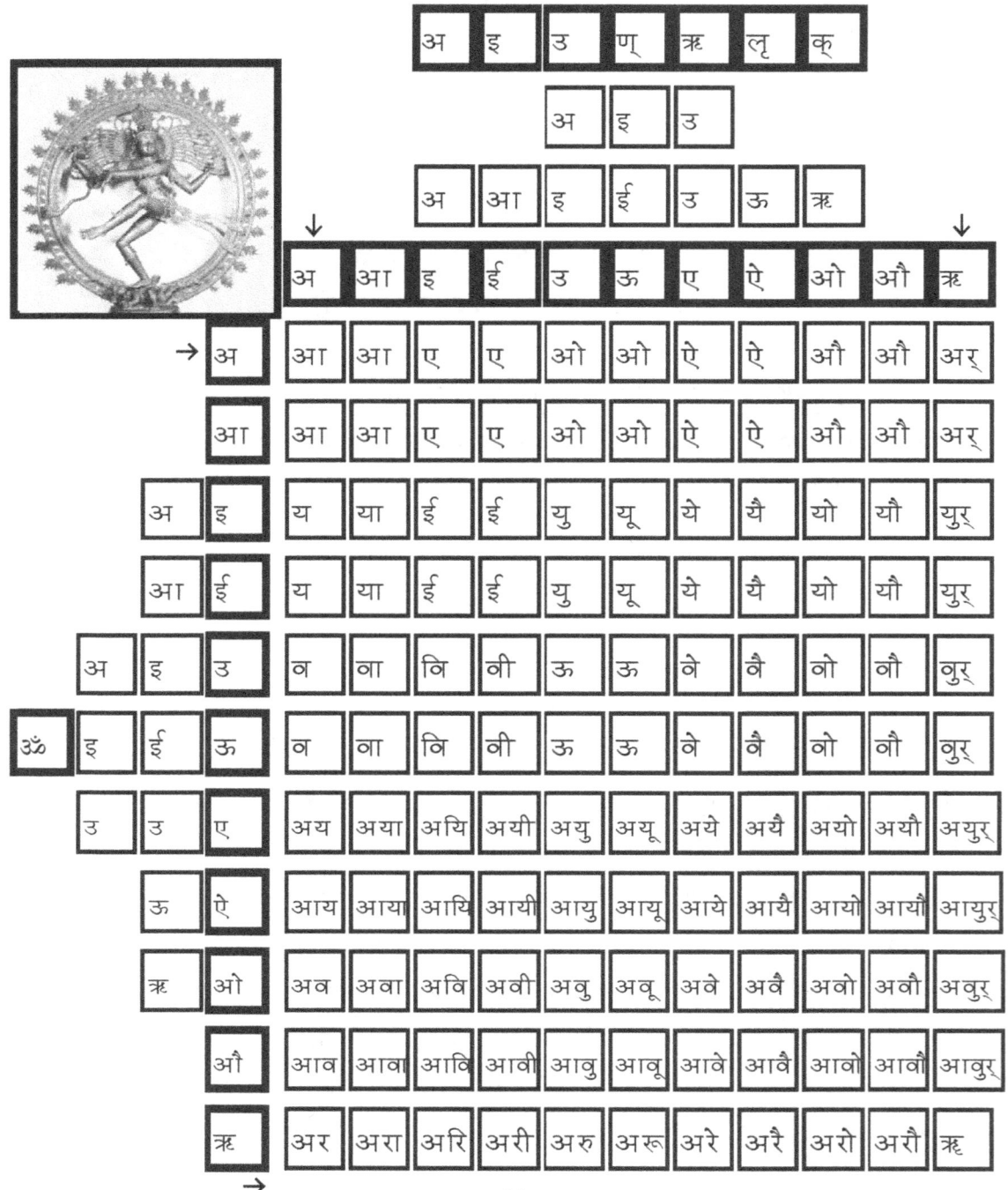

					↓										↓
					अ	आ	इ	ई	उ	ऊ	ए	ऐ	ओ	औ	ऋ
			→	अ	आ	आ	ए	ए	ओ	ओ	ऐ	ऐ	औ	औ	अर्
				आ	आ	आ	ए	ए	ओ	ओ	ऐ	ऐ	औ	औ	अर्
		अ		इ	य	या	ई	ई	यु	यू	ये	यै	यो	यौ	युर्
		आ		ई	य	या	ई	ई	यु	यू	ये	यै	यो	यौ	युर्
	अ	इ		उ	व	वा	वि	वी	ऊ	ऊ	वे	वै	वो	वौ	वुर्
ॐ	इ	ई		ऊ	व	वा	वि	वी	ऊ	ऊ	वे	वै	वो	वौ	वुर्
	उ	उ		ए	अय	अया	अयि	अयी	अयु	अयू	अये	अयै	अयो	अयौ	अयुर्
		ऊ		ऐ	आय	आया	आयि	आयी	आयु	आयू	आये	आयै	आयो	आयौ	आयुर्
		ऋ		ओ	अव	अवा	अवि	अवी	अवु	अवू	अवे	अवै	अवो	अवौ	अवुर्
				औ	आव	आवा	आवि	आवी	आवु	आवू	आवे	आवै	आवो	आवौ	आवुर्
				ऋ	अर	अरा	अरि	अरी	अरु	अरू	अरे	अरै	अरो	अरौ	ऋ
				→											

EXERCISE 33 : Study the following sandhis (compounds).

अ	+	अ	=	आ	वात	(अ)	+	(अ)	अयनम्	= वातायनम्
अ	+	आ	=	आ	हिम	(अ)	+	(आ)	आलय:	= हिमालय:
अ	+	इ	=	ए	देव	(अ)	+	(इ)	इन्द्र:	= देवेन्द्र:
अ	+	ई	=	ए	परम	(अ)	+	(ई)	ईश्वर:	= परमेश्वर:
अ	+	उ	=	ओ	चन्द्र	(अ)	+	(उ)	उदय:	= चन्द्रोदय:
अ	+	ऊ	=	ओ	प्र	(अ)	+	(ऊ)	ऊढ:	= प्रौढ:
अ	+	ऋ	=	अर्	उत्तम	(अ)	+	(ऋ)	ऋतु:	= उत्तमर्तु:
अ	+	ऌ	=	अल्	तव	(अ)	+	(ऌ)	ऌकार:	= तवल्कार:
अ	+	ए	=	ऐ	एक	(अ)	+	(ए)	एकम्	= एकैकम्
अ	+	ऐ	=	ऐ	देव	(अ)	+	(ऐ)	ऐश्वर्यम्	= देवैश्वर्यम्
अ	+	ओ	=	औ	जल	(अ)	+	(ओ)	ओघ:	= जलौघ:
अ	+	औ	=	औ	जन	(अ)	+	(औ)	औदार्यम्	= जनौदार्यम्
आ	+	अ	=	आ	विद्या	(आ)	+	(अ)	अर्थी	= विद्यार्थी
आ	+	आ	=	आ	विद्या	(आ)	+	(आ)	आलयम्	= विद्यालयम्
आ	+	इ	=	ए	यथा	(आ)	+	(इ)	इच्छा	= यथेच्छा
आ	+	ई	=	ए	रमा	(आ)	+	(ई)	ईश:	= रमेश:
आ	+	उ	=	ओ	महा	(आ)	+	(उ)	उत्सव:	= महोत्सव:
आ	+	ऊ	=	ओ	महा	(आ)	+	(ऊ)	ऊरु:	= महोरु:
आ	+	ऋ	=	अर्	महा	(आ)	+	(ऋ)	ऋषि:	= महर्षि:
आ	+	ए	=	ऐ	सदा	(आ)	+	(ए)	एव	= सदैव
आ	+	ऐ	=	ऐ	प्रजा	(आ)	+	(ऐ)	ऐक्यम्	= प्रजैक्यम्
आ	+	ओ	=	औ	गंगा	(आ)	+	(ओ)	ओघ:	= गंगौघ:
आ	+	औ	=	औ	विद्या	(आ)	+	(औ)	औत्सुक्यम्	= विद्यौत्सुक्यम्
इ	+	अ	=	य	यदि	(इ)	+	(अ)	अपि	= यद्यपि
इ	+	आ	=	या	इति	(इ)	+	(आ)	आदि	= इत्यादि
इ	+	इ	=	ई	रवि	(इ)	+	(इ)	इन्द्र:	= रवीन्द्र:
इ	+	ई	=	ई	कवि	(इ)	+	(ई)	ईश्वर:	= कविश्वर:
इ	+	उ	=	यु	अति	(इ)	+	(उ)	उत्तमम्	= अत्युत्तमम्

इ	+	ऊ	=	यू	प्रति	(इ)	+	(ऊ)	ऊहः	= प्रत्यूहः
इ	+	ऋ	=	युर्	अति	(इ)	+	(ऋ)	ऋद्धिः	= अत्युर्द्धिः
इ	+	ए	=	ये	प्रति	(इ)	+	(ए)	एकम्	= प्रत्येकम्
इ	+	ऐ	=	यै	प्रति	(इ)	+	(ऐ)	ऐरावतम्	= प्रत्यैरावतम्
इ	+	ओ	=	यो	दधि	(इ)	+	(ओ)	ओदनम्	= दध्योदनम्
इ	+	औ	=	यौ	दधि	(इ)	+	(औ)	औषधम्	= दध्यौषधम्
ई	+	अ	=	य	नदी	(ई)	+	(अ)	अम्बु	= नद्यम्बु
ई	+	आ	=	या	देवी	(ई)	+	(आ)	आज्ञा	= देव्याज्ञा
ई	+	इ	=	ई	जननी	(ई)	+	(इ)	इच्छा	= जननीच्छा
ई	+	ई	=	ई	काली	(ई)	+	(ई)	ईश्वरी	= कालीश्वरी
ई	+	उ	=	यु	सुधी	(ई)	+	(उ)	उपास्यः	= सुध्युपास्यः
ई	+	ऊ	=	यू	अवी	(ई)	+	(ऊ)	ऊर्णा	= अव्यूर्णा
ई	+	ऋ	=	युर्	महती	(ई)	+	(ऋ)	ऋक्षी	= महत्यूर्क्षी
ई	+	ए	=	ये	गोपी	(ई)	+	(ए)	एषा	= गोप्येषा
ई	+	ऐ	=	यै	गौरी	(ई)	+	(ऐ)	ऐश्वर्यम्	= गौर्यैश्वर्यम्
ई	+	ओ	=	यो	नारी	(ई)	+	(ओ)	औत्कर्षम्	= नार्योत्कर्षम्
ई	+	औ	=	यौ	वाणी	(ई)	+	(औ)	औचित्यम्	= वाण्यौचित्यम्
उ	+	अ	=	व	मनु	(उ)	+	(अ)	अन्तरम्	= मन्वन्तरम्
उ	+	आ	=	व	गुरु	(उ)	+	(आ)	आदेशः	= गुर्वादेशः
उ	+	इ	=	वि	तु	(उ)	+	(इ)	इदानीम्	= त्विदानीम्
उ	+	ई	=	वी	ऋतु	(उ)	+	(ई)	ईश्वरः	= ऋत्वीश्वरः
उ	+	उ	=	ऊ	गुरु	(उ)	+	(उ)	उपदेशः	= गुरूपदेशः
उ	+	ऊ	=	ऊ	चमू	(उ)	+	(ऊ)	ऊहिनी	= चमूहिनी
उ	+	ऋ	=	वृ	मधु	(उ)	+	(ऋ)	ऋते	= मध्वृते
उ	+	ए	=	वे	अनु	(उ)	+	(ए)	एषणम्	= अन्वेषणम्
उ	+	ऐ	=	वै	साधु	(उ)	+	(ऐ)	ऐक्यम्	= साध्वैक्यम्
उ	+	ओ	=	वो	गुरु	(उ)	+	(ओ)	ओजः	= गुर्वोजः
उ	+	औ	=	वौ	मधु	(उ)	+	(औ)	औषधिः	= मध्वौषधिः

ऊ	+	अ	=	व	शरयू	(ऊ)	+	(अ)	अब्मु	= शरय्वम्बु
ऊ	+	आ	=	व	अमू	(ऊ)	+	(आ)	आसते	= अम्वासते
ऊ	+	इ	=	वि	बन्धू	(ऊ)	+	(इ)	इमौ	= बन्ध्विमौ
ऊ	+	ई	=	वी	वधू	(ऊ)	+	(ई)	ईक्षणम्	= वध्वीक्षणम्
ऊ	+	उ	=	ऊ	वधू	(ऊ)	+	(उ)	उत्सव:	= वधूत्सव:
ऊ	+	ऊ	=	ऊ	वधू	(ऊ)	+	(ऊ)	ऊहा	= वधूहा
ऊ	+	ऋ	=	वृ	वधू	(ऊ)	+	(ऋ)	ऋक्थम्	= वध्वृक्थम्
ऊ	+	ए	=	वे	कण्डू	(ऊ)	+	(ए)	एषणा	= कण्ड्वेषणा
ऊ	+	ऐ	=	वै	वधू	(ऊ)	+	(ऐ)	ऐश्वर्यम्	= वध्वैश्वर्यम्
ऊ	+	ओ	=	वो	वधू	(ऊ)	+	(ओ)	ओक:	= वध्वोक:
ऊ	+	औ	=	वौ	यवागू	(ऊ)	+	(औ)	औष्ण्यम्	= यवाग्वौष्ण्यम्

ऋ	+	अ	=	र	मातृ	(ऋ)	+	(अ)	अंश:	= मात्रंश:
ऋ	+	आ	=	रा	पितृ	(ऋ)	+	(आ)	आदेश:	= पित्रादेश:
ऋ	+	इ	=	रि	भ्रातृ	(ऋ)	+	(इ)	इच्छा	= भ्रात्रिच्छा
ऋ	+	ई	=	री	सवितृ	(ऋ)	+	(ई)	ईश:	= सवित्रीश:
ऋ	+	उ	=	रु	कर्तृ	(ऋ)	+	(उ)	उत्तम:	= कर्त्रुत्तम:
ऋ	+	ऊ	=	रू	नप्तृ	(ऋ)	+	(ऊ)	ऊढा	= नप्त्रूढा
ऋ	+	ऋ	=	ॠ	धातृ	(ऋ)	+	(ऋ)	ऋणम्	= धातॄणम्
ऋ	+	ए	=	रे	गन्तृ	(ऋ)	+	(ए)	एध:	= गन्त्रेध:
ऋ	+	ऐ	=	रै	नेतृ	(ऋ)	+	(ऐ)	ऐश्वर्यम्	= नेत्रैश्वर्यम्
ऋ	+	ओ	=	रो	वक्तृ	(ऋ)	+	(ओ)	ओज:	= वक्त्रोज:
ऋ	+	औ	=	रौ	भर्तृ	(ऋ)	+	(औ)	औदार्यम्	= भर्त्रौदार्यम्
ऌ	+	अ	=	ल	ऌ	(ऌ)	+	(अ)	अनुबन्ध:	= लनुबन्ध:
ऌ	+	आ	=	ला	ऌ	(ऌ)	+	(आ)	आकृति:	= लाकृति:

ए	+	अ	=	अय	ने	(ए)	+	(अ)	अनम्	= नयनम्
ए	+	आ	=	अया	ते	(ए)	+	(आ)	आगता:	= तयागता:
ए	+	इ	=	अयि	शे	(ए)	+	(इ)	इत:	= शयित:
ए	+	ई	=	अयी	ते	(ए)	+	(ई)	ईर्षा	= तयीर्षा
ए	+	उ	=	अयु	मे	(ए)	+	(उ)	उपदेश:	= मयुपदेश:

ए	+	ऊ	=	अयू	ये	(ए)	+	(ऊ)	ऊहन्ते	= ययूहन्ते
ए	+	ऋ	=	अयुर्	के	(ए)	+	(ऋ)	ऋच्छन्ति	= कयुर्छन्ति
ए	+	ए	=	अये	ते	(ए)	+	(ए)	एते	= तयेते
ए	+	ऐ	=	अयै	ते	(ए)	+	(ऐ)	ऐश्वर्यम्	= तयैश्वर्यम्
ए	+	ओ	=	अयो	गृहे	(ए)	+	(ओ)	ओकण:	= गृहयोकण:
ए	+	औ	=	अयौ	ते	(ए)	+	(औ)	औषधि:	= तयौषधि:

ऐ	+	अ	=	आय	गै	(ऐ)	+	(अ)	अनम्	= गायनम्
ऐ	+	आ	=	आया	तस्मै	(ऐ)	+	(आ)	आदेश:	= तस्मायादेश:
ऐ	+	इ	=	आयि	एतस्मै	(ऐ)	+	(इ)	इमानि	= एतस्मायिमानि
ऐ	+	ई	=	आयी	स्त्रियै	(ऐ)	+	(ई)	ईडा	= स्त्रियायीडा
ऐ	+	उ	=	आयु	श्रियै	(ऐ)	+	(उ)	उद्यत:	= श्रियायुद्यत:
ऐ	+	ऊ	=	आयू	कस्मै	(ऐ)	+	(ऊ)	ऊर्ज:	= कस्मायूर्ज:
ऐ	+	ऋ	=	आयुर्	यस्मै	(ऐ)	+	(ऋ)	ऋणम्	= यस्मायुर्णम्
ऐ	+	ए	=	आये	एतस्मै	(ऐ)	+	(ए)	एवम्	= एतस्मायेवम्
ऐ	+	ऐ	=	आयै	कस्मै	(ऐ)	+	(ऐ)	ऐश्वर्यम्	= कस्मायैश्वर्यम्
ऐ	+	ओ	=	आयो	कस्यै	(ऐ)	+	(ओ)	ओज:	= कस्यायोज:
ऐ	+	औ	=	आयौ	अस्यै	(ऐ)	+	(औ)	औचित्यम्	= अस्यायौचित्यम्

ओ	+	अ	=	अव	यो	(ओ)	+	(अ)	अयनम्	= यवनम्
ओ	+	आ	=	अवा	साधो	(ओ)	+	(आ)	आगच्छ	= साधवागच्छ
ओ	+	इ	=	अवि	विष्णो	(ओ)	+	(इ)	इति	= विष्णविति
ओ	+	ई	=	अवी	गो	(ओ)	+	(ई)	ईश्वर:	= गवीश्वर:
ओ	+	उ	=	अवु	नो	(ओ)	+	(उ)	उद्योग:	= नवुद्योग:
ओ	+	ऊ	=	अवू	गुरो	(ओ)	+	(ऊ)	ऊनयतु	= गुरवुनयतु
ओ	+	ऋ	=	अवुर्	विष्णो	(ओ)	+	(ऋ)	ऋच्छतु	= विष्णवुर्च्छतु
ओ	+	ए	=	अवे	गो	(ओ)	+	(ए)	एषणा	= गवेषणा
ओ	+	ऐ	=	अवै	भानो	(ओ)	+	(ऐ)	ऐशानीम्	= भानवैशानीम्
ओ	+	ओ	=	अवो	गो	(ओ)	+	(ओ)	ओकस्	= गवोकस्
ओ	+	औ	=	अवौ	मधो	(ओ)	+	(औ)	औखतु	= मधवौखतु

औ	+	अ	=	आव	पौ	(औ)	+	(अ)	अन:	= पवन:
औ	+	आ	=	आवा	रात्रौ	(औ)	+	(आ)	आगत:	= रात्रावागत:
औ	+	इ	=	आवि	पुत्रौ	(औ)	+	(इ)	इमौ	= पुत्राविमौ
औ	+	ई	=	आवी	तौ	(औ)	+	(ई)	ईश्वरौ	= तावीश्वरौ
औ	+	उ	=	आवु	गुरौ	(औ)	+	(उ)	उक्त:	= गुरावुक्त:
औ	+	ऊ	=	आवू	रुग्णौ	(औ)	+	(ऊ)	ऊर्जयतु	= रुग्णावूर्जयतु
औ	+	ऋ	=	आवुर्	तौ	(औ)	+	(ऋ)	ऋषी	= तावुर्षी
औ	+	ए	=	आवे	कौ	(औ)	+	(ए)	एतौ	= कावेतौ
औ	+	ऐ	=	आवै	द्वौ	(औ)	+	(ऐ)	ऐतिहासिकौ	= द्वावैतिहासिकौ
औ	+	ओ	=	आवो	एतौ	(औ)	+	(ओ)	ओकसी	= एतावोकसी
औ	+	औ	=	आवौ	नौ	(औ)	+	(औ)	औ	= नावौ

ADVANCED VOWEL-SANDHI RULES

(1) If the dipthong ए or ओ (*e* or *o*) at the end of a word is followed by a word starting with अ (*a*), the ए or ओ remains unchanged, but vowel अ is elided (अ = ऽ). गणपतये अहम् नमामि → गणपतयेऽहं नमामि

Gaṇapataye ahaṁ namāmi → gaṇapataye'haṁ namāmi

(2) अय् and अव् of the *sandhi* (rules 5 and 6 given above), when followed by any vowel other than अ, they may optionally drop the य् and व् in them.

अहम् गणपतये इच्छामि → अहं गणपतयिच्छामि। अहं गणपत इच्छामि।

ahaṁ gaṇapataye iććhāmi → ahaṁ gaṇapatayiććhāmi, ahaṁ gaṇapata iććhāmi.

हे प्रभो इति वद → हे प्रभविति वद। हे प्रभ इति वद।

he prabho iti vada → he prabhaviti vada, he prabha iti vada.

(3) ऐ and औ at the end of a word, when followed by any vowel, are changed to आय् and आव्, but they may optionally drop the य् and व् in them. तस्मै इदम् यच्छ → तस्मायिदं यच्छ। तस्मा इदं यच्छ। *tasmai idam yaććha → tasmāyidaṁ yaććha, tasmā idaṁ yaććha.*

(4) ई, ऊ, ए at the end of the dual substantives do not change when followed by a word starting with any vowel. अनादी उभौ → अनादी उभौ (Gītā 13.20)

(5) The interjections such as हे, अहो, अरि, भो:, आ do not form *sandhi* with its following word. हे अर्जुन! → हे अर्जुन! भो: इन्द्र → भो: इन्द्र

(6) The ई of अमी (the m◦ pl◦ nom◦ of pronoun अदस्) does not form *sandhi* with its following vowel. अमी इक्षन्ते सुरा: → अमी इक्षन्ते सुरा:।

10.2

COMPOUNDING A CONSONANT WITH THE FOLLOWING VOWEL

vyañjana-svarayoḥ sandhiḥ व्यञ्जन-स्वरयोः सन्धिः।

(For details on the Class Consonants, see lesson 3.2)

(1) Rule of 3rd consonant :

If a consonant from any of the five classes (k, ć, ṭ, t, p, क्, च्, ट्, त, प्), other than the nasal consonants, is followed by a vowel, this class consonant is replaced with the third consonant from that class. (This third consonant then conjugates with the vowel that comes after it). e.g.

क् + उ	=	ग् + उ	= गु	→	सम्यक्	+ उभयोः	=	सम्यगुभयोः (Gītā 5.4)
त् + अ	=	द् + अ	= द	→	तत्	+ अस्माकम्	=	तदस्माकम् (Gītā1.10)
त् + ऋ	=	द् + ऋ	= दृ	→	एतत्	+ ऋतम्	=	एतदृतम् (Gītā 10.14)
त् + ॐ	=	द् + ॐ	= दोम्	→	तस्मात्	+ ओम्	=	तस्मादोम् (Gītā 1.22)

(2) Conjugation of the word ending in n (न्) -

When a word ending in n (न्) is preceeded by any short vowel and is followed by any vowel, the ending n (न्) is doubled and becomes nn (न्न्) e.g.

अनिच्छन्	+ अपि	=	अनिच्छन्नपि (Gītā 3.36)
पश्यन्	+ आत्मनि	=	पश्यन्नात्मनि। (Gītā 6.20)
विषीदन्	+ इदम्	=	विषीदन्निदम् (Gītā 1.27)
गृह्णन्	+ उन्मिषन्	=	गृह्णन्नुन्मिषन्। (Gītā 5.9)
युञ्जन्	+ एवम्	=	युञ्जन्नेवम्। (Gītā 6.15)

10.3

COMPOUNDING A CONSONANT WITH THE FOLLOWING CONSONANT

vyañjanayoḥ sandhiḥ व्यञ्जनयोः सन्धिः।

(For details on the Class Consonants, see Lesson 6.2)

(3) **Rule of 3rd consonant :**

* When a consonant, other than a nasal consonant, comes after a hard consonant from any of the five classes (namely, k, ć, ṭ, t, p, क्, च्, ट्, त्, प्), then this hard consonant is replaced by the third consonant from that same class (or optionally by the nasal consonant from that class). e.g.

क् + ब	=	ग् + ब	= ग्ब	→	पृथक् + बाला:	= पृथग्बाला: (Gītā 5.4)
क् + म	=	ङ् + म	= ङ्म	→	ईदृक् + मम	= ईदृङ्मम (Gītā 11.49)
त् + ग	=	द् + ग	= द्ग	→	यत् + गत्वा	= यद्गत्वा (Gītā 15.6)
त् + द	=	द् + द	= द्द	→	विद्यात् + दु:खं	= विद्याद्दु:खं (Gītā 6.23)
त् + ध	=	द् + ध	= द्ध	→	बुद्धियोगात् + धनञ्जय	= बुद्धियोगाद्धनञ्जय (Gita 2.49)
त् + भ	=	द् + भ	= द्भ	→	क्रोधात् + भवति	= क्रोधाद्भवति (Gītā 2.63)
त् + य	=	द् + य	= द्य	→	अपनुद्यात् + यत्	= अपनुद्याद्यत् (Gītā 2.8)
त् + र	=	द् + र	= द्र	→	यत् + राज्यम्	= यद्राज्यम् (Gītā 1.45)
त् + व	=	द् + व	= द्व	→	एतत् + विद्म:	= एतद्विद्म: (Gītā 2.6)
त् + ह	=	द् + ह	= द्ध	→	धर्म्यात् + हि	= धर्म्याद्धि (Gītā 2.31)

(4) **The Rule of same order Consonant :**

* When any consonant from t (त्) class (t, th, d, dh, n त्, थ्, द्, ध्, न्), is followed by any consonant from ć (च्) class (ć, ćh, j, jh, ñ च्, छ्, ज्, झ्, ञ्), then that consonant from t (त्) class is replaced by the consonant of same order from the ć (च्) class. e.g.

त् + च	=	च् + च	=	च्च	→	आश्चर्यवत् + च	=	आश्चर्यवच्च (Gītā 2.29)
त् + ज	=	ज् + ज	=	ज्ज	→	स्यात् + जनार्दन	=	स्याज्जनार्दन (Gītā 1.36)

* When a consonant from t (त्) class (t, th, d, dh, n त्, थ्, द्, ध्, न्), is followed by consonant ś (श्), then that consonant from the t (त्) class (t, th, d, dh, n त्, थ्, द्, ध्, न्), is replaced by the consonant of same order from the ć (च्) class (ć, ćh, j, jh, ñ च्, छ्, ज्, झ्, ञ्).

And the following consonant ś (श्) is optionally replaced by consonant ćh (छ्)

त् + श = च् + छ = च्छ → यत् + शोकम् = यच्छोकम् (Gītā 2.8)

त् + श्र = च् + छ्र = च्छ्र → युद्धात् + श्रेयः = युद्धाच्छ्रेयः (Gītā 2.31)

* However, When consonant t (त्) or d (द्) is followed by consonant l (ल्), then that consonant t (त्) or d (द्) is replaced by consonant l (ल्) e.g.

त् + ल = ल् + ल = ल्ल → भुवनात् + लोकाः = भुवनाल्लोकाः (Gita 8.16)

(5) Nasal Inflections :

* If a consonant, other than a nasal consonant, from any class (k, ć, ṭ, t, p क, च, ट, त प), is followed by a nasal consonant, then this class consonant is optionally replaced by the nasal consonant from the same class.

त् + न = न् + न = न्न → तस्मात् + न = तस्मान्न (Gītā 1.37)

त् + म = न् + म = न्म → तत् + मे = तन्मे (Gītā 1.46)

द् + म = न् + म = न्म → सुहृद् + मित्रम् = सुहृन्मित्रम् (Gītā 6.9)

(6) म् becomes a nasal dot (अनुस्वारः)

* When a word ending in letter m (म्) is followed by a word starting with any consonant, then that end-letter m (म्) becomes a nasal dot, and that is placed over the character that is before m (म्). e.g.

पाण्डवानीकम् व्यूढम् = पाण्डवानीकं व्यूढम्। (Gītā 1.2)

* But, when a word ending in letter m (म्) is at the end of the sentence, that letter m (म्) remains unchanged.

पश्यैतां पाण्डुपुत्राणामाचार्य महतीं चमूम्।।25।। (Gītā 1.3)

पर्याप्तं त्विदमेतेषां बलं भीमाभिरक्षितम्।।26।। (Gītā 1.10)

(7) Change of n (न्) to ṇ (ण्) at the end of a word

(a) When letter n (न्) within or at the end of a word is preceded by letter ṛ, ṝ, r or ṣ (ऋ, ॠ, र्, ष्); and

(b) between this n (न्) and the preceding ṛ, ṝ, r or ṣ (ऋ, ॠ, र्, ष्), even if any vowel, an anusvāra, a consonant from class k (क्) or a consonant from class p (प्) or letter y, r, v or h (य्, र्, व् ह्) comes,

(c) in all these cases, this n (न्) changes to ṇ (ण्). e.g.

द्रुपदपुत्रेण	→ त् + र् + ए + न	= त् + र् + ए + ण	=	त्रेण (Gītā 1.3)
शरीरिण:	→ र् + इ + न:	= र् + इ + ण:	=	रिण: (Gītā 2.18)
कर्मणा	→ र् + म् + अ + न् + आ	= र् + म् + अ + ण् + आ	=	र्मणा (Gītā 3.20)

(8) Change of s (स्) to ṣ (ष्) at the end of a word -

* If a vowel other than *a* or *ā* (अ, आ) or any consonant from the class *k* (क) or the letter *r* (र्) comes after a word ending in a case suffix such as *saḥ, sā, sām, si, su, syati, syate, syanti, syāmi, sye, sva,* etc. (स: सा, साम्, सि, सु, स्यति, स्यते, स्यन्ति, स्यामि, स्ये, स्व), then in all these cases the *s* (स्) in these suffixes changes to *ṣ* (ष्)

एष: (Gītā 3.10)	एषा (Gītā 2.39)	एतेषाम् (Gītā 1.10)	करोषि (Gītā 9.27)
अयनेषु (Gītā 1.11)	परिशुष्यति (Gītā 1.29)	कथयिष्यन्ति (Gītā 2.34)	विशिष्यते (Gītā 7.17)
कथयिष्यामि (Gītā 10.19)	हनिष्ये (Gītā 16.14)	कुरुष्व (Gītā 9.27)	

10.4

CONJUGATION WITH A VISARGA (:)

विसर्गसन्धिः।

RATNAKAR'S FLOWCHART FOR VISARGA SANDHI

Before the visarga	the visarga	After the visarga	The result
1. एषः सः	:	other than अ	**visarga is deleted**
↓			
2. Any character	:	त, थ	**visarga becomes स्**
↓			
3. any other character	:	च, छ	**visarga becomes श्**
↓			
4. any chcharacter	:	ट, ठ	**visarge becomes ष्**
↓		श, ष्, स	**visarge becomes श् . स्**
5. any other character	:	any hard character	**visarga remains**
↓			
6. आ	:	any other character	**visarga is deleted**
↓			
7. अ	:	अ	**(अ + : + अ) become ओऽ**
↓			
8. अ	:	other vowel	**visarga is deleted**
↓			
9. अ	:	soft consonant	अ + **visarga become ओ**
↓			
10. other vowel	:	any character	**visarga becomes र्**

NOTE : At any place, when more than one sandhi rules appear to apply, the rule appearing first in this flowchart superceeds the rules that appear after.

EXERCISE 34 : Study the following examples for above 10 golden rules

1. एषः क्रोधः → एष क्रोधः (Gītā 3.37)
   एषः रजोगुणः → एष रजोगुणः (Gītā 3.37)
   एषः तु → एष तु (Gītā 10.40)
   सः शब्दः → स शब्दः (Gītā 1.13)
   सः कौन्तेयः → स कौन्तेयः (Gītā 1.27)
2. सौमदत्तिः तथा → सौमदत्तिस्तथा (Gītā 1.2)
   शब्दः तुमुलः → शब्दस्तुमुलः (Gītā 1.13)
   शिष्यः ते → शिष्यस्ते (Gītā 2.6)
3. पाण्डवाः च → पाण्डवाश्च (Gītā 1.1)
   विराटः च → विराटश्च (Gītā 1.4)
   विभ्रष्टः छिन्न → विभ्रष्टश्छिन्न (Gītā 6.38)
4. रामः टीकते → रामष्टीकते
   रामः ठक्कुरः → रामष्ठक्कुरः
5. चेकितानः काशिराजः → चेकितानः काशिराजः (Gītā 1.5)
   मामकाः पाण्डवाः → मामकाः पाण्डवाः (Gītā 1.1)
   योगेश्वरः कृष्णः → योगेश्वरः कृष्णः (Gītā 18.78)
6. समवेताः युयुत्सवः → समवेता युयुत्सवः (Gītā 1.1)
   शूराः महेश्वासाः → शूरा महेश्वासाः (Gītā 1.3)
   गुणाः गुणेषु → गुणा गुणेषु (Gītā 3.28)
7. तुमुलः अभवत् → तुमुलोऽभवत् (Gītā 1.13)
   शाश्वतः अयम् → शाश्वतोऽयम् (Gītā 2.20)
   सः अमृतत्त्वाय कल्पते → सोऽमृतत्त्वाय कल्पते (Gītā 2.15)
8. यः एनम् → य एनम् (Gītā 2.19)
   अतः ऊर्ध्वम् → अत ऊर्ध्वम् (Gītā 12.8)
   अव्ययः ईश्वरः → अव्यय ईश्वरः (Gītā 15.17)
9. श्रेयः भोक्तुम् → श्रेयो भोक्तुम् (Gītā 2.5)

पार्थः धनुर्धरः → पार्थो धनुर्धरः (Gītā 18.78)

विजयः भूतिः → विजयो भूतिः (Gītā 18.78)

10. मुनिः उच्यते → मुनिरुच्यते (Gītā 2.56)

दोषैः एतैः → दोषैरेतैः (Gītā 1.43)

सेनयोः उभयोः → सेनयोरुभयोः (Gītā 1.21)

स्थितधीः मुनिः → स्थितधीर्मुनिः (Gītā 2.56)

भूः मा → भूर्मा (Gītā 2.47)

उभयोः मध्ये → उभयोर्मध्ये (Gītā 1.21)

A CLASSICAL EXAMPLE, of a four way sandhi (नः *naḥ* = to us, for us, our)

स्वस्ति न इन्द्रो वृद्धश्रवाः स्वस्ति नः पूषा विश्वदेवाः।
स्वस्ति नस्तार्क्ष्यो अरिष्टनेमिः स्वस्ति नो बृहस्पतिर्दधातु।।
svasti na indro vṛddhaśravāḥ svasti naḥ pūṣā viśvadevāḥ,
svasti nastākṣryo ariṣṭanemiḥsvasti no bṛhaspatirdhātu.

NOTES :

(1) Once any *sandhi* rule is applied between two words, those two words do not conjugate again with any of the other *sandhi* rule. (other than the rule of परसवर्ण-संधिः। *parasavarṇa-sandhi*)

e.g. In विक्रान्तः उत्तमौजाः (Gītā 1.6), विक्रान्तः and उत्तमौजाः are conjugated into विक्रान्त उत्तमौजाः with rule 9. Now विक्रान्त उत्तमौजाः can NOT again be conjugated into विक्रान्तोत्तमौजाः using the *sandhi* rule अ + उ = ओ, with rule 10.1

(2) The visarga before श, ष or स (*śa, ṣa or sa*), either stays or is optionally changed to श्, ष्, स् respectively.

SANDHI

EXAMPLES FROM THE CLASSICAL LITERATURE

1. एषः सूर्यस्य रश्मिः → एष सूर्यस्य रश्मिः। रश्मिरेष सूर्यस्य। सूर्यस्यैष रश्मिः। रश्मिः सूर्यस्यैषः।
2. सूर्यस्य एकः रश्मिः सोमम् दीपयति → सूर्यस्यैको रश्मिः सोमं दीपयति। सूर्यस्य दीपयत्येको रश्मिः सोमम्। सोमं सूर्यस्यैको रश्मिर्दिपयति।
3. गृहिभिः यज्ञाः अवश्यम् करणीयाः → गृहिभिर्यज्ञा अवश्यं करणीयाः। गृहिभिरवश्यं करणीया यज्ञाः। गृहिभिरवश्यङ्करणीया यज्ञाः। यज्ञा गृहिभिरवश्यं करणीयाः। यज्ञा गृहिभिरवश्यङ्करणीयाः।
4. कस्मात् देशात् आगतौ विद्वांसौ पुरुषौ → कस्मादेशादागतौ विद्वांसौ पुरुषौ। पुरुषावागतौ कस्माद्देशाद्विद्वांसौ। विद्वांसौ कस्मादागतौ देशात्पुरुषौ। विद्वांसावागतौ कस्माद्देशात्पुरुषौ।
5. रविः प्रातः समये आगच्छति → आगच्छति प्रातस्समये रविः। रविरागच्छति प्रातस्समये।
6. सः तस्य उदयकालः इति उच्यते → स तस्योदयकाल इत्युच्यते। उच्यते स तस्योदयकाल इति। उदयकालस्तस्य स इत्युच्यते।
7. सः सायङ्काले अस्तम् गच्छति → स सायङ्कालेऽस्तम् गच्छति। स सायङ्कालेऽस्तङ्गच्छति। सोऽस्तङ्गच्छति सायङ्काले। सायङ्कालेऽस्तं गच्छति सः। गच्छत्यस्तं स सायङ्काले।
8. त्वया उदधिः दृष्टः न वा → त्वयोदधिर्दृष्टो न वा। त्वया दृष्ट उदधिर्न वा। उदधिर्दृष्टस्त्वया न वा। दृष्टस्त्वयोदधिर्न वा। उदधिस्त्वया दृष्टो न वा। त्वया न वोदधिर्दृष्टः।
9. तत् जले पतितम् आसीत् → तज्जले पतितमासीत्। तत्पतितमासीज्जले। जले पतितं तदासीत्। आसीत्तत्पतितं जले।
10. इदानीम् उदधिं स्नानाय गच्छ → इदानीमुदधिं स्नानाय गच्छ। गच्छेदानीमुदधिं स्नानाय। गच्छेदधिमिदानीं स्नानाय।
11. भूपतिः भूमिम् रक्षति → भूपतिर्भूमिं रक्षति। रक्षति भूपतिर्भूमिम्। भूमिं रक्षति भूपतिः।
12. तम् ऋषिं तत्र अपश्यमानः सः राजा ताम् शकुन्तलाम् उवाच → तमृषिं तत्रापश्यमानः स राजा तां शकुन्तलामुवाच। तत्र तमृषिमपश्यमानस्ताञ्शकुन्तलां स राजोवाच। ऋषिं तमपश्यमानस्तत्र तां शकुन्तलामुवाच स राजा। स राजा तां शकुन्तलामुवाच तमृषिं तत्रापश्यमानः।
13. तस्य यज्ञस्य अन्ते राजा दशरथः ऋषि-अशृङ्गम् अब्रवीत् → तस्य यज्ञस्यान्ते राजा दशरथ ऋष्यशृङ्गमब्रवीत्। यज्ञस्यतस्यान्ते दशरथो राजाऽब्रवीदृष्यशृङ्गम्।
14. पश्यन् शृण्वन् स्पृशन् जिघ्रन् अश्नन् गच्छन् स्वपन् श्वसन् प्रलपन् विसृजन् गृह्णन् उन्मिशन् निमिशन् अपि (Gītā 5.8-9) → पश्यञ्शृण्वन्स्पृशञ्जिघ्रन्नश्नन्गच्छन्स्वपञ्श्वसन्प्रलपन्विसृजन्गृह्णन्नुन्मिशन्निमिशन्नपि।

LESSON 11

ekādaśaḥ abhyāsaḥ
एकादशः अभ्यासः।

INTRODUCTION TO THE NUMERALS

saṅkhyānāṁ paricayaḥ
संख्यानां परिचयः।

Devanagarī Numbers

devanāgaryāḥ aṅkāḥ
देवनागर्याः अङ्काः।

In Sanskrit the numerals (*saṁkhaȳḥ, aṅkāḥ* संख्याः, अङ्काः) are used as adjectives (*viśeṣaṇāni* विशेषणानि) as well as substantives (*viśeṣyāni* विशेष्याणि). The numerals from 1 to 18 are adjectives, but they can be used as substantives too.

The numerals may be expressed in two ways, namely

(1) Expressive of numbers (*saṅkhyāvāćakāḥ* संख्यावाचकाः) e.g. one (*eka* एक), two (*dvi* द्वि), three (*tri* त्रि), four (*ćatur* चतुर्), five (*pañćan* पञ्चन्), six (*ṣaṣ* षष्), seven (*saptan* सप्तन्), eight (*aṣṭan* अष्टन्), nine (*navan* नवन्), ten (*daśan* दशन्), eleven (*ekādaśan* एकादशन्) ...etc.

(2) Sequence indicating (*kramavāćakāḥ* क्रमवाचकाः) e.g. 1st (*prathama* प्रथम), 2nd (*dvitīya* द्वितीय), 3rd (*tṛtīya* तृतीय), 4th (*ćaturtha* चतुर्थ), 5th (*pañćama* पञ्चम), 6th (*ṣaṣṭha* षष्ठ), 7th (*saptama* सप्तम), 8th (*aṣṭama* अष्टम), 9th (*navama* नवम), 10th (*daśama* दशम), 11th (*ekādaśa* एकादश) ...etc.

In masculine and neuter genders they end with अ (*akārānta* अकारान्त) and in feminine gender, with आ (*ākārānta* आकारान्त) or ई (*īkārānta* ईकारान्त). The suffix that converts a number into a sequence indicating numeral is called पूरणप्रत्यय: *pūraṇa-pratyahaḥ*.

Number	Numerical		Sequence		Sequence	
	m◦ n◦ f◦		m◦ n◦		f◦	
अंक	संख्यावाचक		क्रमवाचक		क्रमवाचक	
1	एक	*eka*	प्रथम	*prathama*	प्रथमा	*prathamā*
2	द्वि	*dvi*	द्वितीय	*dvitīya*	द्वितीया	*dvitīyā*
3	त्रि	*tri*	तृतीय	*tṛtīya*	तृतीया	*tṛtīyā*
4	चतुर्	*ćatur*	चतुर्थ	*ćaturtha*	चतुर्थी	*ćaturthī*
5	पञ्चन्	*pañćan*	पञ्चम	*pañćama*	पञ्चमी	*pañćamaī*
6	षष्	*ṣaṣ*	षष्ठ	*ṣaṣṭha*	षष्ठी	*ṣaṣṭhī*
7	सप्तन्	*saptan*	सप्तम	*saptama*	सप्तमी	*saptamī*
8	अष्टन्	*aṣṭan*	अष्टम	*aṣṭama*	अष्टमी	*aṣṭamī*
9	नवन्	*navan*	नवम	*navama*	नवमी	*navamī*
10	दशन्	*daśan*	दशम	*daśama*	दशमी	*daśamī*
11	एकादशन्	*ekādaśan*	एकादश	*ekādaśa*	एकादशी	*ekādaśī*
12	द्वादशन्	*dvādaśan*	द्वादश	*dvādaśa*	द्वादशी	*dvādaśī*
13	त्रयोदशन्	*trayodaśan*	त्रयोदश	*trayodaśa*	त्रयोदशी	*trayodaśī*
14	चतुर्दशन्	*ćaturdaśan*	चतुर्दश	*ćaturdaśa*	चतुर्दशी	*ćaturdaśī*
15	पञ्चदशन्	*pañćadaśan*	पञ्चदश	*pañćadaśa*	पञ्चदशी	*pañćadaśī*
16	षोडशन्	*ṣoḍaśan*	षोडश	*ṣoḍaśa*	षोडशी	*ṣoḍaśī*
17	सप्तदशन्	*saptadaśan*	सप्तदश	*saptadaṣa*	सप्तदशी	*saptadaṣī*
18	अष्टादशन्	*aṣṭādaśan*	अष्टादश	*aṣṭādaśa*	अष्टादशी	*aṣṭādaśī*
19	नवदशन्	*navadaśan*	नवदश	*navadaśa*	नवदशी	*navadaśī*

From 20 onwards तमट् suffixes (m◦ n◦ तम, f◦ तमी) may be added to a numerical value to form a sequence indicating numeral.

No.	Numerical		Sequence		Sequence	
	m◦ n◦ f◦		m◦ n◦		f◦	
अंक	संख्यावाचक		क्रमवाचक		क्रमवाचक	
20	विंशति	*vim̃śati*	विंश(विंशतितम)	*vim̃śa*	विंशी(विंशतितमी)	*vim̃śī*
21	एकविंशति	*ekvim̃śati*	एकविंश	*ekavim̃śa*	एकविंशी	*ekavim̃śī*
22	द्वाविंशति	*dvāvim̃śati*	द्वाविंश	*dvāvim̃śa*	द्वाविंशी	*dvāvim̃śī*
23	त्रयोविंशति	*trayovim̃śati*	त्रयोविंश	*trayovim̃śa*	त्रयोविंशी	*trayovim̃śī*
24	चतुर्विंशति	*chaturvim̃śati*	चतुर्विंश	*chaturvim̃śa*	चतुर्विंशी	*chaturvim̃śī*
25	पञ्चविंशति	*panćavim̃śati*	पञ्चविंश	*panćavim̃śa*	पञ्चविंशी	*panćavim̃śī*
26	षड्विंशति	*ṣaḍvim̃śati*	षड्विंश	*ṣaḍvim̃śa*	षड्विंशी	*ṣaḍvim̃śī*
27	सप्तविंशति	*saptavim̃śati*	सप्तविंश	*saptavim̃śa*	सप्तविंशी	*saptavim̃śī*
28	अष्टाविंशति	*aṣṭā!vim̃śati*	अष्टाविंश	*aṣṭā!vim̃śa*	अष्टाविंशी	*aṣṭā!vim̃śī*
29	नवविंशति	*navavim̃śati*	नवविंश	*navavim̃śa*	नवविंशी	*navavim̃śī*
30	त्रिंशत्	*trim̃śat*	त्रिंश	*trimśa*	त्रिंशी	*trim̃śī*
31	एकत्रिंशत्	*ekādaśaim̃śat*	एकत्रिंश	*ekādaśaim̃śa*	एकत्रिंशी	*ekādaśaim̃śī*
32	द्वात्रिंशत्	*dvātrim̃śat*	द्वात्रिंश	*dvātrim̃śa*	द्वात्रिंशी	*dvātrim̃śī*
33	त्रयस्त्रिंशत्	*trayastrim̃śat*	त्रयस्त्रिंश	*trayastrim̃śa*	त्रयस्त्रिंशी	*trayastrim̃śī*
34	चतुस्त्रिंशत्	*ćatustrim̃śat*	चतुस्त्रिंश	*ćatustrim̃śa*	चतुस्त्रिंशी	*ćatustrim̃śī*
35	पञ्चत्रिंशत्	*pañćarim̃śat*	पञ्चत्रिंश	*pañćarim̃śa*	पञ्चत्रिंशी	*pañćarim̃śī*
36	षट्त्रिंशत्	*ṣaṭtrim̃śat*	षट्त्रिंश	*ṣaṭtrim̃śa*	षट्त्रिंशी	*ṣaṭtrim̃śī*
37	सप्तत्रिंशत्	*saptatrim̃śat*	सप्तत्रिंश	*saptatrim̃śa*	सप्तत्रिंशी	*saptatrim̃śa*
38	अष्टात्रिंशत्	*aṣṭātrim̃śat*	अष्टात्रिंश	*aṣṭātrim̃śa*	अष्टात्रिंशी	*aṣṭātrim̃śī*
39	नवत्रिंशत्	*navatrim̃śat*	नवत्रिंश	*navatrim̃śa*	नवत्रिंशी	*navatrim̃śī*

No.	Numerical		Sequence		Sequence
	m∘ n∘ f∘		m∘ n∘		f∘
अंक	संख्यावाचक		क्रमवाचक		क्रमवाचक
40	चत्वारिंशत्	*ćatvārim̐śat*	चत्वारिंश	*ćatvārim̐śa*	चत्वारिंशी
41	एकचत्वारिंशत्	*ekaćatvārim̐śat*	एकचत्वारिंश	*ekaćatvārim̐śa*	एकचत्वारिंशी
42	द्विचत्वारिंशत्	*dvićatvārim̐śat*	द्विचत्वारिंश	*dvićatvārim̐śa*	द्विचत्वारिंशी
43	त्रिचत्वारिंशत्	*trićatvārim̐śat*	त्रिचत्वारिंश	*trićatvārim̐śa*	त्रिचत्वारिंशी
44	चतुश्चत्वारिंशत्	*catuśćatvārim̐śat*	चतुश्चत्वारिंश	*catuśćatvārim̐śa*	चतुश्चत्वारिंशी
45	पञ्चचत्वारिंशत्	*pañćaćatvārim̐śat*	पञ्चचत्वारिंश	*pañćaćatvārim̐śa*	पञ्चचत्वारिंशी
46	षट्चत्वारिंशत्	*ṣaṭćatvārim̐śat*	षट्चत्वारिंश	*ṣaṭćatvārim̐śa*	षट्चत्वारिंशी
47	सप्तचत्वारिंशत्	*saptaćatvārim̐śat*	सप्तचत्वारिंश	*saptaćatvārim̐śa*	सप्तचत्वारिंशी
48	अष्टचत्वारिंशत्	*aṣṭaćatvārim̐śat*	अष्टचत्वारिंश	*aṣṭaćatvārim̐śa*	अष्टचत्वारिंशी
49	नवचत्वारिंशत्	*navaćatvārim̐śat*	नवचत्वारिंश	*navaćatvārim̐śa*	नवचत्वारिंशी
50	पञ्चाशत्	*pañćāśat*	पञ्चाश	*pañćāśat*	पञ्चाशी
51	एकपञ्चाशत्	*ekapañćāśat*	एकपञ्चाश	*ekapañćāśa*	एकपञ्चाशी
52	द्विपञ्चाशत्	*dvipañćāśat*	द्विपञ्चाश	*dvipañćāśa*	द्विपञ्चाशी
53	त्रिपञ्चाशत्	*tripañćāśat*	त्रिपञ्चाश	*tripañćāśa*	त्रिपञ्चाशी
54	चतुःपञ्चाशत्	*ćatuḥpañćāśat*	चतुःपञ्चाश	*ćatuḥpañćāśa*	चतुःपञ्चाशी
55	पञ्चपञ्चाशत्	*pañćapañćāśat*	पञ्चपञ्चाश	*ṣaṭpañćāśa*	पञ्चपञ्चाशी
56	षट्पञ्चाशत्	*ṣaṭpañćāśat*	षट्पञ्चाश	*ṣaṭpañćāśa*	षट्पञ्चाशी
57	सप्तपञ्चाशत्	*saptapañćāśat*	सप्तपञ्चाश	*saptapañćāśa*	सप्तपञ्चाशी
58	अष्टपञ्चाशत्	*aṣṭapañćāśat*	अष्टपञ्चाश	*aṣṭapañćāśa*	अष्टपञ्चाशी
59	नवपञ्चाशत्	*navapañćāśat*	नवपञ्चाश	*navapañćāśa*	नवपञ्चाशी
60	षष्टि	*ṣaṣṭi*	षष्टितम	*ṣaṣṭi*	षष्टितमी
61	एकषष्टि	*ekaṣaṣṭi*	एकषष्ट	*ekaṣaṣṭi*	एकषष्टी
62	द्विषष्टि	*dviṣaṣṭi*	द्विषष्ट	*dviṣaṣṭi*	द्विषष्टी

No.	Numerical		Sequence		Sequence	
	m◦ n◦ f◦		m◦ n◦		f◦	
अंक	संख्यावाचक		क्रमवाचक		क्रमवाचक	
63	त्रिषष्टि	*triṣaṣṭi*	त्रिषष्ट	*triṣaṣṭa*	त्रिषष्टी	*triṣaṣṭī*
64	चतुष्षष्टि	*ćatuṣṣaṣṭi*	चतुष्षष्ट	*ćatuṣṣaṣṭa*	चतुष्षष्टी	*ćatuṣṣaṣṭī*
65	पञ्चषष्टि	*pañćaṣaṣṭi*	पञ्चषष्ट	*pañćaṣaṣṭa*	पञ्चषष्टी	*pañćaṣaṣṭī*
66	षट्षष्टि	*ṣaṭṣaṣṭi*	षट्षष्ट	*ṣaṭṣaṣṭa*	षट्षष्टी	*ṣaṭṣaṣṭī*
67	सप्तषष्टि	*saptaṣaṣṭi*	सप्तषष्ट	*saptaṣaṣṭa*	सप्तषष्टी	*saptaṣaṣṭī*
68	अष्टाषष्टि	*aṣṭāṣaṣṭi*	अष्टाषष्ट	*aṣṭāṣaṣṭa*	अष्टाषष्टी	*aṣṭāṣaṣṭī*
69	नवषष्टि	*navaṣaṣṭi*	नवषष्ट	*navaṣaṣṭa*	नवषष्टी	*navaṣaṣṭī*
70	सप्तति	*saptati*	सप्तत	*saptata*	सप्तती	*saptatī*
71	एकसप्तति	*ekasaptati*	एकसप्तत	*ekasaptata*	एकसप्तती	*ekasaptatī*
72	द्विसप्तति	*dvisaptati*	द्विसप्तत	*dvisaptata*	द्विसप्तती	*dvisaptatī*
73	त्रिसप्तति	*trisaptati*	त्रिसप्तत	*trisaptata*	त्रिसप्तती	*trisaptatī*
74	चतुस्सप्तति	*ćatussaptati*	चतुस्सप्तत	*ćatussaptata*	चतुस्सप्तती	*ćatussaptatī*
75	पञ्चसप्तति	*pañćasaptati*	पञ्चसप्तत	*pañćasaptata*	पञ्चसप्तती	*pañćasaptatī*
76	षट्सप्तति	*ṣaṭsaptati*	षट्सप्तत	*ṣaṭsaptata*	षट्सप्तती	*ṣaṭsaptatī*
77	सप्तसप्तति	*saptasaptati*	सप्तसप्तत	*saptasaptata*	सप्तसप्तती	*saptasaptatī*
78	अष्टासप्तति	*aṣṭāsaptati*	अष्टासप्तत	*aṣṭāsaptata*	अष्टासप्तती	*aṣṭāsaptatī*
79	नवसप्तति	*navasaptati*	नवसप्तत	*navasaptata*	नवसप्तती	*navasaptatī*
80	अशीति	*aśīti*	अशीतितम	*aśītitama*	अशीतितमी	*aśītitamī*
81	एकाशीति	*ekāśīti*	एकाशीत	*ekāśītitama*	एकाशीती	*ekāśītitamī*
82	द्वाशीति	*dvāśīti*	द्वाशीत	*dvāśītitama*	द्वाशीती	*dvāśītitamī*
83	त्र्यशीति	*tryaśīti*	त्र्यशीत	*tryaśīti*तम	त्र्यशीती	*tryaśītitamī*
84	चतुरशीति	*ćaturaśīti*	चतुरशीत	*ćaturaśītitama*	चतुरशीती	*ćaturaśītitamī*
85	पञ्चाशीति	*pañćāśīti*	पञ्चाशीत	*pañćāśītitama*	पञ्चाशीती	*pañćāśītitamī*

No.	Numerical	Sequence			Sequence	
	m◦ n◦ f◦	m◦ n◦			f◦	
अंक	संख्यावाचक	क्रमवाचक			क्रमवाचक	
86	षडशीति	*ṣaḍaśīti*	षडशीत	*ṣaḍaśīta*	षडशीती	*ṣaḍaśītī*
87	सप्ताशीति	*saptāśīti*	सप्ताशीत	*saptāśīta*	सप्ताशीती	*saptāśītī*
88	अष्टाशीति	*aṣṭāśīti*	अष्टाशीत	*aṣṭāśīta*	अष्टाशीती	*aṣṭāśītī*
89	नवाशीति	*navāśīti*	नवाशीत	*navāśīta*	नवाशीती	*navāśītī*
90	नवति	*navati*	नवति	*navatia*	नवति	*navatiī*
91	एकनवति	*ekanavati*	एकनवत	*ekanavata*	एकनवती	*ekanavatī*
92	द्विनवति	*dvinavati*	द्विनवत	*dvinavata*	द्विनवती	*dvinavatī*
93	त्रिनवति	*trinavati*	त्रिनवत	*trinavata*	त्रिनवती	*trinavatī*
94	चतुर्नवति	*ćaturnavati*	चतुर्नवत	*ćaturnavata*	चतुर्नवती	*ćaturnavatī*
95	पञ्चनवति	*pañćanavati*	पञ्चनवत	*pan!ćanavata*	पञ्चनवती	*pan!ćanavatī*
96	षण्णवति	*ṣaṇṇavati*	षण्णवत	*ṣaṇṇavata*	षण्णवती	*ṣaṇṇavatī*
97	सप्तनवति	*saptanavati*	सप्तनवत	*saptanavata*	सप्तनवती	*saptanavatī*
98	अष्टानवति	*aṣṭānavati*	अष्टानवत	*aṣṭānavata*	अष्टानवती	*aṣṭānavatī*
99	नवनवति	*navanavati*	नवनवत	*navanavata*	नवनवती	*navanavatī*
100	शत, एकशतम्	*śata, ekśatam*	शततम	*śatatama*	शततमी	*śatatamī*

From 100 onwards, the numbers may optionally be indicated as a single compound of one or two digit number number and the hundred value. e.g. एकशत, द्विशत, त्रिशत ..etc. But, in this case they could be confused with one hundred, two hundred, three hundred ...etc. Therefore, they may simply be written as 'hundred exceeded by one, two, three ...etc.'

e.g. एकाधिकं शतम्, द्वाधिकं शतम्, त्र्यधिकं शतं ...etc.

101	एकशत, एकाधिकशत	एकाधिकशततम	एकाधिकशततमी
102	द्विशत, द्वाधिकशत	द्वाधिकशततम	द्वाधिकशततमी
103	त्रिशत, त्र्यधिकशत	त्र्यधिकशततम	त्र्यधिकशततमी

104	चतुःशत, चतुरधिकशत	चतुःशततम	चतुःशततमी
105	पञ्चशत, पञ्चाधिकशत	पञ्चशततम	पञ्चशततमी
106	षट्शत, षडधिकशत	षट्शततम	षट्शततमी
107	सप्तशत, सप्ताधिकशत	सप्तशततम	सप्तशततमी
108	अष्टशत, अष्टाधिकशत	अष्टशततम	अष्टशततमी
109	नवशत, नवाधिकशत	नवशततम	नवशततमी
110	दशशत, दशाधिकशत	दशशततम	दशशततमी
111	एकादशशत	एकादशशततम	एकादशशततमी
112	द्वादशशत	द्वादशशततम	द्वादशशततमी
113	त्रयोदशशत	त्रयोदशशततम	त्रयोदशशततमी
114	चतुर्दशशत	चतुर्दशशततम	चतुर्दशशततमी
115	पञ्चदशशत	पञ्चदशशततम	पञ्चदशशततमी
116	षोडशदशशत	षोडशदशशततम	षोडषदशशततमी
117	सप्तदशशत	सप्तदशशततम	सप्तदशशततमी
118	अष्टदशशत	अष्टदशशततम	अष्टदशशततमी
119	नवदशशत	नवदशशततम	नवदशशततमी
120	विंशशत	विंशशततम	विंशशततमी
121	एकविंशशत	एकविंशशततम	एकविंशशततमी
↓			
130	त्रिंशशत	त्रिंशशततम	त्रिंशशततमी
140	चत्वारिंशशत	चत्वारिंशशततम	चत्वारिंशशततमी
150	पञ्चाशशत	पञ्चाशशततम	पञ्चाशशततमी
160	षष्टिशत	षष्टिशततम	षष्टिशततमी
170	सप्ततिशत	सप्ततिशततम	सप्ततिशततमी
180	अशीतिशत	अशीतिशततम	अशीतिशततमी
190	नवतिशत	नवतिशततम	नवतिशततमी

200	द्विशत	द्विशततम	द्विशततमी	
300	त्रिशत	त्रिशततम	त्रिशततमी	
400	चतुःशत	चतुःशततम	चतुःशततमी	
500	पञ्चशत	पञ्चशततम	पञ्चशततमी	
600	षट्शत	षट्शततम	षट्शततमी	
700	सप्तशत	सप्तशततम	सप्तशततमी	
800	अष्टाशत	अष्टशततम	अष्टशततमी	
900	नवशत	नवशततम	नवशततमी	
1000	दशशत, सहस्त्र	सहस्त्रतम	सहस्त्रतमी	Thousand

10,000	अयुतम्–तः	(n∘ m∘) *ayuta*	
100,000	लक्षम्–क्षा	(n∘ f∘) *lakṣa*	
1000,000	नियुतम्–तः	(n∘ m∘) *prayuta*	Million
10,000,000	कोटिः	(f∘) *koṭi*	
100,000,000	अर्बुदम्–दः	(n∘ m∘) *arbuda*	
1,000,000,000	वृन्दम्, महार्बुदम्–दः	(n∘ m∘) *vṛndam, mahārbuda*	Billion
10,000,000,000	खर्वः	(m∘) *kharvaḥ*	
100,000,000,000	निखर्वः	(m∘) *nikharvaḥ*	
1,000,000,000,000	ख्शङ्खः	(m∘) *śaṅkhaḥ*	Trillion
10,000,000,000,000	पद्मः	(m∘) *padmaḥ*	
100,000,000,000,000	सागरः	(m∘) *sāgaraḥ*	
1,000,000,000,000,000	अत्यन्तम्	(न∘) *atyantam*	Zillion
10,000,000,000,000,000	मध्यम्	(n∘) *madhyam*	
100,000,000,000,000,000	परार्धम्	(n∘) *parārdham*	
1,000,000,000,000,000,000	प्रपरार्धम्	(n∘) *parparārdham*	
and so on ... to infinity	अनन्तः	(n∘) *anant*	Infinity

DECLENSION OF THE NUMERALS

एक (one) is always singular, द्वि (two) is always dual and three, four, five त्रि, चतुर्, पञ्च ...etc. are always plural. The declensions of the numerals in the Nominative (1st) case, in all three genders, are as below (For all other cases of numerals, see the 'Summary of Cases' in Appendix 2).

SANSKRIT NUMERALS : (1 to 10)

1	one	*ek*	एक	2	two	*dvi*	द्वि
3	three	*tri*	त्रि	4	four	*ćatur*	चतुर
5	five	*pañćan*	पञ्चन्	6	six	*saṣ*	षष्
7	seven	*satpan*	सप्तन्	8	eight	*asṭan*	अष्टन्
9	nine	*navan*	नवन्	10	ten	*daśan*	दशन्

Nominative case		m∘		n∘		f∘
1	१	ekaḥ	एक:	ekam	एकम्	ekā एका
2	२	dvau	द्वौ	dve	द्वे	dve द्वे
3	३	trayaḥ	त्रय:	trīṇi	त्रीणि	tisraḥ तिस्र:
4	४	ćatvāraḥ	चत्वार:	ćatvāri	चत्वारि	ćatasraḥ चतस्र:

Numbers from 5 to 10 have same case declensions in all three genders m∘ n∘ f∘

5	५	*pañća*	पंच, पञ्च	m∘ n∘ f∘
6	६	*ṣaṭ* or *ṣaḍ*	षट्, षड्	m∘ n∘ f∘
7	७	*sapta*	सप्त	m∘ n∘ f∘
8	८	*aṣṭa*	अष्ट	m∘ n∘ f∘
9	९	*nava*	नव	m∘ n∘ f∘
10	१०	*daśa*	दश	m∘ n∘ f∘

EXERCISE 35 :

(1) Say the following numbers in Sanskrit :

1 7 9 4 3 2 8 5 6

(2) Read the following Devanagari numerals :

७ ४ १ ९ ६ ५ ३ ८ २

(3) Write the following Sanskrit numerals :

चतुर्, सप्तन्, नवन्, एक, षष्, अष्टन्, पञ्चन्, द्वि, दशन्

(4) Say the following numerals in Sanskrit :

(1) 12, 53, 36, 99, 100

(2) 11, 22, 33, 44, 55, 66, 77, 88, 99

(3) 10, 20, 30, 40, 50, 60, 70, 80, 90

ANSWERS to Exercise 35 :

(1) एक, सप्तन्, नवन्, चतुर्, त्रि, द्वि, अष्टन्, पञ्चन्, षष्।

(2) सप्तन्, चतुर्, एक, नवन्, षष्, पञ्चन्, त्रि, अष्टन्, द्वि।

(3) 4, 7, 9, 1, 6, 8, 5, 2, 10

(4) 1. द्वादशन्, त्रिपञ्चाशत्, षट्त्रिंशत्, नवनवति, शत।

2. एकादशन्, द्वाविंशति, त्रयस्त्रिंशत्, चतुश्चत्वारिंशत्, पञ्चपञ्चाशत्, षट्षटि, सप्तसप्तति, अष्टाशीति, नवनवति।

3. दशन्, विंशति, त्रिंशत्, चत्वारिंशत्, पञ्चाशत्, षष्टि, सप्तति, अशीति, नवति।

LESSON 12

dvādaśaḥ abhyāsaḥ द्वादशः अभ्यासः।

12.1

VERBS

kriyāpadāni

क्रियापदानि।

Whenever we say a sentence, there is always a verb in it. Without verb a sentence does not become complete. Also, wherever there is a verb, there is a doer (subject, कर्ता *kartā*) of that verb. Thus, there is no sentence without a verb and a subject.

In Sanskrit, every verb comes from a verb root (धातु *dhātu*) which is shown by a √ sign.

e.g. √*khād* √खाद् = to eat, √*dā* √दा = to give, √*kṛ* √कृ = to do, √*gam* √गम् = to go ... etc.

I give *ahaṁ dadāmi* अहं ददामि। In this sentence, 'I' am the doer (subject) of the action of giving, and 'to give' is a verb (क्रियापदम् *kriyapadam*)

The action word is called a VERB. In Sanskrit, the verb has same Person and Number as the doer (subject) of that action. REMEMBER: In Sanskrit, **the verbs do not have a Gender**.

12.2

THE TENSES AND MOODS OF THE VERBS

lakārāḥ लकाराः।

In Sanskrit there are over 2000 verb roots (√verb), from which all Sanskrit words originate. Unlike English, in Sanskrit the Tenses are not grouped separately from the Moods of the verbs.

They are organized under a single group of ten *lakāras* (लकारा: Tense and Mood Conjugations).

THE TEN TENSES AND MOODS OF THE VERBS

There are ten tenses and moods *lakāra*s in Sanskrit, namely

laṭ, liṭ, luṭ, lṛṭ, loṭ, leṭ, *laṅg, liṅg, luṅg, lṛṅg*

लट्, लिट्, लुट्, लृट्, लोट्, लेट्, लङ्, लिङ्, लुङ्, लृङ्।

The first six *lakāra*s, ending with *ṭ* (ट्) are called *ṭit* (टित्) and the last four, ending with *ṅ* (ङ्) are *ṅit* (ङित्) *lakāra*s.

The *leṭ* (लेट्) *lakāra* is used only in the *Veda*s. In Classical Sanskrit, the *leṭ* (लेट्) *lakāra* is replaced by splitting the *liṅ lakāra* (लिङ्) into two parts, *vidhi-liṅg* (विधिलिङ्) and *āśiḥ-liṅg* (आशीर्लिङ्)

In practice, in order to congugate (रूपसंजिकरणम्) a verb, these ten names of the *lakāra*s themselves are not actually affixed to the verb roots, but in stead, the verb is treated (*pratyāhāraḥ* प्रत्याहार:) with one of the 18 terminations (*pratyayaḥ* प्रत्यया:), one for each of the ten tenses and moods (*lakārāḥ* लकारा:) 10 *lakars* x 18 Terminations = 180 suffixes प्रत्याहारा:।

Pāṇini (पाणिनि) has arranged these 18 conjugational affixes into a string, from *tip* (तिप्) to *mahiṅg* (महिङ्). (लस्य तिबादय आदेशा: भवन्ति। pāṇini, 3: 4.77).

As this list starts with *ti* (ति) and ends with *ṅg* (ङ्), each affix is called *tiṅg* (तिङ्) and a conjugated root of the verb is called a *tiṅgant* (तिङन्त) or *padam* (पदम्).

The 18 terminations (9 *parasmaipadī* and 9 *ātmanepadī*) are :

tip, taḥ, jhi, sip, thaḥ, tha, mip, vaḥ, maḥ, ta, ātām, jha, thāḥ, āthām, dhvam, iṭ, vahi, mahiṅ. तिप्, त:, झि, सिप्, थ:, थ, मिप्, व:, म:, त, आताम्, झ, था:, आथाम्, ध्वम्, इट्, वहि, महिङ्। तिप्तस्झिसिप्थस्थमिब्वस्मस्ताताञ्झथासाथान्ध्वमिड्वहिमहिङ्। Pāṇini 3: 4.78

THE TEN TENSES AND MOODS OF THE VERBS IN CLASSICAL SANSKRIT

daśa lakārāḥ
दश लकाराः।

The ten *lakāra*s, used in the Classical Sanskrit language are namely, *laṭ, laṅg, liṭ, luṅg, luṭ, lṛṭ, loṭ, vidhi, liṅg, lṛṅg* लट्, लङ्, लिट्, लुङ्, लुट्, लृट्, लोट्, विधि, लिङ्, लृङ्।

With the English tenses and moods they approximately compare as :

(1) laṭ	लट्	Present Tense
(2) laṅg	लङ्	Past Imperfect Tense (First Praeterite)
(3) liṭ	लिट्	Past Perfect Tense (Second Praeterite)
(4) luṅg	लुङ्	Past Indefinite Tense (Third Praeterite or Aorist)
(5) luṭ	लुट्	Future Definite Tense
(6) lṛṭ	लृट्	Future Indefinite Tense
(7) loṭ	लोट्	Imperative Mood
(8) vidhi	विधि	Potential Mood
(9) liṅg	लिङ्	Benedictive Mood
(10) lṛṅg	लृङ्	Conditional Mood

NOTE :
The *leṭ* लेट् लकारः of the Vedic Sanskrit is *vidhi-liṅ* विधि (विधिलिङ्) in the Classical Sanskrit.

12.3

THE ELEVEN CONJUGATIONAL CLASSES OF VERBS

Roots of the verbs (*dhātavaḥ* धातवः), having aims of self service (*ātmanepadī* आत्मनेपदी), service to others (*parasmaipadī* परस्मैपदी) or dual service (*ubhayapadī* उभयपदी), are arranged under a group of Eleven classes of Conjugations of Verbs (*gaṇāḥ* गणाः), namely :

(1)	भ्वादि	*bhvādi,*	the 1st Class, of the roots like	(√*bhū*)	√भू	to become
(2)	अदादि	*adādi,*	the 2nd Class, of the roots like	(√*ad*)	√अद्	to eat
(3)	हुवादि	*huvādi,*	the 3rd Class, of the roots like	(√*hu*)	√हु	to sacrifice
(4)	दिवादि	*divādi,*	the 4th Class, of the roots like	(√*div*)	√दिव्	to shine
(5)	स्वादि	*svādi,*	the 5th Class, of the roots like	(√*su*)	√सु	to bathe
(6)	तुदादि	*tudādi,*	the 6th Class, of the roots like	(√*tud*)	√तुद्	to hurt
(7)	रुधादि	*rudhādi,*	the 7th Class, of the roots like	(√*rudh*)	√रुध्	to oppose
(8)	तनादि	*tanādi,*	the 8th Class, of the roots like	(√*tan*)	√तन्	to spread
(9)	क्र्यादि	*kryādi,*	the 9th Class, of the roots like	(√*krī*)	√क्री	to buy
(10)	चुरादि	*ćurādi,*	the 10th Class, of the roots like	(√*ćur*)	√चुर्	to steal
(11)	कण्ड्वादि	*kaṇḍvādi,*	the 11th Class, of the roots like	(√*kaṇḍū*)	√कण्डू	to itch

NOTES :

(i)Some people prefer using the numerical system (1st gaṇa, 2nd gaṇa etc.) for identifying the *gaṇas*, while others prefer their nominclature (भ्वादि, अदादि etc.)

(ii) The popular 10 classes of conjugations are divided in two GROUPS.

(iii) roots of 1st, 4th, 6th and 10th class marked with * fall under the **FIRST GROUP**

(iv) the remaining roots of the 2nd, 3rd, 5th, 7th, 8th and 9th class fall under **SECOND GROUP.**

(v) Amost all roots are monosyllables, some of them are even uniletters (e.g. √i, √ī, √u, √ṛ, √ṝ), most of them end in a consonant. Only just over a dozen are ploysyllabelic. e.g. √apās, √āndol, √bhiṣaj, √ćakās, √ćulump, √daridrā, √gaveśa, √hillol, √kumār, √kuṭumb, √lumāl, √oland, √palyul, √pampas, √prenkhol, √sabhaj, √sangrām, √viḍamb.

THE 4 DESIGNS OF VERBS (प्रक्रिया: *prakriyāḥ*)

Besides the normal *parasmaipadī* or *ātmanepadī* forms, each verb has three other designs (*prakriyāḥ* प्रक्रिया:) depending on the intension of the action.

(1) Normal (*sādhāraṇa* साधारणप्रक्रिया) (2) Causative (*ṇyanta* ण्यन्तप्रक्रिया) (3) Desiderative (*sannant* सन्नन्तप्रक्रिया) (4) Repeatetive (*yaṅgluganta* यङ्लुगन्तप्रक्रिया or *yaṅgant* यङन्तप्रक्रिया)

THE TWO AIMS OF VERBS :

(1) *Parasmaipadī* (परस्मैपदी) (2) Ātmanepadī (आत्मनेपदी), Dual - परस्मैपदी and आत्मनेपदी

THE TWO ATTRIBUTES OF VERBS :

(1) Transitive *sakarmak* (सकर्मक) (2) Intransitive *akarmak* (अकर्मक) Dual सकर्मक and अकर्मक

THE THREE VOICES OF VERBS :

(1) Active Voice *kartari prayogaḥ* (कर्तरि-प्रयोग:) (2) Passive Voice *karmaṇi prayogaḥ* (कर्मणि-प्रयोग:) (3) Abstract Voice *bhāve prayogaḥ* (भावे-प्रयोग:)

Thus, 3 presons *(puruṣāḥ* पुरुषा:) x 3 numbers *(vaćanāni* वचनानि*)* x 10 tenses *(lakārāḥ* लकारा:) x 4 designs *(prakriyāḥ* प्रतिक्रिया:) = 360 *parasmaipadī* (परस्मैपदी) and 360 *ātmanepadī* (आत्मनेपदी) single-word-actions are possible from each transitive or intransitive verb root (√).

LESSON 13

trayodaśaḥ abhyāsaḥ त्रयोदशः अभ्यासः।

PERSON

पुरुषः *(puruṣaḥ)*

AGREEMENT OF VERB WITH THE SUBJECT

i. In a Sanskrit sentence, the verb (*kriyāpadam* क्रियापदम्) agrees with NUMBER (*vaćanam* वचनम्) and PERSON (*puruṣaḥ* पुरुषः) of the subject (*kartā* कर्ता).

ii. A single object takes a verb in SINGULAR number. Two subjects connected by the conjunction '*and,*' take a verb in the DUAL number and a group of more than two subjects takes a verb in PLURAL number.

EXAMPLE : (1) I अहम् *(aham)* (2) am अस्मि *(asmi)*

Thus, in the sentence : I am, अहम् अस्मि *(aham asmi),* the word 'I' stands for the subject. I is a noun, i.e. a person (or a thing). I is First person (me). I is Singular number (only one person). 'I' could mean a Masculine or Feminine gender.

Here the word 'am' is the verb, the act of being.

All verbs have a TENSE. The word 'am' (*asmi* अस्मि) shows Present Tense.

In Sanskrit, there are three (1st, 2nd, 3rd) Persons : (संस्कृते पुरुषाः त्रयः सन्ति। उत्तम-पुरुषः मध्यम-पुरुषः प्रथम-पुरुषः च इति)

(1) I or We refers to First Person.

(2) The address 'you' refers to Second Person.

(3) The person (or thing) other than I and You (i.e. he, she, it, they, that, this) is the Third Person.

1. 'I'	अहम् *aham*	first person
2. 'you'	(त्वम् *tvam*) भवान् *bhavān*	second person
3. he, she, that	सः, सा, तत् *saḥ, sā, tat*	third person

1. 'I' am — अहम् अस्मि *aham asmi*
2. 'you' are — (त्वम् असि *tvam asi)* भवान्–भवती अस्ति (m∘)*bhavān* (f∘) *bhavatī asti*
3. 'he, she, that' is — सः सा, तत् – अस्ति *saḥ, sā, tat - asti*

NOTES : (1) Gender (m∘ he, f∘ she, n∘ that) has no effect on the verb, but the verb changes with Person, 1st∘, 2nd∘ and 3rd. (2) *ća* च = and , is = *asti* अस्ति। are = *santi* सन्ति। Two or more nouns are connected by word *ća* च। e.g. Rāma and Sītā
(i) *Rāmaḥ Sītā ća* रामः सीता च। or (ii) *Rāmaḥ ća Sītā ća* रामः च सीता च।

EXERCISE 36 : Study the following examples

1. Rāma is, *Rāmaḥ asti.* रामः अस्ति। Sītā is, *Sitā asti.* सीता अस्ति। He is, *saḥ asti.* सः अस्ति। They are, (m∘) *te santi,* (f∘) *tāḥ santi* ते सन्ति or ताः सन्ति।
2. Rādhā is. *Rādhā asti.* राधा अस्ति। The food is there. *annam asti.* अन्नम् अस्ति।
3. I am अहम् अस्मि *aham asmi.* I am Brahma अहं ब्रह्मास्मि *aham brahma asmi.* Thou art that तत् त्वम् असि *tat tvam asi.* Everything is that तत् सर्वम् *tat sarvam.* (सर्व = all)

NOTES : As can be seen above, when the English prepositional particles such as *a, an, the, there* ..etc. are customary, unnecessary, meaningless, addressless or spurious, they do not need to be translated in Sanskrit. e.g. In English we say : a boy, an egg, the toys, there is a boy, the food is there, once up on a time there was a king etc. In Sanskrit, these prepositional particles (a, an, the, there etc.) are not attached before nouns. The number, gender case, tense etc. are already included and packed with the grammar of each word in Sanskrit. So, it is not necessary to use these prepositional articles and particles. e.g. A boy = *bālakaḥ* बालकः। The goat = *ajaḥ* अजः। There is a boy = *bālakaḥ asti.* बालकः अस्ति।

LESSON 14

ćaturdaśaḥ abhyāsaḥ चतुर्दशः अभ्यासः।

14.1

NUMBER

vaćanam

वचनम्।

When we say 'I am,' only one person is referred to, so 'I' is a Singular number.

In Sanskrit, the numbers are three संस्कृते वचनानि त्रीणि सन्ति। एकवचनं द्विवचनं बहुवचनं च इति।

(1) One person or thing is SINGULAR NUMBER

(2) Two persons or things are DUAL NUMBER

(3) More than two things or persons are PLURAL NUMBER

Numbers		MASCULINE		NEUTER		FEMININE	
1	one	ekaḥ	एकः	ekam	एकम्	eka	एका
2	two	dvau	द्वौ	dve	द्वे	dve	द्वे
3	three	trayaḥ	त्रयः	trīṇi	त्रीणि	tisraḥ	तिस्रः
4	four	ćatvāraḥ	चत्वारः	ćatvāri	चत्वारि	ćatasraḥ	चतस्रः
5	पञ्च	pañća'	पञ्च	pañća	पञ्च	pañća	पञ्च

TABLE : PERSON AND NUMBER

Person	Singular	Dual	Plural
I, we	अहम् *aham*	आवाम् *āvām*	वयम् *vayam*
you	त्वम् *tvam*	युवाम् *yuvām*	यूयम् *yūyam*
he, she, that	सः, सा, तत् *saḥ, sā, tat*	तौ, ते, ते *tau, te, te*	ते, ताः, तानि *te, tāḥ, tāni.*

Use of the VERB to be √as √अस् in Present Tense लट्

Person	Singular	Dual	Plural
(I) am	अस्मि *asmi*	स्वः *svaḥ*	स्मः *smaḥ*
(You) are	असि *asi*	स्थः *sthaḥ*	स्थ *stha*
(He-she-that) is	अस्ति *asti*	स्तः *staḥ*	सन्ति *santi*

1. I am	अहम् अस्मि	*aham asmi*
2. We two are	आवाम् द्वौ (द्वे) स्वः	*āvāṁ dvau (dve) svaḥ*
3. We are	वयं स्मः	*vayaṁ smaḥ*
1. You are	(त्वम् असि) भवान् अस्ति	*(tvam asi) bhavān asti*
2. You two are	युवां द्वौ (द्वे) स्थः	*yuvāṁ dvau (dve) sthaḥ*
3. You (all) are	(यूयं स्थ) भवन्तः सन्ति	*(yūyaṁ stha) bhavantaḥ santi*
1. He-she-that is	सः, सा, तत् अस्ति	*saḥ, sā, tat asti*
2. They two are	तौ, ते, ते द्वौ (द्वे) स्तः	*tau, te, te dvau (dve) staḥ*
3. They all are	ते, ताः, तानि सन्ति	*te, tāḥ, tāni santi*

EXAMPLES :

(A) Singular number :

(1) Rāma is here. *Rāmaḥ atra asti.* रामः अत्र अस्ति।

(2) The crow is black. *kākaḥ kṛṣṇnaḥ asti.* काकः कृष्णः अस्ति। (crow = *kāka* काक; black = *kṛṣṇa* कृष्ण)

(3) The cuckoo is black also. *pikaḥ api kṛṣṇaḥ asti.* पिकः अपि कृष्णः अस्ति। (also = *api* अपि)

NOTES :

(1) In a sentence, if two or more subjects are connected by the conjunction 'and' (च *ća*), then the 'number' of their verb is chosen according to the number of the subjects (dual or plural).

e.g. Rāma and Sītā are here. रामः सीता च अत्र स्तः *rāmaḥ sītā ća atra staḥ. (*There are two. द्वौ/द्वे स्तः। *dvau/dve staḥ)*

Rāma, Sītā and Rītā are here. रामः सीता रीता च अत्र सन्ति *rāmaḥ sītā rītā ća atra santi.*

(*atra* अत्र = here)

(2) In a sentence, when two or more subjects of a common attribute are connected by the conjunction 'and' च *ća*, the 'number' of their verb is chosen singular only.

e.g. Righteousness and purity are attained with yoga. सत्-चारित्र्यं पावित्र्यं च योगेन सिध्यते।

sat-ćaritryaṁ pāvitryaṁ ća yogena siddhyate.

(B) Dual Number :

(4) Rāma and Sītā are here. *Rāmaḥ Sītā ća atra staḥ.* रामः सीता च अत्र स्तः।

(5) The crow and cuckoo are black. *kākaḥ pikaḥ ća kṛṣṇau staḥ.* काकः पिकः च कृष्णौ स्तः।

A CLASSICAL EXAMPLE : (see Appendix 8 for meaning)

(6) **काकः कृष्णः पिकः कृष्णः को भेदः पिककाकयोः।**
वसन्तसमये प्राप्ते काकः काकः पिकः पिकः।28।।

kākaḥ kṛṣṇaḥ pikaḥ kṛṣṇaḥ, ko bhedaḥ pikakākayoḥ?
vasanta-samaye prāpte, kākaḥ kākaḥ pikaḥ pikaḥ.

(C) Plural Number :

(7) A crow *kākaḥ* काकः → The crows *kākāḥ* काकाः।

(8) He *saḥ* सः → They (*te* ते)

Is *asti* अस्ति → Are (*santi* सन्ति)

(9) Rāma, Sunīl and Sītā are here. *rāmaḥ sunīlaḥ sītā ća atra santi.* रामः सुनीलः सीता च अत्र सन्ति।

(10) The crow, cuckoo and coal are black. *kākaḥ pikaḥ aṅgāraḥ ća kṛṣṇāḥ santi.* काकः पिकः अङ्गारः च कृष्णाः सन्ति। (cuckoo = *pika* पिक; coal = *aṅgāra* अङ्गार)

(11) The crows and cuckoos are black. *kākāḥ pikāḥ ća kṛṣṇāḥ santi.* काकाः पिकाः च

कृष्णाः सन्ति।

(12) बहूनि मे व्यतीतानि जन्मानि तव चार्जुन।। (Gītā 4.5)

bahūni me vyatitāni janmāni tava ćārjuna!

EXERCISE 37 : Person and Number :

A. Translate Sankrit into English :

(1) वयं स्मः --------------------------------------

(2) सा अस्ति --------------------------------------

(3) ते सन्ति --------------------------------------

(4) यूयं स्थ --------------------------------------

(5) त्वम् असि --------------------------------------

(6) तानि सन्ति --------------------------------------

B. Translate English into Sanskrit :

(1) We two are. --------------------------------------

(2) They (feminine) are --------------------------------------

(3) It is. --------------------------------------

4) They two (f◦) are. --------------------------------------

(5) She is. --------------------------------------

(6) They (neuter) are. --------------------------------------

(7) Rāma is. --------------------------------------

(8) Sītā is. --------------------------------------

(9) The boys are --------------------------------------

(10) The girls are. --------------------------------------

14.2
GENDER
liṅgam लिङ्गम्।

In Sanskrit there are three Genders, namely, MASCULINE (m∘), FEMININE (f∘) and NEUTER (n∘).संस्कृते लिङ्गानि त्रीणि सन्ति। पुंल्लिङ्गं स्त्रीलिङ्गं नपुंसकलिङ्गं च इति।

NOTE: Which word is masculine, feminine or neuter is to be found through a Sanskrit dictionary or from everyday usage. There is no easir way to determine it. कः शब्दः :पुंल्लिङ्गः कः शब्दः स्त्रीलिङ्गं कः च शब्दः नपुंसकलिङ्गः इति तु शब्दकोशबलात् व्यवहारबलात् वा ज्ञातव्यम्। एतां व्यवस्थां ज्ञातुं सामान्यरीतिः अन्या का अपि नास्ति।

From the general appearance of the Sanskrit nouns and adjectives it can roughly be said that, in its nominative singular form, the word ending in अः is usually masculine, ending in म् is neuter and ending in आ, इ or ई is usually feminine, but not always.

* Remember, as said earlier, gender affects person and number only. It does not affect the tense of a verb.

EXAMPLES cum EXERCISE : See Appendix 2 for Case Declensions.

(1) I (m∘ f∘) stand. *ahaṁ tiṣṭhāmi* अहं तिष्ठामि। We stand. *vayaṁ tiṣṭhāmaḥ.* वयं तिष्ठामः।

(2) He/she/it is standing. *saḥ tiṣṭhati. sā tiṣṭhati. tat tiṣṭhati.* सः तिष्ठति। सा तिष्ठति। तत् तिष्ठति।

(3) He is a boy. She is a girl. It is a book. *saḥ bālaḥ asti. sā bālā asti. tat pustakam asti.* सः बालः अस्ति। सा बाला अस्ति। तत् पुस्तकम् अस्ति।

(4) They are boys. They are girls. Those are books. *te bālāḥ santi. tāḥ bālāḥ santi. tāni pustakāni santi.* ते बालाः सन्ति। ताः बालाः सन्ति। तानि पुस्तकानि सन्ति।

(5) He is a man. She is a woman. It is a house. *saḥ manuṣyaḥ asti. sā strī asti. tad gṛham asti.* सः मनुष्यः अस्ति। सा स्त्री अस्ति। तद् गृहम् अस्ति।

(6) They are men. They are women. They are houses. *te manuṣyāḥ santi. tāḥ striyaḥ*

santi. tāni gṛhāṇi santi. ते मनुष्याः सन्ति। ताः स्त्रियः सन्ति। तानि गृहाणि सन्ति।

(7) One hymn. One poem. One song. *ekaḥ śokaḥ. ekā kavitā. ekaṁ gītam.* एकः श्लोकः। एका कविता। एकं गीतम्।

(8) Four chapters. Four poems. Four essays. *ćatvāraḥ adhyātaḥ. ćatasraḥ kavitāḥ. ćatvāri gītāni.* चत्वारः अध्यायाः। चतस्रः कविताः। चत्वारि गीतानि।

EXERCISE 38 : (The answers are in Appendix - 7)

A. Translate into Sanskrit :

(1) One boy. One girl. One House. ——————

(2) Four boys. Four girls. Four houses. ——————

(3) He is a man. She is a lady. That is a house. ——————

(4) Those are books. They are girls. They are boys. ——————

B. Translate into English : (see above for help)

(1) अहं मनुष्यः अस्मि। *ahaṁ manuṣyaḥ asmi* ——————

(2) वयं स्त्रियः स्मः। *vayaṁ striyaḥ smaḥ* ——————

(3) वयं चतस्रः स्त्रियः। *vayaṁ ćatasraḥ striyaḥ* ——————

(4) चत्वारि गृहाणि। *ćavtāri gṛhāṇi* ——————

(5) चतस्रः कविताः सन्ति। *ćatasraḥ kavitāḥ santi* ——————

(6) एकः बालकः एका बाला एकं पुस्तकम्। *ekaḥ bālakaḥ ekā bālā ekaṁ pustakam* ————

(7) चत्वारः बालकाः चतस्रः बालाः चत्वारि पुस्तकानि। *ćatvāraḥ bālakāḥ, ćatasraḥ bālāḥ ćatvāri pustakāni* ——————

(8) सः मनुष्यः अस्ति। सा स्त्री अस्ति। तत् गृहम् अस्ति। *saḥ manuṣyaḥ asti, sā strī asti, tat gṛham asti* ——————

(9) तानि पुस्तकानि सन्ति ताः स्त्रियः सन्ति ते बालकाः सन्ति। *tāni pustakāni santi, tāḥ striyaḥ santi, te bālakāḥ santi.* ——————

LESSON 15

pañćacaśaḥ abhyāsaḥ पञ्चदश: अभ्यास:।

NOUN

nāma नाम।

In the above discussion, the word बालक: (*bālakaḥ* a boy) is the name for a person (or thing), therefore, it is a NOUN. Noun is a person, a physical thing or an abstract thing. Each noun has a gender and number (नाम्न: लिङ्गं वचनं च भवत:)

TABLE : Noun, gender and number

Noun	m◦	बालक:	*bālakāḥ,*	m◦ a boy
Noun	f◦	बाला	*bālā,*	f◦ a girl
Noun	n◦	पुस्तकम्	*pustakam*	n◦ a book

Gender	Singular		Dual		Plural	
Masculine noun	बालक:	*bālakaḥ*	बालकौ	*bālakau*	बालका:	*bālakāḥ*
Feminine noun	बाला	*bālā*	बाले	*bāle*	बाला:	*bālāḥ*
Neuter noun	पुस्तकम्	*pustakam*	पुस्तके	*pustake*	पुस्तकानि	*pustakāni*

EXAMPLES cum EXERCISE 39: NUMBER

(1) One Tree. *ekaḥ vṛkṣaḥ.* एक: वृक्ष:।

(2) Two Fruits. *dve phale.* द्वे फले।

(3) Three leaves. *trīṇi patrāṇi, trīṇi parṇāni.* त्रीणि पत्राणि, त्रीणि पर्णानि।

(4) Four vines. *ćatasraḥ latāḥ.* चतस्त्र: लता:।

(5) Five flowers. *pañća puṣpāṇi/kusumāni/sumanāni/prasūnāni.* पञ्च

पुष्पाणि/कुसुमानि/सुमनानि/प्रसूनानि।

(6) Six stones. *ṣaṭ prastarāṇi/pāṣāṇāni/śilāḥ* षट् प्रस्तराणि/पाषाणानि/शिला:।

(7) Seven Mountains. *sapta girayaḥ/parvatāḥ/śailāḥ/nagāḥ* सप्त गिरय:/पर्वता:/शैला:/नगा:।

(8) Eight roots. *aṣṭa mūlāni.* अष्ट मूलानि। *aṣṭau mūlāni.* अष्टौ मूलानि। One root. *ekaṁ mūlam.* एकं मूलम्। Two roots. *dve mūle.* द्वे मूले। One tree and one root. *ekaḥ vṛkṣaḥ ekaṁ ća mūlam.* एक: वृक्ष: एकं च मूलम्।

(9) Nine rivers. *nava nadyaḥ; nava saritāḥ.* नव नद्य: नव सरिता:। One river. *ekā nadī.* एका नदी। Two rivers. *dve nadyau.* द्वे नद्यौ। A mountain and two rivers. *parvataḥ dve ća nadyau.* पर्वत: द्वे च नद्यौ।

(10) Ten girls. *daśa bālāḥ; daśa bālikāḥ.* दश बाला: दश बालिका:। Five boys, five girls and ten flowers. *pañća bālakāḥ pañća bālikāḥ daśa ća puṣpāṇi.* पञ्च बालका:। पञ्च बालिका:। दश च पुष्पाणि।

(11) One tree, two vines and three fruits. *ekaḥ vṛkṣaḥ dve ća late trīṇi ća phalāni.* एक: वृक्ष: द्वे च लते त्रीणि च फलानि। or एक: वृक्ष: द्वे लते त्रीणि फलानि च or एको वृक्षो द्वे लते त्रीणि च फलानि।

EXERCISE 40 : A. Name the following nouns in Sanskrit

(1) Boy ------------------ Girl ------------------

(2) Man ----------------- Woman ----------------

(3) Book ---------------- House ----------------- Song -----------------

(4) Vine ---------------- River ---------------- Light ----------------

B. Correct the following Sanskrit sentences

(1) One boy, two girls and three houses.
एक: बालका: द्वे बाला: त्रय: च गृहाणि। एक बालक: द्वे लते त्रीणि च गृहम्।

(2) Nine rivers. नव नदी:। नव सरिता। One river. एक: नदी। Two rivers द्वि नद्यौ।

(3) Five flowers, six stones and seven mountains. पञ्च पुष्पा: षट् शिल: सप्त च पर्वत:।

A DICTIONARY OF NOUNS

CONTAINS MOST COMMON WORDS

(for the 'Words of Relationship' see Lesson 35.5)

Abode (*n∘ gṛham, veśma, m∘ nivāsaḥ, nilayaḥ, ālayaḥ, sthānam, bhājanam, āspadam* गृहम्, वेश्म; निवासः, निलयः, आलयः, भाजनम्, आस्पदम्)

Acid (*m∘ amlaḥ* अम्लः)

Advantage (*n∘ hitam, phalam, m∘ lābhaḥ* हितम्, फलम्, लाभः)

Air (*m∘ vāyuḥ, vātaḥ* वायुः, वातः)

Almond (*n∘ bādāmam* बदामम्)

Animal (*m∘ jantuḥ, jīvaḥ, prāṇī, paśuḥ* जन्तुः, जीवः, प्राणी, पशुः)

Ant (*f∘ pipīlikā* पिपीलिका)

Apple (*n∘ ātāphalam, sevam* आताफलम्, सेवम्)

Arm (*m∘ bāhuḥ, bhujaḥ, f∘ bhujā* बाहुः, भुजः, भुजा)

Army (*f∘ senā, n∘ sainyam* सेना, सैन्यम्)

Art (*f∘ kalā, vidyā, n∘ śilpam* कला, विद्या, शिल्पम्)

Ball (*m∘ kandukaḥ* कन्दुकः)

Banana (*n∘ kadalīphalam* कदली-फलम्)

Bangle, Bracelet (*n∘ kaṅkaṇam, m∘ valayaḥ* कङ्कणम्, वलयः)

Barber (*m∘ nāpitaḥ* नापितः)

Bat, stick (*m∘ laguḍaḥ* लगुडः)

Beak (*f∘ cañcuḥ* चञ्चुः)

Beans (*f∘ simbā* सिम्बा)

Bear (*m∘ bhallaḥ, bhālukaḥ* भल्लः, भालुकः)

Beard (*n∘ kūrcam* कूर्चम्)

Bed (*n∘ paryaṅkam, f∘ śayyā* पर्यङ्कम्, शय्या)

Bee (*f∘ aliḥ, m∘ bhramaraḥ* अलिः, भ्रमरः)

Being (*n∘ bhūtam* भूतम्)

Belly (*n∘ udaram* उदरम्)

Bird (*m∘ khagaḥ, caṭakaḥ, pakṣī, vihaṅgaḥ* खगः, चटकः, पक्षी, विहङ्गः)

Birth (*n∘ janma, m∘ udbhavaḥ, f∘ utpattiḥ* जन्म, उद्भवः, उत्पत्तिः)

Blood (*n∘ raktam, rudhiram, śoṇitam, lohitam* रक्तम्, रुधिरम्, शोणितम्, लोहितम्)

Board (*n∘ phalakam, m∘ phalakaḥ* फलकम्, फलकः)

Boat (*n∘ jala-yānam, f∘ nauḥ, naukā* जलयानम्, नौः, नौका)

Body (*n∘ śarīram, m∘ dehaḥ* शरीरम्, देहः)

Bone (*n∘ asthiḥ* अस्थि)

Book (*n∘ pustakam* पुस्तकम्)

Boon (*m∘ varaḥ, prasādaḥ, anugrahaḥ* वरः, प्रसादः, अनुग्रहः)

Bow (*n∘ cāpam, dhanuṣyam, dhanuḥ* चापम्, धनुष्यम्, धनुः)

Box, Chest (*f∘ peṭikā, mañjuṣā, m∘ samudrakaḥ* पेटिका, मञ्जूषा, समुद्रकः)

Boy (*m◦ bālakaḥ, bālaḥ* बालकः, बालः)

Bread (*roṭikā, roṭī, pūpikā, polikā* रोटिका, रोटी, पूपिका, पोलिका)

Brecelet (*n◦ valayam, kaṅkaṇam, m◦ valayaḥ, kaṅkaṇaḥ* वलयम्, कङ्कणम्, वलयः, कङ्कणः)

Bridge (*m◦ setuḥ* सेतुः)

Broom (*f◦ mārjanī* मार्जनी)

Bud (*f◦ kalikā* कलिका)

Buffalo (*m◦ mahiṣaḥ; f◦ mahiṣī* महिषः, महिषी)

Butter (*n◦ navanītam* नवनीतम्)

Butter-milk (*n◦ takram* तक्रं)

Butterfly (*m◦ ćitra-pataṅgaḥ* चित्रपतङ्गः)

Cage (*m◦ pañjaraḥ* पञ्जरः)

Calf (*m◦ vatsaḥ* वत्सः)

Camel (*m◦ ūṣṭraḥ* ऊष्ट्रः)

Can (*m◦ ćaṣakaḥ, n◦ pātram, bhājanam* चषकः, पात्रम्, भाजनम्)

Candle (*f◦ vartikā* वर्तिका)

Cap (*n◦ śira-strāṇam, śiraskam* शिरस्त्राणम्, शिरस्कम्)

Care (*f◦ ćintā* चिन्ता)

Carpet (*n◦ āstaraṇam* आस्तरणम्)

Carpenter (*m◦ takṣakaḥ, tvaṣṭā, sūtradhāraḥ* तक्षकः, त्वष्टा, सूत्रधारः)

Carrot (*n◦ gṛñjanam* गृञ्जनम्)

Cart (*n◦ śaṭakam* शटकम्)

Cat (*m◦ biḍālaḥ, mārjāraḥ; f◦ mārjārī* बिडालः, मार्जारः, मार्जारी)

Cauliflower (*f◦ gojihvā* गोजिह्वा)

Cause (*n◦ kāraṇam* कारणम्)

Centre (*n◦ madhyam, m◦ madhyaḥ* मध्यम्, मध्यः)

Chair (*n◦ āsanam, pīṭham, f◦ āsandī, m◦ āsandaḥ* आसनम्, पीठम्, आसन्दी, आसन्दः)

Chest (*n◦ uraḥ, vakṣaḥ* उरः, वक्षः)

Chick-peas (*m◦ ćaṇakaḥ* चणकः)

Chilli (*n◦ marīćam* मरीचम्)

Circle (*m◦ golaḥ, valayaḥ, n◦ ćakram, maṇḍalam, vṛttam, valayam* गोलः, वलयः, चक्रम्, मण्डलम्, वृत्तम्, वलयम्)

Clarified butter, Ghee (*n◦ ghṛtam* घृतम्)

Class (*m◦ gaṇaḥ, vargaḥ, ćhātra-samūhaḥ* गणः, वर्गः, छात्रसमूहः)

Climber, Creeper (*f◦ latā, vallariḥ, vallarī* लता, वल्लरिः, वल्लरी)

Cloth (*n◦ ćīram, vasanam, vastram, vāsaḥ* चीरम्, वसनम्, वस्त्रम्, वासः)

Cloud (*m◦ meghaḥ, n◦ abhram* मेघः, अभ्रम्)

Clove (*n◦ lavaṅgam* लवङ्गम्)

Coat (*n◦ uttarīyam, nićolaḥ* उत्तरीयम्, निचोलः)

Cobra (*m◦ nāgaḥ* नागः)

Cock (*m◦ kukkuṭaḥ* कुक्कुटः)

Cocoanut (*n◦ nārikelam* नारिकेलम्)

Coffee (*f◦ kaphaghnī* कफघ्नी)

Coin (*n◦ nāṇakam, f◦ mudrā, m◦ paṇaḥ* नाणकम्, मुद्रा, पणः)

Comb (*f◦ kaṅkatikā, prasādhanī* कङ्कतिका,

प्रसाधनी)

Command, Order (*m∘ ādeśa; f∘ ājñā* आदेशः, आज्ञा)

Cooked rice (*m∘ odanaḥ, n∘ odanam, bhaktam* ओदनः, ओदनम्, भक्तम्)

Corn (*n∘ śasyam* शस्यम्)

Corner (*m∘ koṇaḥ* कोणः)

Cost (*n∘ mūlyam, m∘ arghaḥ, vyayaḥ* मूल्यम्, अर्घः, व्ययः)

Cow (*f∘ dhenuḥ, gauḥ* धेनुः, गौः)

Crow (*m∘ kākaḥ, vāyasaḥ* काकः, वायसः)

Cuckoo (*f∘ kokilaḥ, m∘ pikaḥ* कोकिलः, पिकः)

Cucumber (*n∘ urvāruḥ, f∘ karkaṭī, ćarmaṭikā* उर्वारुः, कर्कटी, चर्मटिका)

Cup (*m∘ ćaṣakaḥ* चषकः)

Curd, Yogurt (*n∘ dadhi* दधि)

Cycle (*n∘ ćakram* चक्रम्)

Dairy (*n∘ dugdhaśalā, dugdhamandiram* दुग्धशाला, दुग्धमन्दिरम्)

Day (*n∘ ahaḥ, dinam, m∘ divasaḥ, vāraḥ, vāsaraḥ, f∘ tithiḥ* अहः, दिनम्, दिवसः, वारः, वासरः, तिथिः)

Dead body (*n∘ śavam* शवम्)

Debt (*n∘ ṛṇam* ऋणम्)

Deer (*m∘ mṛgaḥ, n∘ hariṇam* मृगः, हरिणम्)

Demon (*m∘ rākṣasaḥ, dānavaḥ, asuraḥ* राक्षसः, दानवः असुरः)

Desire (*f∘ iććhā, kāmanā, spṛhā* इच्छा, कामना, स्पृहा)

Devotee (*m∘ bhaktaḥ, tāpasaḥ, vratī* भक्तः, तापसः, व्रती)

Dirt (*m∘ paṅkaḥ, kardamaḥ, n∘ kalkam* पङ्कः, कर्दमः, कल्कम्)

Dish (*n∘ bhājanam, pātram, m∘ śarāvaḥ, f∘ sthākilā* भाजनम्, पात्रम्, शरावः, स्थालिका)

Doctor (*m∘ vaidyaḥ, ćikitsakaḥ* वैद्यः, चिकित्सकः)

Dog (*m∘ kukkuraḥ, bhaṣakaḥ, sārameyaḥ, śunakaḥ, śvānaḥ* कुक्कुरः, भषकः, सारमेयः, शुनकः, श्वानः)

Donkey (*m∘ gardabhaḥ, kharaḥ* गर्दभः, खरः)

Door (*n∘ mukham* मुखम्)

Drink (*n∘ pānam* पानम्)

Duck (*m∘ kadambaḥ* कदम्बः)

Dust (*f∘ dhūliḥ, reṇuḥ* धूलिः, रेणुः)

Duty (*m∘ dharmaḥ, n∘ kartavyam, karma, kāryam* धर्मः, कर्तव्यम्, कर्म, कार्यम्)

Eagle (*n∘ garuḍaḥ* गरुडः)

Ear (*m∘ karṇaḥ, n∘ śrotram* कर्णः, श्रोत्रम्)

Earth (*f∘ bhūḥ, bhūmiḥ, pṛthvī, pṛthivī, mahī, dharā, dharaṇī* भूः, भूमिः, पृथ्वी, पृथिवी, मही, धरा, धरणी)

Education (*f∘ vidyā* विद्या)

Effect (*n∘ phalam, m∘ pariṇāmaḥ* फलम्, परिणामः)

Egg (*n∘ aṇḍam* अण्डम्)

Eggplant (*f∘ bhaṇṭākī, m∘ vṛntākaḥ* भण्टाकी, वृन्ताकः)

Elephant (*m∘ kuñjaraḥ, gajaḥ* कुञ्जरः, गजः)

Energy (*f∘ śaktiḥ, n∘ balam, tejaḥ, vīryam, m∘ prabhavaḥ,* शक्तिः, बलम्, तेजः, प्रभावः)

Eye (*n∘ akṣi, ćaksuḥ, nayanam, netram, loćanam* अक्षि, चक्षुः, नयनम्, नेत्रम्, लोचनम्)

Eyebrow (*f∘ bhrūḥ* भ्रूः)

Face, Mouth (*n∘ mukham, ānanam, tuṇḍam, vaktram, vadanam* मुखं; आननम्, तुण्डम्, वक्त्रम्, वदनम्)

Farmer (*m∘ kṛṣīvalaḥ, kṛṣakaḥ* कृषीवलः, कृषकः)

Fault (*m∘ doṣaḥ* दोषः)

Feather (*m∘ pakṣaḥ, n∘ piććham* पक्षः, पिच्छम्)

Field (*n∘ kṣetram* क्षेत्रम्)

Fig (*n∘ anjīram, udumbaram* अञ्जीरम्, उदुम्बरम्)

Finger (*f∘ anguliḥ* अंगुलिः)

Fire (*m∘ agniḥ, analaḥ, pāvakaḥ* अग्निः, अनलः, पावकः)

Fish (*m∘ jhaṣaḥ, matsyaḥ, mīnaḥ* झषः, मत्स्यः, मीनः)

Flame (*f∘ jwālā, n∘ jyotiḥ* ज्वाला, ज्योतिः)

Flour (*n∘ ćūrṇam* चूर्णम्)

Flower (*n∘ puṣpam, kusumam, sumanam* पुष्पम्, कुसुमम्, सुमनम्)

Fly (*f∘ makṣikā* मक्षिका)

Food (*n∘ annam, aśanam, khādyam, khādanam, bhaktam, bhakṣaṇam, bhakṣyam, bhojanam, m∘ āhāraḥ* अन्नम्, अशनम्, खाद्यम्, खादनम्, भक्तम्, भक्षणम्, भक्ष्यम्, भोजनम्, आहारः)

Foot (*n∘ ćaraṇam, padam* चरणम्, पदम्)

Forehead (*n∘ lalāṭam* ललाटम्)

Forest (*n∘ vanam, kānanam, vipinam* वनम्, काननम्, विपिनम्)

Friend (*n∘ mitram, m∘ bandhuḥ, suhṛd, sakhā; f∘ sakhī* मित्रम्, बन्धुः, सुहृद्, सखा; सखी)

Frog (*m∘ maṇḍūkaḥ, darduraḥ* मण्डूकः, दर्दुरः)

Fruit (*n∘ phalam* फलम्)

Fuel (*n∘ indhanam, edhaḥ* इन्धनम्, एधः)

Garden (*n∘ udyānam, vanam, upavanam, f∘ vāṭikā,* उद्यानम्, वनम्, उपवनम्, वाटिका)

Garlic (*n∘ laśunam* लशुनम्)

Gem (*m∘ maṇiḥ, n∘ ratnam* मणिः, रत्नम्)

Ginger (*n∘ ārdrakam* आर्द्रकम्)

Girl (*f∘ bālikā, bālā* बालिका, बाला)

Glass (*m∘ kāćaḥ* काचः)

Goat (m∘ *ajaḥ; f∘ ajā* अजः, अजा)

Gold (*n∘ kanakam, kāñćanam, bharma, suvarṇam, svarṇam, hema* कनकम्, काञ्चनम्, भर्म, सुवर्णम्, स्वर्णम्, हेम)

Goose (*m∘ kalahaṁsaḥ* कलहंसः)

Grape (*f∘ drākṣā* द्राक्षा)

Grass (*n∘ tṛṇam* तृणम्)

Guest (*m∘ atithiḥ* अतिथिः)

Hair (*m∘ keśaḥ, bālaḥ* केशः, बालः)

Hand (*m∘ karaḥ, pāṇiḥ, hastaḥ* करः, पाणिः, हस्तः)

Hare (*m◦ śaśakaḥ* शशकः)

Head (*n◦ śiraḥ* शिरः)

Heart (*n◦ hṛdayam* हृदयम्)

Heaven (*m◦ svargaḥ* स्वर्गः)

Hen (*f◦ kukkuṭī* कुक्कुटी)

Hermit (*m◦ tāpasaḥ, tapasvī, muniḥ, yatiḥ* तापसः, तपस्वी, मुनिः, यतिः)

Home (*n◦ gṛham, bhavanam, m◦ vāsaḥ* गृहम्, भवनम्, वासः)

Honey (*n◦ madhu* मधु)

Honey-bee (*f◦ madhu-makṣihā* मधु–मक्षिका)

Hope (*f◦ āśā* आशा)

Horse (*m◦ aśvaḥ, turaṅgaḥ, hayaḥ* अश्वः, तुरङ्गः, हयः)

House (*n◦ gṛham* गृहम्)

Hymn (*m◦ ślokaḥ* श्लोकः)

Insect (*m◦ kīṭaḥ, kṛmiḥ* कीटः, कृमिः)

Jewel (*m◦ maṇiḥ, n◦ ratnam* मणिः, रत्नम्)

Key (*f◦ kuñjikā* कुञ्जिका)

King (*m◦ rājā, nṛpaḥ* राजा, नृपः)

Kitchen (*f◦ pāka-śālā* पाकशाला)

Knife (*f◦ ćhurikā* छुरिका)

Knowledge (*n◦ jñānam* ज्ञानम्)

Ladder (*n◦ sopānam, niḥśreṇiḥ* सोपानम्, निःश्रेणिः)

Lake (*n◦ saraḥ, m◦ kāsāraḥ, jalāśayaḥ* सरः, कासारः, जलाशयः)

Leaf (*n◦ patram, parṇam* पत्रम्, पर्णम्)

Leg (*m◦ pādaḥ* पादः)

Lemon (*n◦ nimbakam* निम्बकम्)

Lesson (*m◦ adhyāyaḥ, abhyāsaḥ, pāṭhaḥ* अध्यायः, अभ्यासः, पाठः)

Letter (*n◦ patram* पत्रम्)

Light (*m◦ ālokaḥ, prakāśaḥ, f◦ bhā, ābhā, prabhā* आलोकः, प्रकाशः, भा, आभा, प्रभा)

Lion (*m◦ simhaḥ, kesarī* सिंहः, केसरी)

Lotus flower (*n◦ kamalam, padmam, aravindam, paṅkajam* कमलम्, पद्मम्, अरविन्दम्, पङ्कजम्)

Man (*m◦ manuṣyaḥ, naraḥ* मनुष्यः, नरः)

Mango fruit (*n◦ āmram* आम्रम्)

Master (*m◦ swāmī* स्वामी)

Mat (*m◦ kaṭaḥ, n◦ āstāraṇam* कटः, आस्तारणम्)

Matter (*n◦ dravyam, vastu, m◦ padārthaḥ* द्रव्यम्, वस्तु, पदार्थः)

Meat (*n◦ māṁsam* मांसम्)

Mercy (*f◦ anukampā, kṛpā, karuṇā, dayā* अनुकंपा, कृपा, करुणा, दया)

Mirror (*m◦ ādarśaḥ, darpaṇaḥ, mukuraḥ* आदर्शः, दर्पणः, मुकुरः)

Monkey (*m◦ kapiḥ, markaṭaḥ, vānaraḥ* कपिः, मर्कटः, वानरः)

Moon (*m◦ induḥ, ćandraḥ, ćandramāḥ, niśākaraḥ, śaśī, somaḥ* इन्दुः, चन्द्रः, चन्द्रमाः, निशाकरः, शशी, सोमः)

Moth (*m◦ pataṅgaḥ, śalabhaḥ* पतङ्गः, शलभः)

Mountain (*m◦ giriḥ, parvataḥ, śailaḥ* गिरिः, पर्वतः, शैलः)

Mouse (m° *mūṣakaḥ* मूषक:)

Mouth (see Face↑)

Mongoose (m° *nakulaḥ, aṅgūṣaḥ* नकुल:, अंगूष:)

Mustard seeds (f° *rājikā* राजिका)

Nail (n° *nakham* नखम्)

Neck (m° *kaṇṭhaḥ, galaḥ,* f° *grīvā* कण्ठ:, गल:, ग्रीवा)

Needle (f° *sūćiḥ, sūćikā, sevanī* सूचि:, सूचिका, सेवनी)

Nest (n° *nīḍam* नीडम्)

News (f° *vārtā,* n° *vṛttam,* m° *samāćāraḥ* वार्ता, वृत्तम्, समाचार:)

Night (f° *niśā, rātrī, rajaniḥ yāminī* निशा, रात्री, रजनि:, यामिनी)

Nose (n° *ghrāṇam,* f° *nāsikā* घ्राणम्, नासिका)

Number (f° *saṅkhyā, rāśiḥ,* m° *aṅkaḥ* संख्या, राशि:, अङ्क:)

Oil (n° *tailam* तैलम्)

Okra (m° *bhindakaḥ* भिण्डक:)

Onion (m° *palāṇḍuḥ, sukandakaḥ* पलाण्डु:, सुकन्दक:)

Orange (n° *nāraṅg-phalam* नारङ्गफलम्)

Order (m° *ādeśaḥ.* f° *ājñā* आदेश:, आज्ञा)

Ox (m° *vṛṣabhaḥ, baladaḥ* वृषभ:, बलद:)

Pain (n° *duḥkham,* f° *vedanā, pīḍā* दु:खम्, वेदना, पीडा)

Palace (m° *prāsādaḥ* प्रासाद:)

Paper (n° *patram* पत्रम्)

Parrot (m° *śukaḥ, kīraḥ* शुक:, कीर:)

Peacock (m° *mayūraḥ;* f° *kekī* मयूर:, केकी)

Peas (m° *kalāyaḥ* कलाय:)

Pegion (m° *kapotaḥ* कपोत:)

Pen (m° *kalamaḥ,* f° *lekhanī* कलम:, लेखनी)

People (m° *janaḥ, lokaḥ* जन:, लोक:)

Pepper (n° *marīćam* मरीचम्)

Pickle (n° *sandhānam,* m° *qpalehaḥ* सन्धानम्, उपलेह:)

Pig (m° *varāhaḥ, śūkaraḥ* वराह:, शूकर:)

Pillow (n° *upadhānam* उपधानम्)

Place (n° *sthalam, sthānam* स्थलम्, स्थानम्)

Plate (f° *thālikā,* m° *śarāvaḥ* थालिका, शराव:)

Poem (f° *kavitā,* n° *padyam* कविता, पद्यम्)

Poison (n° *garalam, viṣam* गरलम्, विषम्)

Pomegranate (n° *dāḍimam* दाडिमम्)

Pot (m° *kalaśaḥ, ghaṭaḥ, kumbhaḥ,* n° *pātram* कलष:, घट:, कुम्भ:, पात्रम्)

Potato (m° *āluḥ* आलु:)

Price (n° *mūlyam* मूल्यम्)

Priest (m° *pūjakaḥ* पूजक:)

Promise (f° *pratijñā,* n° *vaćanam* प्रतिज्ञा, वचनम्)

Pudding (n° *pāyasam* पायसम्)

Pumpkin (m° *kūṣmāṇḍaḥ* कूष्माण्ड:)

Radish (n° *mūlakam* मूलकम्)

Rabbit (m° *śaśaḥ, śaśakaḥ* शश:, शशक:)

Ram (m° *meṣaḥ, eḍakaḥ, vṛṣṇiḥ, medhraḥ, lomaśaḥ* मेष:, एडक:, वृष्णि:, मेद्र:, लोमश:)

Reverence (*f◦ bhaktiḥ* भक्तिः)

Rhinoceros (*m◦ gaṇḍaḥ, gaṇḍakaḥ* गण्डः, गण्डकः)

Rice seeds (*m◦ taṇḍulaḥ* तण्डुलः)

Righteousness (*m◦ dharmaḥ* धर्मः)

River (*f◦ nadī, saritā* नदी, सरिता)

Robber (*m◦ luṇṭhakaḥ* लुण्ठकः)

Rooster (*m◦ kukkuṭaḥ* कुक्कुटः)

Root (*n◦ mūlam* मूलम्)

Salad (*m◦ śadaḥ* शदः)

Salt (*n◦ lavaṇam* लवणम्)

Sand (*f◦ vālukā, sikatā* वालुका, सिकता)

Sari (*f◦ śāṭī, śāṭikā* शाटी, शाटिका)

School (*f◦ pāṭhaśālā, f◦ vidyālayam* पाठशाला, विद्यालयम्)

Scissors (*f◦ kartarikā, kartarī* कर्तरिका, कर्तरी)

Sea (*m◦ arṇavaḥ, udadhiḥ, jaladhiḥ, samudraḥ, sāgaraḥ* अर्णवः, उदधिः, जलधिः, समुद्रः, सागरः)

Seed (*n◦ bījam* बीजम्)

Servant (*m◦ bhṛtyaḥ* भृत्यः)

Sheep (*f◦ meṣī, eḍakā* मेषी, एडका)

Shirt (*m◦ ćolaḥ, nićulaḥ, n◦ yutakam* चोलः, निचुलः, युतकम्)

Shoe (*m◦ upānah n◦ pādatrāṇam, f◦ pādukā* उपानह्, पादत्राणम्, पादुका)

Shop (*m◦ āpaṇaḥ* आपणः)

Silver (*n◦ rajatam, rūpyam* रजतम्, रूप्यम्)

Sin (*n◦ agham, kaluṣam, kalmaṣam, duritam, duṣkṛtam, vṛjinam, pāpam, pātakam* अघम्, कलुषम्, कल्मषम्, दुरितम्, दुष्कृतम्, वृजिनम्, पापम्, पातकम्)

Skin (*n◦ ćarma, f◦ tvak, tvag* चर्म, त्वक्, त्वग्)

Sky (*n◦ ambaram, kham, nabhaḥ, antarikṣam, vyomaḥ; ākāśam* अम्बरम्, खम्, अन्तरिक्षम्, व्योम, आकाशम्)

Sleep (*f◦ nidrā, n◦ śayanam, svapnam, m◦ svāpaḥ, f◦ suptiḥ* निद्रा, शयनम्, स्वप्नम्, स्वापः, सुप्तिः)

Smell (*m◦ gandhaḥ, vāsaḥ, n◦ ghrāṇam* गन्धः, वासः, घ्राणम्)

Snake, Cobra (*m◦ ahiḥ, uragaḥ, sarpaḥ, bhujagaḥ; nāgaḥ* अहिः, उरगः, सर्पः, भुजगः; नागः)

Soap (*m◦ phenilaḥ* फेनिलः)

Soil (*f◦ mṛttikā, mṛd* मृत्तिका, मृद्)

Song (*n◦ gānam, gītam* गानम्, गीतम्)

Soup (*n◦ pūrpam* पूर्पम्)

Spice (*n◦ vyañjanam, m◦ upaskaraḥ* व्यञ्जनम्, उपस्करः)

Spider (*m◦ kośakāraḥ, tantu-nābhaḥ, jālikaḥ, markaṭakaḥ, f◦ lūtā* कोशकारः, तन्तुनाभः, जालिकः, मर्कटकः, लूता)

Spinach (*f◦ pālakī* पालकी)

Spoon (*m◦ ćamasaḥ* चमसः)

Sport (*f◦ krīḍā, m◦ vihāraḥ* क्रीडा, विहारः)

Stomach (*n◦ udaram* उदरम्)

Stone (*m◦ prastaraḥ, pāṣāṇaḥ, f◦ śilā* प्रस्तरः, पाषाणः, शिला)

Storm (*m◦ ćaṇḍa-vātaḥ, vātyā* चण्डवात:, वात्या)

Street (*m◦ pathaḥ, mārgaḥ, vithiḥ* पथ:, मार्ग:, वीथि:)

Sugar (*f◦ śarkarā* शर्करा)

Summer (*m◦ grīṣmaḥ,* ग्रीष्म:)

Sun (*m◦ raviḥ, ādityaḥ, bhānuḥ, bhāskaraḥ, sūryaḥ, savitṛ* रवि:, आदित्य:, भानु:, भास्कर:, सूर्य:, सवितृ)

Surface (*n◦ pṛṣṭham* पृष्ठम्)

Swan (*m◦ haṁsaḥ* हंस:)

Sword (*m◦ asiḥ, kṛpaṇaḥ, khaḍgaḥ* असि:, कृपण:, खड्ग:)

Table (*m◦ mañćaḥ, phalakaḥ* मञ्च:, फलक:)

Tamarind (*f◦ tintriṇī* तिन्त्रिणी)

Tear (*n◦ aśru* अश्रु)

Thumb (*m◦ aṅguṣṭhaḥ* अंगुष्ठ:)

Tiger (*m◦ vyāghraḥ, śārdūlaḥ* व्याघ्र:, शार्दूल:)

Tomato (*m◦ raktāṅgaḥ* रक्ताङ्ग:)

Tongue (*f◦ jihvā, rasanā* जिह्वा, रसना)

Tooth (*m◦ dantaḥ, daśanaḥ, radaḥ, radanaḥ, daṁśaḥ* दन्त:, दशन:, रद:, रदन:, दंश:)

Tree (*m◦ vṛkṣaḥ, taruḥ, drumaḥ, pādapaḥ* वृक्ष:, तरु:, द्रुम:, पादप:)

Trouble (n◦ *kaṣṭam, m◦ kleṣaḥ* कष्टम्, क्लेष:)

Turmeric (*f◦ haridrā* हरिद्रा)

Umbrella (*n◦ ćhatram* छत्रम्)

Upper lip (*m◦ oṣṭhaḥ* ओष्ठ:)

Vase (*m◦ kalaśaḥ, kalasaḥ, kumbhaḥ, n◦ pātram, bhājanam* कलश:, कलस:, कुम्भ:, पात्रम्, भाजनम्)

Vegetable (*m◦ śākaḥ, n◦ śākam* शाक:, शाकम्)

Verse (*m◦ ślokaḥ* श्लोक:)

Vine (*f◦ latā, vallariḥ* लता, वल्लरि:)

Wall (*f◦ bhittiḥ* भित्ति:)

Wallet (*m◦ kṣudrakoṣaḥ* क्षुद्रकोष:)

Wallnut (*n◦ akṣoṭam, m◦ akṣoṭaḥ* अक्षोटम्, अक्षोट:)

Water (*n◦ jalam, udakam, nīram, toyam, vāri* जलम्, उदकम्, नीरम्, तोयम्, वारि)

Watermelon (*n◦ kālindam* कालिन्दम्)

Way (*m◦ mārgaḥ, f◦ padyā* मार्ग:, पद्या)

Weapon (*n◦ śastram, astram, āyudham* शस्त्रम्, अस्त्रम्, आयुधम्)

Wine (*f◦ madirā, surā, n◦ madyam, madhu* मदिरा, सुरा, मद्यम्, मधु)

Wheat (*m◦ godhūmaḥ* गोधूम:)

Wind (*m◦ anilaḥ, marut, vātaḥ, vāyuḥ, pavanaḥ* अनिल:, मरुत्, वात:, वायु:, पवन:)

Window (*n◦ vātāyanam* वातायनम्)

Wing (*m◦ pakṣaḥ* पक्ष:)

Wood (*n◦ kāṣṭham* काष्ठम्)

Wolf (*m◦ vṛkaḥ* वृक:)

Wool (*f◦ urṇā, n◦ loma* उर्णा, लोम)

Youth (*n◦ yauvanam* यौवनम्)

Zucchini (*f◦ jālinī* जालिनी)

One boy
ekaḥ bālakaḥ
एकः बालकः

One girl
ekā bālikā
एका बालिका

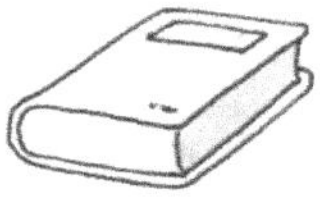

One book
ekam pustakam
एकं पुस्तकम्

Two boys
dvau bālakau
द्वौ बालकौ

Two girls
dve bālike
द्वे बालिके

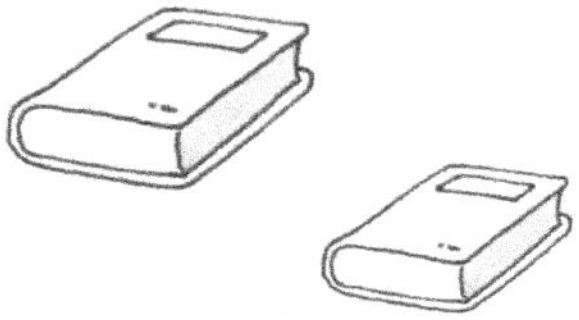

Two books
dve pustake
द्वे पुस्तके

Three boys
trayaḥ bālakāḥ
त्रयः बालकाः

Three girls
tisraḥ bālikāḥ
तिस्रः बालिकाः

Three books
tīiṇi pustakāni
त्रीणि पुस्तकानि

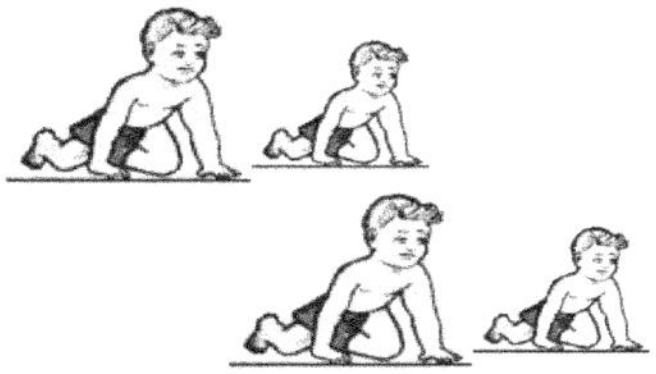

Four boys
ćatvāraḥ bālakāḥ
चत्वारः बालकाः

Four girls
ćatasraḥ bālikāḥ
चतस्रः बालिकाः

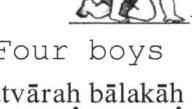

Four books
ćatvāri pustakāni
चत्वारि पुस्तकानि

Vālmīki वाल्फमीकि:

Vyās व्यास:

Pāṇini पाणिनि:

Patanjali पतञ्जलि:

Kālidāsa कलिदास:

Śankara शंकर:

Rāmānuja रामानुज:

Kaṇāda कणाद:

Kapila कपिल:

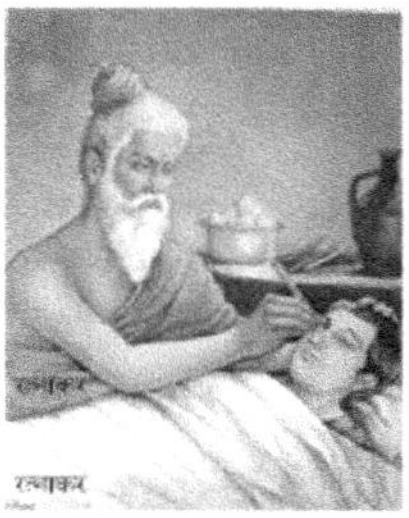

Suśruta सुश्रुत:

Bhāskara भास्कर:

Ćaraka चरक:

Varāhamihira वराहमिहिर:

Nāgarjuna नागार्जुन:

Bharadwāja भरद्वाज:

Aryabhatta आर्यभट्ट:

LESSON 16

ṣoḍaṣaḥ abhyāsaḥ षोडषः अभ्यासः।

PRONOUN

sarvanāma सर्वनाम।

Words such as I, we, you, he, she, they, that etc. are used in place of the names of those persons, therefore, they are Personal Pronouns. Pronouns such as who, which, whom - are called Relative Pronouns because they always relate or refer to some noun. The word that is used in place of a noun (*nāma* नाम) is a PRONOUN (*sarvanāma* सर्वनाम).

In Sanskrit there are 35 pronouns. namely, अदस्, अधर, अन्तर, अन्य, अन्यतर, अपर, अवर, अस्मद्, इतर, इदम्, उत्तर, उभ, उभय, एक, एतद्, किम्, डतम (कतम, यतम ...), डतर (कतर, यतर ...), तद्, त्यद्, त्व, त्वत्, दक्षिण, अन्य, अन्यतर, द्वि, नेम, पर, पूर्व, भवत्, यद्, युष्मद्, विश्व, सम, सर्व, सिम, स्व। The most commonly used pronoun forms are :

(1) I (*aham* अहम्), (2) We (*vayam* वयम्)

(3) You (*tvam* त्वम्) You, plural (*yūyam* यूयम्), Your honour m◦ (*bhavān* भवान्), Your honour f◦ (*bhavatī* भवती). Sir! (*śrīmān* श्रीमन्! महोदय!), Madam! (*śrīmatī* श्रीमति!)

(4) He, That (*saḥ* सः), They m◦ (*te* ते) (5) She That (*sā* सा), They f◦ (*tāḥ* ताः)

(6) It (*idam, etat* इदम्, एतत्), This - m◦ (*ayam, eṣaḥ* अयम्, एषः), f◦ (*iyam, eṣā* इयम्, एषा)

(7) That n◦ (*tat* तत्), Those (*tāni* तानि), These n◦ (*imāni, etāni* इमानि, एतानि), m◦ (*ime, ete* इमे, एते); f◦ (*imāḥ, etāḥ* इमाः, एताः)

(8) What? Which? (*kim?* किम्?), Which n◦ (*yat* यत्), Who m◦ (*yaḥ* यः); f◦ (*yā* या), Which - plural n◦ (*yāni* यानि), Who - plural m◦ (*ye* ये); f◦ (*yāḥ* याः)

(9) Who? m◦ (*kaḥ?* कः?), Who f◦ (*kā?* का?) (10) Whom? m◦ (*kam?* कम्?), Whom f◦ (*kām?* काम्?) (11) Whose? (m◦ *kasya?* कस्य?), (f◦ *kasya?* कस्याः?)

EXAMPLES cum EXERCISE : PRONOUNS (for declensions, see Apendix 8)

(1) I am a boy. *aham̐ bālakaḥ asmi.* (अहं बालकः अस्मि); I am a girl. *aham̐ bālikā asmi.* (अहं बालिका अस्मि)

We are boys. *vayam̐ bālakāḥ smaḥ. vayam̐ bālakāḥ.* (वयं बालकाः स्मः, वयं बालकाः); We are girls. *vayam̐ bālikāḥ smaḥ. vayam̐ bālikāḥ.* (वयं बालिकाः स्मः, वयं बालिकाः)

(2) You are a boy. *tvam̐ bālakaḥ asi.* (त्वं बालकः असि); You are girls. *yūyam̐ bālikāḥ stha.* (यूयं बालिकाः स्थ). Sir! Are you a teacher? *śrīman! bhavān adhyāpakaḥ asti vā?* (श्रीमन्! भवान् अध्यापकः अस्ति वा), Madam! Are you a teacher? *śrīmati! bhavatī adhyāpikā asti vā?.* (श्रीमति! भवती अध्यापिका अस्ति वा।)

(3) He is a man. *saḥ manuṣyaḥ/puruṣaḥ/naraḥ asti.* (सः मनुष्यः/पुरुषः/नरः अस्ति);

That is a man. *saḥ manuṣyāh asti.* (सः मनुष्यः अस्ति); They are men. *te manuṣyāḥ santi.* (ते मनुष्याः सन्ति)

(4) She is a woman. *sā strī asti.* (सा स्त्री अस्ति); That is a woman. *sā strī asti.* (सा स्त्री अस्ति)

They are women. *tāḥ striyaḥ santi.* (ताः स्त्रियः सन्ति)

(5) It is a book. *idam̐ pustakam asti.* (इदं पुस्तकम् अस्ति)

This is a boy. *eṣaḥ bālakaḥ.* (एषः बालकः); This is a girl. *eṣā bālikā.* (एषा बालिका)

(6) That house. *tad gṛham.* (तद् गृहम्); Those houses. *tāni gṛhāṇi.* (तानि गृहाणि)

(7) These houses. *etāni gṛhāṇi.* (एतानि गृहाणि); These boys. *ete bālakāḥ.* (एते बालकाः)

These girls. *etāḥ bālikāḥ.* (एताः बालिकाः)

(8) What reason? *kim̐ kāraṇam?* (किं कारणम्?), Which house? *kim̐ gṛham?* (किं गृहम्?)

(9) Which n◦ *yat* (यत्); Who m◦ *yaḥ* (यः); f◦ *yā* (या)

(10) Who is he? m◦ *saḥ kaḥ asti?* (कः अस्ति?); Who is she? f◦ *sā kā asti?* (सा का अस्ति?)

(11) Whose book? *kasya pustakam?* कस्य पुस्तकम्?

(12) Who are they? *te ke santi?* ते के सन्ति?

(13) I am. *aham asmi.* अहम् अस्मि। He is. *saḥ asti* सः अस्ति। She is. *sā asti.* सा अस्ति। That

is. *tad asti.* तद् अस्ति। They are. *te santi.* ते सन्ति or *tāḥ santi.* ताः सन्ति, or *tāni santi.* तानि सन्ति। We are. *vayaṁ smaḥ.* वयं स्मः। Books are. *pustakāni santi.* पुस्तकानि सन्ति। Boys are, girls are. *bālakāḥ santi.* बालकाः सन्ति। *bālikāḥ santi.* बालिकाः सन्ति। Houses are. *gṛhāṇi santi.* गृहाणि सन्ति। House is. *gṛham asti.* गृहम् अस्ति।

NOTE: The Second Person Honorific Pronouns 'you' m∘ and f∘ (भवान् m∘ and भवती f∘) are always treated as if they were Third Person Pronouns (he, she, they), instead of Second Person (you).

EXAMPLES : Honorific pronouns (m∘) *bhavān* and (f∘) *bhavatī*

(1) What do you do (m∘ singular) *tvaṁ kiṁ karoṣi?* त्वं किं करोषि।

(2) What do you do (m∘ honorofic) *bhavān kiṁ karoti?* भवान् किं करोति।

(3) What do you do (f∘) *tvaṁ kiṁ karoṣi?* त्वं किं करोषि।

(4) What do you do (f∘ honorofic) *bhavatī kiṁ karoti?* भवती किं करोति।

(5) What do you do (m∘ plural) *yūyaṁ kiṁ kurutha?* यूयं किं कुरुथ।

(6) What do you do (m∘ honorofic, plural) *bhavantaḥ kiṁ kurvanti?* भवन्तः किं कुर्वन्ति।

(7) What do you do (f∘ plural) *yūyaṁ kiṁ kurutha?* यूयं किं कुरुथ।

(8) What do you all do (f∘ honorofic, plural) *bhavatyaḥ kiṁ kurvanti?* भवत्यः किं कुर्वन्ति।

EXERCISE 41 : Fill in the blanks with pronouns. (for declensions, see Apendix 8)

(1) That book. -------------- पुस्तकम्। Which girl. -------------- बालिका।

(2) Whose house. -------------- गृहम्।

(3) What reason? --------------

(4) He is. -------------- अस्ति। She is. -------------- अस्ति। It is -------------- अस्ति।

(5) You are भवान् -------------- or भवती --------------

(6) Who are they? -------------- ?

LESSON 17

saptadaśaḥ abhyāsaḥ सप्तदशः अभ्यासः।

* THE PRESENT TENSE

laṭ lakāraḥ

लट् लकारः।

This * sign, shown in Lessons 17, 18 and 21, indicates that these three tenses are most commonly used in Sanskrit. Therefore, you should know them well.

NOTE: Generally, distinction is not made between Present Indefinite and Present Continuous tenses. अहं खादामि may mean I eat or I am eating, depending on the context. However, if you must write in the Present Continuous tense, see Lessons 28.5 to 28.8

TYPICAL SUFFIXES OF THE PRESENT TENSE:

TABLE :(All three genders - m◦, f◦ and n◦)

Person	Singular	Dual	Plural
1st p◦	मि (mi)	वः (vaḥ)	मः (maḥ)
2nd p◦	सि (si)	थः (thaḥ)	थ (tha)
3rd p◦	ति (ti)	तः (taḥ)	अन्ति (anti)

Verb √खाद् to eat, PRESENT TENSE (m◦f◦n◦)

Person	Singular	Plural
I eat	अहं खादामि *ahaṁ khādāmi*	वयं खादामः *vayaṁ khādāmaḥ*
you eat	त्वं खादसि *tvaṁ khādasi*	यूयं खादथ *yūyaṁ khādatha*
you eat	भवान् खादति *bhavān khādati*	भवन्तः खादनि *bhavantaḥ khādanti*
he/she/that eats	सः/सा/तत् खादति *saḥ/sā/tat khādati*	ते/ताः/तानि खादन्ति *te/tāḥ/tāni khādanti*

EXAMPLES cum EXERCISE : use of verbs in Present Tense

(see Appendix 6 for conjugations of the verbs)

1. I eat or I am eating. *ahaṁ khādāmi. ahaṁ bhojanaṁ karomi.* अहं खदामि। अहं भोजनं करोमि। We eat or we are eating. *vayaṁ khādāmaḥ. vayaṁ bhojanaṁ kurmaḥ.* वयं खादामः। वयं भोजनं कुर्मः। (√खाद् to eat, √कृ to do)
2. I eat fruit. *ahaṁ phalaṁ khādāmi.* अहं फलं खादामि। I eat fruits. *ahaṁ phalāni khādāmi.* अहं फलानि खादामि। We eat fruit. *vayaṁ phalaṁ khādāmaḥ.* वयं फलं खादामः। We eat fruits. *vayaṁ phalāni khādāmaḥ.* वयं फलानि खादामः। I eat three fruits. *ahaṁ trīṇi phalāni khādāmi.* अहं त्रीणि फलानि खादामि। (*√khād* √खाद् to eat, *phalam* फलम् = fruit)
3. You drink. *bhavān pibati.* भवान् पिबति। *tvaṁ pibasi.* त्वं पिबसि। You drink milk. *bhavān dugdhaṁ pibati.* भवान् दुग्धं पिबति। *tvaṁ dugdhaṁ pibasi.* त्वं दुग्धं पिबसि। (√पा to drink)
4. We drink water. *vayaṁ jalaṁ pibāmaḥ.* वयं जलं पिबामः। (*jalam* जलम् = water)
5. She writes. *sā likhati.* सा लिखति। They write. (f∘) *tāḥ likhanti.* ताः लिखन्ति or (m∘) *te likhanti* ते लिखन्ति। (√लिख् to write)
6. I drink milk or I am drinking milk. *ahaṁ dugdhaṁ pibāmi.* अहं दुग्धं पिबामि। (*dugdham* दुग्धम् = milk)
7. We drink cold milk. *vayaṁ śītaṁ dugdhaṁ pibāmaḥ.* वयं शीतं दुग्धं पिबामः। (*śītam* शीतम् = cold)
8. Hari reads a book. *hariḥ pustakaṁ paṭhati.* हरिः पुस्तकं पठति। (*pustakam* पुस्तकम् = book)
9. Sītā reads a book. *sītā pustakaṁ paṭhati.* सीता पुस्तकं पठति। (*√paṭha* पठ् to read)

EXERCISE 42 : Fill in the blanks with verbs :

(1) I come. He comes. अहम् ———— सः ———— (2) She reads. सा ————

(3) They speak. ते ———— ताः ———— (4) She writes. सा ————

(5) You drink. त्वं ———— यूयम् ———— (6) We eat. वयं ————

EXAMPLES : Present tense (For case declensions see Appendix 2, for verb conjugations see Appendix 6)

(1) Animals live (चेतनाः/जीवाः/प्राणिनः/पशवः जीवन्ति)

(2) The cow gives milk (धेनुः/गौः दुग्धं ददाति) √दा √*dā* to drink

(3) The calf drinks milk (वत्सः दुग्धं पिबति) √पा √*pā* to tdink

(4) The ox eats grass and leaves (वृषभः तृणं पर्णानि च खादति)

(5) Buffalos and goats give milk (महिष्यः अजाः च दुग्धं ददति)

(6) Sheeps give wool (मेषाः/एडकाः/वृष्णयः/मेढ्राः/लोमशाः/मेष्यः/एडकाः लोम ददति) (√दा √*dā* to give).

(7) The dog barks (कुक्कुरः/शुनकः/श्वानः वुक्कयति) √वुक् √vuk

(8) The cat eats mouse (बिडालः/मार्जारः उन्दरुं/मूषकं खादति)

(9) The horse runs (अश्वः/तुरङ्गः/हयः धावति) √धाव √dhav

EXERCISE 43 : Write Sanskrit nouns:

(1) Animal ------------	Cow ------------	Dog ------------
(2) Cat ------------	Mouse ---------	Horse ---------
(3) Elephant ------------	Lion ------------	Monkey -------
(4) Pig ------------	Deer ------------	Fish ------------

USE OF PARTICLE *sma* स्म

WITH A PRESENT TENSE

When the particle *sma* स्म is added to a लट् Present Tense or to a Present Participle, the action is converted into Past Tense. Note that स्म could be anywhere in the sentence.

EXAMPLES cum EXERCISE

(1) Present Tense (habitual or continuous) :

I eat, I am eating. *aham̐ khādāmi* अहं खादामि। He eats, he is eating. *saḥ khādati* सः खादति। They eat, they are eating. *te khādanti.* ते खादन्ति।

(2) Past Tense : (habitual or continuous)

I used to eat, I was eating. *aham̐ khādāmi sma.* अहं खादामि स्म।

He used to eat (was eating) meat. *saḥ mām̐sam̐ khādati sma.* सः मांसं खादति स्म।

They used to eat, they were eating. *te khādanti sma.* ते खादन्ति स्म।

(3) Present Tense : (habitual or continuous)

Lion lives in the forest, a lion is living in the forest. *sim̐hah vane vasati* सिंहः वने वसति।

The lions live in the forest, the lions are living in the forest. *sim̐hāḥ vane vasanti.* सिंहाः वने वसन्ति।

(4) Past Tense : (habitual or continuous)

That lion lived in the forest, that lion was living in the forest. *saḥ sim̐haḥ vane vasati sma.* सहः सिंहः वने वसति स्म।

Those lions lived in the forest, those lions were living in the forest. *te sim̐hāḥ vane vasanti sma.* ते सिंहाः वने वसन्ति स्म।

WHAT WE HAVE LEARNED SO FAR

USE OF THE PRESENT TENSE

EXERCISE 44 : Following are sentences prepared in Present tense verbs. Translate the English sentences into Sanskrit. Use the Dictionaries of Nouns↑ and Verbs↓.

For your help, the √Root Verbs are shown in brackets, answers are shown in *italized transliteration* and in Devanāgarī Sanskrit. See Appendix 2 for Case Declensions↓

(1) Rāma writes a letter. *Rāmaḥ patraṁ likhati (√likh).* रामः पत्रं लिखति।

(2) Ant walks slowly. *pipīlikā śanaiḥ ćalati (√ćal).* पिपीलिका शनैः चलति। (slowly = शनैः)

(3) She eats an apple. *sā ātāphalaṁ/sevaṁ khādti (√khā).* सा आताफलं/सेवं खादति।

(4) They worship Krishna. *te kṛṣṇam arćanti. (√arć).* ते कृष्णम् अर्चन्ति।

(5) Rītā throws a ball. *Rītā kandukaṁ kṣipati (√kṣip).* रीता कन्दुकं क्षिपति।

(6) Viśāl brings a banana. *Viśālaḥ kadali-phalam ānayati (ā√nī).* विशालः कदलिफलम् आनयति।

(7) Rānī cuts the beans. *Ranī simbāḥ kṛntati (√kṛt).* रानी सिम्बाः कृन्तति।

(8) The bear runs. *bhallaḥ/bhālukaḥ dhāvati (√dhāv).* भल्लः/भालुकः धावति।

(9) They are hurting the dog. *te kukkuraṁ/bhaṣakaṁ/śunakaṁ/śvānaṁ tudanti (√tud).* ते कुक्कुरं/भषकं/शुनकं/श्वानं तुदन्ति। You are hurting her. *bhavān tāṁ tudati (√tud).* भवान् तां तुदति। She hurts him. *sā taṁ dunoti (√du).* सा तं दुनोति।

(10) He steals money. *saḥ mudrāḥ/dhanaṁ ćorayati (√ćur).* सः मुद्राः/धनं चोरयति।

(11) The bird flies. *khagaḥ/ćaṭakaḥ/pakṣī/vihaṅgaḥ ḍayate (√ḍī).* खगः/चटकः/पक्षी/विहङ्गः डयते।

(12) The barber does his work. *nāpitaḥ karma karoti (karma√kṛ).* नापितः कर्म करोति।

The workers do the jobs *karmakārāḥ karmāṇi kurvanti.* कर्मकाराः कर्माणि कुर्वन्ति।

(13) Gopāl washes hands. *Gopālaḥ hastau kṣālayati (√kṣal).* गोपालः हस्तौ क्षालयति।

(14) Ramesh burns the grass. *Rameshaḥ ghāsaṁ/tṛṇaṁ dahati (√dah).* रमेशः घासं/तृणं दहति।

(15) A branch fis falling. *śākhā patati (√pat).* शाखा पतति।

(16) The email comes. *email āyāti (ā√yā).* ई-मेल आयाति।

(17) The animals roam. *jantavaḥ/jīvāḥ/prāṇinaḥ/paśavaḥ aṭanti (√aṭ).* जन्तवः/जीवाः/प्राणिनः/पशवः अटन्ति।

(18) You read a book. *tvaṁ pustakaṁ paṭhasi; bhavān pustakṁ paṭhati (√paṭh).* त्वं पुस्तकं पठसि। भवान् पुस्तकं पठति।

(19) The baby cries. *bālakaḥ/śisuḥ krandati (√krand).* बालकः/शिशुः क्रन्दति।

(20) The girl plays. *bālikā khelati/krīḍati (√khel, √krīḍ).* बालिका खेलति/क्रीडति।

(21) Sītā cooks breads. *Sītā roṭikāḥ paćati (√pać).* सीता रोटिकाः पचति।

(22) The bee bites. *bhramaraḥ daṁśati (√daṁś).* भ्रमरः दंशति।

(23) We give charity. *vayaṁ dānaṁ dadmaḥ (√dā).* वयं दानं दद्मः।

(24) The blood rushes to the heart. *rudhiraṁ hṛdayaṁ tvarate (√tvar).* रुधिरं हृदयं त्वरते।

(25) The blood flows. *raktaṁ/rudhiraṁ/śoṇitaṁ/lohitaṁ pravahati (pra√vah).* रक्तं/रुधिरं/शोणितं/लोहितं प्रवहति।

(26) The boat is floating. *jalayānaṁ/nauḥ/naukā tarati. (√tṝ).* जलयानं/नौः/नौका तरति।

(27) Sonia brings the box. *Sonia peṭikāṁ/samudrakaṁ/mañjuṣāṁ ānayati (ā√nī).* सोनीया पेटिकां/समुद्रकं/मञ्जूषां आनयति।

(28) You are buying a brecelet. *bhavān valayaṁ/kaṅkaṇaṁ krīṇāti (√kṛ).* भवान् वलयं/कंकणं क्रीणाति। You are selling a brecelet. *bhavān valayaṁ/kaṅkaṇaṁ vikrīṇāti (vi√kṛ).* भवान् वलयं/कंकणं विक्रीणाति।

(29) Sachin is watching the sunrise. *Sachinaḥ suryodayaṁ paśyati (√dṛś).* सचिनः सूर्योदयं पश्यति।

(30) Rādhā hears the news. *Rādhā vārtāṁ śruṇoti (√śru).* राधा वार्तां श्रुणोति।

(31) Rājā cooks cauliflower. *Rājā gojihvāṁ pacati (√pac).* राजा गोजिह्वां पचति।

(32) The camel is drinking water. *ūṣṭraḥ jalaṁ/udakaṁ/nīraṁ/toyaṁ pibati (√pā).* ऊष्ट्र: जलं/उदकं/नीरं/तोयं पिबति।

(33) Mālā sews a shirt for Līlā. *Mālā Līlāyai colaṁ/niculaṁ/yutakaṁ sīvyati (√siv).* माला लीलायै चोलं/निचुलं/युतकं सीव्यति।

(35) She drives a car. *sā cārayānaṁ cālayati (√cāl).* सा कारयानं चालयति।

(36) John paints the car. *Johnaḥ cārayānaṁ raṅgayati (√raṅg).* जॉन: कारयानं रङ्गयति।

(37) Rekhā counts Rupees. *Rekhā rūpyakāṇi gaṇayati (√gaṇ).* रेखा रूप्यकाणि गणयति।

(38) He eats chickpeas. *saḥ chaṇakān bhakṣayati (√bhakṣ).* स: चणकान् भक्षयति।

(39) Sunītā dries the Chillies. *Sunītā marīcān śuṣkī/karoti (√śuṣ √kṛ).* सुनीता मरीचान् शुष्कीकरोति। The Chillies dry. *marīcāni śuṣyanti (√śuṣ).* मरीचानि शुष्यन्ति।

(40) Ajīt takes the comb. *Ajītaḥ kaṅkatikāṁ/prasādhanīṁ gṛhṇāti (√grah).* अजीत: कंकतिकां/प्रसाधनीं गृह्णाति।

(41) We cook and eat rice. *vayam odanaṁ/bhaktaṁ pacāmaḥ khādāmaḥ ca (√pac, √khād).* वयम् ओदनं/भक्तं पचाम: खादाम: च।

(42) The deer dies. *hariṇaḥ mriyate (√mṛ).* हरिण: म्रियते। The tiger kills. *vyāghraḥ/śārdūlaḥ hanti (√han).* व्याघ्र:/शार्दूल: हन्ति।

(42) Peacock dances. *mayūraḥ nṛtyati (√nṛt).* मयूर: नृत्यति।

(43) Child sleeps. *bālakaḥ svapiti (√svap).* बालक: स्वपिति।

(44) Devotee worships. *bhaktaḥ pūjati (√pūj).* भक्त: पूजति।

(45) Tree falls. *vṛkṣaḥ/taruḥ/drumaḥ/pādapaḥ patati (√pat).* वृक्ष:/तरु:/द्रुम:/पादप: पतति।

(46) The wind blows. *anilaḥ/marut/vātaḥ/vāyuḥ/pavanaḥ vahati (√vah).* अनिल:/मरुत्/वात:/वायु:/पवन: वहति।

(47) The corn grows. *kiṇaḥ/śasyaṁ sphuṭati (√sphuṭ).* किण:/शस्यं स्फुटति।

(48) The flowers bloom. *puṣpāṇi/kusumāni/sumanāni vikasanti (√vikas).* पुष्पाणि/कुसुमानि/सुमनानि विकसन्ति। The cow gives milk *(√dā). dhenuḥ/gauḥ dugdhaṁ/kṣīraṁ/payaḥ dadāti.* धेनु:/गौ: दुग्धं/क्षीरं/पय: ददाति।

(49) Samīra wins the cup. *Samīraḥ ćaṣakaṁ jayati (√ji).* समीर: चषकं जयति।

(50) Simā rides bicycle. *Sīmā dvi-ćakrikām ārohati (ā√ruh).* सीमा द्विचक्रिकाम् आरोहति।

(51) The deer jumps. *mṛgaḥ/hariṇaḥ utpatati (ud√pat).* मृग:/हरिण: उत्पतति।

(52) She wants gold. *sā kanakam/kāñćanam/bharma/suvarṇam/svarṇam/hema ićchati/vāñćhati/kāṅkṣati (√ićch, √vāñćh, √kāṅkṣ).* सा कनकम्/काञ्चनम्/भर्म/सुवर्णम्/स्वर्णम्/हेम इच्छति/वाञ्छति/कांक्षति।

(53) The donkey suffers. *gardabhaḥ/kharaḥ khidyate (√khid).* गर्दभ:/खर: खिद्यते।

(54) Door closes. *dvāraṁ saṁvartate (sam√vṛt).* द्वारं संवर्तते।

(55) Rīnā drinks (takes) a drink. *Rīnā peyaṁ pibati (√pā).* रीना पेयं पिबति।

(56) The duck swims. *kadambaḥ tarati/plavate (√tṛ́, √plu).* कदम्ब: तरति/प्लवते।

(57) The eagle soars. *garuḍaḥ uḍḍīyate (ud√dī).* गरुड: उड्डीयते।

(58) I buy diamonds. *ahaṁ ratnāni/hīrakān krīṇāmi (√krī).* अहं रत्नानि/हीरकान् क्रीणामि।

(59) She brings the dictionary. *sā shabda-kośam ānayati (ā√ni).* सा शब्दकोशम् आनयति।

(60) Father teaches son. *pitā/janakaḥ/tātaḥ putram adhyāpayati (adhi√i).* पिता/जनक:/तात: पुत्रम् अध्यापयति।

(61) Fire burns that house. *agniḥ/analaḥ/pāvakaḥ tat gṛhaṁ dahati (√dah).* अग्नि:/अनल:/पावक: तत् गृहं दहति।

(62) The fish hides the eggs. *jhaṣaḥ/matsyaḥ/mīnaḥ aṇḍāni gūhati* झष:/मत्स्य:/मीन: अण्डानि गूहति (√गुह्)।

(63) The hen lays eggs. *kukkuṭī aṇḍāni sūyate (√sū).* कुक्कुटी अण्डानि सूयते।

(64) The earth turns. *bhūḥ/bhūmiḥ/pṛthvī/pṛthivī/mahī/dharā/dharaṇī/medinī parivartate (pari√vṛt).* भू:/भूमि:/पृथ्वी/पृथिवी/मही/धरा/धरणी/मेदिनी परिवर्तते।

(65) Ranī orders food. *Rānī annam/ aśanam/ khādyam/ khādanam/ bhaktam/*

bhakṣaṇam/ bhakṣyam/ bhojanam/ āhāram ājñāpayati (ā√jñā). रानी अन्नम्/ अशनम्/ खाद्यम्/ खादनम्/ भक्तम्/ भक्षणम्/ भक्ष्यम्/ भोजनम्/ आहारम् आज्ञापयति।

(66) Elephant picks the wood. *gajaḥ kāṣṭham uddharati (ud√dhṛ).* गजः काष्ठम् उद्धरति।

(67) Rāma says. *rāmaḥ gadati/bhaṇati/vadati (√gad √bhaṇ √vad).* रामः गदति/भणति/वदति।

(68) Monīkā sends books. *Monīkā pustakāni sam-preṣayati (sam√preṣ).* मोनीका पुस्तकानि सम्प्रेषयति।

(69) Mīnā writes letters. *Mīnā patrāṇi likhati (√likh).* मीना पत्राणि लिखति।

(70) They go to the forest. *te vanaṁ/kānanaṁ/vipinaṁ gaććanti (√gam).* ते वनं/काननं/विपिनं गच्छन्ति।

(71) The friend loves. *mitraṁ/bandhuḥ/suhṛd/sakhā/sakhī snihyati (√snih).* मित्रं/बन्धुः/सुहृद्/सखा/सखी स्निह्यति।

(72) We celebrate Diwālī-festival. *vayaṁ dīpāvalī-utsavam anuṣṭhāpayāmaḥ (anu√sthā).* वयं दीपावली–उत्सवम् अनुष्ठापयामः।

(73) The frog eats flies. *maṇḍūkaḥ/darduraḥ makṣikāḥ khādati (√khād).* मण्डूकः/दर्दुरः मक्षिकाः खादति।

(74) The fruit ripens. *phalaṁ paćate (√pać).* फलं पचते।

(75) Rekhā drives car. *Rekhā kārayānam ćālayati (√ćal).* रेखा कारयानं चालयति।

(76) The goat eats leaves. *ajaḥ/ajā parṇāni atti (√ad).* अजः/अजा पर्णानि अत्ति।

(77) Tona thinks. *Monā ćintayati (√ćint).* मोना चिन्तयति।

(78) Sunīl deserves. *Sunilaḥ arhati (√arh).* सुनीलः अर्हति।

(79) God exists. *Devaḥ/bhagavān/īśvaraḥ asti (√as).* देवः/भगवान्/ईश्वरः अस्ति।

(80) The fuel burns. *indhanam/edhaḥ indhe (√indh).* इन्धनम्/एधः इन्धे।

(81) You are jelous. *tvam īrṣyase, bhavān īrṣyate. (√īrṣ).* त्वम् ईर्ष्यसे, भवान् ईर्षते।

(82) She is angry. *sā kupyati/krudhyati (√kup, √krudh).* सा कुप्यति/क्रुध्यति।

(83) Farmer digs the field. *kṛṣakaḥ kṣetraṁ khanati (√khan).* कृषकः क्षेत्रं खनति।

(84) The clouds roar/thunder. *meghāḥ garjanti (√garj).* मेघाः गर्जन्ति।

(85) They sing Hindī songs. *te Hindī-gānāni gāyanti (√gai).* ते हिन्दी-गानानि गायन्ति।

(86) The girl walks slowly. *bālikā śanaiḥ ćalati (√ćal).* बालिका शनैः चलति।

(87) The hare eats green grass. *śaśakaḥ haritaṁ tṛṇaṁ/ghāsaṁ khādati (√khād).* शशकः हरितं तृणं/घासं खादति। (हरित *harita* = green)

(88) The hermit meditates. *tāpasaḥ/tapasvī/muniḥ/yatih/yogī tapati (√tap).* तापसः/तपस्वी/मुनिः/यतिः/योगी तपति।

(89) The granddaughter becomes happy. *pautrī tushyati (√tuṣ).* पौत्री तुष्यति।

(90) The grapes wilt. *drākṣāḥ mlāyanti (√mlai).* द्राक्षाः म्लायन्ति।

(91) The horse runs. *aśvaḥ/turaṅgaḥ/hayaḥ dhāvati (√dhāv).* अश्वः/तुरङ्गः/हयः धावति।

(92) The priest sings hymns. *paṇḍitaḥ ślokān gāyati (√gai).* पण्डितः श्लोकान् गायति।

(93) The insect eats fruit. *kīṭaḥ/kṛmiḥ phalaṁ khādati (√khād).* कीटः/कृमिः फलं खादति। The leaf falls. *patraṁ/parṇaṁ patati (√pat).* पत्रं/पर्णं पतति। The leaves fall. *patrāṇi/parṇāni patanti.* पत्राणि/पर्णानि पतन्ति।

(94) The light shines. *ālokaḥ/prakāśaḥ/bhā/ābhā/prabhā ćakāsti (√ćakās).* आलोकः/प्रकाशः/भा/आभा/प्रभा चकास्ति।

(95) Lion hunts. *siṁhaḥ/kesarī/mṛgakesarī mṛgayate (√mṛg).* सिंहः/केसरी/मृगकेसरी मृगयते।

(96) The lotus looks beautiful. *kamalaṁ/padmaṁ/aravindaṁ/paṅkajaṁ śobhate (√śobh).* कमलं/पद्मं/अरविन्दं/पङ्कजं शोभते।

(97) The mango falls. *amraphalṁ/āmraṁ patati (√pat).* आम्रफलं/आम्रं पतति।

(98) Monkeys jump. *kapayaḥ/markaṭāḥ/vānarāḥ plavanti (√plu).* कपयः/मर्कटाः/वानराः प्लवन्ति।

(99) The mouse eats seeds. *mūṣakaḥ bījāni khādati (√khād).* मूषकः बीजानि खादति।

(100) The heart pumps blood. *hṛdayaṁ rudhiram/raktam uttulayati (ud√tul).* हृदयं रुधिरम् उत्तुलयति।

LESSON 18

aṣṭādaśaḥ abhyāsaḥ अष्टाशः अभ्यासः।

* THE (PAST) IMPERFECT TENSE

laṅ lakāraḥ

लङ् लकारः।

* This is the most commonly used Past Tense in Sanskrit.

See the note in the Past Active Perticiple, Lesson 28.4

This tense is one of the three Sanskrit Past Tenses (लङ्, लिट्, लुङ्).

(1) लङ् (imperfect) represents an action not prformed today, not seen by the speaker, but is qualified by an adjective.

(2) लिट् (perfect) represents an action not prformed today, not seen by the speaker, and not qualified by an adjective.

(3) लुङ् (indfinite) represents actions prformed today or actions seen by the speaker. For details, see the unique Flow Chart of Tenses, at the end of lesson 22.

For our purpose, the IMPERFECT लङ् tense may approximately be considered almost same as the PAST INDEFINITE TENSE in English. The SUFFIXES of the Imperfect tense are : (same chart for all three genders - m◦, f◦ and n◦)

TYPICAL SUFFIXES OF THE PAST IMPERFECT (INDEFINITE लङ्) TENSE

Person	Singular	Dual	Plural
1st p◦	अम् (am)	व (va)	म (ma)
2nd p◦	:	तम् (tam)	त (त)
3rd p◦	त् (t)	ताम् (tām)	अन्, उः (an, uḥ)

(1) Augment अ (*a*) is added to the root before attaching any Past Imperfect suffix (shown in the chart given above). e.g. √वद् → अ + √वद् + अत् = अवदत्

(2) If the √verb is preceded by any prefix (preposition), the augment अ is inserted between the preposition and the √verb. Then, if applicable, follow the sandhi rules also.

e.g. √वद् → अवदत्। प्र√वद् → प्र + अ + वदत् → प्रावदत्।

(3) If the √verb begins with a vowel, the augment अ forms *sandhi* with it. e.g. √इष् → अ + इच्छत् → ऐच्छत्

√खाद् to eat, PAST IMPERFECT TENSE लङ् (m∘f∘n∘)

Person	Singular	Plural
I ate	अहम् अखादम् *aham akhādam*	वयम् अखादाम। *vayam akhādāma*
You ate	त्वम् अखाद: *tvam akhādaḥ*	यूयम् अखादत। *yūyam akhādat*
He/she ate	स: सा तत् अखादत् *saḥ/sā/tat akhādat*	ते ता: तानि अखादन्। *te/tāḥ/tāni akhādan*

EXAMPLES cum EXERCISE : Past Imperfect Tense लङ् (cumulative exercise)

1. Rāma writes. *rāmaḥ likhati.* राम: लिखति (√लिख्)। Sītā goes. *sītā gaćchati.* सीता गच्छति। Rāma wrote. *rāmaḥ alikhat.* राम: अलिखत्। Sītā went. *sītā agaćchat.* सीता अगच्छत्।
2. Tree falls, tree is falling. *vṛkṣaḥ patati.* वृक्ष: पतति। (√पत्) A tree fell. *vṛkṣaḥ apatat.* वृक्ष: अपतत्। A vine fell. *latā apatat.* लता अपतत्। A flower fell. *puṣpam apatat.* पुष्पम् अपतत्। Flowers fell. *puṣpāṇi apatan.* पुष्पाणि अपतन्। Trees Fell. *vṛkṣāḥ apatan.* वृक्षा: अपतन्। Vines fell. *latāḥ apatan.* लता: अपतन्।
3. Bharata says. *Bharataḥ vadati.* भरत: वदति। Bharata said. *Bharataḥ avadat.* भरत: अवदत्। (√वद्) Boys went. *kumārāḥ agaćchan.* कुमारा: अगच्छन्। (√गम्)
4. He is. *saḥ asti.* स: अस्ति। He was. *saḥ āsīt.* स: आसीत्। They were. *te āsan.* ते आसन्।

EXAMPLES cum EXERCISE : Present and Perfect Tenses: (cumulative exercise)

(1) Rāma throws a stone. *rāmaḥ prastaraṁ kṣipati,* रामः प्रस्तरं क्षिपति। Rāma is throwing a stone. *rāmaḥ prastaraṁ kṣipati,* रामः प्रस्तरं क्षिपति।

(2) Rāma threw a stone. *rāmaḥ prastaram akṣipat.* रामः प्रस्तरम् अक्षिपत्।

(3) I bow. *ahaṁ namāmi; ahaṁ praṇamāmi; ahaṁ praṇāmaṁ karomi.* अहं नमामि, अहं प्रणमामि, अहं प्रणामं करोमि। (√नम्, प्र√नम्)

(4) Sītā, Bharata and Rāma stayed, *sītā bharataḥ rāmaḥ ća atiṣṭhan.* सीता भरतः रामः च अतिष्ठन्। They stand up. *te/sāḥ uttiṣṭganti.* ते/साः उत्तिष्ठन्ति। (उद्√स्था)

(5) Tigers and lions ran. *vyāghrāḥ ća siṁhāḥ ća adhāvan; vyāghrāḥ siṁhāḥ ća adhāvan.* व्याघ्राः च सिंहाः च अधावन्। (√धाव्)

(6) The snake moved. *sarpaḥ aćalat.* सर्पः अचलत्। (√चल्)

(7) The boys and girls laughed. *bālakāḥ bālāḥ ća ahasan.* बालकाः बालाः च अहसन्। (√हस्।

(8) Children cry. *bālakāḥ rudanti.* बालकाः रुदन्ति। (√रुद्)

(9) He is resting. *saḥ viśati.* (सः विशति) I sit down. *aham upaviśāmi.* अहम् उपविशामि। (√विश्, उप√विश्)

(10) They abandon. *te tyajanti.* ते त्यजन्ति। (√त्यज्)

(11) You became angry. *tvam akrudhyaḥ.* त्वम् अक्रुध्यः। (√क्रुध्)

(12) The tiger lion and elephant roam. *vyāghraḥ siṁhaḥ gajaḥ ća aṭanti.* व्याघ्राः सिंहः गजः च अटन्ति। (√अट्)

(13) I worship Kṛṣṇa. *ahaṁ kṛṣṇam archāmi.* अहं कृष्णम् अर्चामि। (√अर्च्) I go. *ahaṁ gaććāmi* अहं गच्छामि।

(14) She wishes. *sā ićchati.* सा इच्छति। (√इष्)

(15) Trees endure. *vṛkṣāḥ kṣamante.* वृक्षाः क्षमन्ते। (√क्षम्)

EXERCISE 45: PAST IMPERFECT TENSE लङ्

A. Translate the following English verbs into Sanskrit:

(1) to throw ---------- to stay ---------- to run ----------

(2) to cry ---------- to sit down ---------- to wash ----------

B. Translate into English (see above for help).

(1) सीता अपठत्। रामः आसीत्। भरतः अपश्यत्।

(2) सीता रामः भरतः च अपश्यन्।

(3) वयं प्रस्तराणि क्षिपामः। सः प्रस्तरम् अक्षिपत्।

(4) अहं कृष्णं नमामि। अहं रामं प्रणमामि। अहं सीतां वन्दे।

(5) श्वानः बिडालः मूषकाः च अतिष्ठन्। ताः उत्तिष्ठन्ति।

(6) धेनुः च अजा च अश्वः च अधावन्।

(7) पुरुषाः स्त्रियः च अहसन्। बालकः अरोदत्/अरोदीत्।

C. Translate into Sanskrit. (Answers are shown in the brackets)

(1) I was not here yesterday. (अहं ह्यः अत्र न आसम्)

(2) You all went home. (यूयं सर्वे गृहम् अगच्छन्)

(3) She did not go to school today. (सा अद्य विद्यालयं न अगच्छत्)

(4) Rāma, Lakṣamaṇa and Sītā stayed in the hermitage. (सीतारामलक्ष्मणाः आश्रमे अतिष्टन्)

(5) What did you see? (त्वं किम् अपश्यः। भवान् किम् अपश्यत्)

(6) Rāma said to Sītā. (रामः सीताम् अवदत्)

(7) They sang the hymns. (ते श्लोकान् अगायन्)

(8) We heard the songs. (वयं गानानि अशृणुम)

(9) I heard the Hindī songs. (अहं हिन्दीगानानि अशृण्वम्)

(10) She lived in Delhi. (सा दिल्याम् अवसत्)

NOTE : The Past Imperfect (लङ्) tense is characterized by the following **six key features**

(1) The action is a past tense of First Praeterite.

(2) ***Paroksa*** परोक्ष action : It includes an action that is NOT witnessed, experienced, heard from the source or seen **by the speaker of the sentence**. e.g. Sitā saw a deer. *Sītā mṛgam apaśyat* (सीता मृगम् अपश्यत्)

(3) ***Anadya*** अनद्य action : The acton performed NOT today. e.g. I stayed here yesterday. *ahaṁ śvaḥ atra eva atiṣṭham* (अहं श्वः अत्र एव अतिष्ठम्)

(4) The verb IS **qualified** by an adjective such as yesterday, day-before-yesterday, last year etc. e.g. Rāma stayed here day-before-yesterday. *Rāmaḥ paraśvaḥ atra eva atiṣṭhat* (रामः परश्वः अत्र एव अतिष्ठत्)

(5) It also denotes an action, of a **recent past, that continues during another action** and is not finished. It generally means an action that did not take place today.

CLASSICAL EXAMPLES :

(i) सञ्जयः उवाच – आचार्यम् उपसङ्गम्य राजा वचनम् अब्रवीत्। Sañjaya said - 'Having gone to Droṇa, Duryodhana said ...' (Gītā 1.2)

In this case, Duryodhana's action of speaking is preceeded by his another action of going to Droṇa. For Sañjaya, Duryodhana's action of speaking, was of recent past. So, अब्रवीत्, the Imperfect tense लङ् of the verb √ब्रू is used.

(ii) "While lamenting he said this." *viṣīdan idam abravīt.* विषीदन् इदम् अब्रवीत्। (Gītā 1.29)

NOTE : **When *ma sma* मा स्म phrase is prefixed** to a लङ् verb, the लङ् prefix अ (अट्) or आ (आट्) is dropped, and **the verb is no more a past tense. It now indicates the meaning of 'do not.'** e.g.

You became a fool. *tvaṁ mūrkhaḥ abhavaḥ* त्वं मूर्खः अभवः। Don't you be a fool. *tvaṁ mūrkhaḥ mā sma bhavaḥ* त्वं मूर्खः मा स्म भवः। See end of lesson 20, item (A).

LESSON 19

navadaśaḥ abhyāsaḥ नवदश: अभ्यास:।

THE (PAST) PERFECT TENSE

liṭ lakāraḥ

लिट् लकार:।

This is second of the three past tenses in Sanskrit. This tense is NOT much used in everyday conversation. Its conjugations are difficult. It is mostly found in classical writings such as Mahābhārata, Gītā and Rāmāyaṇa.

Characteristics of the The Perfect tense (लिट् लकार:)

(1) The Perfect tense (लिट् लकार) is the action concluded in absolute or remote past.

(2) It includes an action that is out of sight (*parokṣa* परोक्ष) of the person who is talking about that past event.

e.g. Gītā 1.44 अर्जुन: उवाच। उत्सन्नकुलधर्माणां मनुष्याणां नरके अनियतं वास: भवति इति अनुशुश्रुम।। Arjuna said, those who have lost their family traditions have to stay in the hell forever, so we had heard.

(3) (i) लङ् represents actions not prformed today, not seen by the speaker, but is qualified by an adjective. (ii) लिट् represents actions not prformed today, not seen by the speaker, and not qualified by an adjective. (iii) लुङ् represents actions prformed today, and actions seen by the speaker. See the Flow Chart of Tenses, lesson 22.

(4) The Perfect tense (लिट्) is rarely used in the first person. And even in most other cases, in classical Sanskrit, the Imperfect (लङ्) is used in place of the Perfect (लिट्).

TYPICAL SUFFIXES OF THE PERFECT TENSE (लिट्)

TABLE : (All three genders - m∘ f∘ and n∘)

Person	Singular	Dual	Plural
1p∘	अ (a)	व (va)	म (ma)
2p∘	थ (tha)	अथुः (athuḥ)	अ (a)
3p∘	अ (a)	अतुः (atuḥ)	उः (uḥ)

With the verb √श्रु to hear, PERFECT TENSE (m∘f∘n∘)

I heard	अहं शुश्राव *ahaṁ śuśrāva*	वयं शुश्रुम। *vayaṁ śuśruma*
You heard	त्वं शुश्रोथ *tvaṁ śuśrotha*	यूयं शुश्रुव। *yūyaṁ śuśruva*
He heard	सः/सा/तत् शुश्राव *saḥ śuśrāva*	ते शुश्रुवुः। *te śuśrauvaḥ*

The prefix अ, added to the verbs in लङ् and लुङ् past tenses, is not necessary in the लिट् past tense.

CLASSICAL EXAMPLES : from **Rāmāyaṇa and Gītā**

(1) Lakṣmaṇaḥ had done penance. *Lakṣmaṇaḥ tapaḥ cakāra.* लक्ष्मणः तपः चकार।

(2) Hanūmān saw Sītā. *Hanūmān Sītāṁ dadarśa.* हनूमान् सीतां ददर्श।

(3) Gītā 1.12 शङ्खं दध्मौ प्रतापवान्। *śaṅkhaṁ dadhmau pratāpavān.* Bhīṣma blew the conch shell

(4) Gītā 1.14 माधवः पाण्डवः च एव दिव्यौ शङ्खौ प्रदध्मतुः। *Mādhavaḥ Pāṇḍavaḥ ca eva divyau śaṅkhau pradadhmatuḥ.* Kṛṣṇa and Arjuna blew their divine conch shells.

(5) Gītā 1.18 शङ्खान् दध्मुः पृथक्पृथक्। *śaṅkhān dadhmuḥ pṛthak-pṛthak.* They blew their various conch shells.

(6) Gītā 1.25 उवाच पार्थ पश्य एतान् समवेतान् कुरून् इति। *uvāca pārtha paśya etān samavetān kurun iti.* Kṛṣṇa said, Arjuna! look at these Kurus gathered here.

(7) Gītā 2.9 न योत्स्ये इति गोविन्दमुक्त्वा तूष्णीं बभूव ह। *na yotsye iti govindam-uktvā tūṣṇīṁ babhūva ha.* Arjuna, having said to Śrī Kṛṣṇa 'I will not fight,' became quiet.

LESSON 20

viṁśaḥ abhyāsaḥ विंश: अभ्यास:।

THE AORIST (PAST INDEFINITE) TENSE

luṅ lakāraḥ

लुङ् लकार:।

This is the third past tense in Sanskrit.

In daily conversation this tense does NOT have much use.

Properties of the Past Indefinite tense (लुङ् लकार:)

(i) It usually indicates an action performed or (ii) happened at a remote past time, (iii) but it is sometimes used for an action performed today or at any past period.

e.g. एकदा एक: राजा आसीत्। Once upon a time there was a king. Or Gītā 18.74 संवादम् अश्रौषम् अद्भुतम्। I heard the wonderful dialogue.

COMPARISON :

(i) लङ् represents actions not prformed today, not seen by the speaker, but is qualified by an adjective.

(ii) लिट् represents actions not prformed today, not seen by the speaker, and not qualified by an adjective.

(iii) लुङ् represents actions prformed today or actions seen by the speaker and not specified by an adjective. It also includes actions witnessed, experienced or heard from someone else by the speaker.

NOTE : For details see the unique Flow Chart of Tenses, given at the end of lesson 22.

TYPICAL SUFFIXES OF THE INDEFINITE PAST TENSE (लुङ्)

TABLE : (Same for all three genders - m∘, f∘ and n∘)

Person	Singular	Dual	Plural
1st person	सम् (sam)	स्व (sva)	स्म (sma)
2nd per∘	सः (saḥ)	स्तम् (stam)	स्त (sta)
3rd person	ईत् (īt)	स्ताम् (stām)	सुः न् (suḥ, n)

NOTE: Prefix अ is prefixed to the verb of लुङ् Indefinite past tense (similar to the Imperfect लङ् past tense).

TABLE : √खाद् to eat, INDEFINITE PAST (m∘f∘n∘)

Person	Singular	Plural
I had been eating	अहम् अखादिषम् *aham akhādiṣam*	वयम् अखादिष्म *vayam akhādiṣma*
You had been eating	त्वम् अखादीः *tvam akhādīḥ*	यूयम् अखादिष्ट *yūyam akhādiṣṭa*
He had been eating	सः अखादीत् *saḥ akhādīt*	ते अखादिषुः *te akhādiṣuḥ*

EXAMPLES cum EXERCISE : (लुङ्)

(1) I had been. *aham abhūvam.* अहम् अभूवम्।

We had been. *vayam abhūma.* वयम् अभूम।

(2) You had been. त्वम् अभूः।

You had been. यूयम् अभूत।

(3) He-she had been. *saḥ-sā abhūt.* सः, सा अभूत्।

They had been. *te-tāḥ abhūvan.* ते/ताः अभूवन्।

(4) I had been working. *aham akārṣam.* अहम् अकार्षम्।

We had been working. *vayam akārṣma.* वयम् अकार्ष्म।

(5) You had been working. *tvam akārṣīḥ.* त्वम् अकार्षीः।

You had been working. *yūyam akārṣṭa.* यूयम् अकार्ष्ट।

(6) He had been working. *saḥ-sā akārṣīt.* सः अकार्षीत्।

They had been working. *te-tāḥ akārṣuḥ.* ते/ताः अकार्षुः।

SIMILARITY BETWEEN
INDEFINITE PAST TENSE लुङ् AND IMPERFECT PAST TENSE लङ्

For comparison, see Lesson 17, attachment of particle *sma* स्म।

(A) When *mā* मा particle is attached to a लुङ् verb :

1. the लुङ् prefix अ (अट्) or आ (आट्) is dropped, now
2. the verb is no more a past tense.
3. Now it is an expression of imperative 'do not.'

(B) When *ma sma* मा स्म phrase is attached to the लङ् verb :

1. the लङ् prefix अ (अट्) or आ (आट्) is dropped, and
2. the verb is no more a past tense.
3. now it indicates the meaning of 'do not.'

EXAMPLES cum EXERCISE :

(1) You became a fool. *tvaṁ mūrkhaḥ abhavaḥ* त्वं मूर्खः अभवः। (लङ् Past Imperfect tense)

(2) You had been a fool. *tvaṁ mūrkhaḥ abhūḥ* त्वं मूर्खः अभूः। (लुङ् Past Indefinite tense)

(3) Don't you be a fool. *tvaṁ mūrkhaḥ mā bhūḥ* त्वं मूर्खः मा भूः। (= लोट् Imperative mood)

LESSON 21

ekaviṁśaḥ abhyāsaḥ एकविंशः अभ्यासः।

* INDEFINITE FUTURE TENSE

THE SIMPLE FUTURE TENSE

lṛṭ lakāraḥ लृट् लकारः।

This is one of the two future tenses in Sanskrit.

This is the most commonly used Future Tense in Sanskrit.

Properties of the Indefinite Future tense (लृट् लकारः)

(i) The action that will be performed at some unspecified future time, immediate or remote, or

(ii) the action that is contingent up on some future event, is the FUTURE INDEFINITE TENSE लृट्.

NOTE : This tense is also called the 'Simple Future Tense.'

TYPICAL SUFFIXES OF THE INDEFINITE FUTURE लृट्

TABLE : (All three genders - m∘, f∘ and n∘) √खाद् to eat

Person	Singular	Dual	Plural
1p∘	स्यामि (syāmi)	स्यावः (syāvaḥ)	स्यामः (syāmaḥ)
2p∘	स्यसि (syasi)	स्यथः (syathaḥ)	स्यथ (syatha)
3p∘	स्यति (syati)	स्यतः (syataḥ)	स्यन्ति (syanti)

Person	Singular	Plural
I will eat	अहं खादिष्यामि *aham akhādiṣyāmi*	वयं खादिष्यामः *ayaṁ khādiṣyāmaḥ*
You will eat	त्वं खादिष्यसि *tvaṁ khādiṣyasi*	यूयं खादिष्यथ *yūyaṁ khādiṣyatha*
He will eat	सः खादिष्यति *saḥ khādiṣyati*	ते खादिष्यन्ति *te khādiṣyanti.*

NOTE : लृट् represents an action that may be prformed today but not qualified by any specific adjective.

EXAMPLES cum EXERCISE : INDEFINITE FUTURE TENSE

1. The lion will eat the goat. *siṁhaḥ ajaṁ khādiṣyati.* सिंहः अजं खादिष्यति।
2. The lion will eat the goats. *siṁhaḥ ajān khādiṣyati.* सिंहः अजान् खादिष्यति।
3. The lions will eat the goat. *siṁhāḥ ajaṁ khādiṣyanti.* सिंहाः अजं खादिष्यन्ति।
4. I drink milk. *ahaṁ dugdhaṁ pibāmi.* अहं दुग्धं पिबामि।
5. I will drink milk. *ahaṁ dugdhaṁ pāsyāmi. (√pā)* अहं दुग्धं पास्यामि।
6. We will drink milk. *vayaṁ dugdhaṁ pāsyāmaḥ.* वयं दुग्धं पास्यामः।
7. You will drink milk. *tvam (bhavān) dugdhaṁ pāsyasi (pāsyati).* त्वं (भवान्) दुग्धं पास्यसि (पास्यति)।
8. He will drink. *saḥ pāsyati.* सः पास्यति।

EXAMPLES : An Exercise on 'what we have learned so far' : Exercise 46 :

(i) Present or Present continuous (लट्), (ii) Past Imperfect (लङ्) and (iii) Indefinite future (लृट्) tense.

For typical Case Declensions and Tense Conjugations,
please see the tables given in the Appendix.

1. I catch a bird. I am catching a bird. *ahaṁ khagaṁ-ćaṭakaṁ-pakṣīṁ-vihagaṁ-vihaṅgaṁ gṛhaṇāmi (√grah).* अहं खगं/चटकं/पक्षीं/विहगं/विहङ्गं गृह्णामि (√ग्रह्)।
2. I am catching the birds. *ahaṁ khagān-ćaṭakān-pakṣīṇaḥ-vihagān-vihaṅgān*

gṛhaṇāmi. अहं खगान्/चटकान्/पक्षिणः/विहगान्/विहङ्गान् गृह्णामि।

3. I caught a bird. *ahaṁ khagam agṛhṇām* अहं खगम् अगृह्णाम्।

4. I will catch a bird. *ahaṁ khagaṁ grahīṣyāmi.* अहं खगं ग्रहीष्यामि।

5. The birds catch the fish. *paksiṇaḥ matsyān gṛhṇanti.* पक्षिणः मत्स्यान् गृह्णन्ति।

6. The bird will catch a fish. *pakṣī matsyaṁ grahīṣyati.* पक्षी मत्स्यं ग्रहीष्यति।

7. The bird will catch the fish. *pakṣī matsyān grahīṣyati.* पक्षी मत्स्यान् ग्रहीष्यति।

8. The birds will catch the fish. *pakṣiṇaḥ matsyān grahīṣyanti.* पक्षिणः मत्स्यान् ग्रहीष्यन्ति।

9. The bird eats seeds; the bird is eating seeds. *pakṣī bījāni khādati.* पक्षी बीजानि खादति।

10. The birds ate the seeds. *pakṣiṇaḥ bījāni akhādan.* पक्षिणः बीजानि अखादन्।

11. The bird will eat the seeds. *khagaḥ-caṭakaḥ-pakṣī-vihagaḥ-vihaṅgaḥ bījāni khādiṣyati.* खगः/चटकः/पक्षी/विहगः/विहङ्गः बीजानि खादिष्यति।

12. The Sun will shine. *sūryaḥ tapsyati.* सूर्यः तप्स्यति।

13. The clouds will thunder (roar). *meghāḥ garjiṣyanti.* मेघाः गर्जिष्यन्ति।

14. It will rain. *varṣā bhaviṣyati.* वर्षा भविष्यति।

15. The light will flash. *ālokaḥ-prakāśaḥ-bhā-ābhā-prabhā sphuriṣyati.* आलोकः/प्रकाशः/भा/आभा/प्रभा स्फुरिष्यति।

16. The boy will be agitated. *bālakaḥ kṣobhiṣyati.* बालकः क्षोभिष्यति।

17. The peacock will dance. *mayūraḥ-kekī nartsyati.* मयूरः/केकी नर्त्स्यति।

18. The man burns the grass; the man is burning the grass. *naraḥ tṛṇaṁ-ghāsaṁ dahati.* नरः तृणं/घासं दहति।

19. The man will burn the grass. *naraḥ tṛṇaṁ dhakṣyati.* नरः तृणं धक्ष्यति।

20. The man burned the grass. *naraḥ tṛṇam adhākṣīt.* नरः तृणम् अधाक्षीत्।

21. The man had burned the grass. *naraḥ ghāsaṁ dadāha.* नरः घासं ददाह।

22. The bee will wander about. *bhramaraḥ bhramiṣyati.* भ्रमरः भ्रमिष्यति।

23. The honey-bee wandered about. *madhukaraḥ, bhramaraḥ* मधुकरः अभ्रमत्।

24. The eagle will build a nest. *garuḍaḥ nīḍaṁ racayiṣyati.* गरुडः नीडं रचयिष्यति।

25. He deserves; he is deserving. *saḥ arhati.* सः अर्हति।

26. She will deserve. *sā arhiṣyati* सा अर्हिष्यति।

27. I am hearing chirping of the cuckoo; I hear the cuckoo chirp. *ahaṁ kokilakūjanam ākarṇayāmi.* अहं कोकिलकूजनम् आकर्णयामि।

28. He is getting angry. *saḥ kupyati.* सः कुप्यति।

29. He will be angry. *saḥ kopiṣyati.* सः कोपिष्यति।

30. The parrot is cutting a leaf; the parrot cuts a leaf. *śukaḥ parṇaṁ kṛntati.* शुकः पर्णं कृन्तति।

31. He will cut leaves. *saḥ parṇān kartiṣyati-kartsyati.* सः पर्णान् कर्तिष्यति/कर्त्स्यति।

32. A woodpecker will dig wood. *kāṣṭhakūṭaḥ kāṣṭhaṁ khaniṣyati.* काष्ठकूटः काष्ठं खनिष्यति।

33. The cuckoo will sing. *kokilaḥ gāsyati.* कोकिलः गास्यति।

34. The pigeon will eat worms. *kapotaḥ kīṭakān-kṛmīn khādiṣyati.* कपोतः कीटकान्/कृमीन् खादिष्यति।

35. The crow will eat a mouse. *kākaḥ-vāyasaḥ mūṣakaṁ khādiṣyati.* काकः/वायसः मूषकं खादिष्यति।

EXERCISE 47 : (A) Fill in the blanks :

(1) The swan will eat the fish. -------- मत्स्यं --------

(2) The heron will drink water. -------- जलं पास्यति।

(3) The hens and the cock will eat seeds. -------- च -------- च बीजानि --------

(4) The earthworms will dig the earth. भूजन्तवः -------- खनिष्यन्ति।

LESSON 22

dvāviṃśaḥ abhyāsaḥ द्वाविंशः अभ्यासः।

22.1
THE DEFINITE FUTURE TENSE

luṭ lakāraḥ लुट् लकारः।

This is the second future tenses in Sanskrit. This tense is NOT a very commonly used future tense.

Characteristics of the Definite Future tense (लुट् लकारः)

(1) The Definite Future tense लुट् represents actions not prformed today, but qualified by an adjective.

The Indefinite Future tense लृट् (which we studied earlier) represents actions prformed today, but not qualified by an adjective.

See the Flow Chart of Tenses at the end of this lesson.

(2) The लुट् tense denotes an action that will take place at a definite future time (including today), but neither immediate nor at remote time.

e.g. Gītā 2.52 तदा गन्तासि निर्वेदम्। Then you will attain detachment.

TYPICAL SUFFIXES OF THE DEFINITE FUTURE लुट्

TABLE : (All three genders - m◦, f◦ and n◦)

Person	Singular	Dual	Plural
1p◦	तास्मि *(tāsmi)*	तास्वः *(tāsvaḥ)*	तास्मः *(tāsmaḥ)*
2p◦	तासि *(tāsi)*	तास्थः *(tāsthaḥ)*	तास्थ *(tāstha)*
3p◦	ता *(tā)*	तारौ *(tārau)*	तारः *(tāraḥ)*

TABLE : √खाद् to eat, INDEFINITE FUTURE (m◦f◦n◦)

I will eat	अहं खादितास्मि	वयं खादितास्मः
	ahaṁ khāditāsmi	*vayaṁ khāditāsmaḥ*
you will eat	त्वं खादितासि	यूयं खादितास्थ
	tvayaṁ khāditāsi	*yuayaṁ khāditāstha*
he will eat	सः–सा–तत् खादिता	ते–ताः–तानि खादितारः
	saḥ-sā-tat khāditā	*te-tāḥ-tāni khāditāraḥ*

NEW WORDS TO LEARN:

(1) Today (*adya* अद्य)

(2) Yesterday (*hyaḥ* ह्यः)

(3) Tomorrow (*śvaḥ* श्वः)

(4) Later (*paśćāt* पश्चात्)

(5) Day after tomorrow (*para-śvaḥ* परश्वः)

(6) Day before yesterday (*para-hyaḥ* परह्यः)

(7) Then (*tadā* तदा)

(8) When (*yadā* यदा)

(9) When? (*kadā?* कदा?)

(10) Whenever (*yadā yadā* यदा यदा)

(11) Any time (*yadā kadā* यदा कदा)

(12) Sometimes (*kadāćit* कदाचित्)

(13) At this time, Now (*asmin kāle, adhunā, idānīm* अस्मिन् काले, अधुना, इदानीम्)

EXAMPLES cum EXERCISE :

(1) I will do it tomorrow. *aham etat śvaḥ kartāsmi.* अहम् एतत् श्वः कर्तास्मि।

(2) Then he will go. *tadā saḥ gantā.* तदा सः गन्ता।

(3) I will come when it will rain. *yadā varṣiṣyati tadā āgantāsmi.* यदा वर्षिष्यति तदा आगन्तास्मि।

(4) We will tell you the day after tomorrow. *vayaṁ tvāṁ (bhavantaṁ) paraśvaḥ kathayitāsmaḥ.* वयं त्वां (भवन्तं) परश्वः कथयितास्मः।

(5) You will become. *tvaṁ bhavitāsi; bhavān bhavitā; bhavatī bhavitā.* त्वं भवितासि। भवान् भविता। भवती भविता।

EXERCISE 48 : Match the English and Sanskrit words

(1) Tomorrow	(1) अद्य
(2) Day before yesterday	(2) ह्यः
(3) When	(3) श्वः
(4) Today	(4) तदा
(5) Day after tomorrow	(5) कदा?
(6) Yesterday	(6) परश्वः
(7) Then	(7) परह्यः
(8) When?	(8) यदा

EXERCISE 49 : What we learned so far

SUMMARY of POPULAR TENSES

Present (लट्), Imperfect (लङ्) and Indefinite Future (लृट्)

Correct the Sanskrit sentences to match with English ones.

(1) I eat fruits. *aham phalam khādiṣyāmi.* अहं फल खादिष्यामि।

(2) You are looking at the peacock. *bhavān vāyasam paṣyati.* भवान् वायसं पश्यति।

(3) He wrote a letter. *sā patram alikhat/likhitavān.* सा पत्रम् अलिखत्/लिखितवान्।

(4) She will become. *sāḥ bhavitāsmi.* सा: भवितास्मि। भवती भविष्यती।

(5) They will bring milk. *te-tāḥ dūgdha āniṣyati.* ते-ता: दूग्ध आनिष्यति।

(6) I am learning Sanskrit. *aham saṁskṛtam paṭhiṣyāmi.* अहं संस्कृतं पठिष्यामि।

(7) Rāma is reading the book. *Rāma pustakam paṭhanti.* राम पुस्तकं पठन्ति।

(8) The tiger will eat the goat. *vyāghrāḥ ajam khādanti.* व्याघ्रा: अजं खादन्ति।

(9) Birds will build a nest. *khagaḥ nīḍam racayiṣyati.* खग: नीडं रचयिष्यति।

(10) The horse ran. *aśvaḥ adhāvata.* अश्व: अधावत।

(11) We ran. *vayam adhāvam.* वयम् अधावाम्।

(12) I know Sanskrit. *aham hindīm jānāmi.* अहं हिन्दीं जानामि।

(13) They ate. *sā akhādat.* सा अखादत्।

(14) Monkeys are eating fruits. *kapayaḥ phalam khādanti.* कपय: फलं खादन्ति।

(15) A fruit is falling from the tree. *phalam vṛkṣāt apatat.* फलं वृक्षात् अपतत्।

(16) A leaf fell from the vine. *parṇa latāyāḥ apatat.* पर्ण लताया: अपतत्।

(17) He is a boy. *saḥ bālakaḥ bhavati.* स: बालक: भवति।

(18) She will go home. *sā gṛham āgamiṣyati.* सा गृहम् आगमिष्यति।

22.2 RATNAKAR'S FLOWCHART FOR - WHICH TENSE TO USE?

(1) Has the action started? Is it a habitual action? YES : Go to 2↓

NO : Go to 10↓

(2) Has the action finished? YES : Go to 4↓

NO : Go to 3↓

(3) This action is a **Present** tense (लट्)

(4) Was it a today's event? YES : Go to 5↓

NO : Go to 6↓

(5) This action is a **Past Indefinite** tense (लुङ्)

(6) Was it witnessed by the speaker? YES : Go to 5↑

NO : Go to 7↓

(7) Is there an adjective such as 'today, yesterday, last year' ...etc. attached to the action?

YES : Go to 8↓

NO : Go to 9↓

(8) This action is a **Past Imperfect** tense (लङ्)

(9) This action is a **Past Perfect** tense (लिट्)

(10) Will this be a today's action? YES : Go to 11↓

NO : Go to 12↓

(11) This action is an **Indefinite Future** tense (लृट्)

(12) Is there an adjective such as today, tomorrow, next year ...etc. attached to the action?

YES : Go to 13↓

NO : Go to 11↑

(13) This action is a **Definite Future** tense (लुट्)

(14) Is the action specified with particle *mā* (मा)? Go to 5↑

Is it specified with the phrase *mā sma* (मा स्म)? Go to 8↑

LESSON 23

trayoviṁśaḥ abhyāsaḥ त्रयोविंशः अभ्यासः।

FORMS OF THE VERBS

23.1
PARASMAIPADĪ AND ĀTMANEPADĪ VERBS
parasmaipadī ātmanepadī ća
परस्मैपदी आत्मनेपदी च।

Unique of the Sanskṛt language, the *ātmanepadam* and *parasmaipadam* denote :
To whom the fruit of an action accrues? or who is the intended victim of the action?

(1) *ātmanepada* of a verb indicates that the fruit of an action accrues to the doer (*ātma* आत्म) of action, and thus the action is *ātmanepadī*, e.g. *nirīkṣe* (Gītā 1.22) 1st◦ sing◦, 'I observe for myself,' (*nirīkṣe;* निरीक्षे, उत्तमपुरुषः एकवचनं लट् भ्वादिः आत्मनेपदी ←निर्√ईक्ष्).

(2) *parasmaipada* of a verb indicates that the fruit of an action accrues to someone other (*para* पर) than the doer of that action. e.g. *bravīmi* Gītā 1.7, 1st◦ sing◦, 'I am telling you,' (*bravīmi;* ब्रवीमि, उत्तमपुरुषः एकवचनं लट् अदादिः परस्मैपदी ←√ब्रू).

This distinction, however, appears to be not observed strictly in practice. And, therefore, we have verbs which indicate accrual of the fruit of an action to the doer (i.e. *ātmanepadī*) but is sometimes optionally used in the *parasmaipadī* form, as if the action is offered to oneself, as a third person. e.g.

(i) *Saḥ naiva kiñćit karoti* (Gītā 4.20) 'he does not do anything.' सः न एव किञ्चित् करोति। (**करोति** 3rd person, singular लट् तनादिः परस्मैपदी ←√कृ).

(ii) *Saḥ yat pramāṇaṁ kurute* (Gītā 3.21) 'the standard he sets.' सः यत् प्रमाणं कुरुते। (**कुरुते,** 3rd person singular लट् तनादिः आत्मनेपदी ←√कृ).

Of course, in Sanskrit language, when there are dual verb roots, that stand for both the doer as well as the object (*ubhayapadī,* उभयपदी), this distinction of *Parasmaipadī* and *Ātmanepadī* can not always be observed meticulously.

BE CAREFUL :

In order to avoid the common errors, care must be taken not to mix up the distinction between *Parasmaipadī* and Ātmanepadī characterics of the verbs with :

(1) the passive (*karmaṇi* कर्मणि) and active (*kartari* कर्तरि) usage of the voices (*prayogāḥ* प्रयोगाः)

(2) with the intransitive (*akarmakam* अकर्मकम्) and transitive (*sakarmakam* सकर्मकम्) attributes of the verbs (क्रियापदानि)

(3) Many times Ātmanepadī is confused and translated as Middle Voice, but Ātmanepadī is not a voice. The voices are : कर्तरि, कर्मणि and भावे *kartari* (active), *karmaṇi* (passive) and *bhāve* (abstract). They are discribed in Lesson 26.

(i) The verbs such as अटति, करोति, पचति, याचति are transitive of the *parasmaipadī* Active voice (कर्तरिः प्रयोगः)

(ii) the verbs अटते, कुरुते, ईक्षते, पचते, लभते, याचते are intransitive of the *ātmanepadī* Active voice verb (9√jñā) *jānate* जानते is transitive ātmanepadī.

(iii) and the verbs अट्यते, ईक्ष्यते, पच्यते, लभ्यते, याच्यते are transitive -intransitive *ātmanepadī* of the Passive voice (कर्मणि प्रयोगः)

In the Active voice, both Transitive and Intransitive verbs are used. But, in the Passive voice only Transitive verbs are used, and therefore, many people misunderstand *ātmanepadī* as 'passive voice.' In the *Bhāve* voice, only Intransitive verbs are used.

ātmanepadī is not a voice, it is a characterics of the verbs.

NOTE : Which verb roots are *Parasmaipadī* and which ones are *Ātmanepadī* is to be found through a good Sanskrit Dictionary or from everyday experience. There is no other easy way to determine it. के धातव: परस्मैपदय: के धातव: आत्मनेपदय: के च धातव: उभयपदय: इति तु शब्दकोशबलात् व्यवहारबलात् वा ज्ञातव्यम्। एतां व्यवस्थां ज्ञातुं सामान्यरीति: अन्या का अपि नास्ति।

In earlier lessons we have learned and used several *Parasmaipadī* verbs, let us now learn some *Ātmanepadī* vebs and see some Dual verbs.

(i) The verbs like भवति, गच्छति, लिखति ending in ति are *parasmaipadī*;

(ii) The verbs रोचते, ईक्षते, वन्दते ending ते or ए are *ātmanepadī* and

(iii) The verbs करोति-कुरुते, पचति-पचते, याचति-याचते are dual (उभयपदी) verbs.

See the Dictionary of Verbs given in Appendix 5 and Conjugations given in Appendix 7.

TYPICAL SUFFIXES OF THE ĀTMANEPADĪ PRESENT TENSE (लट्)

TABLE : (All three genders - m∘, f∘ and n∘)

Person	Singular	Dual	Plural
1p∘	ए. ई *e, ī*	आवहे, वहे *āvahe, vahe*	आमहे, महे *āmahe, mahe*
2p∘	से *se*	आथे, इथे *āthe, ithe*	ध्वे *dhve*
3p∘	ते *te*	आते, इते *āte, ite*	अते, अन्ते *ate, ante*

TABLE : √क्लृप् to be fit, PRESENT (m∘f∘n∘)

Person	Singular	Plural
I am fit	अहं कल्पे *ahaṁ kalpe*	वयं कल्पामहे *vayaṁ kalpāmahe*
You are fit	त्वं कल्पसे tvaṁ kalpase	यूयं कल्पध्वे *yūyaṁ kalpadhve*
He is fit	स: कल्पते *saḥ kalpate*	ते कल्पन्ते *te-tāḥ-tāni kalpante*

EXAMPLES cum EXERCISE : ĀTMANEPADĪ VERBS

(1) to be fit, to deserve (√क्लृप्) कल्पे-कल्पसे-कल्पते।

(2) to see (√ईक्ष्) ईक्षे-ईक्षसे-ईक्षते; ईक्ष्ये-ईक्ष्यसे-ईक्ष्यते।

(3) to be, to exist (√विद्) विद्ये-विद्यसे-विद्यते।

(4) to desire (√कम्) कामये-कामयसे-कामयते।

(5) to jump and play (√कुर्द्) कूर्दे-कूर्दसे-कूर्दते।

(6) to happen (√घट्) घटे-घटसे-घटते।

(7) to bargain (√पण्) पणे-पणसे-पणते।

(8) to walk (√पद्) पद्ये-पद्यसे-पद्यते।

(9) to begin (आ√रभ्) आरभे-आरभसे-आरभते।

(10) to get (√लभ्) लभे-लभसे-लभते।

(11) to increase (√वृध्) वर्धे-वर्धसे-वर्धते।

(12) to look good (√शुभ्) शोभे-शोभसे-शोभते।

(13) to exist (√वृत्) वर्ते-वर्तसे-वर्तते।

(14) to say (√चक्ष्) चक्षे-चक्षे-चष्टे। pl॰ चक्ष्महे-चढ्वे-चक्षते।

(15) to grow (√एध्) एधे-एधसे-एधते। एध्ये-एध्यसे-एध्यते।

THE CLASSICAL EXAMPLES of Ātmanepadī usage

(1) He deserves immortality सः अमृतत्वाय कल्पते। (Gītā 2.15)

(2) He sees same everywhere. सः ईक्षते समदर्शनः (Gītā 6.29)

(3) Nonexistance does not exist. न असतः विद्यते भावः। (Gītā 2.16)

(4) He who takes it by heart. यः मनसा आरभते। (Gītā 3.7)

(5) The faithful person attains knowledge. श्रद्धावान् लभते ज्ञानम्। (4.39)

(6) He exists in me. सः मयि वर्तते। (Gītā 6.31)

(7) **जीर्यन्ते जीर्यतः केशाः दन्ताः जीर्यन्ति जीर्यतः।**
क्षीयते जीर्यते सर्वं तृष्णैवेका न जीर्यते।।28।।

NOTE: The *Ātmanepadi* verbs can be translated into *Parasmaipadī* verbs. e.g.

(आत्म०) आरभते → (पर०) आरम्भं करोति। आरभे → आरम्भं करोमि।
(आत्म०) वन्दते → (पर०) वन्दनां करोति। वन्दे → वन्दनां करोमि।
(आत्म०) लभते → (पर०) प्राप्तं करोति। लभे → प्राप्तं करोमि।

EXERCISE 50 : Fill in Sanskrit Ātmanepadī verbs.

(1) It happens. एतत् ---------- (2) It looks good. एतत् ----------

(3) She attains. सा ---------- (4) He jumps सः ----------

(5) I desire अहं ---------- (6) He bargains. सः ----------

EXAMPLES OF DUAL VERBS :

(Dual = atmanepadī and *parasmaipadī* both)

(1) to hold (√भृ)
बिभर्मि–बिभर्षि–बिभर्ति। बिभ्रे–विभृषे–बिभृते। अहं बिभर्मि, अहं बिभ्रे।

(2) to roam (√अट्)
अटामि–अटसि–अटति। अटे–अटसे–अटते। त्वम् अटसि, त्वम् अटसे।

(3) to desire (√कांक्ष्)
कांक्षामि–कांक्षसि–कांक्षति। कांक्षे–कांक्षसे–कांक्षते। सः कांक्षति, सः कांक्षते।

(4) to do (√कृ)
करोमि–करोषि–करोति। कुर्वे–कुरुषे–कुरुते। सा करोति, सः कुरुते।

(5) to seize (√ग्रह्)
गृह्णामि–गृह्णासि–गृह्णाति। गृह्णे–गृह्णीषे–गृह्णीते। रामः गृह्णाति, रामः गृह्णिते।

(6) to spread (√तन्)
तनोमि–तनोषि–तनोति। तन्वे–तनुषे–तनुते। सीता तनोति, सीता तनुते।

(7) to speak (√कथ्)
कथयामि–कथयसि–कथयति। कथये–कथयसे–कथयते। इति कथयति, इति कथयते।

23.2
THE TRANSITIVE AND INTRANSITIVE VERBS

sakarmakam akarmakaṁ ća
सकर्मकम् अकर्मकं च। सकर्मकमकर्मकञ्च।

For Example : (i) Rāma eats. *Rāmaḥ khādati.* रामः खादति।

(ii) Rāma sits. *Rāmaḥ upaviśati.* रामः उपविशति।

(1) In the first sentence, when we say Rāma eats, the question arises Rāma eats 'what?' *Rāmaḥ kiṁ khādati?* रामः किं खादति? The answer may be Rāma eats rice. *Rāmaḥ odanaṁ khādati.* रामः ओदनं खादति। Therefore, 'to eat' is a TRANSITIVE VERB (action transferred to an external object).

(2) In second sentence, Rāma sits. There is no 'what' type of question, or there is no answer to such question. Thus, 'to sit' is an INTRANSITIVE VERB (action not transferred to external object, but stays **in** the subject).

लजा-सत्ता-स्थिति-जागरणं वृद्धि-क्षय-भय-जीवित-मरणम्।
शयन-क्रीडा-रुचि-दीप्त्यर्थं धातुगणं तमकर्मकमाहुः।।

क्रियापदम् उद्दिश्य किम्-कम्-काम् इति प्रश्नः यदा क्रियते तदा उत्तरं प्राप्तं चेत् तत् क्रियापदं सकर्मकम् ज्ञातव्यम्। क्रियापदम् उद्दिश्य किम्-कम्-काम् इति समानः प्रश्नः यदा क्रियते तदा चेत् उत्तरं न प्राप्तं तत् क्रियापदम् अकर्मकम् ज्ञातव्यम्।

NOTE: As pointed out earlier, there is no relation between *Parasmaipadī*-Ātmanepadī and Transitive-Intransitive attributes of the verbs. However, transitive and intransitive verbs could be *parasmaipadī* or *ātmanepadī.*

सकर्मक-अकर्मक-व्यवस्थायाः परस्मैपदी-आत्मनेपदी-व्यवस्थायाः च कः अपि सम्बन्धः नास्ति। सकर्मक-क्रियापदानि अकर्मक-क्रियापदानि च परस्मैपदेषु आत्मनेपदेषु च अपि क्रियापदेषु भवन्ति।

EXAMPLES : TRANSITIVE VERBS:

(The verbs in examples 1, 3, 5, 7, 9 are Transitive; and the verbs in examples 2, 4, 6, 8 are Intransitive)

(1) The boy throws. The boy throws what? The boy throws a ball. *bālakaḥ kandukaṁ kṣipati.* बालकः कन्दुकं क्षिपति।

(2) The girl laughs. बाला हसति। No 'what?' type of question.

(3) Rāma writes. Rāma writes what? Rāma writes a letter. *Rāmaḥ patraṁ likhati.* रामः पत्रं लिखति।

(4) The bird flies. पक्षी डयते। No 'what?' type of question.

(5) She flies. She flies what? She flies an airplane. *sā vāyu-yānam uḍḍīyate.* सा वायुयानम् उड्डाययति।

(6) The stone falls. प्रस्तरं पतति। No 'what?' question.

(7) I bring. I bring what? I bring a book. *ahaṁ pustakam ānayāmi.* अहं पुस्तकम् आनयामि।

(8) The leaf falls. पर्णं पतति। No 'what?' question.

(9) She sings. She sings what? She sings a song. *sā gītaṁ gāyati.* सा गीतं गायति।

EXERCISE 51 : Name the verbs, transitive or intransitive?

(1) सिंहः धावति। siṁhaḥ dhāvati —————— (√धाव् √dhāv)

(2) अजः तृणं खादति। ajaḥ tṛṇaṁ khādati —————— (√खाद् √khād)

(3) बालिका रोदिति। bālikā roditi —————— (√रुद् √rud)

(4) काष्ठः ज्वलयति। kāṣṭhaḥ jvalati —————— (√ज्वल् √jval)

(5) सा जलं पिबति। sā jalaṁ pibati —————— (√पा √pā)

(6) वृश्चिकः दंशति। vṛśćikaḥ daṁśati —————— (√दंश् √daṁś)

(7) सा नृत्यति। sā nṛtyati —————— (√नृत् √nṛt)

(8) ताः पचन्ति। tāḥ paćanti —————— (√पच् √pać)

(9) सः क्लाम्यति । saḥ klāmyati —————— (√क्लम् √klam)

THE CAUSATIVE, DESIDERATIVE AND FREQUENTIVE VERBS

prayojaka-iććhārthaka-atirekārthaka-prakriyāḥ प्रयोजक-इच्छार्थक-अतिरेकार्थक-प्रक्रियाः।

23.3
THE CAUSATIVE VERBS

ṇyanta-ṇijanta-prayojaka-prakriyā
ण्यन्त-णिजन्त-प्रयोजक-प्रक्रिया।

When a verb is (caused to be) performed through someone else, the verb is causative.

Causative means 'getting the work done,' as against 'doing' the work. Generally the causative (ण्यन्त *ṇyanta*) verbs are called णिजन्त *ṇijanta* or प्रयोजक *prayojak* verbs.

Grammatically the causative verbs are णिजन्त *(ṇijanta)* verbs, because they are formed by dding णिच् *(ṇić)* suffix to the √root verbs (णिच् अन्त = णिजन्त).

e.g. *√paṭh* √पठ् to learn. *paṭhati* पठति learns. *pāṭhayati* पाठयति teaches = causes to learn.

(i) (√*paṭh*) √पठ् + णिच् + वृद्धिः	= पाठि teaching		
(ii) पाठि + विकरण अ	= **पाठय to teach**	अहं पाठयामि। (पाठय+आमि)	
(iii) पाठय + आमि	= पाठयामि I teach		
पाठय + आमः	= पाठयामः We teach		
पाठय + सि	= पाठयसि You teach	भवान् पाठयति।	
पाठय + ति	= पाठयति He-she teaches	सः, सा, भवान् पाठयति।	
पाठय + न्ति	= पाठयन्ति They teach	ते, ताः, भवन्तः पाठयन्ति।	

EXAMPLES :

(1) To listen √श्रु + णिच् + वृद्धिः = श्रावि + अ = श्रावय to cause to listen. For causative

Sanskrit expressions there are no proper single-word expressions in English language, however, most of the Indian languages do have them.

In Hindi it is सुनाना. Same is true for other Sankkrit causative verbs, viz◦

स्नापय = नहलाना। घातय = मरवाना। दापय = दिलवाना ...etc.

There are such causative single-word expressions in the Indian languages, derived from Sanskrit.

(2) To be √भू + णिच् + वृद्धिः = भावि + अ = भावय + सि = भावयसि *bhāvayasi* you cause, you are causing.

(3) To begin आ√रभ् + णिच् + वृद्धिः = आरम्भि + अ = आरम्भय + ति = आरभयति *ārabhayati* he, she, it causes to start.

(4) To kill √हन् + णिच् + वृद्धिः = घाति + अ = घातय *ghātaya* to get killed, to cause to die.

(5) To give √दा + णिच् + वृद्धिः = दापि + अ = दापय *dāpaya* to cause to give

(6) To go √या + णिच् + वृद्धिः = यापि + अ = यापय + आमि = यापयामि *yāpayāmi* I send.

(7) Please give a bath to the baby. *bālakaṁ snāpayatu.* बालकं स्नापयतु।

(8) Having spent (caused to pass) twelve years in the forest, the Pāṇḍavas went to Virāṭa. *dvādaśa-varṣāṇi vane yāpayitvā Pāṇḍavāḥ virāṭa-nagaram agacchan (jagmuḥ).* द्वादशवर्षाणि वने यापयित्वा पाण्डवाः विराटनगरम् अगच्छन् (जग्मुः)।

(9) I caused-to-be-listened (Hindī → सुनाया) a song yesterday. *ahaṁ hyaḥ gītam aśrāvayam.* अहं ह्यः गीतम् अश्रावयम्।

23.4
THE DESIDERATIVE VERBS
sannanta-icchārtha-prakriyā सन्नन्त–इच्छार्थक–प्रक्रिया।

When the verb indicates a desire of the doer of an action (subject), the verb is desiderative.

The desiderative verbs are generally called इच्छार्थक *(icchārthak)* verbs.

Grammatically they are सन्नन्त *(sannant)* verbs, because they are formed by adding सन् *(san)* suffix to the √root verbs (सन् अन्त = सन्नन्त).

NOTE : A verb receives the *san* सन् suffix, **only when the doer of that verb is the same as the doer of the desire.**

CHARACTERISTICS :

(i) When *san* सन् suffix is attached to a verb, the first letter of that verb is doubled and only *sa* स of the *san* सन् is added to this modified verb.

(ii) All कृत् suffixes given in lesson 28 (तव्यत्, अनीयर, यत्, क्त, क्तवतु, क्त्वा, णमुल, णिनि, तुमुन् ...) can form desiderative verbs.

(iii) Desiderative verbs are formed from both *parasmaipadī* and *ātmanepadī* verbs.

(iv) The two specific forms of desiderative verbs formed with सन् suffix are :

(a) ADJECTIVES formed with particle *u* उ

To read √पठ् + सन् = पिपठिष् = desire of reading

पिपठिष् + उ = पिपठिषु = One who desires to read.(adjective)

(b) FEMININE NOUNS formed with particle अ *a*

To read √पठ् + सन् = पिपठिष् = desire of reading

पिपठिष् + अ = पिपठिषा = f∘ the desire to read. (noun)

EXAMPLES :

(1) I desire to read the Gītā. *ahaṁ Gītāṁ pipaṭhiṣāmi.* अहं गीतां पिपठिषामि।

(2) You want to read Rāmāyaṇa. *bhavān Rāmāyaṇaṁ pipaṭhiṣati.* भवान् रामायणं पिपठिषति।

(3) She likes to read Mahābhārata. *sā Mahābhārataṁ pipaṭhiṣati.* सा महाभारतं पिपठिषति।

23.5

THE FREQUENTATIVE VERBS

yaṅanta-yaṅluganta-prakriye यङन्त–यङ्लुगन्त–प्रक्रिये।

When a verb indicates repetition or excess of an action, the verb is frequentative. The frequentative अतिरेकार्थक *(atirekārthak)* verbs are called यङन्त *(yaṅant)* or यङ्लुगन्त *(yaṅlugant)* verbs, because they are formed by adding यङ् *(yaṅ)* or यङ्लुक् *(yaṅ-luk)* suffixes to the √root verbs (यङ् अन्त = यङन्त। यङ्लुक + अन्त = यङ्लुगन्त).

While यङ् is used as an *ātmanepadi* suffix, and यङ्लुक् is used as a *parasmaipadī* suffix, both of these suffixes impart same meaning to the verb.

All the कृत् suffixes given in lesson 28 (तव्यत्, अनीयर, यत्, क्त, क्तवतु, क्त्वा, णमुल, णिनि, तुमुन् ..) can form the frequentive verbs.

HOW TO MAKE A यङन्त FREQUENTIVE VERB

(1) The initial letter of the verb root is doubled, (2) letter अ is added to the initial letter, (3) य is suffixed to form a यङन्त frequentive verb, (4a) to this frequentive verb, either tense suffixes are attached, after step 3. (4b) or a *kṛt* कृत् suffix is added, after the step 2.

i. to learn √पठ् → पपठ् + अ = पापठ् + य = पापठ्य to read over and over or to read a lot.

ii. पापठ्य + ए = पापठ्ये	I read over and over
पापठ्य + से = पापठ्यसे	You read over and over
पापठ्य + ते = पापठ्यते	He, she reads over and over सः, सा, भवान् पापठ्यते।
पापठ्य + अन्ते = पापठ्यन्ते	They read over and over
iii. पापठ् + तव्यत् = पापठितव्य	Ought to read over and over
पापठ् + यत् = पापठ्य	Must be read over and over
पापठ् + अनीयर् = पापठनीय	Worth reading over and over
पापठ् + क्त्वा = पापठित्वा	Having read over and over

परि–पापठ् + य = परिपापठ्य	Having read again and again
पापठ् + इट् + क्त = पापठित	Read over and over!
पापठ् + इट् + क्तवतु = पापठितवत्	Read over and over
पापठ् + णमुल् = पापठं पापठम्	Reading over and over, again and again
पापठ् + तृच् = पापठितृ	One who reads over and over
पापठ् + ण्वुल् = पापठक	Makes read over and over
पापठ् + इट् + तुमुन् = पापठितुम्	For reading over and over
पापठ् + अ = पापठा (noun)	Reading over and over
पापठ्+शानच्=पापठ्यमान (Gerund)	While reading over and over

HOW TO MAKE A यङ्लुगन्त FREQUENTIVE VERB

(1) While adding the यङ्–लुक् suffix, the initial letter of the root verb is doubled and अ is added to the first letter of this modified verb.

(2) If it is a सेट् verb, then इ is optionally added to form a यङ्लुगन्त frequentive verb. Tense suffixs are then attached to this modified verb. (for सेट्–अनिट् verbs, see 28.6↓)

(i) To learn √पठ् → पपठ् + अ = पापठ् + इ = पापठि to read over and over or to read a lot.

(ii) पापठि + मि = पापठीमि, पापठ्मि	I read over and over	
पापठि + सि = पापठीषि, पापट्षि	You read a lot	
पापठि + ति = पापठीति, पापट्टि	He she reads a lot	सः, सा, भवान् पापठीति, पापट्टि।
पापठि + अन्ते = पापठयन्ते	They read a lot	

FORMATION OF TENSES AND MOODS

From a frequentive verb (*pāpaṭhi* पापठि), all tenses, moods and participles can be formed. (लिट्) पापठाञ्चकार, (लुट्) पापठिता, (लृट्) पापठिष्यति, (लङ्) अपापठीत्, (लुङ्) अपपाठीत्, (लृङ्) अपापठिष्यत्; (लोट्) पापठितु; (तव्यत्) पापठितव्य, (अनीयर्) पापठनीय, (क्त्वा) पापठित्वा, (तुमुन्) पापठितुम्, (शतृ) पापठितवत्, (क्त) पापठित ...etc.

LESSON 24

ćaturviṁśaḥ abhyāsaḥ चतुर्विंशः अभ्यासः।

THE ELEVEN CLASSES OF VERBS

gaṇāḥ गणाः।

Laghu Siddhānta Kaumudi has divided the 2200 verb √roots into eleven classes (एकादशगणाः *ekādaśagaṇāḥ*). धातुएँ भ्वादि-अदादि, जुहो-दिवा-स्वा-तुदादि।
रुधा-तना-क्र्या-चुरादि, होती हैं शेष कण्ड्वादि।। (Gītā Kā Śabdakośa pp◦ 376)

The कण्ड्वादि *kaṇḍvādi* class is ignored by most grammarians. The remaining group of ten classes (गणाः *gaṇāḥ*) is : भ्वाद्यदादिजुहोत्यादिर्दिवादिः स्वादिरेव च।
तुदादिश्च रुधादिश्च तनादिक्रीचुरादयः।।30।।
bhvādyadādijuhotyādirdivādiḥ svādireva ća,
tudādiśća rudhādiśća tanādikrīćurādayaḥ

* 1st	भ्वादि	* *bhvādi*	√भू-आदि	√*bhū*	(to be)	भवामि, भवसि, भवति
2nd	अदादि	*adādi*	√अद्-आदि	√*ad*	(to eat)	अद्मि, अत्सि, अत्ति
3rd	जुहोत्यादि	*juhotyāi*	√हु-आदि	√*hu*	(to offer)	जुहोमि, जुहोषि, जुहोति
* 4th	दिवादि	* *divādi*	√दिव्-आदि	√*div*	(to shine)	दीव्यामि, दीव्यसि, दीव्यति
5th	स्वादि	*svādi*	√सु-आदि	√*su*	(to bathe)	सुनोमि, सुनोषि, सुनोति
* 6th	तुदादि	* *tudādi*	√तुद्-आदि	√*tud*	(to hurt)	तुदामि, तुदसि, तुदति
7th	रुधादि	*rudhādi*	√रुध्-आदि	√*rudh*	(to inhibit)	रुणध्मि, रुणत्सि, रुणद्धि
8th	तनादि	*tanādi*	√तन्-आदि	√*tan*	(to spread)	तनोमि, तनोषि, तनोति
9th	क्र्यादि	*kryādi*	√क्री-आदि	√*krī*	(to buy)	क्रीणामि, क्रीणासि, क्रीणाति
*10th	चुरादि	* *ćurādi*	√चुर्-आदि	√*ćur*	(to steal)	चोरयामि, चोरयसि, चोरयति

NOTES : Some people prefer using the numerical order (1st, 2nd etc) for identifying the *gaṇas*, while others prefer their nominclature (भ्वादि, अदादि etc)

(i) The popular 10 classes of conjugations are divided in two GROUPS.

(ii) roots of 1st, 4th, 6th and 10th class marked with * fall under the **FIRST GROUP** and

(iii) the remaining roots of the 2nd, 3rd, 5th, 7th, 8th and 9th class fall under **SECOND GROUP** of conjugations.

(iv) Amost all roots are monosyllables, some of them are even uniletters (e.g. √i, √ī, √u, √ṛ, √ṝ), most of them end in a consonant. Only just over a dozen are ploysyllabelic. e.g. √apās, √āndol, √bhiṣaj, √ćakās, √ćulump, √daridrā, √gaveśa, √hillol, √kumār, √kuṭumb, √lumāl, √oland, √palyul, √pampas, √prenkhol, √sabhaj, √sangrām, √viḍamb.

THE PROCESS OF CONGUGATION

(i) The process of attaching a tense conjugation (लकार:) to an original basic verb root, to form a single worded verb, is called **Congugation**. The original basic form of the verb is called the **Verbal-root** or **Root-verb** (*dhātuḥ* धातु:) e.g. √*bhū* (√भू) to become.

(ii) A √verb undergoes modification before it takes a conjugational suffix (लकार:). The form of the √verb before it takes a suffix, is called **Verbal Base** (*aṅgam* अङ्गम्)

(iii) The initial vowel of the root verb is called the **Radical Vowel** (*maulik-svaraḥ* मौलिकस्वर:). e.g. ई of √ई; अ of √अद्

(iv) The end vowel of the √verb is **Final Vowel** (*antya-svaraḥ* अन्त्यस्वर:) e.g. ऊ of √भू

(v) The vowel between two consonants of a √verb is **Medial Vowel** *madhya-svaraḥ* मध्यस्वर:। e.g. the short vowel अ between consonants ग् and म् in √गम्; or long vowel आ in √खाद्

(vi) The vowel that is followed by a compound consonants is counted as a long vowel. e.g. NOTE : the अ in √रक्ष् (र् + अ + क् + ष्) is considered as the long vowel आ (ā).

(vII) The First Degree of modification (strengthening) of the vowel is called ***guṇaḥ*** (गुण:),

(viii) Second Degree of modification (strengthening) of the vowel is called ***vṛddhiḥ*** (वृद्धि:).

(ix) Simple vowels (short + long) of the √root take **Two-fold Strengthening** with *guṇa* and *vṛddhi*

.THE SCHEME OF TWO FOLD STRENGTHENING

Simple vowels	अ, आ	इ, ई	उ, ऊ	ऋ, ॠ	लृ
1. guṇaḥ	अ	ए	ओ	अर्	अल्
2. vṛddhiḥ	आ	ऐ	औ	आर्	आल्

(x) The specific letter that is added to the verbal base before attachment of a tense suffix is called ***vikaraṇam*** (विकरणम्). Each class of the verbs has its own characteristic *vikaraṇam. A vikaraṇam* is added to the verbal base **only in** the Present tense (लट्), Imperfect past tense (लङ्), Imperative mood (लोट्) and the Potential mood (विधिलिङ्).

THE SCHEME OF VIKARAṆA

Class	Class-name	√root	*vikaraṇam*	Present-tense
1*	भ्वादि:	√भू	अ	भवामि
2	अदादि:	√अद्	–	अद्मि
3	जुहोत्यादि:	√हु	द्वित्व	जुहोमि
4*	दिवादि :	√दिव्	य (य्)	दीव्यामि
5	स्वादि :	√सु	नु (नो)	सुनोमि
6*	तुदादि:	√तुद्	अ	तुदामि
7	रुधादि:	√रुध्	न (न्)	रुणध्मि
8	तनादि:	√तन्	उ (ओ)	तनोमि
9	क्र्यादि:	√क्री	ना	क्रीणामि
10*	चुरादि:	√चुर्	अय	चोरयामि

NOTE : You will need this information (i-v) in the following sections :

(i) Present tense suffixes are मि व: म: सि थ: थ ति त: अन्ति। (ii) The suffixes begining with म् are मि and म:। (iii) The suffix ending in व् is व:। (iv) The suffix beginning in अ is अन्ति। (v) The अङित suffixes are मि, सि, ति, अस्, अत् and तु।

24.1 THE FIRST CLASS

bhvādiḥ gaṇaḥ भ्वादिः गणः।

The first and the biggest of the eleven classes of the verbs is the भ्वादिः *(bhvādi)* class. It includes 1035 of the 2000 verbs of Sanskrit language. The most typical example of this class is the verb √भू (√*bhū* to become), therefore, this class is called *bhvādiḥ gaṇaḥ* भ्वादिः गणः (भू + आदि = भ्वादि '*bhū* etc.' class).

FORMATION OF THE **VERBAL BASE** for भ्वादिः गणः।

1. The Final vowel (e.g. ऊ in √भू) and the short Medial vowel (e.g. अ in √गम्) take *guṇa* to form a **Verbal Base**.

   e.g. √भू → भू + अ → भो; and √बुध् → बु + अ + ध् → बोध्। etc∘

2. *Vikaraṇa* अ is added to this verbal base before adding any tense suffix.

   e.g. भो + अ = भव। बोध् + अ = बोध। etc.

3. This *vikaraṇa* अ becomes आ before the tense suffixes that begin with म् or व्।

   e.g. भो + आ + मि = भवामि; भो + आ + मः = भवामः। बोध् + आ + मि = बोधामि, बोध् + आ + मः = बोधामः। etc.

4. This *vikaraṇa* अ is dropped before tense suffixes that begin with अ।

   e.g. भो + अ – अ + अन्ति = भवन्ति। बोध् + अ – अ + अन्ति = बोधन्ति। etc.

Scheme of Conjugations for the First Class : Root √भू to become

(1) Present Tense : लट् (सामान्य-वर्तमाने) *Parasmaipadī*

	Singular	Dual	Plural	Meaning
1p∘	भवामि (आमि)	भवावः (आवः)	भवामः (आमः)	I become
	bhavāmi	*bhavāvaḥ*	*bhavāmaḥ*	
2p∘	भवसि (सि)	भवथः (थः)	भवथ (थ)	You become

	bhavasi	*bhavathaḥ*	*bhavatha*	
3p◦	भवति (ति)	भवत: (त:)	भवन्ति (अन्ति)	He becomes
	bhavati	*bhavataḥ*	*bhavanti*	

(2) Past imperfect Tense : लङ् (अनद्यतन-भूते) *Parasmaipadī*

	Singular	Dual	Plural	Meaning
1p◦	अभवम्	अभवाव	अभवाम	I became
	abhavam	*abhavāva*	*abhavāma*	
2p◦	अभव:	अभवतम्	अभवत	You became
	abhavaḥ	*abhavatam*	*abhavata*	
3p◦	अभवत्	अभवताम्	अभवन्	He became
	abhavat	*abhavatām*	*abhavan*	

(3) Perfect Past Tense : लिट् (परोक्ष-भूते) *Parasmaipadī*

	Singular	Dual	Plural	Meaning
1p◦	बभूव	बभूविव	बभूविम	I had become
	babhūva	*babhūviva*	*babhūvima*	
2p◦	बभूविथ	बभूवथु:	बभूव	You had become
	babhūvitha	*babhūvathuḥ*	*babhūva*	
3p◦	बभूव	बभूवतु:	बभूवु:	He, she, it had become
	babhūva	*babhūvatuḥ*	*babhūvuḥ*	

(4) Indefinite Past Tense : लुङ् (दूरवर्ति-भूते) *Parasmaipadī*

	Singular	Dual	Plural	Meaning
1p◦	अभूवम्	अभूव	अभूम	I had become
	abhūvam	*abhūva*	*abhūma*	
2p◦	अभू:	अभूतम्	अभूत	You had become
	abhūḥ	*abhūtam*	*abhūta*	
3p◦	अभूत्	अभूताम्	अभूवन्	He,she,it had become
	abhūt	*abhūtām*	*abhūvan*	

(5) Definite Future : लुट् (सामान्य-भविष्यति) *Parasmaipadī*

Singular	Dual	Plural	Meaning
1p∘ भवितास्मि	भवितास्वः	भवितास्मः	I will become
bhavitāsmi	*bhavitāsvaḥ*	*bhavitāsmaḥ*	
2p∘ भवितासि	भवितास्थः	भवितास्थ	You will become
bhavitāsi	*bhavitāsthaḥ*	*bhavitāstha*	
3p∘ भविता	भवितारौ	भवितारः	Hewill become
bhavitā	*bhavitārau*	*bhavitāraḥ*	

(6) Indefinite Future : लृट् (अपूर्ण-भविष्यति) *Parasmaipadī*

Singular	Dual	Plural	Meaning
1p∘ भविष्यामि	भविष्यावः	भविष्यामः	I shall become
bhaviṣyāmi	*bhaviṣyāvaḥ*	*bhaviṣyāmaḥ*	
2p∘ भविष्यसि	भविष्यथः	भविष्यथ	You shall become
bhaviṣyasi	*bhaviṣyathaḥ*	*bhaviṣyatha*	
3p∘ भविष्यति	भविष्यतः	भविष्यन्ति	He shall become
bhaviṣyati	*bhaviṣyataḥ*	*bhaviṣyanti*	

(7) Conditional Mood : लृङ् (भविष्यति क्रियातिपत्तौ) *Parasmaipadī*

Singular	Dual	Plural	Meaning
1p∘ अभविष्यम्	अभविष्याव	अभविष्याम	If I become
abhaviṣyam	*abhaviṣyāva*	*abhaviṣyāma*	
2p∘ अभविष्यः	अभविष्यतम्	अभविष्यत	If you become
abhaviṣyaḥ	*abhaviṣyatam*	*abhaviṣyata*	
3p∘ अभविष्यत्	अभविष्यताम्	अभविष्यन्	If he becomes
abhaviṣyat	*abhaviṣyatām*	*abhaviṣyan*	

(8) Imperative Mood : लोट् (आज्ञार्थे; प्रश्नार्थे; विध्यादौ) *Parasmaipadī*

Singular	Dual	Plural	Meaning
1p∘ भवानि	भवाव	भवाम	Should I become?
bhavāni	*bhavāva*	*bhavāma*	
2p∘ भव	भवतम्	भवत	Please become!

	bhava	*bhavatam*	*bhavata*	
3p◦	भवतु	भवताम्	भवन्तु	He should become!
	bhavatu	*bhavatām*	*bhavantu*	

(9) Potential or Subjunctive Mood : विधिलिङ् (विध्यादौ) *Parasmaipadī*

1p◦	भवेयम्	भवेव	भवेम	I may become
	bhaveyam	*bhaveva*	*bhavema*	
2p◦	भवे:	भवेतम्	भवेत	You may become
	bhaveḥ	*bhavetam*	*bhaveta*	
3p◦	भवेत्	भवेताम्	भवेयु:	He may become
	bhavet	*bhavetām*	*bhaveyuḥ*	

(10) Benedictive or Optative Mood : आशीर्लिङ् (आशिषि) *Parasmaipadī*

	Singular	Dual	Plural	Meaning
1p◦	भूयासम्	भूयास्व	भूयास्म	May I become!
	bhūyāsam	*bhūyāsva*	*bhūyāsma*	
2p◦	भूया:	भूयास्तम्	भूयास्त	May you become!
	bhūyāḥ	*bhūyāstam*	*bhūyāsta*	
3p◦	भूयात्	भूयास्ताम्	भूयासु:	May he become!
	bhūyāt	*bhūyāstām*	*bhūyāsuḥ*	

EXAMPLES Cum EXERCISE : 1st भ्वादि: class

1. I become. *ahaṁ bhavāmi.* अहं भवामि (√भू)। (Present लट्)
2. He becomes a teacher. *saḥ ācāryaḥ bhavati.* स: आचार्य: भवति।
3. He became a doctor. *saḥ vaidyaḥ abhavat.* स: वैद्य: अभवत्। (Past tense लङ्)
4. They will become surgeons. *te śalyacikitsakāḥ bhaviṣyanti.* ते शल्यचिकित्सका: भविष्यन्ति। (Future लृट्)
5. She eats a mango. *sā āmraphalaṁ khādati.* सा आम्रफलं खादति (√खाद्)।
6. You are drinking milk. *bhavān dugdhaṁ pibati.* भवान् दुग्धं पिबति (√पा)।

7. I drank tea. *aham̐ ćāyapeyam apibam.* अहं चायपेयम् अपिबम्।

8. They will drink cold water. *te śītam̐ jalam̐ pāsyanti.* ते शीतं जलं पास्यन्ति। (*śita* शीत = cold)

9. We hear melodious songs. *vayam̐ madhurāṇi gānāni śṛuṇumaḥ.* वयं मधुराणि गानानि श्रुणुमः (√श्रु)।

10. They heard songs. *te gānāni aśṛuṇvan.* ते गानानि अशृण्वन्।

11. I will go to school. *aham̐ pāṭhaśālām̐ gamiṣyāmi.* अहं पाठशालां गमिष्यामि (√गम्)।

12. Kam̐sa stole Krishṇa's cows. *Kam̐saḥ Kṛṣṇasya gāḥ aharat.* कंसः कृष्णस्य गाः अहरत् (√हृ)। (गाम्, गावौ, गाः)

13. Please hold my hand (लोट्). *kṛpayā mama hastam̐ dhara (dharatu).* कृपया मम हस्तं धर-धरतु (√धृ)।

14. He takes away the books. *saḥ pustakāni nayati.* सः पुस्तकानि नयति (√नी)।

15. They cooked in the evening. *te sāyam apaćan.* ते सायम् अपचन् (√पच्)। सायम् = in the evening.

24.2 THE SECOND CLASS

adādiḥ gaṇaḥ अदादिः गणः।

The second class of the verbs is अदादि *(adādi).* The typical example of this class is root √अद् (√*ad* to eat), therefore, this class is called अदादि गणः (अद् + आदि = अदादि, *ad* अद् etc. class). There are 72 verbs in the अदादि (second) class.

The conjugations of the अदादि (2nd) class are simpler, because the अ विकरणम् added (between the root and tense suffix) in the भ्वादिः (1st) class is not added in this class.

Scheme of Conjugations for the Second Class : Root √अद् to eat

(1) Present Tense : लट् (सामान्य-वर्तमाने) *Parasmaipadī*

Singular	Dual	Plural	Meaning
1p∘ अद्मि (मि)	अद्वः (वः)	अद्मः (मः)	I eat
admi	*advaḥ*	*admaḥ*	
2p∘ अत्सि (सि)	अत्थः (थः)	अत्थ (थ)	
atsi	*atthaḥ*	*attha*	
3p∘ अत्ति (ति)	अत्तः (तः)	अदन्ति (अन्ति)	
atti	*attaḥ*	*adanti*	

(2) Past imperfect Tense : लङ् (अनद्यतन-भूते) *Parasmaipadī*

Singular	Dual	Plural	Meaning
1p∘ आदम्	आद्व	आद्म	I ate
ādam	*ādva*	*ādma*	
2p∘ आदः	आत्तम्	आत्त	
ādaḥ	*āttam*	*ātta*	
3p∘ आदत्	आत्ताम्	आदन्	
ādat	*āttām*	*ādan*	

(3) Perfect Past Tense : लिट् (परोक्ष-भूते) *Parasmaipadī*

Singular	Dual	Plural	Meaning
1p∘ जघास	जक्षिव	जक्षिम	I had eaten
jaghās	*jakṣiva*	*jakṣima*	
2p∘ जघसिथ	जघथुः	जक्ष	
jaghasitha	*jaghathuḥ*	*jakṣa*	
3p∘ जघास	जक्षतुः	जक्षुः	
jaghāsa	*jakṣatuḥ*	*jakṣuḥ*	

(4) Indefinite Past Tense : लुङ् (दूरवर्ति-भूते) *Parasmaipadī*

1p∘ अघसम्	अघसाव	अघसाम	I had eaten
aghasam	*aghasāva*	*aghasāma*	
2p∘ अघसः	अघसतम्	अघसत	

aghasaḥ	*aghasatam*	*aghasata*	
3p◦ अघसत्	अघसताम्	अघसन्	
aghasat	*aghasatām*	*aghasan*	

(5) Definite Future : लुट् (सामान्य-भविष्यति) *Parasmaipadī*

	Singular	Dual	Plural	Meaning
1p◦	अत्तास्मि	अत्तास्व:	अत्तास्म:	I will eat
	attāsmi	*attāsvaḥ*	*attāsmaḥ*	
2p◦	अत्तासि	अत्तास्थ:	अत्तास्थ	
	attāsi	*attāsthaḥ*	*attāstha*	
3p◦	अत्ता	अत्तारौ	अत्तार:	
	attā	*attārau*	*attāraḥ*	

(6) Indefinite Future : लृट् (अपूर्ण-भविष्यति) *Parasmaipadī*

	Singular	Dual	Plural	Meaning
1p◦	अत्स्यामि	अत्स्याव:	अत्स्याम:	I shall eat
	atsyāmi	*atsyāvaḥ*	*atsyāmaḥ*	
2p◦	अत्स्यसि	अत्स्यथ:	अत्स्यथ	
	atsyasi	*atsyathaḥ*	*atsyatha*	
3p◦	अत्स्यति	अत्स्यत:	अत्स्यन्ति	
	atsyati	*atsyataḥ*	*atsyanti*	

(7) Conditional Mood : लृङ् (भविष्यति क्रियातिपत्तौ) *Parasmaipadī*

	Singular	Dual	Plural	Meaning
1p◦	आत्स्यम्	आत्स्याव	आत्स्याम	If I eat
	ātsyam	*ātsyāva*	*ātsyāma*	
2p◦	आत्स्य:	आत्स्यतम्	आत्स्यत	
	ātsyaḥ	*ātsyatam*	*ātsyata*	
3p◦	आत्स्यत्	आत्स्यताम्	आत्स्यन्	
	ātsyat	*ātsyatām*	*ātsyan*	

(8) Imperative Mood : लोट् (आज्ञार्थे; प्रश्नार्थे; विध्यादौ) *Parasmaipadī*

Singular	Dual	Plural	Meaning
1p∘ अदानि	अदाव	अदाम	Should I eat?
adāni	*adāva*	*adāma*	
2p∘ अद्धि	अत्तम्	अत्त	Please eat!
addhi	*attam*	*atta*	
3p∘ अत्तु	अत्ताम्	अदन्तु	He, she should eat!
attu	*attām*	*adantu*	

(9) Potential or Subjunctive Mood : विधिलिङ् (विध्यादौ) *Parasmaipadī*

Singular	Dual	Plural	Meaning
1p∘ अद्याम्	अद्याव	अद्याम	I may eat
adyām	*adyāva*	*adyāma*	
2p∘ अद्या:	अद्यातम्	अद्यात	
adyāḥ	*adyātam*	*adyāta*	
3p∘ अद्यात्	अद्याताम्	अद्यु:	
adyāt	*adyātām*	*adyuḥ*	

(10) Benedictive or Optative Mood : आशीर्लिङ् (आशिषि) *Parasmaipadī*

Singular	Dual	Plural	Meaning
1p∘ अद्यासम्	अद्यास्व	अद्यास्म	May I eat!
adyāsam	*adyāsva*	*adyāsma*	
2p∘ अद्या:	अद्यास्तम्	अद्यास्त	
adāḥ	*adyāstam*	*adyāsta*	
3p∘ अद्यात्	अद्यास्ताम्	अद्यासु:	
adyāt	*adyāstām*	*adyāsuḥ*	May he eat!

EXAMPLES cum EXERCISE : (cumulative exercise)

(1) Cruel people kill animals. *duṣṭāḥ paśūn ghnanti.* दुष्टा: पशून् घ्नन्ति (√हन्)।

(2) Please take this money. *kṛpayā etat dhanaṁ lāhi.* कृपया एतत् धनं लाहि (√ला)।

(3) He understands the meaning of life. *saḥ jīvanasya arthaṁ vetti.* सः जीवनस्य अर्थं वेत्ति (√विद्)।

(4) He is my friend. *saḥ mama mitram asti.* सः मम मित्रम् अस्ति (√अस्)।

(5) He was my friend. *saḥ mama mitram āsīt.* सः मम मित्रम् आसीत्। They were my friends. *te mama mitrāṇi āsan.* ते मम मित्राणि आसन्।

(6) You are saying. *bhavān bravīti.* त्भवान् ब्रवीति (√ब्रू)। I say. *ahaṁ bravīmi.* अहं ब्रवीमि। He-she is saying. *saḥ-sā bravīti (āha)* सः-सा ब्रवीति (√आह)।

(7) He said (लिट्). *saḥ uvāca.* सः उवाच। Please tell me. *māṁ brūhi.* मां ब्रूहि। He said. *saḥ uktavān (saḥ abravīt).* सः उक्तवान् (सः अब्रवीत्)।

24.3 THE THIRD CLASS

juhotyādiḥ जुहोत्यादिः गणः।

The third class of the verbs is जुहोत्यादि or हुवादि class. The typical example of this class is the verb root √हु (√*hu* to offer oblation). There are 24 verbs in the जुहोत्यादि (third) class.

(i) The अ विकरणम् that comes between the root verb and the tense suffix of the Present (लट्), Imperfect past (लङ्), Imperative (लोट्) and Potential (विधि) tenses in the भ्वादिः class, gets negated in the जुहोत्यादिः (3rd) class. हु + अ – अ = हु

(ii) And, in stead, in this (3rd) class, duplication and modification of the root takes place. e.g. हु + हु + आ + मि = जु + हु + आ + मि → जुहोमि, जुहोषि, जुहोति।

Scheme of Conjugations for the Third Class : Root √अद् to eat

(1) Present Tense : लट् (सामान्य-वर्तमाने) *Parasmaipadī*

Singular	Dual	Plural	Meaning
1p॰ जुहोमि (ओमि)	जुहुवः (वः)	जुहुमः (मः)	I sacrifice

juhomi	*juhuvaḥ*	*juhumaḥ*	
2p◦ जुहोषि (सि)	जुहुथ: (थ:)	जुहुथ (थ)	
juhoṣi	*juhuthaḥ*	*jihutha*	
3p◦ जुहोति (ति)	जुहुत: (त:)	जुह्वति (ति)	
juhoti	*juhutaḥ*	*juhvati*	

(2) Past imperfect Tense : लङ् (अनद्यतन-भूते) *Parasmaipadī*

Singular	Dual	Plural	Meaning
1p◦ अजुहवम्	अजुहुव	अजुहुम	I sacrificed
ajuhavam	*ajuhuva*	*ajuhuma*	
2p◦ अजुहो:	अजुहुतम्	अजुहुत	
ajuhoḥ	*ajuhutam*	*ajuhuta*	
3p◦ अजुहोत्	अजुहुताम्	अजुहवु:	
ajuhot	*ajuhutām*	*ajuhavuḥ*	

(3) Perfect Past Tense : लिट् (परोक्ष-भूते) *Parasmaipadī*

Singular	Dual	Plural	Meaning
1p◦ जुहाव	जुहुविव	जुहुविम	I had sacrificed
juhāva	*juhuviva*	*juhuvima*	
2p◦ जुहुविथ	जुहुवथु:	जुहुव	
juhuvitha	*juhuvathuḥ*	*juhuva*	
3p◦ जुहाव	जुहुवतु:	जुहुवु:	
juhāva	*juhuvatuḥ*	*juhuvuḥ*	

(4) Indefinite Past Tense : लुङ् (दूरवर्ति-भूते) *Parasmaipadī*

Singular	Dual	Plural	Meaning
1p◦ अहौषम्	अहौष्व	अहौष्म	I had sacrificed
ahauṣam	*ahauṣva*	*ahauṣma*	
2p◦ अहौषी:	अहौष्टम्	अहौष्ट	
ahauṣīḥ	*ahauṣṭam*	*ahauṣṭa*	
3p◦ अहौषीत्	अहौष्टाम्	अहौषु:	

ahauṣīt	*ahauṣṭām*	*ahauṣuḥ*	

(5) Definite Future : लुट् (सामान्य-भविष्यति) *Parasmaipadī*

Singular	Dual	Plural	Meaning
1p◦ होतास्मि	होतास्वः	होतास्मः	I will sacrifice
hotāsmi	*hotāsvaḥ*	*hotāsmaḥ*	
2p◦ होतासि	होतास्थः	होतास्थ	
hotāsi	*hotāsthaḥ*	*hotāstha*	
3p◦ होता	होतारौ	होतारः	
hotā	*hotārau*	*hotāraḥ*	

(6) Indefinite Future : लृट् (अपूर्ण-भविष्यति) *Parasmaipadī*

Singular	Dual	Plural	Meaning
1p◦ होष्यामि	होष्यावः	होष्यामः	I shall sacrifice
hoṣyāmi	*hoṣyāvaḥ*	*hoṣyāmaḥ*	
2p◦ होष्यसि	होष्यथः	होष्यथ	
hoṣyasi	*hoṣyathaḥ*	*hoṣyatha*	
3p◦ होष्यति	होष्यतः	होष्यन्ति	
hoṣyati	*hoṣyataḥ*	*hoṣyanti*	

(7) Conditional Mood : लृङ् (भविष्यति क्रियातिपत्तौ) *Parasmaipadī*

Singular	Dual	Plural	Meaning
1p◦ अहोष्यम्	अहोष्याव	अहोष्याम	If I sacrifice
ahoṣyam	*ahoṣyāva*	*ahoṣyāma*	
2p◦ अहोष्यः	अहोष्यतम्	अहोष्यत	
ahoṣyaḥ	*ahoṣyatam*	*ahoṣyata*	
3p◦ अहोष्यत्	अहोष्यताम्	अहोष्यन्	
ahoṣyat	*ahoṣyatām*	*ahoṣyan*	

(8) Imperative Mood : लोट् (आज्ञार्थे; प्रश्नार्थे; विध्यादौ) *Parasmaipadī*

Singular	Dual	Plural	Meaning
1p◦ जुहवानि	जुहवाव	जुहवाम	Should I sacrifice?

juhavāni	*juhavāva*	*juhavāma*	
2p◦ जुहुधि	जुहुतम्	जुहुत	Please sacrifice!
juhudhi	*juhutam*	*juhuta*	
3p◦ जुहोतु	जुहुताम्	जुह्वतु	He she should sacrifice!
juhotu	*juhutām*	*juhvatu*	

(9) Potential or Subjunctive Mood : विधिलिङ् (विध्यादौ) *Parasmaipadī*

Singular	Dual	Plural	Meaning
1p◦ जुहुयाम्	जुहुयाव	जुहुयाम	I may sacrifice
juhuyām	*juhuyāva*	*juhuyāma*	
2p◦ जुहुयाः	जुहुयातम्	जुहुयात	
juhuyāḥ	*juhuyātam*	*juhuyāta*	
3p◦ जुहुयात्	जुहुयाताम्	जुहुयुः	
juhuyāt	*juhuyātām*	*juhuyuḥ*	

(10) Benedictive or Optative Mood : आशीर्लिङ् (आशिषि) *Parasmaipadī*

Singular	Dual	Plural	Meaning
1p◦ हूयासम्	हूयास्व	हूयास्म	May I sacrifice!
hūyāsam	*hūyāsva*	*hūyāsma*	
2p◦ हूयाः	हूयास्तम्	हूयास्त	
hūyāḥ	*hūyāstam*	*hūyāsta*	
3p◦ हूयात्	हूयास्ताम्	हूयासुः	
hūyāt	*hūyāstām*	*hūyāsuḥ*	

EXAMPLES :

(1) He will be afraid. *saḥ bheṣyati.* सः भेष्यति (√भी)।

(2) I give food. *aham annaṁ dadāmi.* अहम् अन्नं ददामि (√दा)।

(3) You are giving money. *bhavān dhanaṁ dadāti.* त्भवान् धनं ददाति।

(4) He gives an advice. *saḥ upadeśaṁ dadāti.* सः उपदेशं ददाति।

(5) She gave an advice. *sā upadeśam adadāt.* सा उपदेशम् अददात्।

(6) I will give an advice. *aham upadeśaṁ dāsyāmi.* अहम् उपदेशं दास्यामि।

24.4 THE FOURTH CLASS

divādi gaṇaḥ दिवादि: गण:।

The fourth class of the verbs is दिवादि *divādi* class. The typical example of this class is the verb √दिव् (√*div* to shine). There are 140 verbs in the दिवादि (fourth) class.

Like the *parasmaipadī* Present (लट्), Imperfect past (लङ्), Imperative (लोट्) and Potential (विधि) tenses of the भ्वादि: (1st) class, the दिवादि: (4th) class also has विकरणम् अ between the √verb and tense suffixes. In addition, in the दिवादि: class, य् is also prefixed to this अ। Thus,

1. *Vikaraṇa* य् and अ are added to the verbal base before adding the tense suffix. दिव् + य् + अ = दिव्य
2. This *vikaraṇa* अ becomes आ before the tense suffixes that begin with म् or व्। → दिव्य + आ + मि = दिव्यामि, दिव्याव:, दिव्याम:।
3. The इ in the दि of दिव्यामि becomes ई because it is followed by the ङित् हलादि suffix य। Thus, दिव्यामि → दीव्यामि, दीव्याव:, दीव्याम:।
4. *Vikaraṇa* अ is dropped before the tense suffixes that begin with अ and the इ of दिव् is changed to ई। Thus, दिव् + अ – अ + य + अन्ति = दिव्यन्ति → दीव्यन्ति।

Scheme of Conjugations for the Fourth Class

Root √दिव् to shine, to play

(1) Present Tense : लट् (सामान्य-वर्तमाने) *Parasmaipadī*

	Singular	Dual	Plural	Meaning
1p◦	दीव्यामि (आमि)	दीव्याव: (व:)	दीव्याम: (म:)	I play

	dīvyāmi	*dīvyāvaḥ*	*dīvyāmaḥ*
2p◦	दीव्यसि (सि)	दीव्यथ: (थ:)	दीव्यथ (थ)
	dīvyasi	*dīvyathaḥ*	*dīvyatha*
3p◦	दीव्यति (ति)	दीव्यत: (त:)	दीव्यन्ति (अन्ति)
	dīvyati	*dīvyataḥ*	*dīvyanti*

(2) Past imperfect Tense : लङ् (अनद्यतन-भूते) *Parasmaipadī*

	Singular	Dual	Plural	Meaning
1p◦	अदीव्यम्	अदीव्याव	अदीव्याम	I played
	adīvyam	*adīvyāva*	*adīvyāma*	
2p◦	अदीव्य:	अदीव्यतम्	अदीव्यत	
	adīvyaḥ	*adīvyatam*	*adīvyata*	
3p◦	अदीव्यत्	अदीव्यताम्	अदीव्यन्	
	adīvyat	*adīvyatām*	*adīvyan*	

(3) Perfect Past Tense : लिट् (परोक्ष-भूते) *Parasmaipadī*

	Singular	Dual	Plural	Meaning
1p◦	दिदेव	दिदिविव	दिदिविम	I had played
	dideva	*didiviva*	*didivima*	
2p◦	दिदेविथ	दिदिवथु:	दिदिव	
	dideviṭha	*didivathuḥ*	*didiva*	
3p◦	दिदेव	दिदिवतु:	दिदिवु:	
	dideva	*didivatuḥ*	*didivuḥ*	

(4) Indefinite Past Tense : लुङ् (दूरवर्ति-भूते) *Parasmaipadī*

	Singular	Dual	Plural	Meaning
1p◦	अदेविषम्	अदेविष्व	अदेविष्म	I had played
	adeviṣam	*adeviṣva*	*adeviṣma*	
2p◦	अदेवी:	अदेविष्टम्	अदेविष्ट	
	adevīḥ	*adeviṣṭam*	*adeviṣṭa*	
3p◦	अदेवीत्	अदेविष्टाम्	अदेविषु:	

	adevīt	*adeviṣṭām*	*adeviṣuḥ*

(5) Definite Future : लुट् (सामान्य-भविष्यति) *Parasmaipadī*

	Singular	Dual	Plural	Meaning
1p∘	देवितास्मि	देवितास्वः	देवितास्मः	I will play
	deviāsmi	*devitāsvaḥ*	*devitāsmaḥ*	
2p∘	देवितासि	देवितास्थः	देवितास्थ	
	devitāsi	*devitāsthaḥ*	*devitāstha*	
3p∘	देविता	देवितारौ	देवितारः	
	devitā	*devitārau*	*devitāraḥ*	

(6) Indefinite Future : लृट् (अपूर्ण-भविष्यति) *Parasmaipadī*

	Singular	Dual	Plural	Meaning
1p∘	देविष्यामि	देविष्यावः	देविष्यामः	I shall play
	deviṣyāmi	*deviṣyāvaḥ*	*deviṣyāmaḥ*	
2p∘	देविष्यसि	देविष्यथः	देविष्यथ	
	deviṣyasi	*deviṣyathaḥ*	*deviṣyatha*	
3p∘	देविष्यति	देविष्यतः	देविष्यन्ति	
	deviṣyati	*deviṣyataḥ*	*deviṣyanti*	

(7) Conditional Mood : लृङ् (भविष्यति क्रियातिपत्तौ) *Parasmaipadī*

	Singular	Dual	Plural	Meaning
1p∘	अदेविष्यम्	अदेविष्याव	अदेविष्याम	If I play
	adeviṣyam	*adeviṣyāva*	*adeviṣyāma*	
2p∘	अदेविष्यः	अदेविष्यतम्	अदेविष्यत	
	adeviṣyaḥ	*adeviṣyatam*	*adeviṣyata*	
3p∘	अदेविष्यत्	अदेविष्यताम्	अदेविष्यन्	
	adeviṣyat	*adeviṣyatām*	*adeviṣyan*	

(8) Imperative Mood : लोट् (आज्ञार्थे; प्रश्नार्थे; विध्यादौ) *Parasmaipadī*

	Singular	Dual	Plural	Meaning
1p∘	दीव्यानि	दीव्याव	दीव्याम	Should I play?

dīvyāni	*dīvyāva*	*dīvyāma*	
2p◦ दीव्य	दीव्यतम्	दीव्यत	Please play!
dīvya	*dīvyatam*	*dīvyata*	
3p◦ दीव्यतु	दीव्यताम्	दीव्यन्तु	He, she should play!
dīvyatu	*dīvyatām*	*dīvyantu*	

(9) Potential or Subjunctive Mood : विधिलिङ् (विध्यादौ) *Parasmaipadī*

Singular	Dual	Plural	Meaning
1p◦ दीव्येयम्	दीव्येव	दीव्येम	I may play
dīvyeyam	*dīvyeva*	*dīvyema*	
2p◦ दीव्येः	दीव्येतम्	दीव्येत	
dīvyeḥ	*dīvyetam*	*dīvyeta*	
3p◦ दीव्येत्	दीव्येताम्	दीव्येयुः	
dīvyet	*dīvyetām*	*dīvyeyuḥ*	

(10) Benedictive or Optative Mood : आशीर्लिङ् (आशिषि) *Parasmaipadī*

Singular	Dual	Plural	Meaning
1p◦ दीव्यासम्	दीव्यास्व	दीव्यास्म	May I play!
dīvyāsam	*dīvyāsva*	*dīvyāsma*	
2p◦ दीव्याः	दीव्यास्तम्	दीव्यास्त	
dīvyāḥ	*dīvyāstam*	*dīvyāsta*	
3p◦ दीव्यात्	दीव्यास्ताम्	दीव्यासुः	
dīvyāt	*dīvyāstām*	*dīvyāsuḥ*	

EXAMPLES cum EXERCISE : (cumulative learning)

(1) He is never satisfied. *sah: kadāpi na tuṣyati.* सः कदापि न तुष्यति (√तुष्)।

(2) You are wasting time. *bhavān samayaṁ nāśayati.* भवान् समयं नाशयति।

(3) The soul neither takes birth nor dies. *ātmā na jāyate na mriyate.* आत्मा न जायते न म्रियते (√जन्, √मृ)।

(4) Now the doubt does not exist. *ataḥ saṁśayaḥ na vidyate.* अतः संशयः न विद्यते (√विद्)।

(5) You are fighting for truth. *bhavān satyāya yudhyate.* भनान् सत्याय युद्धयते (√युध्)।

(6) Arjuna said, O Krishṇa! I shall not fight (लृट्). *Arjunaḥ uvāća, Bhoḥ Kṛṣṇa! ahaṁ na yotsye.* अर्जुनः उवाच, भोः कृष्ण! अहं न योत्स्ये।

(7) The Lord pardons you. *devaḥ tvāṁ mṛṣyati.* देवः त्वां मृष्यति (√मृष्)

25.5 THE FIFTH CLASS

svādiḥ gaṇaḥ स्वादिः गणः।

The fifth class of the verbs is the स्वादिः (*svādi*) class. The most typical example of this class is the verb root √सु (√*su* to bathe). There are 35 verbs in the स्वादि (fifth) class.

The स्वादिः (5th) class takes न and उ विकरण, as well as it takes अ *guṇaḥ* (गुणः) before the अङित् suffixes of Present (लट्), Imperfect past (लङ्), Imperative (लोट्) and Potential (विधि) tenses. e.g. सु + न + उ + अ + मि = सुनोमि, सुनोषि, सुनोति। *su + na + u + a + mi = sunomi, sunoṣi, sunoti.*

Scheme of Conjugations for the Fifth Class : Root √सु (to bathe)

(1) Present Tense : लट् (सामान्य-वर्तमाने) *Parasmaipadī*

	Singular	Dual	Plural	Meaning
1p॰	सुनोमि (मि)	सुनुवः (वः)	सुनुमः (मः)	I bathe
	sunomi	*sunuvaḥ*	*sunumaḥ*	
2p॰	सुनोषि (सि)	सुनुथः (थः)	सुनुथ (थ)	
	sunoṣi	*sunuthaḥ*	*sunutha*	
3p॰	सुनोति (ति)	सुनुतः (तः)	सुन्वन्ति (अन्ति)	
	sunoti	*sunutaḥ*	*sunvanti*	

(2) Past imperfect Tense : लङ् (अनद्यतन-भूते) *Parasmaipadī*

Singular	Dual	Plural	Meaning

1p॰	असुनवम्	असुनवाव	असुनवाम	I bathed
	asunavam	*asunavāva*	*asunavāma*	
2p॰	असुनो:	असुनुतम्	असुनुत	
	asunoḥ	*asunutam*	*asunuta*	
3p॰	असुनोत्	असुनुताम्	असुन्वन्	
	asunot	*asunutām*	*asunvan*	

(3) Perfect Past Tense : लिट् (परोक्ष-भूते) *Parasmaipadī*

	Singular	Dual	Plural	Meaning
1p॰	सुषाव	सुषुविव	सषुविम	I had bathed
	suṣāva	*suṣuviva*	*suṣuvima*	
2p॰	सुषुविथ	सुषुवथु:	सुषुव	
	saṣuvitha	*suṣuvathuḥ*	*suṣuva*	
3p॰	सुषाव	सुषुवतु:	सुषुवु:	
	suṣāva	*suṣuvatuḥ*	*suṣuvuḥ*	

(4) Indefinite Past Tense : लुङ् (दूरवर्ति-भूते) *Parasmaipadī*

	Singular	Dual	Plural	Meaning
1p॰	असाविषम्	असाविष्व	असाविष्म	I had bathed
	asāviṣam	*asāviṣva*	*asāviṣma*	
2p॰	असावी:	असाविष्टम्	असाविष्ट	
	asāvīḥ	*asāviṣṭam*	*asāviṣṭa*	
3p॰	असावीत्	असाविष्टाम्	असाविषु:	
	asāvīt	*asāviṣṭām*	*asāviṣuḥ*	

(5) Definite Future : लुट् (सामान्य-भविष्यति) *Parasmaipadī*

	Singular	Dual	Plural	Meaning
1p॰	सोतास्मि	सोतास्व:	सोतास्म:	I will bathe
	sotāsmi	*sotāsvaḥ*	*sotāsmaḥ*	
2p॰	सोतासि	सोतास्थ:	सोतास्थ	
	sotāsi	*sotāsthaḥ*	*sotāstha*	

3p◦	सोता	सोतारौ	सोतार:	
	sotā	*sotārau*	*sotāraḥ*	

(6) Indefinite Future : लृट् (अपूर्ण-भविष्यति) *Parasmaipadī*

	Singular	Dual	Plural	Meaning
1p◦	सोष्यामि	सोष्याव:	सेष्याम:	I shall bathe
	soṣyāmi	*soṣyāvaḥ*	*soṣyāmaḥ*	
2p◦	सोष्यसि	सोष्यथ:	सोष्यथ	
	soṣyasi	*soṣyathaḥ*	*soṣyatha*	
3p◦	सोष्यति	सोष्यत:	सोष्यन्ति	
	soṣyati	*soṣyataḥ*	*soṣyanti*	

(7) Conditional Mood : लृङ् (भविष्यति क्रियातिपत्तौ) *Parasmaipadī*

	Singular	Dual	Plural	Meaning
1p◦	असोष्यम्	असोष्याव	असोष्याम	If I bathe
	asoṣyam	*asoṣyāva*	*asoṣyāma*	
2p◦	असोष्य:	असोष्यतम्	असोष्यत	
	asoṣyaḥ	*asoṣyatam*	*asoṣyata*	
3p◦	असोष्यत्	असोष्यताम्	असोष्यन्	
	asoṣyat	*asoṣyatām*	*asoṣyan*	

(8) Imperative Mood : लोट् (आज्ञार्थे; प्रश्नार्थे; विध्यादौ) *Parasmaipadī*

	Singular	Dual	Plural	Meaning
1p◦	सुनवानि	सुनवाव	सुनवाम	Should I bathe?
	sunavāni	*sunavāva*	*sunavāma*	
2p◦	सुनु	सुनुतम्	सुनुत	Please bathe!
	sunu	*sunutam*	*sunuta*	
3p◦	सुनोतु	सुनुताम्	सुन्वन्तु	He should bathe!
	sunotu	*sunutām*	*sunvantu*	

(9) Potential or Subjunctive Mood : विधिलिङ् (विध्यादौ) *Parasmaipadī*

	Singular	Dual	Plural	Meaning

1p◦ सुनुयाम्	सुनुयाव	सुनुयाम	I may bathe
sunuyām	*sunuyāva*	*sunuyāma*	
2p◦ सुनुयाः	सुनुयातम्	सुनुयात	
sunuyāḥ	*sunuyātam*	*sunuyāta*	
3p◦ सुनुयात्	सुनुयाताम्	सुनुयुः	
sunuyāt	*sunuyātām*	*sunuyuḥ*	

(10) Benedictive or Optative Mood : आशीर्लिङ् (आशिषि) *Parasmaipadī*

Singular	Dual	Plural	Meaning
1p◦ सूयासम्	सूयास्व	सूयास्म	May I bathe!
sūyāsam	*sūyāsva*	*sūyāsma*	
2p◦ सूयाः	सूयास्तम्	सूयास्त	
sūyāḥ	*sūyāstam*	*sūyāsta*	
3p◦ सूयात्	सूयास्ताम्	सूयासुः	
sūyāt	*sūyāstām*	*sūyāsuḥ*	

EXAMPLES :

(1) I am taking a bath. *ahaṁ sunomi.* अहं सुनोमि (√सु)।

(2) You take a bath. *bhavān/bhavatī sunoti.* भवान्/भवती सुनोति। She is taking a bath. *sā sunoti.* सा सुनोति।

(3) They took bath. *te asunvan.* ते असुन्वन्।

(4) I choose you as a friend. *ahaṁ bhavantam mitraṁ ćinomi.* अहं भवन्तम् मित्रं चिनोमि (√चि)। May we choose. *vayaṁ ćinuyāma.* वयं चिनुयाम।

24.6 THE SIXTH CLASS

tudādiḥ gaṇaḥ तुदादिः गणः।

The sixth class of the verbs is the तुदादिः (*tudādi*) class. The most typical example of this class is the verb root √तुद् (√ *tud* to inflict). There are 157 verbs in तुदादि (sixth) class.

Like the भ्वादि: (1st) class, the तुदादि: (6th) class also takes अ विकरण in the Present (लट्), Imperfect past (लङ्), Imperative (लोट्) and Potential (विधि) tenses. e.g. तुद् + अ + अ + मि = तुदामि, तुदाम:, तुदाम:।

Scheme of Conjugations for the Sixth Class :

Root √तुद् (to inflict, to hurt)

(1) Present Tense : लट् (सामान्य-वर्तमाने) *Parasmaipadī*

	Singular	Dual	Plural	Meaning
1p∘	तुदामि (आमि)	तुदाव: (आव:)	तुदाम: (आम:)	I inflict
	tudāmi	*tudāvaḥ*	*tudāmaḥ*	
2p∘	तुदसि (सि)	तुदथ: (थ:)	तुदथ (थ)	
	tudasi	*tudathaḥ*	*tudatha*	
3p∘	तुदति (ति)	तुदत: (त:)	तुदन्ति (अन्ति)	
	tudati	*tudataḥ*	*tudanti*	

(2) Past imperfect Tense : लङ् (अनद्यतन-भूते) *Parasmaipadī*

	Singular	Dual	Plural	Meaning
1p∘	अतुदम्	अतुदाव	अतुदाम	I inflicted
	atudam	*atudāva*	*atudāma*	
2p∘	अतुद:	अतुदतम्	अतुदत	
	atudaḥ	*atudatam*	*atudata*	
3p∘	अतुदत्	अतुदताम्	अतुदन्	
	atudat	*atudatām*	*atudan*	

(3) Perfect Past Tense : लिट् (परोक्ष-भूते) *Parasmaipadī*

	Singular	Dual	Plural	Meaning
1p∘	तुतोद	तुतुदिव	तुतुदिम	I had inflicted
	tutoda	*tutudiva*	*tutudima*	

2p◦ तुतोदिथ	तुतुदथुः	तुतुद	
tutoditha	*tutudathuḥ*	*tutuda*	
3p◦ तुतोद	तुतुदतुः	तुतुदुः	
tutoda	*tutudatuḥ*	*tutuduḥ*	

(4) Indefinite Past Tense : लुङ् (दूरवर्ति-भूते) *Parasmaipadī*

Singular	Dual	Plural	Meaning
1p◦ अतौत्सम्	अतौत्स्व	अतौत्स्म	I had inflicted
atautsam	*atautsva*	*atautsma*	
2p◦ अतौत्सीः	अतौत्तम्	अतौत्त	
atautsīḥ	*atauttam*	*atautta*	
3p◦ अतौत्सीत्	अतौत्ताम्	अतौत्सुः	
atautsīt	*atauttām*	*atautsuḥ*	

(5) Definite Future : लुट् (सामान्य-भविष्यति) *Parasmaipadī*

Singular	Dual	Plural	Meaning
1p◦ तोत्तास्मि	तोत्तास्वः	तोत्तास्मः	I will inflict
tottāsmi	*tottāsvaḥ*	*tottāsmaḥ*	
2p◦ तोत्तासि	तोत्तास्थः	तोत्तास्थ	
tottāsi	*tattāsthaḥ*	*tottāstha*	
3p◦ तोत्ता	तोत्तारौ	तोत्तारः	
tottā	*tottārau*	*tottāraḥ*	

(6) Indefinite Future : लृट् (अपूर्ण-भविष्यति) *Parasmaipadī*

Singular	Dual	Plural	Meaning
1p◦ तोत्स्यामि	तोत्स्यावः	तोत्स्यामः	I shall inflict
totsyāmi	*totsyāvaḥ*	*totsyāmaḥ*	
2p◦ तोत्स्यसि	तोत्स्यथः	तोत्स्यथ	
totsyasi	*totsyathaḥ*	*totsyatha*	
3p◦ तोत्स्यति	तोत्स्यतः	तोत्स्यन्ति	
totsyati	*totsyataḥ*	*totsyanti*	

(7) Conditional Mood : लृङ् (भविष्यति क्रियातिपत्तौ) *Parasmaipadī*

	Singular	Dual	Plural	Meaning
1p◦	अतोत्स्यम्	अतोत्स्याव	अतोत्स्याम	If I inflict
	atotsyam	*atotsyāva*	*atotsyāma*	
2p◦	अतोत्स्यः	अतोत्स्यतम्	अतोत्स्यत	
	atotsyaḥ	*atotsyatam*	*atotsyata*	
3p◦	अतोत्स्यत्	अतोत्स्यताम्	अतोत्स्यन्	
	atotsyat	*atotsyatām*	*atotsyan*	

(8) Imperative Mood : लोट् (आज्ञार्थे; प्रश्नार्थे; विध्यादौ) *Parasmaipadī*

	Singular	Dual	Plural	Meaning
1p◦	तुदानि	तुदाव	तुदाम	Should I inflict?
	tudāni	*tudāva*	*tudāma*	
2p◦	तुद	तुदतम्	तुदत	Please inflict!
	tuda	*tudatam*	*tudata*	
3p◦	तुदतु	तुदताम्	तुदन्तु	He, she should inflict!
	tudatu	*tudatām*	*tudantu*	

(9) Potential or Subjunctive Mood : विधिलिङ् (विध्यादौ) *Parasmaipadī*

	Singular	Dual	Plural	Meaning
1p◦	तुदेयम्	तुदेव	तुदेम	I may inflict
	tudeyam	*tudeva*	*tudema*	
2p◦	तुदेः	तुदेतम्	तुदेत	
	tudeḥ	*tudetam*	*tudeta*	
3p◦	तुदेत्	तुदेताम्	तुदेयुः	
	tudet	*tudetām*	*tudeyuḥ*	

(10) Benedictive or Optative Mood : आशीर्लिङ् (आशिषि) *Parasmaipadī*

	Singular	Dual	Plural	Meaning
1p◦	तुद्यासम्	तुद्यास्व	तुद्यास्म	May I inflict!
	tudyāsam	*tudyāsva*	*tudyāsma*	

2p∘	तुद्याः	तुद्यास्तम्	तुद्यास्त
	tudyāḥ	*tudyāstam*	*tudyāsta*
3p∘	तुद्यात्	तुद्यास्ताम्	तुद्यासुः
	tudyāt	*tudyāstām*	*tudyāsuḥ*

EXAMPLES cum EXERCISE : (cumulative learning)

(1) He meets me. *saḥ māṁ milati.* सः माम् मिलति (√मिल्)।

(2) He met me yesterday. *saḥ māṁ hyaḥ amilat/melitavān.* सः मां ह्यः अमिलत्/मेलितवान्।

(3) Please meet me tomorrow. *kṛpayā māṁ śvaḥ milatu.* कृपया मां श्वः मिलतु।

(4) He attains peace. *saḥ śāntiṁ vindati (āpnaoti).* सः शान्तिं विन्दति–आप्नोति (√विद् √आप्)

(5) The Yogi attains liberation. *yogī nirvāṇaṁ ṛććhati.* योगी निर्वाणम् ऋच्छति (√ऋच्छ्)।

(6) I want it. *aham etat iććhāmi.* अहम् एतत् इच्छामि (√इष्) ।

(7) He does not want it. *saḥ etat na iććhati.* सः एतत् न इच्छति।

(8) What do you want? *bhavān kim iććhati?* भवान् किम् इच्छति?

(9) Why does she want it? *sā etat kimartham iććhati?* सा एतत् किमर्थम् इच्छति?

24.7 THE SEVENTH CLASS

rudhādiḥ gaṇaḥ रुधादिः गणः।

The seventh class of the verbs is रुधादि *(rudhādi)* class. The typical example of this class is verb root √रुध् (√*rudh* to hinder). There are 25 verbs in the रुधादि (seventh) class.

In the Present (लट्), Imperfect past (लङ्), Imperative (लोट्) and Potential (विधि) tenses of √रुध् the न विकरणम् comes in. In *parasmaipadī* Indefinite Past tense (लुङ्), two kinds of verbs are formed in this class (see below).

Scheme of Conjugations for the Seventh Class : Root √रुध् to hinder

(1) Present Tense : लट् (सामान्य-वर्तमाने) *Parasmaipadī*

Singular	Dual	Plural	Meaning
1p◦ रुणध्मि (मि)	रुन्ध्वः (वः)	रुन्ध्मः (मः)	I hinder
ruṇadhmi	*rundhvaḥ*	*rundhmaḥ*	
2p◦ रुणत्सि (सि)	रुन्द्धः (थः)	रुन्द्ध (थ)	
ruṇatsi	*runddhaḥ*	*runddha*	
3p◦ रुणद्धि (ति)	रुन्द्धः (तः)	रुन्धन्ति (अन्ति)	
ruṇaddhi	*runddhaḥ*	*rundhanti*	

(2) Past imperfect Tense : लङ् (अनद्यतन-भूते) *Parasmaipadī*

Singular	Dual	Plural	Meaning
1p◦ अरुणधम्	अरुन्ध्व	अरुन्ध्म	I hindered
aruṇadham	*arundhva*	*arundhma*	
2p◦ अरुणः	अरुन्द्धम्	अरुन्द्ध	
aruṇaḥ	*arundhatam*	*arudha*	
3p◦ अरुणत्	अरुन्धाम्	अरुन्धन्	
aruṇat	*arundhām*	*arundhan*	

(3) Perfect Past Tense : लिट् (परोक्ष-भूते) *Parasmaipadī*

Singular	Dual	Plural	Meaning
1p◦ रुरोध	रुरुधिव	रुरुधिम	I had hindered
rurodha	*rurudhiva*	*rurudhima*	
2p◦ रुरुधिथ	रुरुधिथुः	रुरुध	
rurudhitha	*rurudhithuḥ*	*rurudha*	
3p◦ रुरोध	रुरुधतुः	रुरुधुः	
rurodha	*rurudhatuḥ*	*rurudhuḥ*	

(4) Indefinite Past Tense : लुङ् (दूरवर्ति-भूते) *Parasmaipadī*

Singular	Dual	Plural	Meaning

	Singular	Dual	Plural	Meaning
1p∘	अरुधम्	अरुधाव	अरुधाम	I had hindered
	arudham	*arudhāva*	*arudhāma*	
2p∘	अरुधः	अरुधतम्	अरुधत	
	arudhaḥ	*arudhatam*	*arudhata*	
3p∘	अरुधत्	अरुधताम्	अरुधन्	
	arudhat	*arudhatām*	*arudhan*	

Optional : (पक्ष्ये)

	Singular	Dual	Plural	Meaning
1p∘	अरौत्सम्	अरौत्स्व	अरौत्स्म	I had hindered
	arautsam	*arautsva*	*arautsma*	
2p∘	अरोत्सीः	अरौद्धम्	अरौद्ध	
	arautsīḥ	*arauddham*	*arauddha*	
3p∘	अरौत्सीत्	अरौद्धाम्	अरौत्सुः	
	arautsīt	*arauddhām*	*arautsuḥ*	

(5) Definite Future : लुट् (सामान्य-भविष्यति) *Parasmaipadī*

	Singular	Dual	Plural	Meaning
1p∘	रोद्धास्मि	रोद्धास्वः	रोद्धास्मः	I will hinder
	roddhāsmi	*roddhāsvaḥ*	*roddhāsmaḥ*	
2p∘	रोद्धासि	रोद्धास्थः	रोद्धास्थ	
	roddhāsi	*roddhāsthaḥ*	*roddhāstha*	
3p∘	रोद्धा	रोद्धारौ	रोद्धारः	
	roddhā	*roddhārau*	*roddhāraḥ*	

(6) Indefinite Future : लृट् (अपूर्ण-भविष्यति) *Parasmaipadī*

	Singular	Dual	Plural	Meaning
1p∘	रोत्स्यामि	रोत्स्यावः	रोत्स्यामः	I shall hinder
	rotsyāmi	*rotsyāvaḥ*	*rotsyāmaḥ*	
2p∘	रोत्स्यसि	रोत्स्यथः	रोत्स्यथ	
	rotsyasi	*rotsyathaḥ*	*rotsyatha*	

3p◦ रोत्स्यति	रोत्स्यत:	रोत्स्यन्ति	
rotsyati	*rotsyataḥ*	*rotsyanti*	

(7) Conditional Mood : लृङ् (भविष्यति क्रियातिपत्तौ) *Parasmaipadī*

Singular	Dual	Plural	Meaning
1p◦ अरोत्स्यम्	अरोत्स्याव	अरोत्स्याम	If I hinder
arotsyam	*arotsyāva*	*arotsyāma*	
2p◦ अरोत्स्य:	अरोत्स्यतम्	अरोत्स्यत	
arotsyaḥ	*arotsyatam*	*arotsyata*	
3p◦ अरोत्स्यत्	अरोत्स्यताम्	अरोत्स्यन्	
arotsyat	*arotsyatām*	*arotsyan*	

(8) Imperative Mood : लोट् (आज्ञार्थे; प्रश्नार्थे; विध्यादौ) *Parasmaipadī*

Singular	Dual	Plural	Meaning
1p◦ रुणधानि	रुणधाव	रुणधाम	Should I hinder?
ruṇadhāni	*ruṇadhāva*	*ruṇadhāma*	
2p◦ रुन्द्धि	रुन्द्धम्	रुन्द्ध	Please hinder!
runddhi	*runddham*	*runddha*	
3p◦ रुणद्धु	रुन्द्धाम्	रुन्द्धन्तु	He, she should hinder!
ruṇaddhu	*runddhām*	*runddhantu*	

(9) Potential or Subjunctive Mood : विधिलिङ् (विध्यादौ) *Parasmaipadī*

Singular	Dual	Plural	Meaning
1p◦ रुन्ध्याम्	रुन्ध्याव	रुन्ध्याम	I may hinder
rundhyām	*rundhyāva*	*rundhyāma*	
2p◦ रुन्ध्या:	रुन्ध्यातम्	रुन्ध्यात	
rundhyāḥ	*rundhyātam*	*rundhyāta*	
3p◦ रुन्ध्यात्	रुन्ध्याताम्	रुन्ध्यु:	
rundhyāt	*rundhyātām*	*rundhyuḥ*	

(10) Benedictive or Optative Mood : आशीर्लिङ् (आशिषि) *Parasmaipadī*

Singular	Dual	Plural	Meaning

1p◦	रुध्यासम्	रुध्यास्व	रुध्यास्म	May I hinder!
	rudhyāsam	*rudhyāsva*	*rudhyāsma*	
2p◦	रुध्याः	रुध्यास्तम्	रुध्यास्त	
	rudhyāḥ	*rudhyāstam*	*rudhyāsta*	
3p◦	रुध्यात्	रुध्यास्ताम्	रुध्यासुः	
	rudhyāt	*rudhyāstām*	*rudhyāsuḥ*	

EXAMPLES :

(1) The Lord destroys the wicked. *devaḥ duṣṭān hinasti.* देवः दुष्टान् हिनस्ति (√हिंस्)।

(2) They shall not enjoy peace. *te śāntiṁ na bhokṣanti.* ते शांतिं न भोक्ष्यन्ति (√भुज्)।

(3) King enjoys the kingdom. *rājā rājyaṁ bhunakti.* राजा राज्यं भुनक्ति।

24.8 THE EIGHTTH CLASS

tanādiḥ gaṇaḥ तनादिः गणः।

The eightth class of the verbs is तनादि (*tanādi*) class. The typical example of this class is the verb √तन् (√*tan* to spread). There are only 10 verbs in the तनादि (eighth) class. The most widely used verb is √kṛ (to do) √कृ।

In the Present (लट्), Imperfect past (लङ्), Imperative (लोट्) and Potential (विधि) tenses of तनादिः class उ विकरणम् comes in. This उ then becomes ओ with *guṇa,* as explained in the भ्वादिः (1st) class.

1. *Vikaraṇa* उ is added to the verbal base before adding the tense suffixes. तन् + उ = तनु
2. This *vikaraṇa* उ becomes ओ before the (अङित्) suffixes of मि, सि, ति। तनु → तनो + मि = तनोमि, तनोषि, तनोति।
3. This *vikaraṇa* उ is optionally dropped before the suffixes of वः, मः, वहि, महि etc. तनु – उ + वः = तन्वः (तनुवः), तन्मः (तनुमः) , तन्वहे (तनुवहे), तन्महे (तनुमहे) ...etc.

Scheme of Conjugations for the Eighth Class : Root √तन् to spread

(1) Present Tense : लट् (सामान्य-वर्तमाने) *Parasmaipadī*

	Singular	Dual	Plural	Meaning
1p∘	तनोमि (ओमि)	तन्वः/तनुवः (वः)	तन्मः/तनुमः (मः)	I spread
	tanomi	*tanvaḥ/tanuvaḥ*	*tanmaḥ/tanumaḥ*	
2p∘	तनोषि (सि)	तनुथः (थः)	तनुथ (थ)	
	tanoṣi	*tanuthaḥ*	*tanutha*	
3p∘	तनोति (ति)	तनुतः (तः)	तन्वन्ति (अन्ति)	
	tanoti	*tanutaḥ*	*tanvanti*	

(2) Past imperfect Tense : लङ् (अनद्यतन-भूते) *Parasmaipadī*

	Singular	Dual	Plural	Meaning
1p∘	अतनवम्	अतनुव	अतनुम	I spreaded
	atanavam	*atanuva*	*atanuma*	
2p∘	अतनोः	अतनुतम्	अतनुत	
	atanoḥ	*atanutam*	*atanuta*	
3p∘	अतनोत्	अतनुताम्	अतन्वन्	
	atanot	*atanutām*	*atanvan*	

(3) Perfect Past Tense : लिट् (परोक्ष-भूते) *Parasmaipadī*

	Singular	Dual	Plural	Meaning
1p∘	ततान	तेनिव	तेनिम	I had spreaded
	tatāna	*teniva*	*tenima*	
2p∘	तेनिथ	तेनथुः	तेन	
	tenitha	*tenathuḥ*	*tena*	
3p∘	ततान	तेनतुः	तेनुः	
	tatāna	*tenatuḥ*	*tenuḥ*	

(4) Indefinite Past Tense : लुङ् (दूरवर्ति-भूते) *Parasmaipadī*

Singular	Dual	Plural	Meaning

1p◦	अतानिषम्	अतानिष्व	अतानिष्म	I had spreaded
	atāniṣam	*atāniṣva*	*atāniṣma*	
2p◦	अतानीः	अतानिष्टम्	अतानिष्ट	
	atānīḥ	*atāniṣṭam*	*atāniṣṭa*	
3p◦	अतानीत्	अतानिष्टाम्	अतानिषुः	
	atānīt	*atāniṣṭām*	*atāniṣuḥ*	

(5) Definite Future : लुट् (सामान्य-भविष्यति) *Parasmaipadī*

	Singular	Dual	Plural	Meaning
1p◦	तनितास्मि	तनितास्वः	तनितास्मः	I will spread
	tanitāsmi	*tanitāsvaḥ*	*tanitāsmaḥ*	
2p◦	तनितासि	तनितास्थः	तनितास्थ	
	tanitāsi	*tanitāsthaḥ*	*tanitāstha*	
3p◦	तनिता	तनितारौ	तनितारः	
	tanitā	*tanitārau*	*tanitāraḥ*	

(6) Indefinite Future : लृट् (अपूर्ण-भविष्यति) *Parasmaipadī*

	Singular	Dual	Plural	Meaning
1p◦	तनिष्यामि	तनिष्यावः	तनिष्यामः	I shall spread
	taniṣyāmi	*taniṣyāvaḥ*	*taniṣyāmaḥ*	
2p◦	तनिष्यसि	तनिष्यथः	तनिष्यथ	
	taniṣyasi	*taniṣyathaḥ*	*taniṣyatha*	
3p◦	तनिष्यति	तनिष्यतः	तनिष्यन्ति	
	taniṣyati	*taniṣyataḥ*	*taniṣyanti*	

(7) Conditional Mood : लृङ् (भविष्यति क्रियातिपत्तौ) *Parasmaipadī*

	Singular	Dual	Plural	Meaning
1p◦	अतनिष्यम्	अतनिष्याव	अतनिष्याम	If I spread
	ataniṣyam	*ataniṣyāva*	*ataniṣyāma*	
2p◦	अतनिष्यः	अतनिष्यतम्	अतनिष्यत	
	ataniṣyaḥ	*ataniṣyatam*	*ataniṣyata*	

3p◦ अतनिष्यत्	अतनिष्यताम्	अतनिष्यन्	
atanişyat	*atanişyatām*	*atanşyan*	

(8) Imperative Mood : लोट् (आज्ञार्थे; प्रश्नार्थे; विध्यादौ) *Parasmaipadī*

Singular	Dual	Plural	Meaning
1p◦ तनवानि	तनवाव	तनवाम	Should I spread?
tanavāni	*tanavāva*	*tanavāma*	
2p◦ तनु	तनुतम्	तनुत	Please spread!
tanu	*tanutam*	*tanuta*	
3p◦ तनोतु	तनुताम्	तन्वन्तु	He, she should spread!
tanotu	*tanutām*	*tanvantu*	

(9) Potential or Subjunctive Mood : विधिलिङ् (विध्यादौ) *Parasmaipadī*

Singular	Dual	Plural	Meaning
1p◦ तनुयाम्	तनुयाव	तनुयाम	I may spread
tanuyām	*tanuyāva*	*tanuyāma*	
2p◦ तनुया:	तनुयातम्	तनुयात	
tanuyāḥ	*tanuyātam*	*tanuyāta*	
3p◦ तनुयात्	तनुयाताम्	तनुयु:	
tanuyāt	*tanuyātām*	*tanuyuḥ*	

(10) Benedictive or Optative Mood : आशीर्लिङ् (आशिषि) *Parasmaipadī*

Singular	Dual	Plural	Meaning
1p◦ तन्यासम्	तन्यास्व	तन्यास्म	May I spread!
tanyāsam	*tanyāsva*	*tanyāsma*	
2p◦ तन्या:	तन्यास्तम्	तन्यास्त	
tanyāḥ	*tanyāstam*	*tanyāsta*	
3p◦ तन्यात्	तन्यास्ताम्	तन्यासु:	
tanyāt	*tanyāstām*	*tanyāsuḥ*	

EXAMPLES :

The most important verb of this class is √kṛ (√कृ to do).

The complete chart for this verb is as follows : As said above, in the Present (लट्), Imperfect past (लङ्), Imperative (लोट्) and Potential (विधि) tenses, (i) the √कृ take उ विकरणम्। (ii) when उ comes after कृ, the कृ takes *guṇa* and becomes अर् (रपरत्वम्). (iii) then उ विकरणम् is added, as shown in भ्वादि: (1st) class.

कृ = क् + ऋ → क् + ऋ + अ + उ = क् + अर् + उ = करु (iv). This *vikaraṇa* उ becomes ओ before the (अङित्) suffixes of मि, सि, ति। कृ → क् + ऋ + अ + ओ + मि = करोमि, करोषि, करोति। ...etc.

To do √kṛ √कृ

1. **लट्** (Present tense, action began but not complete e.g. I do, I am doing)

परस्मैपदी			आत्मनेपदी		
करोमि	कुर्वः	कुर्मः।	कुर्वे	कुर्वहे	कुर्महे।
करोषि	कुरुथः	कुरुथ।	कुरुषे	कुर्वाथे	कुरुध्वे।
करोति	कुरुतः	कुर्वन्ति।	कुरुते	कुर्वाते	कुर्वते।

2. **लङ्** (First Preterite, Imperfect Past tense, act of recent past e.g. I was doing, I did)

परस्मैपदी			आत्मनेपदी		
अकरवम्	अकुर्व	अकुर्म।	अकुर्वि	अकुर्वहि	अकुर्महि
अकरोः	अकुरुतम्	अकुरुत।	अकुरुथाः	अकुर्वाथाम्	अकुरुध्वम्
अकरोत्,	अकुरुताम्,	अकुर्वन्।	अकुरुत,	अकुर्वाताम्,	अकुर्वत।

3. **लिट्** (Second Preterite, Perfect Past tense, action of absolute past and out of sight e.g. he was, he had been)

परस्मैपदी			आत्मनेपदी		
चकार	चकृव	चकृम।	चक्रे	चकृवहे	चकृमहे।
चकर्थ	चक्रथुः	चक्र।	चकृषे	चक्राथे	चकृढ्वे।

चकार	चक्रतुः	चक्रुः।	चक्रे	चक्राते	चक्रिरे।

4. **लुङ्** (Third Preterite, Aorist or Indefinite Past tense, e.g. I had been, there was a king)

परस्मैपदी			आत्मनेपदी		
अकार्षम्	अकार्ष्व	अकार्ष्म।	अकृषि	अकृष्वहि	अकृष्महि।
अकार्षीः	अकार्ष्टम्	अकार्ष्ट।	अकृथाः	अकृषाथाम्	अकृढ्वम्।
अकार्षीत्	अकार्ष्टाम्	अकार्षुः।	अकृत	अकृषाताम्	अकृषत।

5. **लुट्** (Definite Future or First Future tense, the action that will happen after a fixed period, but not remote, although not immidiate. e.g. I will , I shall do it tommorrow)

परस्मैपदी			आत्मनेपदी		
कर्तास्मि	कर्तास्वः	कर्तास्मः।	कर्ताहे	कर्तास्वहे	कर्तास्महे।
कर्तासि	कर्तास्थः	कर्तास्थ।	कर्तासे	कर्तासाथे	कर्ताध्वे।
कर्ता	कर्तारौ	कर्तारः।	कर्ता	कर्तारौ	कर्तारः।

6. **लृट्** (Indefinite Future or Second Future tense, action is contingent up on some future event. e.g. I shall be)

परस्मैपदी			आत्मनेपदी		
करिष्यामि	करिष्यावः	करिष्यामः।	करिष्ये	करिष्यावहे	करिष्यामहे।
करिष्यसि	करिष्यथः	करिष्यथ।	करिष्यसे	करिष्येथे	करिष्यध्वे।
करिष्यति	करिष्यतः	करिष्यन्ति।	करिष्यते	करिष्येते	करिष्यन्ते।

(Imperative mood)

7. **लोट्** (Order, command, injunction, request, advice. It generally denotes or addresses second or third person e.g. you do, let me be, O God! help us)

परस्मैपदी			आत्मनेपदी		
करवाणि	करवाव	करवाम।	करवै	करवावहै	करवामहै।
कुरु	कुरुतम्	कुरुत।	कुरुष्व	कुर्वाथाम्	कुरुध्वम्।
करोतु	कुरुताम्	कुर्वन्तु।	कुरुताम्	कुर्वाताम्	कुर्वताम्।

(Subjunctive mood)

8. **विधिलिङ्** (Potential or possibility, e.g. It may happen, I may, can, would, should, ought to do)

परस्मैपदी			आत्मनेपदी		
कुर्याम्	कुर्याव	कुर्याम।	कुर्वीय	कुर्वीवहि	कुर्वीमहि।
कुर्या:	कुर्यातम्	कुर्यात।	कुर्वीथा:	कुर्वीयाथाम्	कुर्वीध्वम्।
कुर्यात्	कुर्याताम्	कुर्यु:।	कुर्वीत	कुर्वीयाताम्	कुर्वीरन्।

(Precative or Benedictive mood)

9. **आशीर्लिङ्** (Optative or Benedictive mood, e.g. may you succeed)

परस्मैपदी			आत्मनेपदी		
क्रियासम्	क्रियास्व	क्रियास्म।	कृषीय	कृषीवहि	कृषीमहि।
क्रिया:	क्रियास्तम्	क्रियास्त।	कृषीष्ठा:	कृषीयास्थाम्	कृषीढ्वम्।
क्रियात्	क्रियास्ताम्	क्रियासु।	कृषीष्ठ	कृषीयास्ताम्	कृषीरन्।

10. **लृङ्** (Conditional Mood, depending upon, e.g. I should .. if)

परस्मैपदी			आत्मनेपदी		
अकरिष्यम्	अकरिष्याव	अकरिष्याम	अकरिष्ये	अकरिष्यावहि	अकरिष्यामहि
अकरिष्य:	अकरिष्यतम्	अकरिष्यत	अकरिष्यथा:	अकरिष्येथाम्	अकरिष्यध्वम्
अकरिष्यत्	अकरिष्यताम्	अकरिष्यन्	अकरिष्यत	अकरिष्येताम्	अकरिष्यन्त।

24.9 THE NINETH CLASS

kryādiḥ gaṇaḥ

क्र्यादि: गण:।

The nineth classe of the verbs is क्र्यादि *(kryādi)* class. The typical example of this class is the root √क्रीञ् (√*krīñ* to trade; buy or sell). There are 61 verbs in क्र्यादि (nineth) class. In the Present (लट्), Imperfect past (लङ्), Imperative (लोट्) and Potential (विधि) tenses, this class takes ना विकरणम्।

Scheme of Conjugations for the Nineth Class : Root √क्रीञ् to trade

(1) Present Tense : लट् (सामान्य-वर्तमाने) *Parasmaipadī*

Singular	Dual	Plural	Meaning
1p◦ क्रीणामि (आमि)	क्रीणीव: (व:)	क्रीणीम: (म:)	I trade
krīṇāmi	*krīṇīvaḥ*	*krīṇīmaḥ*	
2p◦ क्रीणासि (सि)	क्रीणीथ: (थ:)	क्रीणीथ (थ)	
krīṇāsi	*krīṇīthaḥ*	*krīṇītha*	
3p◦ क्रीणाति (ति)	क्रीणीत: (त:)	क्रीणन्ति (अन्ति)	
krīṇāti	*krīṇītaḥ*	*krīṇanti*	

(2) Past imperfect Tense : लङ् (अनद्यतन-भूते) *Parasmaipadī*

Singular	Dual	Plural	Meaning
1p◦ अक्रीणाम्	अक्रीणीव	अक्रीणीम	I traded
akrīṇām	*akrīṇīva*	*akrīṇīma*	
2p◦ अक्रीणा:	अक्रीणीतम्	अक्रीणीत	
akrīṇāḥ	*akrīṇītam*	*akrīṇīta*	
3p◦ अक्रीणात्	अक्रीणीताम्	अक्रीणन्	
akrīṇāt	*akrīṇītām*	*akrīṇan*	

(3) Perfect Past Tense : लिट् (परोक्ष-भूते) *Parasmaipadī*

Singular	Dual	Plural	Meaning
1p◦ चिक्राय	चिक्रियिव	चिक्रियिम	I had traded
ćikrāya	*ćikriyiva*	*ćikriyima*	
2p◦ चिक्रयिथ	चिक्रियथु:	चिक्रिथ	
ćikrayitha	*ćikriyathuḥ*	*ćikritha*	
3p◦ चिक्राय	चिक्रियतु:	चिक्रियु:	
ćikrāya	*ćikriyatuḥ*	*ćikriyuḥ*	

(4) Indefinite Past Tense : लुङ् (दूरवर्ति-भूते) *Parasmaipadī*

Singular	Dual	Plural	Meaning
1p◦ अक्रैषम्	अक्रैष्व	अक्रैष्म	I had traded
akraiṣam	*akraiṣva*	*akraiṣma*	

2p◦	अक्रैषी:	अक्रैष्टम्	अक्रैष्ट
	akraiṣīḥ	*akraiṣṭam*	*akraiṣṭa*
3p◦	अक्रैषीत्	अक्रैष्टाम्	अक्रैषु:
	akraiṣīt	*akraiṣṭām*	*akraiṣuḥ*

(5) Definite Future : लुट् (सामान्य-भविष्यति) *Parasmaipadī*

	Singular	Dual	Plural	Meaning
1p◦	क्रेतास्मि	क्रेतास्व:	क्रेतास्म:	I will trade
	kretāsmi	*kretāsvaḥ*	*kretāsmaḥ*	
2p◦	क्रेतासि	क्रेतास्थ:	क्रेतास्थ	
	kretāsi	*kretāsthaḥ*	*kretāstha*	
3p◦	क्रेता	क्रेतारौ	क्रेतार:	
	kretā	*kretārau*	*kretāraḥ*	

(6) Indefinite Future : लृट् (अपूर्ण-भविष्यति) *Parasmaipadī*

	Singular	Dual	Plural	Meaning
1p◦	क्रेष्यामि	क्रेष्याव:	क्रेष्याम:	I shall trade
	kreṣyāmi	*kreṣyāvaḥ*	*kreṣyāmaḥ*	
2p◦	क्रेष्यसि	क्रेष्यथ:	क्रेष्यथ	
	kreṣyasi	*kreṣyathaḥ*	*kreṣyatha*	
3p◦	क्रेष्यति	क्रेष्यत:	क्रेष्यन्ति	
	kreṣyati	*kreṣyataḥ*	*kreṣyanti*	

(7) Conditional Mood : लृङ् (भविष्यति क्रियातिपत्तौ) *Parasmaipadī*

	Singular	Dual	Plural	Meaning
1p◦	अक्रेष्यम्	अक्रेष्याव	अक्रेष्याम	Had I traded
	akreṣyam	*akreṣyāva*	*akreṣyāma*	
2p◦	अक्रेष्य:	अक्रेष्यतम्	अक्रेष्यत	
	akreṣyaḥ	*akreṣyatam*	*akreṣyata*	
3p◦	अक्रेष्यत्	अक्रेष्यताम्	अक्रेष्यन्	
	akreṣyat	*akreṣyatām*	*akreṣyan*	

(8) Imperative Mood : लोट् (आज्ञार्थे; प्रश्नार्थे; विध्यादौ) *Parasmaipadī*

	Singular	Dual	Plural	Meaning
1p◦	क्रीणानि	क्रीणाव	क्रीणाम	Should I trade?
	krīṇāni	*krīṇāva*	*krīṇāma*	
2p◦	क्रीणीहि	क्रीणीतम्	क्रीणीत	Please tread!
	krīṇīhi	*krīṇītam*	*krīṇīta*	
3p◦	क्रीणातु	क्रीणीताम्	क्रीणन्तु	He, she should tread!
	krīṇātu	*krīṇītām*	*krīṇantu*	

(9) Potential or Subjunctive Mood : विधिलिङ् (विध्यादौ) *Parasmaipadī*

	Singular	Dual	Plural	Meaning
1p◦	क्रीणीयाम्	क्रीणीयाव	क्रीणीयाम	I may trade
	krīṇīyām	*krīṇīyāva*	*krīṇīyāma*	
2p◦	क्रीणीया:	क्रीणीयातम्	क्रीणीयात	
	krīṇīyāḥ	*krīṇīyātam*	*krīṇīyāta*	
3p◦	क्रीणीयात्	क्रीणीयाताम्	क्रणीयु:	
	krīṇīyāt	*krīṇīyātām*	*krīṇīyuḥ*	

(10) Benedictive or Optative Mood : आशीर्लिङ् (आशिषि) *Parasmaipadī*

	Singular	Dual	Plural	Meaning
1p◦	क्रीयासम्	क्रीयास्व	क्रीयास्म	May I trade!
	krīyāsam	*krīyāsva*	*krīyāsma*	
2p◦	क्रीया:	क्रीयास्तम्	क्रीयास्त	
	krīyāḥ	*krīyāstam*	*krīyāsta*	
3p◦	क्रीयात्	क्रीयास्ताम्	क्रीयासु:	
	krīyāt	*krīyāstām*	*krīyāsuḥ*	

EXAMPLES cum EXERCISE :

(1) He buys books. *saḥ pustakāni krīṇāti.* स: पुस्तकानि क्रीणाति (√कृञ्)।

(2) I will by the fruits. *ahaṁ phalāni kreṣyāmi.* अहं फलानि क्रेष्यामि।

(3) She is cutting the plant. *sā vṛkṣaṁ lunāti.* सा वृक्षं लुनाति (√लु)।

(4) He wares a blanket. *saḥ kambalaṁ gṛhṇāti.* सः कम्बलं गृह्णाति (√ग्रह्)।

(5) I am eating food. *aham annam aśnāmi.* अहम् अन्नम् अश्नामि (√अश्)।

(6) I know him. *ahaṁ taṁ jānāmi.* अहं तं जानामि। √ज्ञा = to know.

(7) He knows you. *saḥ bhavantaṁ jānāti.* सः भवन्तं जानाति।

(8) She knows him. *sā taṁ jānāti.* सा तं जानाति।

(9) He knew me. *saḥ mām ajānāt.* सः माम् अजानात्।

(10) We ought to know him. *vayaṁ taṁ jānīyāma.* वयं तं जानीयाम।

(11) He will know you. *saḥ bhavantaṁ jñāsyati.* सः भवन्तं ज्ञास्यति।

(12) You must know Sanskrit. *bhavān saṁskṛtaṁ jānātu.* भवान् संस्कृतं जानातु।

24.10 THE TENTH CLASS

ćurādiḥ gaṇah चुरादिः गणः।

The tenth class is चुरादि *(ćurādi)* class. The typical example is root √चुर् (√*ćur* to steal). There are 411 verbs in the चुरादि (tenth) class.

CHARACTERISTICS :

(i) If the middle vowel in a चुरादि verb has a short vowel such as इ, उ or ऋ, it takes *guṇa* (= ए, ओ, अर्) e.g. (1) चुर् + गुण = च् + उ + अ + र् = चोर्।

(ii) If the root verb ends in इ, उ or ऋ vowel, this इ उ ऋ vowel receives *vṛddhi.* e.g. (2) ली + वृद्धि = लै + इ = लाय्। (3) यु + वृद्धि = यौ + इ = याव्। (4) वृ + वृद्धि = वृ + इ = वार्।

(iii) Then all चुरादि verbs take णिच् suffix, of which ण् and च् get dropped and only इ gets added. e.g. (1) चोर् + णिच् = चोर् + णिच् – ण् – च + इ = चोरि। (2) लाय् + णिच् = लायि।

(3) याद् + णिच् = यादि। (4) वार् + णिच् = वारि।

(iv) This modified root verb then undergoes संज्ञा (modification) e.g. (1) चोरि = चोरय्। (2) लायि = लायय्। (3) यादि = यादय्। (4) वारि = वारय्। It forms the **verbal base**.

(v) This verbal base receives अ विकरणम् in the Present (लट्), Imperfect past (लङ्), Imperative (लोट्) and Potential (विधि) tenses. e.g. चोरय् + अ = चोरय।

(vi) But, in Past indefinite tense (लुङ्), the root undergoes duplication and modification.

(vii) *Vikaraṇa* अ is then added before adding the tense suffix. चोरय् + अ = चोरय

(viii) This *vikaraṇa* अ becomes आ before the tense suffixes that begin with म or व। e.g. चोरय → चोरया + मि = चोरयामि, चोरयाव: चोरयाम:।

(ix) This *vikaraṇa* अ is dropped before tense suffixes that begin with म् and व्। e.g. अ। चोरय → चोरय + अन्ति = चोरयन्ति

Scheme of Conjugations for the Tenth Class

Root √चुर् to steal

(1) Present Tense : लट् (सामान्य-वर्तमाने) *Parasmaipadī*

	Singular	Dual	Plural	Meaning
1p∘	चोरयामि (यामि)	चोरयाव: (याव:)	चोरयाम: (याम:)	I steal
	ćorayāmi	*ćorayāvaḥ*	*ćorayāmaḥ*	
2p∘	चोरयसि (यसि)	चोरयथ: (यथ:)	चोरयथ (यथ)	
	ćorayasi	*ćorayathaḥ*	*ćorayatha*	
3p∘	चोरयति (यति)	चोरयत: (यत:)	चोरयन्ति (यन्ति)	
	ćorayati	*ćorayataḥ*	*ćorayanti*	

(2) Past imperfect Tense : लङ् (अनद्यतन-भूते) *Parasmaipadī*

	Singular	Dual	Plural	Meaning
1p∘	अचोरयम्	अचोरयाव	अचोरयाम	I stole
	aćorayam	*aćorayāva*	*aćorayāma*	
2p∘	अचोरय:	अचोरयतम्	अचोरयत	

	aćorayaḥ	*aćorayatam*	*aćorayata*
3p◦	अचोरयत्	अचोरयताम्	अचोरयन्
	aćorayat	*aćorayatām*	*aćorayan*

(3) Perfect Past Tense : लिट् (परोक्ष-भूते) *Parasmaipadī*

	Singular	Dual	Plural	Meaning
1p◦	चोरयामास	चोरयामासिव	चोरयामासिम	I had stolen
	ćorayāmāsa	*ćorayāmāsiva*	*ćorayāmāsima*	
2p◦	चोरयामासिथ	चोरयामासथु:	चोरयामास	
	ćorayāmāsitha	*ćorayāmāsathuḥ*	*ćorayāmāsa*	
3p◦	चोरयामास	चोरयामासतु:	चोरयामासु:	
	ćorayāmāsa	*ćorayāmāsatuḥ*	*ćorayāmāsuḥ*	

(4) Indefinite Past Tense : लुङ् (दूरवर्ति-भूते) *Parasmaipadī*

	Singular	Dual	Plural	Meaning
1p◦	अचूचुरम्	अचूचुराव	अचूचुराम	I had stolen
	aćūćuram	*aćūćurāva*	*aćūćurāma*	
2p◦	अचूचुर:	अचूचुरतम्	अचूचुरत	
	aćūćuraḥ	*aćūćuratam*	*aćūćurata*	
3p◦	अचूचुरत्	अचूचुरताम्	अचूचुरन्	
	aćūćurat	*aćūćuratām*	*aćūćuran*	

(5) Definite Future : लुट् (सामान्य-भविष्यति) *Parasmaipadī*

	Singular	Dual	Plural	Meaning
1p◦	चोरयितास्मि	चोरतितास्व:	चोरयितास्म:	I will steal
	ćorayitāsmi	*ćorayitāsvaḥ*	*ćorayitāsmaḥ*	
2p◦	चोरयितासि	चोरयितास्थ:	चोरयितास्थ	
	ćorayitāsi	*ćorayitāsthaḥ*	*ćorayitāstha*	
3p◦	चोरयिता	चोरयितारौ	चोरयितार:	
	ćorayitā	*ćorayitārau*	*ćorayitāraḥ*	

(6) Indefinite Future : लृट् (अपूर्ण-भविष्यति) *Parasmaipadī*

	Singular	Dual	Plural	Meaning
1p◦	चोरयिष्यामि	चोरयिष्याव:	चोरयिष्याम:	I shall steal
	ćorayiṣyāmi	*ćorayiṣyāvaḥ*	*ćorayiṣyāmaḥ*	
2p◦	चोरयिष्यसि	चोरयिष्यथ:	चोरयिष्यथ	
	ćorayiṣyasi	*ćorayiṣyathaḥ*	*ćorayiṣyatha*	
3p◦	चोरयिष्यति	चोरयिष्यत:	चोरयिष्यन्ति	
	ćorayiṣyati	*ćorayiṣyataḥ*	*ćorayiṣyanti*	

(7) Conditional Mood : लृङ् (भविष्यति क्रियातिपत्तौ) *Parasmaipadī*

	Singular	Dual	Plural	Meaning
1p◦	अचोरयिष्यम्	अचोरयिष्याव	अचोरयिष्याम	If I steal
	aćorayiṣyam	*aćorayiṣyāva*	*aćorayiṣyāma*	
2p◦	अचोरयिष्य:	अचोरयिष्यतम्	अचोरयिष्यत	
	aćorayiṣyaḥ	*aćorayiṣyatam*	*aćorayiṣyata*	
3p◦	अचोरयिष्यत्	अचोरयिष्यताम्	अचोरयिष्यन्	
	aćorayiṣyat	*aćorayiṣyatām*	*aćorayiṣyan*	

(8) Imperative Mood : लोट् (आज्ञार्थे; प्रश्नार्थे; विध्यादौ) *Parasmaipadī*

	Singular	Dual	Plural	Meaning
1p◦	चोरयाणि	चोरयाव	चोरयाम	Should I steal?
	ćorayāṇi	*ćorayāva*	*ćorayāma*	
2p◦	चोरय	चोरयतम्	चोरयत	Please steal!
	ćoraya	*ćorayatam*	*ćorayata*	
3p◦	चोरयतु	चोरयताम्	चोरयन्तु	He, she should steal!
	ćorayatu	*ćorayatām*	*ćorayantu*	

(9) Potential or Subjunctive Mood : विधिलिङ् (विध्यादौ) *Parasmaipadī*

	Singular	Dual	Plural	Meaning
1p◦	चोरयेयम्	चोरयेव	चोरयेम	I may steal
	ćorayeyam	*ćorayeva*	*ćorayema*	
2p◦	चोरये:	चोरयेतम्	चोरयेत	

ćorayeḥ	*ćorayetam*	*ćorayeta*	
3p◦ चोरयेत्	चोरयेताम्	चोरयेयु:	
ćorayet	*ćorayetām*	*ćorayeyuḥ*	

(10) Benedictive or Optative Mood : आशीर्लिङ् (आशिषि) *Parasmaipadī*

Singular	Dual	Plural	Meaning
1p◦ चौर्यासम्	चौर्यास्व	चौर्यास्म	May I steal!
ćauryāsam	*ćauryāsva*	*ćauryāsma*	
2p◦ चौर्या:	चौर्यास्तम्	चौर्यास्त	
ćauryāḥ	*ćauryāstam*	*ćauryāsta*	
3p◦ चौर्यात्	चौर्यास्ताम्	चौर्यासु:	
ćaurȳāt	*ćauryāstām*	*ćauryāsuḥ*	

EXAMPLES cum EXERCISE : (cumulative learning)

1. He steals money. *saḥ dhanaṁ ćorayati.* स: धनं चोरयति।
2. He is stealing money. *saḥ dhanaṁ ćorayati.* स: धनं चोरयति (√चुर्)।
3. I do not steal. *ahaṁ na ćorayāmi.* अहं न चोरयामि।

   Do you steal? *api bhavān ćorayati?* अपि भवान् चोरयति।
4. No one may steal. *kaḥ api na ćorayet.* क: अपि न चोरयेत्।
5. I am telling you. *ahaṁ bhavantaṁ kathayāmi.* अहं भवन्तं कथयामि।
6. He told me a story. *saḥ māṁ kathām akathayat.* स: मां कथाम् अकथयत् (√कथ्)।
7. They will tell him. *te taṁ kathayiṣyanti.* ते तं कथयिष्यन्ति।
8. He is counting money. *saḥ dhanaṁ gaṇayati.* स: धनं गणयति (√गण्)।

LESSON 25

pañćaviṁśaḥ abhyāsaḥ पञ्चविंशः अभ्यासः।

THE CASES

vibhaktayaḥ विभक्तयः।

KARAK : The relationship (*sambandhaḥ* सम्बन्धः) of the **substantives** (*smjñā* संज्ञाः)**,** such as **noun** (*nāma* नाम)**, pronoun** (*sarvanāma* सर्वनाम) and **adjective** (*viśaṣaṇam* विशेषणम्), with a **verb** (*kriyā* क्रिया) is called an **agent** (*kārakam* कारकम्).

कर्ता कर्म च करणं सम्प्रदानं तथैव च।
अपादानाधिकरणमित्याहुः कारकाणि षट्।।

(kartā, subject; karma, the object; karaṇa, the instrument; sampradāna, for whom; apādāna, from where; adhikaraṇa, at where, are the six kāraks)

VIBHAKTI : The suffix (*pratyayaḥ* प्रत्ययः) that imparts this relationship is called **Declensional Termination** or **Case suffix** (*vibhakti-pratyayaḥ* विभक्तिप्रत्ययः) of that agent कारकम्। For example,

(i) *arjunaḥ: uvāća* अर्जुनः उवाच। and

(ii) *arjunena kṛṣṇaḥ: uktaḥ:* अर्जुनेन कृष्णः उक्तः।

In both sentences, *arjuna* अर्जुन is *kartṛ-kārakaḥ* कतृकारकः (the 'doer or agent' of the action). However,

(i) in the first sentence, the word *arjunaḥ* अर्जुनः*,* with its affix *suḥ* (सुः)*,* of which only *visargaḥ* विसर्गः (:) remains, is in the *prathamā vibhakti* प्रथमा विभक्तिः (1st case, Nominative Case, First Declension); and

(ii) in the second sentence, the word *arjuna,* with its affix *ena* एन (अर्जुन + एन), is in the *tṛtīyā vibhakti* तृतीया विभक्तिः (3rd case, Instrumental Case, Third Declension).

The word *vibhakti* विभक्तिः means : a complete triad (singular, dual and plural) of a Case or a Tense (त्रीणि त्रीणि विभक्ति संज्ञाश्च भवन्ति सुपश्तिङश्च। (pāṇini, aṣṭādhyāyī 1:4.104)

As Pāṇini says, there are two kinds of *vibhaktis*,

(i) Case (सुप्) *vibhakti* and

(ii) Tense or Mood (तिङ्) *vibhakti.*

By attaching a **Case suffix (सुप्प्रत्ययः)** we get a **declension (विभक्तिरूपम्),** and

By attaching a **Tense or Mood suffix (तिङ्प्रत्ययः)** we get a **conjugation (तिङ्न्तरूपम्).**

'Broadly' speaking, from Nominative to Locative are the seven cases. Vocative is not a separate case, but it is only a modified form of the Nominative Case. For the study of cases, the words are grouped into two categories :

(i) S**ubtantives (nouns, pronouns and adjectives) ending in a vowel (अजन्त, स्वरान्त)**

(ii) S**ubtantives ending in a consonant (हलन्त, व्यञ्जनान्त)**.

The 'original form' of the word (मूलप्रकृतिः), to which a case termination (विभक्तिप्रत्ययः) is attached, is called ***prātipādikam* प्रातिपादिकम्**।

e.g. *brahman* ब्रह्मन् is *prātipādikaḥ* and *brahma* ब्रह्म (n∘), *brahmā* ब्रह्मा (m∘), *brāhmī* ब्राह्मी (f∘) are the Nominative singular word forms (of ब्रह्मन्) to be used in a sentence.

CHARACTERICS OF THE CASES

(1) Nominative, 1st Case (कर्तृ–कारकम्, प्रथमा–विभक्तिः)

In Active voice, the doer or subject itself; in Passive voice, the object.

(2) Accusative, 2nd Case (कर्म–कारकम्, द्वितीया–विभक्तिः)

On whom the action is performed.

Scope : to, what, to who; to where, below (अधः, अधोऽधः, अध्यधि), above (ऊर्ध्वम्),

between (अन्तरा), after (अनु), along (अनु), near (निकषा, समया), towards (प्रति), in front of (अग्रे, अग्रत:, पुर:, पुरत:, समक्षम्), around (अभित:), on all sides of (परित:), on both sides of (उभयत:), verrywhere (सर्वत:), to fie on (धिक्), without (विना, ऋते, अन्तरेण), without concerning (with एनप् and विना), to go to (गति - गम्, चल्, इण्, वह्), to become, the time period (वर्षाणि, दिनानि); to sleep upon, to lie down (अधि√शी), to resort to, to reside, to dwell, to occupy (अधि√स्थ, अधि√आस्, अधि√वस्, आ√वस्, अनु√वस्, उप√वस्), following (अनु, अभि-नि√विश्) ...etc.

(3) Instrumental, 3rd Case (करण–कारकम्, तृतीया–विभक्ति:)

With or by which the (active or passive) action is done.

Scope : by, with, without (हीन, विना), because (येन), along with (सह, सार्धम्), owing to, on account of, out of-, for the reason of (प्रयोजनार्थ), by nature (स्वभाव -एन), by birth, enough, enough of (-एन अलम्), through (मध्येन, अन्तरेण, –एन), simile (सदृश), etc.

(4) Dative, 4th Case (सम्प्रदान–कारकम्, चतुर्थी–विभक्ति:)

To whom the action is directed through something.

(Scope : for, to, to give to, to owe to (धारय), to send to, to promise to, to show to, to be angry with (√कृध्, √कुप्, √द्रुह, √असू), to do for the purpose of (निमित्तम्), to desire, to long for, liking (रुचि, √स्पृह), for some one, to go to, to be (√क्लृप्), be able (समर्थ), salutation, hail to (नम:, स्वस्ति), in the meaning of the तुमुन् infinitive, etc).

(5) Ablative, 5th Case (अपादान–कारकम्, पञ्चमी–विभक्ति:)

From where to subject is moved; or a comparison between TWO things, but not more than two things.

(Scope : from, without, except (ऋते, विना), far or away (आरात्), outside, since, until, after, before (पूर्वम्), to the direction of (प्रति), to desist from (वि√रम्, नि√वृत्), to protect (√रक्ष्, त्रै), with or without motivation (अकस्मात्), in the meanings of away (पृथक्), fear (भयम्), break (विराम), accept (√ग्रह), other (अन्य), with expressions प्रभृति, आङ्, उद्भवति, प्रभवति, प्रयच्छति, प्रमाद्यति, अधीते, जुगुप्सते, निलयते, etc).

(6) Genitive, 6th Case (सम्बन्धः, षष्ठी-विभक्तिः)

Also called Possessive Case is the relation between two things; or a comparison between more than two things i.e. superlative, but not comparative.

(Scope : of, above, below, in front of, behind, beyond, away, near etc. (-स्य दूरम्, समीपम्, कृते, मध्ये, समक्षम्, अन्तरे, अन्तः), in the prepense of, for the sake of, with the subject of participles (क्त = प्रतिष्ठाया: पतनम्), words with suffix अतः, with the object of participles (पयस्य पानम्), in the use of word हेतु, in the meaning of remembering with verb √स्मृ etc.)

(7) Locative, 7th Case (अधिकरण-कारकम्, सप्तमी विभक्तिः)

To locate a relationship between two things, or a quality within a group of things.

(Scope : in, on, at, in side, under, upon, among, concerning, in the matter of, to express feelings for, to enter, to place, to fall, to send, to indicate time (दिने, प्रतःकाले, मध्याह्ने, सायङ्काले), in occurance of the first event after which some other event takes place, with the use of expressions मध्ये, कृते, समक्षम्, अन्तः, अन्तरा, etc).

(8) Vocative (सम्बोधनम्) To call or address someone.

(Scope : bho:! O' ...etc.)

RELATIONSHIPS OF THE CASES

(1st Nom◦)	the subject itself	(2nd Accu◦)	to; what?
(3rd Inst◦)	with, by	(4th Dat◦)	for, to
(5th Abl◦)	from, than	(6th Poss◦)	of
(7th loc◦)	in, on, at	(Voc◦)	the Address

Case		Singular	Dual	Plural	Sing◦	Dual	Plural
1st	Nominative	:	औ	अ:	राम:	रामौ	रामा:
2nd	Accusative	म्	औ	न्	रामम्	रामौ	रामान्
3rd	Instrumental	एन	भ्याम्	ऐ:	रामेण	रामाभ्याम्	रामै:
4th	Dative	ए	भ्याम्	भ्य:	रामाय	रामाभ्याम्	रामेभ्य:
5th	Ablative	आत्	भ्याम्	भ्य:	रामात्	रामाभ्याम्	रामेभ्य:
6th	Posssessive	स्य	अयो:	नाम्	रामस्य	रामयो:	रामाणाम्
7th	Locative	ए	अयो:	सु	रामे	रामयो:	रामेषु
-	Vocative	–	औ	आ:	राम	रामौ	रामा:

THE MOST FAMOUS CLASSICAL EXAMPLE SHOWING THE USE OF ALL EIGHT CASES

(श्रीरामरक्षा 37)

रामो राजमणि: सदा विजयते।	राम:	Nominative	(Rāma)	
रामं रमेशं भजे।	रामम्	Accusative	(to Rāma)	- to, what?
रामेणाभिहिता निशाचरचमू।	रामेण	Instrumental	(by Rāma)	- by, with
रामाय तस्मै नम:	रामाय	Dative	(for Rāma)	- for, to
रामान्नास्ति परायणं परतरम्।	रामात्	Ablative	(than Rāma)	- from
रामस्य दासोऽस्म्यहम्।	रामस्य	Possessive	(of Rāma)	- of
रामे चित्तलय: सदा भवतु मे।	रामे	Locative	(in Rāma)	- in, on, at
भो राम! मामुद्धर।।7।।	राम	Vocative	(O Rāma!)	

25.1 THE NOMINATIVE CASE

kartā-kārakam. prathamā-vibhaktiḥ

कर्ता–कारकम्। प्रथमा विभक्तिः।

The 1st Case or the First Declension of substantives, The doer or the subject itself

Rāma eats rice i.e. *Rāmaḥ odanaṁ khādati.* **रामः** ओदनं खादति। Rāma (राम) is the doer of the action (*kartā kārakam* कर्ता–कारकम), so **Rāma** is the SUBJECT (*kartā* कर्ता).

Therefore, Rāma is in the NOMINATIVE CASE (प्रथमा–विभक्तिः). *Rāmaḥ* रामः is the Singular Nominative case of the uninflected masculine substantive word *Rāma* राम।

EXAMPLES :The subject in the THE NOMINATIVE (1st) CASE is shown in bold :

1. **Rāma** drinks milk. ***Rāmaḥ*** *dugdhaṁ pibati (√pā).* **रामः** दुग्धं पिबति। (√पा)
2. **Sītā** wrote a letter. ***Sītā*** *patram alikhat.* **सीता** पत्रम् अलिखत्। (√लिख)
3. **He** draws a picture. ***saḥ*** *ćitram likhati (√likh).* **सः** चित्रं लिखति।
4. **You** will give money. ***bhavān*** *dhanaṁ dāsyati (√dā).* **भवान्** धनं दास्यति। (√दा)
5. **Arjuna** chatters. ***Arjunaḥ*** *prajñā-vādān bhāṣate (√bhāṣ).* **अर्जुनः** प्रज्ञावादान् भाषते। (√भाष्)
6. **विद्यार्थी सेवकः पान्थः क्षुधार्थी भयकातरः।**
   भाण्डारी प्रतिहारी च सप्त सुप्तान्प्रबोधयेत्।।32।।

EXERCISE 52 : (A) Find the Nominative (1st) case :

(1) I am eating a mango. अहम् आम्रं खादामि।(2) She brings a cat. सा बिडालम् आनयति।

(3) The cow gives milk. गौः दुग्धं ददाति। (4) The dog barks. कुकुरः वुक्कति।

(5) A parrot speaks Sanskrit. एकः शुकः संस्कृतं वदति।

(6) शोको नाशयते धैर्यं शोको नाशयते श्रुतम्।
शोको नाशयते सर्वं नास्ति शोकसमो रिपुः।33।।

(7) वृक्षाग्रवासी न च पक्षिराजः त्रिनेत्रधारी न च शूलपाणिः।
जटाभिर्युक्तो न च सिद्धयोगी जलं च बिभ्रन्न घटो न मेघः।34।।

25.2 THE ACCUSATIVE CASE

karma-kārakam. dvitīyā vibhakti

कर्म-कारकम्। द्वितीया विभक्तिः।

The 2nd Case or the Second Declension of substantives

SIGNS: what? to, to where?; below, above, between, after, along, towards, in front of, near, around, without ...

(उपपदानि – अन्तरेण, अन्तरा, उभयतः, सर्वतः, विना, धिक्, उपर्युपरि, अभितः, परितः, समया, निकषा, अध्यधि, अधोऽधः, अधः, अनु, उप, अभि, सु, अति, प्रति, अप, अपि, अधि, हा, आङ्)

Rāma eats **rice**. *Rāmaḥ odanaṁ khādati.* रामः **ओदनम्** खादति। Rāma does the action of eating, so Rāma is the subject, so *Rāmaḥ* रामः is the Nominative (1st) case, as said earlier. To eat is a transitive verb. Rāma eats what? The answer is - rice (*odanam* ओदनम्). The rice is the **object** (कर्म-कारकम्). Therefore, rice ओदनम् is the Accusative (2nd) Case.

In intransitive actions, the object indicated by 'to' is in Accusative (2nd) case, not in the Dative (4th) case. To go is an intransitive verb. Rāma goes 'to' **town**, Rāmaḥ *grāmaṁ gac̀chati* (रामः ग्रामं गच्छति), town ग्रामम् is the Accusative (2nd) case.

GENERAL RULES :

(1) To a Transitive action (e.g. I eat), if the question 'WHAT?' is asked, (e.g. eat what?), the answer to that question is in the ACCUSATIVE (2nd) CASE. e.g. Q◦ I eat what? A◦ I eat rice, *odanam* ओदनम्।

(2) In an Intransitive action, the object indicated by 'TO or TO WHERE' is in Accusative (2nd) case.

ADVANCED RULES : NOTE : I suggest that you may study the advanced rules after you have gone through the primary study of this book at least once.

(3) In the application of the verbs with secondary prefixes अनु, अभि, अति, आ, सु, प्रति, अधः परि the Accusative (2nd) case is used with the object.

The sage lives on-in the mountain. *sādhuḥ parvatam upavasati.* साधुः पर्वतम् उपवसति (साधुः पर्वते वसति)।

He lives in a village. *saḥ grāmam adhitiṣṭhati.* सः ग्रामम् अधितिष्ठति (सः ग्रामे तिष्ठति)।

The Lion lives in a den. *siṁhaḥ guhām abhiniviśate.* सिंहः गुहाम् अभिनिविशते (सिंहः गुहायां निविशते)।

I live in a house. *ahaṁ gṛham āvasāmi.* अहं गृहम् आवसामि (अहं गृहे वसामि)।

I am running towards the lake. *ahaṁ puṣkaraṁ prati dhāvāmi.* अहं पुष्करं प्रतिधावामि।

(4) In the use of adverbs निकषा उभयतः समया अधः अन्तरा अभितः परितः सर्वतः the Accusative (2nd) case is used for objects.

There are vines on both sides of (near, around) the house. *gṛham ubhayataḥ latāḥ santi.* गृहम् उभयतः (निकषा, अभितः परितः) लताः सन्ति।

(5) In the use of the verb √मन् (to think) **as a simile**, the object (other than people) may optionally be used in Dative (4th) case, otherwise in Accusative (2nd) case.

He considers his house as a palace. *saḥ tasya gṛhaṁ rājamahālāya manyate (4th). saḥ tasya gṛhaṁ rājamahālaṁ manyate (2nd).* सः तस्य गृहं राजमहालाय मन्यते। सः तस्य गृहं राजमहालं मन्यते।

(6) The verbs such as गम्, चल, इण् that indicate travel (गतिः), the object is optionally in the Dative (4th) case, otherwise normally in the Accusative (2nd) case.

I am going to Now York. *ahaṁ new-yorkāya gaćchāmi (4th); ahaṁ new-yorkaṁ gaćchāmi (2nd)*; अहं न्यू-यार्काय गच्छामि। अहं न्यू-यार्कं गच्छामि।

EXERCISE 53 : (cumulative learning)

(A) Write Sanskrit names in Accusative case for nouns (See the previous and following tables for help)

(1) Kitchen -------- Rice -------- Bread --------

(2) Oil -------- Butter -------- Salt --------

(3) Clove -------- Cumin seeds -------- Coffee --------

(B) Write English words for the following Sanskrit nouns:

(1) ओदनम् -------- गोधूम: -------- चणक: --------

(2) शस्यम् -------- तैलम् -------- घृतम् --------

(3) तक्रम् -------- दधि -------- लवणम् --------

(4) जीरक: -------- एला -------- लवङ्गम् --------

EXAMPLES cum EXERCISE : ACCUSATIVE (2nd) CASE

(Translate into English)

The object in Accusative (2nd) case is shown in bold (Answers are given for your help)

1. **Rāma** is drinking milk. *Rāmaḥ dugdhaṁ pibati* राम: **दुग्धं** पिबति।

2. **Sītā** wrote a letter. *Sītā patram alikhat.* सीता **पत्रम्** अलिखत्।

3. **He** sees a zebra. *saḥ rāsabhaṁ paśyati.* स: **रासभं** पश्यति।

4. **You** will give money. *t∘bhavān dhanaṁ dāsyati.* भवान् **धनं** दास्यति।

5. **I** went to Delhi. *ahaṁ Dillīm agacćham.* अहं **दिल्लीम्** अगच्छम्।

6. **Rāma** will go to Kānpur. *Rāmaḥ **Kānpuraṁ** gamiṣyati.* राम: **कानपुरं** गमिष्यति।

EXERCISE 54 : NOMINATIVE AND ACCUSATIVE:

Find out the Nominative and Accusative cases

(1) Rāma saw a lion. राम: सिंहम् अपश्यत्।

(2) She brings a parrot. सा शुकम् आनयति।

(3) A cow gives milk. गौ: दुग्धं ददाति। (4) A horse eats grass. अश्व: घासं खादति।

(5) A snake bites the mouse. सर्प: मूषकं दंशति।

(6) Character is the best jewel. शीलं परं भूषणम्।

THE CLASSICAL EXAMPLES :

(7) **अहिं नृपं** च **शार्दूलं कीटिं** च **बालकं** तथा।
परश्वानं च **मूर्खं** च सप्त सुप्तान्न बोधयेत्।।35।।

(8) न **चौरहार्यं** न च **राजहार्यं** न **भ्रातृभाज्यं** न च **भारकारि**।
व्यये कृते वर्धत एव **नित्यं विद्याधनं सर्वधनप्रधानम्**।।36।।

(9) परोक्षे **कार्यहन्तारं** प्रत्यक्षे **प्रियवादिनम्**।
वर्जये**त्तादृशं मित्रं विषकुम्भं पयोमुखम्**।।37।।

EXERCISE 55 : Write the Sanskrit names in the Nominative case :

(1) Vegetable --------- Potato --------- Onion ---------

(2) Ginger --------- Garlic --------- Tomato ---------

(3) Cucumber --------- Spinach --------- Chilli ---------

25.3 THE INSTRUMENTAL CASE

karaṇa-kārakam. tṛtīyā vibhakti

करण-कारकम्। तृतीया विभक्तिः।

The 3rd Case or Third Declension of substantives

SIGNS: with, by, because of, through, on account of.

(उपपदानि – अनु, सह, पृथक्, विना, नाना, सदृक्, सदृश, सदृक्ष, सन्निभः, समानः, तुल्यः, अलम्, कृतम्, दूरेण, अभ्यर्णेन, अभ्याशेन, निकटेन, अन्तिकेन)

(1) Rāma eats rice with a spoon. *Rāmaḥ ćamasena odanaṁ khādati.* रामः चमसेन ओदनं खादति।

Rāma is doing the eating, so *Rāmaḥ* रामः is the Nominative (1st) case.

Q◦ Rāma eats what? A◦ Rice ओदनम्। So Rice ओदनम् is the Accusative (2nd) case.

To eat is a Transitive verb. Rice is eaten with (–एन) spoon. The spoon is used as an instrument (करण–कारकम् *karaṇa kārakam*) to eat the rice (the object), therefore, with a spoon चमसेन is the Instrumental (3rd) case.

(2) Rāma goes to London by airplane. *Rāmaḥ landanaṁ vāyu-yānena gaćchati.* रामः लन्दनं वायुयानेन गच्छति। Airplane (वायुयानम्), being used as an instrument, is in the Instrumental (3rd) case.

(3) I am going with Rāma. *ahaṁ Rāmeṇa saha gaććāmi.* (अहं रामेण सह गच्छामि), *Rāmeṇa* is Instrumental (3rd) case.

GENERAL RULE :

(1) The object indicated by the words 'WITH' or 'BY' is in the Instrumental (3rd) case.

EXAMPLES : - THE INSTRUMENTAL (3rd) CASE.

I eat food with a spoon. *aham annaṁ ćamasena khādāmi (√khād).* अहम् अन्नं चमसेन खादामि (√खाद्)।

Knowledge looks beautiful with humility. *vidyā vinayena śobhate (√śobh).* विद्या विनयेन शोभते (√शोभ्)।

Rāvaṇa was killed by Rāma. *Rāmeṇa Rāvaṇaḥ hataḥ (√hnạ).* रामेण रावणः हतः (√हन्)।

ADVANCED RULES :

NOTE : It will be easier if you study the advanced rules after you have gone through the primary study of this book at least once.

(2) The object indicated by words such as सह, साकम्, सार्धम्, समानः समम्, हीन, अलम्, दूरेण, अभ्यर्णेन, अभ्याशेन, निकटेन, अन्तिकेन is in the Instrumental (3rd) case.

I go with Rāma. *ahaṁ Rāmeṇa saha gaććāmi.* अहं रामेण सह गच्छामि।

My house is near the school. *mama gṛham vidyālayāt samīpena asti.* मम गृहं विद्यालयात्

समीपेन (निकटेन, अन्तिकेन, अभ्यर्णेन, अभ्याशेन) अस्ति।

Enough with the goodness. *sadbhāvena alam.* सद्भावेन अलम्।

(3) In the use of a comparative suffix such as सदृश and तुल्य, the word being compared is either in the Possessive (6th) case or in Instrumental (3rd) case.

There is no king like Rāma. *Rāmasya-rāmeṇa sadṛśaḥ (tulyaḥ) kaścit rājā nāsti.* रामेण–रामस्य सदृशः (तुल्यः) कश्चित् राजा नास्ति।

Bhima is equal to Arjuna. *Bhīmaḥ Arjunena tulyaḥ asti.* भीमः अर्जुनेन–अर्जुनस्य तुल्यः (सदृशः सदृक्षः सदृक्, सन्निभः समानः) अस्ति।

(4) The Accusative (2nd) or the Instrumental (3rd) case is used in the application of the expressions पृथक् (away), नाना (various) and विना (without). However, optionally the Abaltive (5th) case may also be used.

I am happy away from him. *ahaṁ tena pṛthak sukhī asmi.* अहं तेन पृथक् सुखी अस्मि।

He has eaten various foods. *tena nānā annāni khāditāni santi.* तेन नाना अन्नानि खादितानि सन्ति। (नाना = various)

Without humility the knowledge does not look good. *vinā vinayena vidyā na śobhate.* विना विनयेन विद्या न शोभते।

(5) In the case of the use of Past Passive Participles (see Lesson 28 for ppp∘) in Passive Voice, normally the Instrumental (3rd) case is used for the subject, however otherwise, the Possessive (6th) case is used.

I have desired it (active voice) or it is desired by me (passive voice). *mayā-mama etat iṣṭam.* मया–मम एतत् इष्टम्।

He has read the verse. *tena-tasya ślokaḥ paṭhita:.* तेन–तस्य श्लोकः पठितः।

All have seen it. *etat sarvaiḥ-sarveṣāṁ dṛṣṭaḥ.* एतत् सर्वैः–सर्वेषां दृष्टः।

Rāma has done it. *etat Rāmeṇa-Rāmasya kṛtam.* एतत् रामेण–रामस्य कृतम्।

It is remembered by the child. *bālakena-bālakasya etat jñātam.* बालकेन–बालकस्य एतत् ज्ञातम्।

EXAMPLES cum EXERCISE : THE INSTRUMENTAL (3rd) CASE

The things in Instrumental (3rd) case are shown in bold.

1. I am drinking milk **with him**. *ahaṁ **tena saha** dugdhaṁ pibāmi.* अहं **तेन सह** दुग्धं पिबामि।
2. I drink milk **with a cup**. *ahaṁ **ćaṣakena** dugdhaṁ pibāmi.* अहं **चषकेन** दुग्धं पिबामि।
3. Sītā is writing letter **with a pen**. *Sītā **lekhanyā** patraṁ likhati.* सीता **लेखन्या** पत्रं लिखति।
4. He hits ball **with a bat**. *saḥ laguḍena saha **kandukaṁ** tāḍyati.* सः **लगुडेन** कन्दुकं ताडयति।
5. You will reply **by letter.** *bhavān **patreṇa** pratyuttaraṁ dāsyati* भवान् **पत्रेण** प्रत्युतरं दास्यति।
6. I went to London **by boat**. *ahaṁ **jala-yānena** Landanam agaćcham.* अहं **जलयानेन** लन्दनम् अगच्छम्।
7. Rāma will go there **with Sītā**. *Rāmaḥ **Sītayā saha** tatra gamiṣyati.* रामः **सीतया सह** तत्र गमिष्यति।

CLASSICAL EXAMPLES cum EXERCISE : (Instrumental case shown in **bold** letters)

8 Knowledge is beautiful **with humility**. *vidyā vinayena śobhate.* विद्या **विनयेन** शोभते।

9. The lotus looks beautiful **because of the water**. **पयसा** कमलं विभाति। The water is beautiful **with the lotus**. **कमलेन** पयः विभाति। The lake is beautiful **because of the water**. **पयसा** सरः विभाति। The lake is beautiful **because of the lotus**. **कमलेन** सरः विभाति।
पयसा कमलं **कमलेन** पयः। **पयसा कमलेन** विभाति सरः।।38।।

10. The night is beautiful **with the moon. शशिना** निशा विभाति। The moon is beautiful **because of the night निशया** शशी विभाति। The sky is beautiful **because of the moon. शशिना** नभः विभाति। The sky is beautiful **because of the night. शशिना** नभः विभाति।
शशिना च निशा **निशया** च शशी। **शशिना निशया** च विभाति नभः।।39।।

11. The bracelet is beautiful **with the jewel. मणिना** वलयं विभाति। The jewel is beautiful **because of the bracelet वलयेन** मणिः विभाति। The hand is beautiful **with the jewel. मणिना** करः विभाति। The hand is beautiful **with the bracelet**. वलयेन करः विभाति।
मणिना वलयं **वलयेन** मणिः। **मणिना वलयेन** विभाति करः।।40।।

12. The assembly looks good **beacuse of you. भवता** सभा विभाति। You look good **because of**

the assembly सभया भवान् विभाति। The world looks good **because of you. भवता** जगत् विभाति। The world looks good **because of the assembly. सभया** जगत् विभाति।

सभया च भवान् **भवता** च सभा। **सभया भवता** च विभाति जगत्।।41।।

(13) **सद्भिस्तु लीलया** प्रोक्तं शिलालिखितमक्षरम्।
असद्भिः शपथेनापि जले लिखितमक्षरम्।।42।।

(14) **एकेना**पि **सुपुत्रेण विद्यायुक्तेन** भासते।
कुलं **पुरुषसिंहेन चन्द्रेणे**व हि शर्वरी।।43।।

(15) यथा **ह्येकेन चक्रेण** न रथस्य गतिर्भवेत्।
एवं **पुरुषकारेण विना** दैवं न सिद्ध्यति।।44।।

EXERCISE 56 : Find the Nominative (1st), Accusative (2nd), Instrumental (3rd) cases :

(1) I caught a ball with my hand. अहं हस्तेन कन्दुकम् अगृह्णाम्।

(2) He plays a toy with you. सः तेन सह क्रीडनकं खेलति।

(3) She will come here by car. सा कारयानेन अत्र आगमिष्यति।

(4) We will go with you. वयं त्वया सह गमिष्यामः।

(5) They ate rice with milk. ते दुग्धेन सह ओदनम् अखादन्।

(6) चक्षुषा मनसा वाचा कर्मणा च चतुर्विधम्।
प्रसादयति यो लोकं तं लोकोऽनुप्रसीदति।।45।।

EXERCISE 57 :

Find the Instrumental (3rd) cases in the following:

(1) You stitch cloth with a needle. भवान् सूचिकया वस्त्रं सीव्यति।

(2) Rāma cuts paper with scissors. रामः कर्तरिकया पत्रकं कृन्तति।

(3) I came with my dog. अहं मम कुकुरेण सह आगच्छम्–आगतवान्।

(4) Knowledge grows with education. विद्यया ज्ञानं वर्धते। (√वृध् = to grow)

(5) He is <u>blind</u> with an eye and **lame** with a leg. सः अक्ष्णा <u>काणः</u> पादेन च **खञ्जः**।

(6) Without righteousness one is like an animal. धर्मेण हीनः पशुना समानः।

EXERCISE 58 :

Give Sanskrit words for English nouns :

(1) Spoon ----------	Boat ----------	Lake ----------
(2) Night ----------	Pot ----------	Knife ----------
(3) Scissors ----------	Needle----------	Mirror ----------
(4) Soap ----------	Towel ----------	Bed ----------
(5) Table ----------	Paper ----------	Education ----------

25.4 THE DATIVE CASE

sampradāna-kārakam. ćaturthī vibhaktiḥ.

सम्प्रदान–कारकम्। चतुर्थी विभक्तिः।

The 4th Case or Fourth Declension of the substantives

SIGNS: for, to, to give to, to send to, to show to, to desire (उपपदानि – अनु, प्रति, अलम्, वषट्, नमः, स्वस्ति, स्वाहा, स्वधा)

I give rice to Rāma with a spoon. *ahaṁ rāmāya ćamasena odanaṁ dadāmi.* अहं रामाय चमसेन ओदनं ददामि। I am giving, so I am the subject. I, *aham* (अहम्) is the Nominative (1st) case. I give what? I give rice. So rice is the object. Rice, *odanam* ओदनम्, is the Accusative (2nd) case.

I give with a spoon. So, with a spoon, *ćamasaena* चमसेन, is the Instrumental (3rd) case. To give is a Transitive verb (√*da, dadāti* √दा, ददाति). Rice is given to whom (कस्मै)? Rice is given to (or for) Rāma. Therefore, *Rāmāya* रामाय is DATIVE (4th) case.

GENERAL RULE :

(1) When an object is given or transferred 'To' or 'For' someone, the receiver is in DATIVE (4th) CASE.

Rāma gives a letter to Sītā. *Rāmaḥ Sītāyai patraṁ dadāti.* (रामः सीतायै पत्रं ददाति)

ADVANCED RULES : (NOTE : You may study these rules after the basic study of this book)

(2) The object attached with words such as नमः स्वस्ति, स्वाहा, स्वधा, अलम्, वषट् is in the Dative (4th) case. e.g.

i. Salute to Rāma. *Rāmāya namaḥ* रामाय नमः।

ii. May all be well. *sarvebhyaḥ svasti* सर्वेभ्यः स्वस्ति।

iii. The offering is for the teacher(s). *gurujanāya svadhā asti.* गुरुजनाय स्वधा अस्ति। Oblations to forefathers. *pitṛbhyaḥ svadhā* पितृभ्यः स्वधा।

iv. The Offering to the Indra. *indrāya vaṣaṭ.* इन्द्राय वषट्।

v. This is enough for these people. *etat ebhyaḥ alam.* एतत् एभ्यः अलम्।

(3) The objects indicated by verbs √असूय्, √ईर्ष्य्, √क्रुध्, √दा, √द्रुह्, √रुच्, √स्पृह् are in the Dative case.

i. Fools are hateful of the learned people. *mūrkhāḥ vijñebhyaḥ asūyanti.* मूर्खाः विज्ञेभ्यः असूयन्ति।

ii. Ignorant people are jealous of the virtuous people. *mūḍhāḥ guṇibhyaḥ īrṣyanti.* मूढाः गुणिभ्यः ईर्ष्यन्ति।

iii. Wicked people bother the good people. *duṣṭāḥ bhadrebhyaḥ druhyanti.* दुष्टाः भद्रेभ्यः द्रुह्यन्ति।

iv. Mother does not get angry with the children. *mātā putrebhyaḥ na krudhyati.* माता पुत्रेभ्यः न क्रुध्यति।

(4) When a person inspires someone else, the person (the subject) who inspires is in the Nominative (1st) case, but the person who is being inspired is in the Dative (4th) case.

i. The teacher reads the lesson to the (for the, for the help of the) students. *śikṣakaḥ ćhātrebhyaḥ pāṭhaṁ paṭhati.* शिक्षकः छात्रेभ्यः पाठं पठति।

(5) To say that someone likes something, the Dative case is used. Rāma likes truth. *Rāmāya satyaṁ roćate.* रामाय सत्यं रोचते।

(6) The person to whom the √श्लाघ्, स्था, शप्, ह्नुङ् verbs are directed, is in the Dative case.

i. The servant praises the master. *sevakaḥ svāmine ślāghate.* सेवकः स्वामिने श्लाघते।

(7) In the use of verb √धृ (√*dhṛ* - to bear), the rightful owner of the money is in Dative (4th) case.

i. You owe hundred Repees to Rāma. *bhavān Rāmaya śataṁ rūpyakāṇi dhārayati.* भवान् रामाय शतं रुप्यकाणि धारयति।

(8) In the use of verb √स्पृह् (√spṛḥ - to desire), the thing that is desired is in the Dative (4th) case.

i. All people desire wealth. *sarve dhanāya spṛhanti.* सर्वे धनाय स्पृहन्ति।

(9) In the use of verbs √राध् and √ईक्ष्, the one about whom the enquiry is being made is in the Dative (4th) case.

i. He asks me about you. *saḥ māṁ bhavate rādhyati/īkṣate.* सः मां भवते राध्यति/ईक्षते।

(10) The words that carry the meaning of infinitives, are in the Dative (4th) case (for details on infinitives and examples, see Lesson 28.6).

i. For the protection of the good people and for the removal of the wicked people. *paritrāṇāya sādhūnāṁ vināśāya ća duṣkṛtām* (Gitā 4.8). परित्राणाय साधूनां विनाशाय च दुष्कृताम्।

(11) In the use of verb √मन् (to think) as a simile, the object (other than people) may optionally be used in the Dative (4th) case, otherwise in the Accusative (2nd) case.

i. He considers his house to be a palace. *saḥ tasya gṛhaṁ rājamahālāya manyate (4th). saḥ tasya gṛhaṁ rājamahālaṁ manyate (2nd).* सः तस्य गृहं राजमहालाय मन्यते। सः तस्य गृहं राजमहालं मन्यते।

(12) The verbs that indicate travel (गतिः), the object is optionally in the Dative (4th) case, otherwise in the Accusative (2nd) case.

i. I am going to Kīrti Nagar. *ahaṁ Kīrti-nagarāya gaććhāmi (4th); ahaṁ Kīrti-nagaraṁ gaććhāmi (2nd);* अहं कीर्ति-नगराय गच्छामि। अहं कीर्ति-नगरं गच्छामि।

(13) When the words आयुष्य, भद्र, मद्र, कुशल, सुख, अर्थ, हित are used for benediction, the benefactor is optionally in the Dative (4th) case, or in the Possessive (6th) case.

i. May you live long. *tubhyaṁ (te) dīrgham āyuṣyaṁ bhūyāt (4th). tava (te) dīrgham āyuṣyaṁ bhūyāt (6th).* तुभ्यं/भवतः दीर्घम् आयुष्यं भूयात्। तव/भवतः दीर्घम् आयुष्यं भूयात्।

ii. May the poor be happy. *akiñćanebhyaḥ madraṁ bhūyāt (4th). akiñćanānāṁ madraṁ bhūyāt* (6th). अकिञ्चनेभ्यः मद्रं भूयात्। अकिञ्चनानां मद्रं भूयात्।

iii. May the beings be happy. *bhūtebhyaḥ bhadraṁ bhūyāt (4th). bhūtānāṁ bhadraṁ bhūyāt* (6th). भूतेभ्यः भद्रं भूयात्। भूतानां भद्रं भूयात्।

iv. May all be happy. *sarvebhyaḥ kuśalaṁ bhūyāt (4th). sarveṣāṁ kuśalaṁ bhūyāt* (6th). सर्वेभ्यः कुशलं भूयात्। सर्वेषां कुशलं भूयात्।

v. May the children be happy. *śiśubhyaḥ sukhaṁ bhavatu (4th). śiśunāṁ sukhaṁ bhavatu* (6th). शिशुभ्यः सुखं भवतु। शिशुनां सुखं भवतु।

vi. May the charitable be prosperous. *dānibhyaḥ arthaḥ bhavet (4th). dāninām arthaḥ bhavet* (6th). दानिभ्यः अर्थः भवेत्। दानिनाम् अर्थः भवेत्।

vii. May all be well. *bhūtebhyaḥ hitaṁ bhūyāt (4th). bhūtānāṁ hitaṁ bhūyāt* (6th). भूतेभ्यः हितं भूयात्। भूतानां हितं भूयात्।

(14) Many times the Dative (4th) case is optionally used, in place of the Possessive (6th) case, (to indicate a relationship).

i. I will go to his house today. *tasmai (tasya) gṛhe aham adya gantāsmi.* तस्मै (तस्य) गृहे अहम् अद्य गन्तास्मि।

EXAMPLES cum Exercise : THE DATIVE (4th) CASE

1. Obeisance **to Lord Rāma**. *Rāmāya namaḥ* रामाय नमः।
2. I gave **him** money. *ahaṁ tasmai dhanam adadām (dattavān).* अहं तस्मै धनम् अददाम् (दत्तवान्)।
3. Sītā sings **for you**. *Sītā te gāyati.* सीता ते गायति।
4. He plays **for the Toronto Raptors**. *saḥ Rāptarebhyaḥ khelati.* सः टोराण्टो-राप्टरेभ्यः खेलति।
5. You will give **me** the letter. *bhavān me patraṁ dāsyati.* भवान् मे पत्रं दास्यति।
6. I am going **for the meeting**. *ahaṁ sabhāyai gaćchāmi.* अहं सभायै गच्छामि।
7. Sītā! what do you like (**for yourself**)? *Sīte! te kiṁ rocate?* सीते! ते किं रोचते?
8. Rāma! what do you desire **for you**? *Rāma! bhavān kasmai spṛhayati?* राम! भवान् कस्मै स्पृहयसि?

EXERCISE 59 : Say it in Sanskrit and find the Dative (4th) cases

(1) I gave him the ball. अहं तस्मै कन्दुकम् अददाम्/दत्तवान्।

(2) He gave a book to (for) me. स: मे पुस्तकम् अददात्/दत्तवान्।

(3) Duryodhana is jealous of Arjuna. दुर्योधन: अर्जुनाय ईर्ष्यति।

(4) Milk is good for a child. बालाय क्षीरं हितम्।

(5) Oblation to the fire. अग्नये स्वाहा।

(6) विद्या विवादाय धनं मदाय शक्ति: परेषां परिपीडनाय।
खलस्य साधो: विपरीतमेतत् ज्ञानाय दानाय च रक्षणाय।।46।।

(7) रामाय रामभद्राय रामचन्द्राय वेधसे।
रघुनाथाय नाथाय सीताया: पतये नम:।।47।। (Rāmarakṣā : 27)

25.5 THE ABLATIVE CASE

apādāna-kārakam. pañćamī vibhaktiḥ

अपादान-कारकम्। पञ्चमी विभक्ति:।

The 5th Case or Fifth Declension of Substantives

SIGNS: From, than (a comparison between two objects), except, before, after, until, since, outside, without.

(उपपदानि - अप, परि, आङ्, ऋते, विना, पूर्वम्, प्राक्, अनन्तरम्, आ, प्रभृति, बहि:)

Rāma eats rice with a spoon from the dish. *Rāmaḥ odanaṁ ćamasena sthālikāyāḥ khādati.* राम: ओदनं चमसेन स्थालिकाया: खादति।

Rāma eats, Rāma (राम:), the subject is in the Nominative (1st) case. Rice (ओदनम्) is eaten, Rice, the object, is in the Accusative (2nd) case. Rāma eats with a spoon (चमसेन), so the Spoon is in the Instrumental (3rd) case. To eat is a transitive verb. The rice is taken out from the dish (स्थालिकाया:), therefore, the dish is in the Ablative (5th) case.

GENERAL RULES :

(1) When an object is moved from one place to another, **the place** FROM where it is moved is in ABLATIVE CASE.

A star falls from the sky. *tārā nabhāt patati.* तारा नभसः पतति।

The ripe fruits are falling from the tree. *pakvāni phalāni vṛkṣāt patanti.* पक्वानि फलानि वृक्षात् पतन्ति।

The student comes from school. *ćhātraḥ vidyālayāt āgaćchati.* छात्रः विद्यालयात् आगच्छति।

My house is 100km from Banāras. *mama gṛhaṁ Vārāṇasītaḥ śata-yojanāni asti.* मम गृहं वाराणसीतः शतयोजनानि अस्ति।

I am here since Monday. *somavāsarataḥ aham atra asmi.* सोमवासरतः अहम् अत्र अस्मि।

(2) When one object is compared with second object, then the second object (against which the comparison is made) is in the ABLATIVE (5th) CASE.

i. Rāma is smarter than Keśava. *Rāmaḥ keśavāt ćaturaḥ asti.* रामः केशवात् चतुरः अस्ति।

(3) The things against which verbs √गुप्, वि√रम् and प्र√मद् are directed, are in the Abaltive (5th) case.

i. The Kauravas loathed the Pāṇḍavas. *kauravāḥ pāṇḍvebhyaḥ ajugupsanta.* कौरवाः पाण्डवेभ्यः अजुगुप्सन्त।

ii. The good people stay away from bad things. *sajjanāḥ kukarmabhyaḥ viramanti.* सज्जनाः कुकर्मभ्यः विरमन्ति।

iii. Students should not be careless in studies. *ćhātrāḥ abhyāsāt na pramādyeyuḥ.* छात्राः अभ्यासात् न प्रमाद्येयुः।

ADVANCED RULES : NOTE : It will be easier for you if you study the advanced rules after you have gone through the primary study of this book at least once.

(4) While using the verbs referring to fear, protection or hiding, the thing from which the fear arises or the thing against which the protection is provided, is in the Ablative (5th) case.

i. The police protects people from thieves. *nagara-rakṣiṇaḥ ćorebhyaḥ janān rakṣanti.* नगररक्षिणः चोरेभ्यः जनान् रक्षन्ति।

ii. People are afraid of thieves. *janāḥ ćorebhyaḥ bibhyati.* जनाः चोरेभ्यः बिभ्यति। (singular बिभेति, pl॰ बिभ्यति)

iii. Thief hides from the police. *ćoraḥ nagara-rakṣakebhyaḥ vilīyate.* चोरः नगररक्षेभ्यः विलीयते।

(5) The Ablative (5th) case is used in the application of directional expressions such as भिन्न (different), अन्य (another), आरात् (near, far), इतर (other), ऋते (without), प्रत्यक् (other side, on the West side), उदके, उत्तराहि (on the North side), दक्षिणाहि (on the South side), पूर्व (before), पृथक् (away).

i. Shape of a banana is different than that of a mango. *āmra-phalasya ākārāt kadali-phalasya ākāraḥ bhinnaḥ asti.* आम्रफलस्य आकारात् कदलिफलस्य आकारः भिन्नः अस्ति।

ii. The colour of a banana is different than the colour of a mango. *āmra-phala-varṇāt anyavarṇaṁ kadali-phalam.* आम्रफलवर्णात् अन्यवर्णं कदलिफलम् (अन्यः कदलिफलरङ्गः)।

iii. The students are standing near (or away from) the teacher. *ćhātrāḥ guroḥ ārāt tiṣṭhanti.* छात्राः गुरोः आरात् तिष्ठन्ति।

iv. My book is other than this one. *mama pustakam asmāt (pustakāt) itaram asti.* मम पुस्तकम् अस्मात् (पुस्तकात्) इतरम् अस्ति।

v. Without efforts there is no success. *ṛte prayatnebhyaḥ sāphalyaṁ nāsti.* ऋते प्रयत्नेभ्यः साफल्यं नास्ति।

vi. My school is on the other side of the market. *mama vidyālayam āpaṇāt pratyak asti.* मम विद्यालयम् आपणात् प्रत्यक् अस्ति।

vii. His house is on the North side of my house. *tasya gṛhaṁ mama gṛhāt udakam asti.* तस्य गृहं मम गृहात् उदकम् अस्ति।

viii. His house is before Rāma's house. *tasya gṛhaṁ Rāmasya gṛhāt pūrvam (prāk) asti.* तस्य गृहं रामस्य गृहात् पूर्वम् (प्राक्) अस्ति।

ix. Śrīlankā is on the South side of India. *Śrīlankā Bhāratāt dakṣiṇāhi asti.* श्रीलङ्का भारतात् दक्षिणाहि अस्ति।

x. India is on the North side of Śrīlankā. *Bhāratam Śrīlankāyāḥ uttarāhi asti.* भारतं श्रीलङ्कायाः उत्तराहि अस्ति।

(6) Normally the Accusative (2nd) or Instrumental (3rd) case is used in the application of the expressions पृथक् (different) and विना (without). However, optionally the Abaltive (5th) case may also be used.

i. The drinking water is different than this water. *pānīyaṁ jalam asmāt jalāt pṛthak asti.* पानीयं जलम् अस्मात् जलात् पृथक् अस्ति।

ii. Without desire work is not completed. *iććhāyāḥ vinā kāryaṁ na sidhyate.* इच्छायाः विना कार्यं न सिध्यति।

(7) When the phrase 'up to' is used for indicating a limit, the Ablative (5th) case is used in its application.

i. Up to evening I will stay. *ā-sandhyāyāḥ ahaṁ sthāsyāmi.* आसन्ध्यायाः अहं स्थास्यामि।

ii. Up to school I run. *ā-vidyālayāt ahaṁ dhāvāmi.* आविद्यालयात् अहं धावामि।

iii. I bring one book from home. *aham ekaṁ pustakaṁ gṛhāt ānayāmi.* अहम् एकं पुस्तकं गृहात् आनयामि।

iv. Vāsudeva is smarter than Gopāla. *Vāsudevaḥ Gopālat ćaturaḥ asti.* वासुदेवः गोपालात् चतुरः अस्ति।

EXAMPLES cum EXERCISE : ABLATIVE (5th) CASE

1. Rāma came **from home**. *Rāmaḥ gṛhāt āgaććhat (āgatavān).* रामः गृहात् आगच्छत् (आगतवान्)।

2. Rain is falling **from the sky**. *ākāśāt vṛṣṭiḥ bhavati.* आकाशात् वृष्टिः भवति–पतति (√पत्)।

3. He goes **from here** to there. *saḥ itaḥ tatra gaćchati.* सः इतः तत्र गच्छति।

4. You will reply **from London**. *bhavān Landanāt pratyuttaraṁ dāsyati.* भवान् लन्दनात्

प्रत्युत्तरं दास्यति।

5. Rāma is taller **than Sitā**. *Rāmaḥ Sītayāḥ uććataraḥ (prām̐śutaraḥ) asti.* रामः <u>सीतायाः</u> उच्चतरः (पांशुतरः) अस्ति।

EXERCISE 60 : Say it in Sanskrit and find the words in the Ablative (5th) case

(1) He stole the ball from the box. सः पेटिकायाः कन्दुकम् अचोरयत्।

(2) Rāma works from home. रामः गृहात् एव कार्यं करोति।

(3) Where did you came from? भवान् कस्मात्-कुतः आगच्छत्/आगतवान्?

(4) We will go from here. वयं इतः गमिष्यामः।

(5) May people be happy. प्रजाभ्यः स्वस्ति। जनाः सुखिनः भवन्तु।

(6) Sītā wants flowers. सीता पुष्पेभ्यः स्पृहयति।

(7) The Ganges originates in (from) the Himālaya. गङ्गा हिमालयात् उद्भवति।

(8) There is no rescue without knowledge. ज्ञानात् विना न मुक्तिः।

(9) विद्या ददाति विनयं विनयात् याति पात्रताम्।
पात्रत्वात् धनम् आप्नोति धनात् धर्मः ततः सुखम्।।48।।

EXERCISE 61 : Translate into Sanskrit (Answers are given in the brackets)
See Appendix 7 for Verb conjugations and Appendix 2 for Case Declensions.

1. The white flowers are falling from the trees. (वृक्षात् श्वेतानि पुष्पाणि पतन्ति)
2. The river is flowing from the mountain. (पर्वतात् नदी वहति)
3. Wicked stay away from righteousness. (दुष्टाः धर्मात् विरमन्ति)
4. The bad people are afraid of the good people. (दुर्जनाः सज्जनेभ्यः बिभ्यति)
5. The dog protects us from thieves. (कुकुरः अस्मान् चोरेभ्यः त्रायते)
6. The trees are born from the seeds. (वृक्षाः बीजेभ्यः जायन्ते)
7. Sunil saw me from the window. (सुनीलः मां वातायनात् अपश्यत्-दृष्टवान्)

8. The river Ganges originates from the Himalayas. (गङ्गानदी हिमालयात् प्रभवति)

9. The temple is on the west side of the market. (मन्दिरम् आपणात् पश्चिमम् अस्ति)

10. The baby fell from the bed. (शिशुः शयनात् अपतत्)

25.6 THE POSSESSIVE or GENITIVE CASE

adhikaraṇa-kārakam. ṣaṣṭhī vibhaktiḥ

अधिकरण-कारकम्। षष्ठी विभक्तिः।

The 6th Case or Sixth Declension of the substantives

SIGNS : of, above, below, in front of, behind, beyond, in presense of, comparison of more than two, i.e. superlative.

(उपपदानि - पश्चात्, उपरि, उपरिष्टात्, परतः, पुरतः, दक्षिणतः, दक्षिणात्, उत्तरतः, उत्तरात्, अवरतः, पुरः, पुरस्तात्, अग्रे, समक्षम्, अधः, अधरात्, अवः, अवस्तात्, कृते)

Rāma eats rice with a spoon from Sītā's dish. *Rāmaḥ ćamasena Sītāyāḥ sthālikāyāḥ odanaṁ khādati.* रामः चमसेन सीतायाः स्थालिकायाः ओदनं खादति।

Rāma eats, so Rāma (रामः), the subject, is in the Nominative (1st) case. Rice (ओदनम्) is eaten, so Rice, the object, is in the Accusative (2nd) case. Rāma eats with a spoon (चमसेन), so the Spoon is in the Instrumental (3rd) case. To eat is a Transitive verb. The rice is taken out from the dish (थालिकायाः), therefore, the Dish is in the Ablative (5th) case. The dish belongs to Sītā's (सीतायाः), therefore, Sītā is also in Possessive (6th) case.

In English, this relationship is shown by the preposition OF or by an 's also.

When we say, I am talking to Sītā's friend Rāma : it shows that,

I am (अहं) the subject, so I am in the Nominative (1st) case. Rāma is the object to whom I am talking, so Rāma (रामं) is in the Accusative (2nd) case. Friend is an adjective of Rāma. Talking (कथयामि) is the transitive verb. Sītā does not have a direct relationship with the subject in this sentence. Sītā has only indirect or external relaionship (सीतायाः), through the object Rāma. The sentence could very well be completed without Sītā's mention i.e. I am talking to Rāma. The word Sītā is not necessary to complete this sentence.

Thus, the word that is not necessary to complete the sentence, but only has an external relationship (सम्बन्धः) in the sentence, is not a कारकम् *(kārakam)*. It is merely a विभक्तिः *(vibhaktiḥ)*, called Possessive or Genetive (6th) case.

GENERAL RULE :

(1) When a relation (सम्बन्धः) between two things is indicated by the preposition OF, 's or MADE OF, the object indicated by 'of' is in the POSSESSIVE (6th) CASE. e.g. Brother of Rāma; Rāma's house; the dish MADE OF silver. *Rāmasya bandhuḥ; Rāmasya gṛham. rūpyakasya sthālikā.* रामस्य बन्धुः। रामस्य गृहम्। रूप्यकस्य स्थालिका।

ADVANCED RULES : NOTE : It will be easier for you if you study the advanced rules after you have gone through the primary study of this book at least once.

(2) Things associated with the verb roots such as उप√कृ, अप√कृ, √क्षम् are in the Possessive (6th) case.

(3) Expressions such as उपरि अधः अग्रतः पुरतः पृष्ठतः उत्तरतः दक्षिणतः वामतः indicate the use of Possessive (6th) case.

उपरि –	उपरि गृहस्य ध्वजः शोभते।	अधः –	वृक्षस्य अधः तृणं न वर्तते।
अग्रतः –	भद्रस्य अग्रतः खलः न तिष्ठति।	पुरतः –	बिडालस्य पुरतः मूषकः बिभेति।
पृष्ठतः –	रामस्य पृष्ठतः लक्ष्मणः भवति।	उत्तरतः –	जननी बालकम् उत्तरतः पश्यति।
दक्षिणतः –	रामस्य दक्षिणतः कः अस्ति?	वामतः –	रामस्य वामतः का अस्ति?

(4) Superlative (श्रेष्ठत्वम्) and contempt (अनादरः) indicate the Possessive (6th) case.

Lion is the most powerful animal. Duryodhana was the wickedest among the wicked. पशूनां श्रेष्ठः सिंहः। दुष्टेषु दुर्योधनः। *paśunāṁ śreṣṭhaḥ siṁhaḥ. duṣṭeṣu Duryodhanaḥ.*

(5) When the verb √ज्ञा *(√jñā)* is used to show a misunderstanding of something, the 6th

case is employed.

People think paper flowers to be real flowers. *janāḥ kargada-puṣpāṇi avitathānāṁ puṣpāṇāṁ jānanti.* जना: कर्गदपुष्पाणि अवितथानां पुष्पाणां जानन्ति।

(6) Many times 6th case is optionally used in place of 2nd, 3rd or 4th case.

i. She remembers God in the difficult times. *sā vipatkāle devaṁ-devasya smarati.* सा विपत्काले देवं-देवस्य स्मरति।

ii. Fire burns the wood. *agniḥ edhāṁsi-edhasāṁ bhasmasāt kurute.* अग्नि: एधांसि-एधसां भस्मसात् कुरुते।

iii. Wash the hands with water. *jalena-jalasya hastau kṣālayatu.* जलेन-जलस्य हस्तौ क्षालयतु।

iv. It should be done by me. *etat mama (mayā) karaṇīyam.* एतत् मम (मया) करणीयम्।

v. The mouse is for Ganeśa, the bull is for Śiva, the tiger is for Devī and the deer is for the Moon. *mūṣakaḥ Gaṇeśasya-Gaṇeśāya, vṛṣabhaḥ Śivasya-Śivāya, vyāghraḥ devyāḥ-devyai, hariṇaḥ ćandramasaḥ-ćandramase asti.* मूषक: गणेशस्य-गणेशाय, वृषभ: शिवस्य-शिवाय, व्याघ्र: देव्या:-देव्यै, हरिण: चन्द्रमस:-चन्द्रमसे अस्ति।

(7) In the use of Past Passive Participles (see Lesson 28.3 on ppp◦), normally the Instrumental (3rd) case is used for the subject; optionally the Possessive (6th) case is also used.

i. I have desired it (active voice) or it is desired by me (passive participle ppp◦). *mayā-mama etat iṣṭam.* मया-मम एतत् इष्टम्।

ii. He has read the verse. *tena-tasya ślokaḥ paṭhitaḥ.* तेन-तस्य श्लोक: पठित:।

iii. All have seen it. *etat sarvaiḥ-sarveṣāṁ dṛṣṭaḥ.* एतत् सर्वै: सर्वेषां दृष्ट:।

iv. Rāma has done it. *etat Rāmeṇa-Rāmasya kṛtam.* एतत् रामेण-रामस्य कृतम्।

v. It is remembered by the me. *mayā-mama etat jñātam.* मया-मम एतत् ज्ञातम्।

(8) In the use of a comparative suffix such as सदृश and तुल्य, the word being compared is either in Possessive (6th) case or in Instrumental (3rd) case.

There is no king like Rāma. *Rāmasya-rāmeṇa sadṛśaḥ (tulyaḥ) kaśćit rājā nāsti.* रामेण-

रामस्य सदृशः (तुल्यः) कश्चित् राजा नास्ति।

(9) When the words आयुष्य, भद्र, मद्र, कुशल, सुख, अर्थ, हित are used for benediction, the benefactor is optionally in Dative case, normally it is in the Possessive (6th) case.

i. May you live long. *tubhyaṁ (te) dīrgham āyuṣyaṁ bhūyāt (4th). tava (te) dīrgham āyuṣyaṁ bhūyāt (6th).* तुभ्यं (ते) दीर्घम् आयुष्यं भूयात्। तव (ते) दीर्घम् आयुष्यं भूयात्।

ii. May the poor be happy. *akiñcanebhyaḥ madraṁ bhūyāt (4th). akiñcanānāṁ madraṁ bhūyāt* (6th). अकिञ्चनेभ्यः मद्रं भूयात्। अकिञ्चनानां मद्रं भूयात्।

iii. May the beings be happy. *bhūtebhyaḥ bhadraṁ bhūyāt (4th). bhūtānāṁ bhadraṁ bhūyāt* (6th). भूतेभ्यः भद्रं भूयात्। भूतानां भद्रं भूयात्।

iv. May all be happy. *sarvebhyaḥ kuśalaṁ bhūyāt (4th). sarveṣāṁ kuśalaṁ bhūyāt* (6th). सर्वेभ्यः कुशलं भूयात्। सर्वेषां कुशलं भूयात्।

v. May the children be happy. *śiśubhyaḥ sukhaṁ bhavatu (4th). śiśunāṁ sukhaṁ bhavatu* (6th). शिशुभ्यः सुखं भवतु। शिशुनां सुखं भवतु।

vi. May the charitable be prosperous. *dānibhyaḥ arthaḥ bhavet (4th). dāniṣu arthaḥ bhavet* (6th). दानिभ्यः अर्थः भवेत्। दानिषु अर्थः भवेत्।

vii. May all be prosperous. *bhūtebhyaḥ hitaṁ bhūyāt (4th). bhūtānāṁ hitaṁ bhūyāt* (6th). भूतेभ्यः हितं भूयात्। भूतानां हितं भूयात्।

(10) In the use of the adverbs such as दक्षिणतः, उत्तरतः, उत्तरात्, अधस्तात्, अवरतः, परतः, उपरि, उपरिष्टात्, पश्चात्, दक्षिणात्, पुरः, अधः, अवः, पुरस्तात्, अधरात्, अवस्तात्..., the connecting word is in the possessive (6th) case.

i. India is on the North side of Śrīlaṅkā. *Śrīlaṅkāyāḥ uttarataḥ (uttarāt) Bhāratam asti.* श्रीलङ्कायाः उत्तरतः (उतरात्) भारतम् अस्ति।

ii. He is sitting in front of (behind) me. *saḥ mama purastāt (avastāt, avarataḥ, avaḥ ...) upaviṣṭaḥ asti.* सः मम पुरस्तात् (अवस्तात्, अवरतः अवः ...) उपविष्टः अस्ति।

For more examples, see the Ablative (5th) case.

(11) In Sanskrit, the verb 'to have' is expressed with the use of suffix 'of.'

e.g. The rich people have money. धनिकानां धनम् अस्ति *dhanikānāṁ dhanam asti.*

The students have books. छात्राणां पुस्तकानि सन्ति *ćhātrāṇāṁ pustakāni santi*).

THE CLASSICAL EXAMPLES from Gītā (10.21-22):

1. आदित्यानाम् अहं विष्णुः ज्योतिषां रविरंशुमान्।
   मरीचिः मरुताम् अस्मि नक्षत्राणाम् अहं शशी।।49।।
2. वेदानां सामवेदोऽस्मि देवानाम् अस्मि वासवः।
   इन्द्रियाणां मनश्चास्मि भूतानाम् अस्मि चेतना।।50।।

EXAMPLES cum EXERCISE :POSSESSIVE (6th) CASE

1. Bharata was Rāma's Brother. *Bharataḥ Rāmasya bandhuḥ āsīt.* भरतः रामस्य बन्धुः आसीत्।
2. Rāma was Daśaratha's son. *Rāmaḥ Daśarathasya putraḥ āsīt.* रामः दशरथस्य पुत्रः आसीत्।
3. This is Sītā's book. *idaṁ sītāyaḥ pustakam asti.* इदं सीतायाः पुस्तकम् अस्ति।
4. I saw a gold ring. *ahaṁ suvarṇavalayaṁ apaśyam.* अहं सुवर्णस्य सुवर्णवलयं अपश्यम्।
5. You are sitting near them. *bhavān teṣāṁ samīpe upaviśati.* भवान् तेषां समीपे उपविशति।
6. This is my house. *etad mama gṛham asti* एतद् मम गृहम् अस्ति।
7. Where is our car? *asmākaṁ kār-yānaṁ kutra asti?* अस्माकं कार-यानं कुत्र अस्ति?
8. He stole my Rupees. *saḥ mama rūpyakāṇi aćorayat.* सः मम रूप्यकाणि अचोरयत्।
9. Gentleman helps everyone. *sadhuḥ sarveṣām upakaroti.* साधुः सर्वेषाम् उपकरोति।
10. Sītā is standing on the left side of Rāma. *Ramasya vāmataḥ Sītā tiṣṭhati.* रामस्य वामतः सीता तिष्ठति।
11. Bharata is standing on the right side of Rāma. *Ramasya dakṣiṇataḥ Bharataḥ tiṣṭhati.* रामस्य दक्षिणतः भरतः तिष्ठति।
12. Lakṣamaṇa is standing behind Rāma. *Ramasya pṛṣṭhataḥ Lakṣamaṇaḥ tiṣṭhati.* रामस्य पृष्ठतः लक्ष्मणः तिष्ठति।
13. There is an umbrella over Rāma. *Ramasya upari ćhatram asti.* रामस्य उपरि छत्रम् अस्ति।

EXERCISE 62 : Find the possessive (6th) cases in the following

(1) Rāma is reading his own book. रामः स्वस्य पुस्तकं पठति।

(2) Sītā's friend is there. सीतायाः सखी तत्र अस्ति।

(3) He gave me my money. सः मह्यं मम धनम् अददात्-दत्तवान्।

(4) Calcutta is in the east of India. भारतस्य पूर्वतः कोलकता अस्ति।

(5) Mumbaī is in the west of India. भारतस्य पश्चिमतः मुम्बई अस्ति।

(6) India is to the North of Śrīlankā. श्रीलङ्कायाः उत्तरतः भारतम् अस्ति।

CLASSICAL EXAMPLES

(7) नरस्य आभरणं रूपं रूपस्याभरणं गुणः।
गुणस्याभरणं ज्ञानं ज्ञानस्याभरणं क्षमा।।51।।

(8) यस्य नास्ति स्वयं प्रज्ञा शास्त्रं तस्य करोति किम्।
नेत्राभ्यां तु विहीनस्य दर्पणः किं करिष्यति।।52।।

(9) आदानस्य प्रदानस्य कर्तव्यस्य च कर्मणः
क्षिप्रमक्रियमाणस्य कालः पिबति तद्रसम्।।53।।

(10) अयं निजः परो वेति गणना लघुचेतसाम्।
उदारचरितानां तु वसुधैव कुटुम्बकम्।।54।।

EXAMPLES cum EXERCISE : Possessive (6th) case

(1) He is the son of my brother. *saḥ mama bhrātuḥ putraḥ asti.* सः मम भ्रातुः पुत्रः अस्ति।

(2) Where is Rāma's younger sister? *Rāmasya anujā kutra asti?* रामस्य अनुजा कुत्र अस्ति?

(3) This is Sītā's grandfather's house. *etad Sītāyāḥ mātāmahasya gṛham asti.* एतद् सीतायाः मातामहस्य गृहम् अस्ति।

(4) Your father's friend is coming. *tava pituḥ bandhuḥ āgaćchati.* तव पितुः बन्धुः आगच्छति।

(5) I have two brothers. *mama dvau bhrātarau staḥ.* मम द्वौ भ्रातरौ स्तः।

EXERCISE 63 : Give Sanskrit names for the English nouns

(1) Family ----------- Friend ----------- Father -----------

(2) Mother ---------- Daughter ---------- Brother ---------

(3) Sister ----------- Wife ----------- Son -----------

25.7 THE LOCATIVE CASE

adhikaraṇa kārakam. saptamī vibhaktiḥ

अधिकरण-कारकम्। सप्तमी विभक्तिः।

The 7th Case or the Seventh Declension fo Substantives

SIGNS : In, on, at, in side, under, upon, among अधि।

Rāma eats rice with spoon from Sītā's dish in the kitchen on (or at) the table. *Rāmaḥ odanaṁ ćamasena Sītāyāḥ sthālikāyāṁ pāka-gṛhe phalake khādati.* रामः ओदनं चमसेन सीतायाः स्थालिकायां पाकगृहे फलके खादति।

Rāma eats, so *Rāmaḥ* रामः, the subject, is in the Nominative (1st) case. Rice (ओदनम्) is eaten, so Rice, the object, is in the Accusative (2nd) case. Rāma eats with a spoon (*ćamasena* चमसेन), so the Spoon is in the Instrumental (3rd) case. To eat is a Transitive verb. The rice is taken out from the dish (*thālikāyāḥ* थालिकायाः), so the dish is in the Ablative (5th) case. The dish belongs to Sītā (*sītayā* सीतायाः), so Sītā is in the Possessive (6th) case. He eats IN the kitchen (*pākagṛhe* पाकगृहे) at the table (*phalake* फलके). So, kitchen and table both are in the LOCATIVE (7th) case.

GENERAL RULE :

(1) Words that locate the object in relation to its surroundings, such as- In, On, At, Over, Above, Under ...etc. indicate the LOCATIVE (7th) CASE.

ADVANCED RULES :

(2) We have seen earlier that the expressions such as अग्रतः पुरतः पृष्ठतः उत्तरतः दक्षिणतः वामतः indicate the Possessive (6th) case. However, if these words indicate a location in relation to the subject, then these words (if they are declinable) take the suffix of

the LOCATIVE (7th) case, such as, दक्षिणे on the right side, वामे on the left side. e.g.
दक्षिणे लक्ष्मणो यस्य वामे तु जनकात्मजा।
पुरतो मारुतिर्यस्य तं वन्दे रघुनन्दनम्।।55।। (Rāmarakṣā : 31)

(3) The words that mean near or far are normally in 2nd, 3rd or 5th case, but optionally they could be in the Locative (7th) case.

My house is far (near) from the school. *mama gṛhaṁ vidyālayāt dūre (dūram, dūreṇa, dūrāt; samīpam, samīpena, samīpāt; antikam, antikena, antikāt) asti.* मम गृहं विद्यालयात् दूरे (दूरम्, दूरेण, दूरात्; समीपम्, समीपेन, सम्पात्; अन्तिकम्, अन्तिकेन, अन्तिकात्) अस्ति।

EXAMPLES cum EXERCISE : THE LOCATIVE (7th) CASE (cumulative learning)

1. He sat in my car. *saḥ mama yāne upāviśat/upaviṣṭavān.* सः मम याने उपाविशत्/उपविष्टवान्।
2. The bird sits on a wall. *pakṣī bhittau tiṣṭhati.* पक्षी भित्तौ तिष्ठति।
3. Put a cap over your head. *śirasi śirastrāṇaṁ sthāpaya.* शिरसि शिरस्त्राणं स्थापय (स्थापयतु)।
4. The cat is under the chair. *biḍālaḥ viṣṭara-tale asti.* बिडालः विष्टरतले अस्ति।
5. Sitā is cooking rice in a pot. *Sītā pātre odanaṁ paćati.* सीता पात्रे ओदनं पचति।
6. His heart is not in study. *tasya paṭhane ićhā/ćttaṁ nāsti.* तस्य पठने इच्छा/चित्तं नास्ति।
7. Bad people should not be trusted. *duṣta-janeṣu mā viśvaset.* दुष्टजनेषु मा विश्वसेत्।
8. The wind carries the smoke away. *vāyuḥ dhūmaṁ dūre nayati.* वायुः धूमं दूरे नयति।
9. The smoke moves up. *dhūmaḥ upari gaćchati.* धूमः उपरि गच्छति।
10. Rāma shot an arrow into Rāvaṇa's stomach. *Rāmaḥ Ravaṇasya udare śareṇa prāharat.* रामः रावणस्य उदरे शरेण प्राहरत्।
11. I will eat at seven o'clock. *ahaṁ sapta-vādane khādiṣyāmi.* अहं सप्तवादने खादिष्यामि।
12. Sītā is expert in singing. *Sītā gīta-gāyane pravīṇā asti.* सीता गीतगायने प्रवीणा अस्ति।
13. He has a liking for Sanskrit. *tasya saṁskṛte āsaktiḥ.* तस्य संस्कृते आसक्तिः।
14. In today's world, strength is in unity. *saṅghe śaktiḥ kalau yuge.* संघे शक्तिः कलौ युगे।

15. Most distinguished and sweetest among all the languages is the glorious Sanskrit language. *bhāṣāsu mukhyā madhurā divyā gīrvāṇa-bhāratī.* **<u>भाषासु</u> मुख्या मधुरा दिव्या गीर्वाणभारती।**

EXERCISE 64 : Find the locative (7th) case

(1) पुस्तके, पुस्तकानाम्, पुस्तकेषु। (2) मालायाः, मालायाम्, मालायै, मालासु। (3) नदी, नदीभ्यः, नदीषु, नद्यः। (4) कर्मणि, कर्मसु, कर्मणः। (5) भर्ता, भर्तृषु, भर्तृणाम्।

(6) मातृवत् परदारेषु परद्रव्येषु लोष्ठवत्।
आत्मवत् सर्वभूतेषु यः पश्यति स पण्डितः।।56।।

(7) कर्मण्येवाधिकारस्ते मा फलेषु कदाचन।।57।। (Gītā 2.47)

(8) दुःखेष्वनुद्विग्नमनाः सुखेषु विगतस्पृहः।
वीतरागभयक्रोधः स्थितधीर्मुनिरुच्यते।।58।। (Gītā 2.56)

(9) रसोऽहमप्सु कौन्तेय प्रभाऽस्मि शशिसूर्ययोः।
प्रणवः सर्ववेदेषु शब्दः खे पौरुषं नृषु।।59।। (Gītā 7.8)

(10) पुण्यो गन्धः पृथिव्यां च तेजश्चास्मि विभावसौ।
जीवनं सर्वभूतेषु तपश्चास्मि तपस्विषु।।60।। (Gītā 7.9)

(11) तस्मात्सर्वेषु कालेषु योगयुक्तो भवार्जुन।।61।। (Gītā 8.27)

(12) समः शत्रौ च मित्रे च तथा मानापमानयोः।
शीतोष्णसुखदुःखेषु समः सङ्गविवर्जितः।।62।। (Gītā 12.18)

(13) समं सर्वेषु भूतेषु तिष्ठन्तं परमेश्वरम्।।63।। (Gītā 13.28)

EXERCISE 65 : Write Sankkrit words for English nouns

(1) Cloth ----------------- Shirt -----------------

(2) Shoe ----------------- Sari -----------------

(3) Sheet ----------------- Carpet -----------------

25.8 THE VOCATIVE CASE

sambodhanam सम्बोधनम्।

ADDRESS

O' - हे, भोः, रे, अरे, अरी, अजी, अयी, हञ्जे।

Suffixes used for addressing or calling someone, form the VOCATIVE CASE.
e.g. O Rāma! हे राम!

NOTE: Unlike European languages such as Latin, in Sanskrit there is no 8th case. Technically, the Vocative (case) is not considred a separate case, but is modified Nominative (1st) case.

EXAMPLES cum EXERCISE : VOCATIVE EXPRESSIONS

(1) O Rāma! *hé rāma!* हे राम!

(2) O Sītā! *hé sīte!* हे सीते!

(3) O Lord! *hé deva! hé bhagavan* हे देव! हे भगवन्!

(4) O Sunil! *bhoḥ sunīl!* भोः सुनील!

(5) O Mother! *hé māta!* हे मातः!

(6) O Boys! *hé bālakāḥ!* हे बालकाः!

(7) O Girls! *hé bālāḥ!; hé bālikāḥ!* हे बालाः! हे बालिकाः!

(8) O Teachers! *hé guravaḥ!* हे गुरवः!

(9) O Sir! *hé śrīman! mahoday! mahāśay!* हे श्रीमन्! महोदय! महाशय!

(10) O Madam! *hé śrīmati! he bhavati!* हे श्रीमति! हे भगवति! हे भवति!

LESSON 26

ṣaḍviṁśaḥ abhyāsaḥ षड्विंशः अभ्यासः।

THE VOICES

prayogāḥ

प्रयोगाः।

For English verbs there are two voices, active and passive.

In Sanskrit there are three voices, कर्तरि Kartari (active), कर्मणि Karmaṇi (passive) and भावे Bhāve (abstract).

26.1

THE ACTIVE VOICE

Kartari-prayogaḥ

कर्तरि–प्रयोगः।

THE ACTIVE VOICE : The boy writes a letter. *bālakaḥ patraṁ likhati (√likh* = to write*).* बालकः पत्रं लिखति (√लिख्)। In this sentence, बालकः (*bālakaḥ* the boy) is the subject (*kartā* कर्ता); पत्रं (a letter) is the object (*karma* कर्म) and लिखति (*likhati* writes) is the verb (*kriyāpadam* क्रियापदम्).

(i) The boy writes a letter. बालकः पत्रं लिखति। *bālakaḥ patraṁ likhati.* The subject (*bālakaḥ* बालकः) and the verb (*likhati* लिखति) are both singular.

(ii) The boys write a letter. बालकाः पत्रं लिखन्ति। *bālakāḥ patraṁ likhanti.* The verb (*likhanti* लिखन्ति) became plural with the subject.

(iii) The boy writes letters. बालकः पत्राणि लिखति। *bālakaḥ patrāṇi likhati.* The object (*patrāṇi* पत्राणि) is plural but the verb (*likhati* लिखति) is singular because the subject (*bālakaḥ* बालकः) is singular.

(iv) The boys write letters. बालकाः पत्राणि लिखन्ति। *bālakāḥ patrāṇi likhatni.* The verb (*likhanit* लिखन्ति) became plural with the subject (*bālakāḥ* बालकाः).

In above four (i-iv) examples, when the subject is singular, the verb is singular; and when the subject is plural, the verb also becomes plural. But, when the object became plural, the verb did not change.

(v) I write a letter. अहं पत्रं लिखामि। *ahaṁ patraṁ likhāmi.* The subject (*aham* अहम्) and verb (*likhāmi* लिखामि) are 1st person.

(vi) He writes a letter. सः पत्रं लिखति। *saḥ patraṁ likhati.* The subject (*saḥ* सः) and the verb (*likhanti* लिखन्ति) both are 3rd person.

(vii) I write letters. अहं पत्राणि लिखामि। *ahaṁ patrāṇi likhāmi.* The object (*patrāṇi* पत्राणि) is plural, but verb (*likhāmi* लिखामि) is singular.

(viii) He writes letters. सः पत्राणि लिखति। *saḥ patrāṇi likhati.* The verb (*likhati* लिखति) is still following the subject.

In above four (v-viii) examples, when the subject is 1st person, the verb is also 1st person; and when the subject is 3rd person, the verb also becomes 3rd person. But, when the object became plural, the verb did not become plural.

(xi) The boy writes a letter. बालकः पत्रं लिखति। *bālakaḥ patraṁ likhati.* The verb (*likhati* लिखति) is *parasmaipadī.*

(xii) The boy gets a letter. बालकः पत्रं लभते। The verb (*labhate* लभते) is *ātmanepadī.*

From above two (xi-xii) examples, we can see that : <u>In the Active voice, the verb could be *parasmaipadī* or *ātmanepadī.*</u>

Therefore, *Ātmanepadī* does not necessarily mean Passive voice, as many times is misunderstood.

THUS, from above twelve (i-xii) examples we can say that : **In the Aactive Voice (कर्तरिप्रयोगे)**

(1) The verb changes with the subject;

(2) It does not change with the object;

(3) The subject is always in the Nominative case;

(4) The object is always in the Accusative case;

(5) The verb in Active Voice could be *Parasmaipadī* or *Ātmanepadī.*

26.2

THE PASSIVE VOICE

karmaṇi prayogaḥ.
कर्मणि-प्रयोग:।

(i) The letter is written by a boy. *bālakena patraṁ likhyate.* बालकेन पत्रं लिख्यते।

In this sentence, बालकेन (*bālakena* by a boy) is the subject (कर्ता); पत्रम् (*patram* a letter) is the object (कर्म) and लिख्यते (*likhyate* is written) is the verb (क्रियापदम्).

Here, the subject (*bālakena* बालकेन) and verb (*likhyate* लिख्यते) are singular.

(ii) The letter is written by the boys. *bālakaiḥ patraṁ likhyate.* बालकै: पत्रं लिख्यते।

The subject (*bālakaih* बालकै:) is plural but verb (*likhyate* लिख्यते) is singular.

(iii) The letters are written by a boy. *bālakena patrāṇi likhyante.* बालकेन पत्राणि लिख्यन्ते।

The object (*patrāṇi* पत्राणि) and the verb (*likhyante* लिख्यन्ते) are plural.

In above three (i-iii) examples, when the subject is singular, the verb is singular; but when the subject is plural, the verb does not become plural. But, when the object became plural, the verb also became plural.

(iv) Letter is written by me. *mayā patraṁ likhyate.* मया पत्रं लिख्यते।

The subject (by me मया) is 1st person singular. The object (*patraṁ* पत्रम्) is Nominative singular. The verb (*likhyate* लिख्यते) is 3rd person singular.

(v) A letter is written by us. *asmābhiḥ patraṁ likhyate.* अस्माभिः पत्रं लिख्यते।

The subject (*asmābhiḥ* अस्माभिः) is 1st person plural. The object (*patram* पत्रम्), is Nominative singular. The verb (*likhyate* लिख्यते) is 3rd person singular.

(vi) The letters are written by me. *mayā patrāṇi likhyante.* मया पत्राणि लिख्यन्ते।

The subject (*mayā* मया), is 1st person singular. The object, (*patrāṇi* पत्राणि), is Nominative plural. The verb, (*likhyante* लिख्यन्ते), is 3rd person plural.

(vii) The letter is written by a boy. *bālakena patraṁ likhyate.* बालकेन पत्रं लिख्यते।

The subject (*bālakena* बालकेन) is 3rd person singular. The object (*patram* पत्रम्) is Nominative singular. The verb (*likhyate* लिख्यते) is 3rd person singular.

(viii) The letter is written by the boys. *bālakaiḥ patraṁ likhyate.* बालकैः पत्रं लिख्यते।

The subject (*bālakaih* बालकैः) is 3rd person plural. The object (*patraṁ* पत्रम्) is Nominative singular, verb (*likhyate* लिख्यते) is 3rd person singular.

(ix) The letters are written by a boy. *bālakena patrāṇi likhyante.* बालकेन पत्राणि लिख्यन्ते।

The subject (*bālakena* बालकेन) is 3rd person singular. The object (*patrāṇi* पत्राणि) is Nominative plural. The verb (*likhyante* लिख्यन्ते) is 3rd person plural.

In all nine (i-ix) cases above, when the object is singular, the verb is also singular; and when the object is plural, the verb is also plural. But, subject could be 1st person or 3rd person, the verb remains 3rd person, unchanged.

From above nine (i-ix) points, in **Passive Voice (कर्मणिप्रयोगे)**

(1) In Passive voice, the number and person of the verb relate to the object, but not to the subject. कर्मणिप्रयोगे कर्मण: क्रियापदस्य च वचन-सम्बन्ध: पुरुष-सम्बन्ध: च वर्तते। कर्तु: क्रियापदस्य च वचन-सम्बन्ध: पुरुष-सम्बन्ध: च न वर्तते।

(2) In the Passive voice, the subject (कर्ता) is always in Instrumental (3rd) case and the object (कर्म) is always in Nominative (1st) case. कर्मणि-प्रयोगे कर्ता तृतीया-विभक्ते: कर्म च प्रथमा-विभक्ते: वर्तते।

(3) In the Passive voice, the verb is always *ātmanepadī.* कर्मणि-प्रयोगे क्रियापदं सदा आत्मनेपदी एव वर्तते।

(4) In the Active voice, the *parasmaipadī* verbs end in ति and the *ātmanepadī* verbs end in ते। In the Passive voice, the *ātmanepadī* verbs end in य+ते। कर्तरि-प्रयोगे परस्मैपदी-क्रियाणाम् अन्ता: ति इति आत्मनेपदीनां च ते इति भवन्ति। परं कर्मणि-प्रयोगे सर्वेषां धातूनाम् अन्ता: यते (य + ते) इति एव सन्ति।

26.3

CONVERTING THE VOICES

paryoga-parivartanam

प्रयोग-परिवर्तनम्।

(i) Act◦ The student Rāma reads a book. Pas◦ The book is read by student Rāma.
Act◦ विद्यार्थी राम: पुस्तकं पठति। Pass◦ विद्यार्थिना रामेण पुस्तकं पठ्यते।

(ii) Pas◦ A long letter is written by student Sītā. Act◦ Student Sītā writes a long letter.
Pas◦ विद्यार्थिन्या सीतया दीर्घं पत्रं लिख्यते। Act◦ विद्यार्थिनी सीता दीर्घं पत्रं लिखति।

Thus, from the above (i-ii) it can be seen that :

When converting the voices, only the subject (with its adjective), the object and the verb need conversion; other parts of the sentence remain unchanged.
प्रयोग-परिवर्तन-समये कर्तु: कर्मण: क्रियापदस्य च परिवर्तनं भवति। अन्या: पदा: पूर्ववत् एव वर्तन्ते।

26.4

The Bhāve voice

bhāve prayogaḥ भावे-प्रयोगः।

(THE ABSTRACT VOICE)

1. In Active voice (कर्तरि-प्रयोगः), (i) I write essays. अहं लेखान् लिखामि *ahaṁ lekhān likhāmi,* (ii) Devotees worship the Goddess. भक्ताः देवीं पूजयन्ति *bhaktāḥ devīṁ pūjayanti,*

(i) the subjects अहम् and भक्ताः are in Nominative (1st) case, f∘ or m∘, singular or plural;

(ii) the objects लेखान् and देवीं are in Accusative (2nd) case, f∘ or m∘, singular or plural;

(iii) verbs लिखामि and पूजयन्ति are transitive, sing∘ or plu∘, *parasmai∘,* 1st or 3rd person.

2. In the Passive voice (कर्मणि-प्रयोगः), e.g. (i) The essays are written by me. मया लेखाः लिख्यन्ते *mayā lekhāḥ likhyante,* (ii) The goddess is worshipped by the devotees. भक्तैः देवी पूज्यते *bhaktaiḥ devī pūjyate,*

(i) the subjects मया and भक्तैः are in Instrumental (3rd) case

(ii) the objects लेखाः and देवी are in Nominative (1st) case, m∘ or f∘, singular or plural;

(iii) the verbs लिख्यन्ते and पूज्यते are transit∘, sing∘ or plu∘, 3rd per∘ *ātmane∘,* end in य+ते

3. In **Bhave voice** (भावे-प्रयोगः) (i) The vine grows. *latayā vardhyate,* लतया वर्ध्यते। (ii) The trees become tall. *vṛkṣaiḥ uccaiḥ bhūyate.* वृक्षैः उच्चैः भूयते।

(i) Subjects लतया and वृक्षैः are in Instrumental (3rd) case, m∘ or f∘, singular or plural;

(ii) In both sentences, there is no object, for the verbs 'to grow' (*vardhate* वर्धते), and 'to become' (*bhūyate* भूयते) are intransitive.

(iii) Both the verbs are *ātmanepadī* (ending in ते). Thus, it can be said that :

(1) In active voice (कर्तरि-प्रयोगः), the subject (कर्ता) is in Nominative (1st) case and the verb is *parasmaipadī* or *ātmanepadī.* **In Bhave voice, the subject is in Instrumental (3rd)** case, and the verb is always *ātmanepadī* singular.

(2) **In Bhave voice, the verb is always *ātmanepadī* singular, 3rd person.**

In this voice the verb is never used in dual or plural or 1st person or 2nd person. (भावे-प्रयोगे क्रियापदं सर्वदा आत्मनेपदी एकवचनान्तं प्रथमपुरुषीयं च वर्तते। अत्र क्रियापदस्य द्विवचनान्तं बहुवचनान्तम् उत्तमपुरुषीयं मध्यमपुरुषीयं वा रूपं कदापि न भवन्ति)

(3) **In Bhave voice, the verb is always intransitive** (*akarmakam* अकर्मकम्).

(4) (i) In Active voice (कर्तरि-प्रयोगः), the person and number of the subject is same as the person and number of the verb. (ii) In Passive voice (कर्मणि-प्रयोगे), there is no such relationship between the subject and the verb. (iii) In Bhave voice (भावे-प्रयोगः) also there is no such relationship between the subject (कर्ता) and the verb (क्रियापदम्). भावे-प्रयोगे (कर्मणि-प्रयोगवत्) कर्तृः क्रियापदस्य च सम्बन्धः न भवति।

NINE EXAMPLES : ACTIVE VOICE (कर्तरि-प्रयोगः)

(1) Sītā eats fruits. *Sītā phalāni khādati.* सीता फलानि खादति।

(2) Rāma reads a book. *Rāmaḥ pustakaṁ paṭhati.* रामः पुस्तकं पठति।

(3) I draw a picture. *ahaṁ ćitram abhilikhāmi.* अहं चित्रम् अभिलिखामि।

(4) He goes to school. *saḥ vidyālaṁ gaććhati.* सः विद्यालयं गच्छति।

(5) You ate the food. *tvam annam akhādaḥ.* त्वम् अन्नम् अखादः।

(6) She sings a song. *sā gītaṁ gāyati.* सा गीतं गायति।

(7) The child sees the moon. *bālakaḥ ćandramasaṁ paśyati.* बालकः चन्द्रमसं पश्यति।

(8) The child sees the toy. *bālakaḥ krīḍanakaṁ paśyati.* बालकः क्रीडनकं पश्यति।

(9) Child sees mother. *bālakaḥ mātaraṁ paśyati* बालकः मातरं पश्यति।

SAME NINE EXAMPLES : PASSIVE VOICE (कर्मणि-प्रयोगः)

(1) The fruits are eaten by Sītā. *Sītayā phalāni khādyante.* सीतया फलानि खाद्यन्ते।

(2) The book is read by Rāma. *Rāmeṇa pustakaṁ paṭhyate.* रामेण पुस्तकं पठ्यते।

(3) The picture is drawn by me. *mayā ćitraṁ likhyate.* मया चित्रं लिख्यते।

(4) The school is attained by me. *mayā vidyalaye gamyate.* मया विद्यालय: गम्यते।

(5) The food is eaten by you. *bhavataḥ-tvayā annaṁ khāditam.* भवत:-त्वया अन्नं खादितम्।

(6) The song is sung by her. *tayā gītaṁ gīyate.* तया गीतं गीयते।

(7) The moon is seen by the child. *bālakena ćandramaḥ dṛṣṭaḥ.* बालकेन चन्द्रमा: दृष्ट:।

(8) The toy is seen by the boy. *bālakena krīḍanakaṁ dṛṣṭam.* बालकेन क्रीडनकं दृष्टम्।

(9) Mother is seen by child. *bālakena mātā dṛṣṭā.* बालकेन माता दृष्टा।

SAME NINE EXAMPLES : BHAVE VOICE (भावे-प्रयोग:)

(1) He passes. *tena uttirṇaḥ bhūyate.* तेन उत्तिर्ण: भूयते।

(2) Plants grow. *sasyaiḥ vardhate.* सस्यै: वर्धते।

(3) Sitā sits here. *Sītayā atra upaviṣyate.* सीतया अत्र उपविश्यते।

(4) She stays home. *tayā gṛhe sthīyate.* तया गृहे स्थीयते।

(5) The child laughs. *bālakena hasyate.* बालकेन हस्यते।

(6) You grow old. *bhavatā vṛddhaḥ bhūyate.* भवता वृद्ध: भूयते।

(7) The sun shines in the sky. *sūryeṇa ākāśe tapyate.* सूर्येण आकाशे तप्यते।

(8) The thief runs way. *ćoreṇa palāyate.* चोरेण पलायते।

(9) Mother loves. *mātrā snihyate.* मात्रा स्निह्यते।

EXERCISE 66: Fill in the blanks with the given verbs :
लिख्यते, दृष्ट: गायाम: खादामि, दृष्टा, खादितम्, पठन्ति, गीयते।

(1) I eat a banana. अहं कदलीफलं —— (2) They read books. ते पुस्तकानि ——

(3) We sing songs. वयं गीतानि —— (4) The picture is drawn by me. मया चित्रं ——

(5) A mango is eaten by Sītā. सीतया आम्रं —— (6) A poem is sung by Rāma. रामेण कविता ——

(7) A ball is seen by the girl. बालिकया कंदुक: —— (8) A cat is seen by the boy. बालकेन मार्जारी ——

LESSON 27

saptaviṁśaḥ abhyāsaḥ सप्तविंशः अभ्यासः।

THE MOODS

arthāḥ अर्थाः।

RULE : The mode or the manner in which a verb is used (such as negative, interrogative, subjunctive) is called A MOOD (अर्थः)

27.1
THE NEGATIVE MOOD

nakārārthaḥ नकारार्थः।

* In Sanskrit, the Negative mood is indicated by using such expressions as :
न, न च, नच, न वा, नो, न हि, नहि, नास्ति; मा, मा स्म, अलम्; अ, अन्, निर्, निस्, वि,
na, na ća, naća, na vā, no, na hi, nahi; nāsti, mā, mā sma, alam, a, an, nir, nis, vi ... etc.
either before or after the verb.

EXAMPLES cum EXERCISE :NEGATIVE AFFIXES (answers are given for your help)

1. It is not possible. *etat na śakyate.* एतत् न शक्यते।
2. I won't go. *ahaṁ na gamiṣyāmi.* अहं न गमिष्यामि।
3. Don't do it. *etat mā kuru.* एतत् मा कुरु।
4. I never tell a lie. *ahaṁ kadāpi asatyaṁ na vadāmi.* अहं कदापि असत्यं न वदामि।
5. This is neither mine nor his. *idaṁ na mama no tasya.* इदं न मम नो तस्य।

6. No! this is not her either. *nahi, idaṁ na tasyāḥ api.* नहि! इदं न तस्याः अपि।

THE CLASSICAL EXAMPLES :

7. That our army, protected by Bhiṣma, is un-limited.
अपर्याप्तं तदस्माकं बलं भीष्माभिरक्षितम्। (Gītā 1.10)

8. O Arjuna! No more of (enough with) your wisdom.
पार्थ! अलं तव ज्ञानेन।

9. न काङ्क्षे विजयं कृष्ण न च राज्यं सुखानि च। (Gītā 1.32)

10. न हि ज्ञानेन सदृशं पवित्रम् इह विद्यते। (Gītā 4.38)

11. त्रैगुण्यविषया वेदा निस्-त्रैगुण्यो भवार्जुन। (Gītā 2.45)

12. विषया विनिवर्तन्ते निर्-आहारस्य देहिनः (Gītā 2.59)

13. धर्मो जयति नाधर्मः सत्यं जयति नानृतम्।
क्षमा जयति न क्रोधो देवो जयति नासुरः।।64।।
(धर्मः जयति न अधर्मः, सत्यम् जयति न अनृतम्।
क्षमा जयति न क्रोधः, देवः जयति न असुरः)

EXERCISE 67 : NEGATIVE MOOD

Convert the following affirmative sentences into negative ones :

(1) The door is open. द्वारम् अपावृतम् अस्ति।

(2) I will work with him. अहं तेन सह कर्म करिष्यामि।

(3) Please sit in that room. कृपया तस्मिन् कक्षे उपविशतु।

(4) This is your job. एष तव व्यापारः अस्ति।

(5) Your advice is needed more. तव उपदेशः अधिकः अवश्यकः।

27.2

THE INTEROGATIVE MOOD

praśnārthaḥ प्रश्नार्थः।

In Sanskrit, a question is asked by using adverbs or pronouns such as,

वा? (or, or else); कः? का? किम्? (who?);

कुतः? कस्मात्? किमर्थम्? किंकारणम्? किन्निमित्तम्? केन हेतुना? (why?);

किम्? (what?); कदा? (when?); कुत्र? क्व? (where?);

कथम्? केन प्रकारेण? (how?);

कः? का? किम्? (which); कतर? (which one of the two); कतम्? (which one of more than two); कम्? काम्? किम्? (whom?);

कियत्? (how much?); कति? (how many?); कियतं कालम्? (how long?);

ननु? (how now?); किमु? किं पुनः? (how much more - less?), अथ किम्? (how else?) ...etc.

Sometimes *api?* अपि? is used, in the begining of the sentence, in place of *kim?* (किम्?) to ask a question.

EXAMPLES cum EXERCISE : INTEROGATIVE SENTENCES

1. Is he there? *saḥ tatra asti vā? kiṁ saḥ tatra asti? api saḥ tatra asti?* सः तत्र अस्ति वा? किं सः तत्र अस्ति? अपि सः तत्र अस्ति?
2. Are you angry? *kiṁ tvaṁ kupitaḥ-kupitā? api tvaṁ kupitaḥ-kupitā? bhavān kupitaḥ vā?* किं त्वं कुपितः–कुपिता? अपि त्वं कुपितः–कुपिता? भवान् कुपितः वा? भवती कुपिता वा?
3. Who lives here? *atra kaḥ vasati?* अत्र कः वसति?
4. Who is he? Who is she? *saḥ k:? sā ka?* सः कः? सा का?
5. What is it? *etat kim?* एतत् किम्? What is that? *tat kim?* तत् किम्?
6. What is your name? *tava nāma kim? bhavataḥ-bhavatyāḥ nāma kim? bhavataḥ-*

bhavatyāḥ nāmadheyaṁ kim? तव नाम किम्। भवत:–भवत्या: नाम किम्। भवत:–भवत्या: नामधेयं किम्?

7. Why do you work so much? *tvam iyat karma kena kāraṇena karoṣi?* त्वम् इयत् कर्म केन कारणेन करोषि?

8. When will he give me the book? *saḥ māṁ pustakaṁ kada dāsyati?* स: मह्यं पुस्तकं कदा दास्यति?

9. How did it happen again? *etat punaḥ katham abhavat?* एतत् पुन: कथम् अभवत्?

10. Where will we meet again? *punaḥ kutra meliṣyāmaḥ?* पुन: कुत्र मेलिष्याम:?

11. Whom shall we ask about it? *vayaṁ etat kaṁ prakṣāmaḥ?* वयम् एतत् कं प्रक्ष्याम:?

12. Whichone is your book? *tava pustakaṁ katamam asti?* तव पुस्तकं कतमम् अस्ति?

13. How much food will she eat? *sā kiyat annaṁ khādiṣyati?* सा कियत् अन्नं खादिष्यति?

14. How many boys are here? *atra kati bālakāḥ santi?* अत्र कति बालका: सन्ति?

EXERCISE 68 : INTEROGATIVE SENTENCES

Fill in the blanks with suitable Sanskrit interrogative words.

(1) Who came to your house? तव गृहे ———————— आगच्छत्?

(2) Why was he sad? स: दु:खी ———————— आसीत्?

(3) What did Rāma say to you? राम: त्वां ———————— अब्रवीत्?

(4) When will you eat? त्वं ———————— खादिष्यसि?

(5) How does it operate? इदम् ———————— चलति?

(6) Where is Sītā's house? सीताया: गृहं ———————— अस्ति?

(7) To whom will you give a toy? त्वं क्रीडनकं ———————— दास्यसि?

(8) How long will you stay? त्वं ———————— स्थास्यसि?

(9) How much milk is there? तत्र ———————— दुग्धम् अस्ति?

(10) How many cars are there? तत्र ———————— यानानि सन्ति?

27.3

THE IMPERATIVE MOOD

loṭ lakāraḥ

लोट् लकारः।

Command, request, invitation, solicitation, benidiction, ability and question.
आदेशार्थः निवेदनार्थः आमन्त्रणार्थः निमन्त्रणार्थः आशीर्वादार्थः सामर्थ्यार्थः प्रश्नार्थः।

NOTE : In Sanskrit, a command, request, invitation, solicitation, benidiction, ability or even a question is indicated by attaching an Imperative लोट् suffix to the verb.

TYPICAL SUFFIXES : IMPERATIVE MOOD (लोट्)

TABLE : (All three genders - m∘, f∘ and n∘)

Person	Singular		Dual		Plural	
1st person	आनि	(āni)	आव	(āva)	आम	(āma)
2nd person	–, हि	(-, hi)	तम्	(tam)	त, तः	(ta, taḥ)
3rd person	तु	(tu)	ताम्	(tām)	अन्तु	(antu)

EXAMPLES cum EXERCISE : IMPERATIVE SENTENCES (लोट्)

A. Command:

1. Go there! *tatra gaćcha! tatra gaćchatu!* तत्र गच्छ! तत्र गच्छतु!
2. Boys! Stand up and do the reading. *bālakāḥ! uttiṣṭhat paṭhanaṁ ća kurut.* बालकाः! उत्तिष्ठत–उत्तिष्टन्तु पठनं च कुरुत–कुर्वन्तु।
3. Now you also read. *adhunā tvam api paṭha.* अधुना त्वम् अपि पठ। *idānīm bhavān api paṭhatu.* इदानीं भवान् अपि पठतु।

4. Girls! come here and sit! *bālāḥ! atra āgaćchata upaviśata ća.* बाला:! अत्र आगच्छत उपविशत च।

5. You all must answer the question! *yūyaṁ sarve praśnaṁ prativadata.* यूयं सर्वे प्रश्नं प्रतिवदत।

6. You all must answer the questions! *yūyaṁ sarve praśnāni prativadat.* यूयं सर्वे प्रश्नानि प्रतिवदत।

7. Come here soon! *sīghram atra āgaćcha-āgaćchatu!* शीघ्रम् अत्र आगच्छ–आगच्छतु!

B. Request :

(1) Please tell me the story. *kṛpayā mahyaṁ kathāṁ śrāvaya.* कृपया मह्यं कथां श्रावय–श्रावयतु।

(2) Please have tea. *kṛpayā ćāya-pānaṁ karotu.* कृपया चायपानं कुरु–करोतु–कुरुत–कुर्वन्तु।

(3) Please give me food. *kṛpayā mahyaṁ bhojanaṁ yaćcha.* कृपया मह्यं भोजनं यच्छ–यच्छतु।

(4) Please do it. *kṛpayā etat karotu.* कृपया एतत् कुरु–करोतु–कुरुत–कुर्वन्तु।

C. Invitation, solicitation :

(1) Please have tea at my home. *mama sadane ćāya-pānaṁ karotu.* मम सदने चायपानं करोतु।

(2) Sir! Take my car. *Bhadra! mama kāra-yānaṁ nayatu.* भद्र! मम कारयानं नयतु।

(3) Come! We will watch TV together. *āgaćcha! āvāṁ saha eva dūradarśanaṁ paśyāva. vayaṁ sarve militvā dūradarśanaṁ paśyāma.* आगच्छ! आवां सह एव दूरदर्शनं पश्याव। आगच्छ! वयं सर्वे मिलित्वा दूरदर्शनं पश्याम।

(4) Friends! Come to my house, it is my birthday today. *bhoḥ mitrāṇi! yūyaṁ mama gṛham āgaćchata, adya mama janma-divasaḥ asti.* भो: मित्राणि! यूयं मम गृहम् आगच्छत अद्य मम जन्मदिवस: अस्ति।

D. Benediction :

(1) Sītā! May you live long. *Sīte! bhavatī āyuṣmatī bhavatu.* सीते! भवती आयुष्मती भवतु।

(2) You should be healthy. *tvaṁ nīrogaḥ edhi. yūyaṁ nīrogāḥ sta.* त्वं नीरोगः एधि। यूयं नीरोगाः स्त।

(3) They should attain success. *te siddhim adhigacchantu. tāḥ yaśasvinyaḥ bhavantu. te vijayinaḥ santu.* ते सिद्धिम् अधिगच्छन्तु। ताः यशस्विन्यः भवन्तु। ते विजयिनः सन्तु।

(4) There should be progress. *pragatiḥ astu.* प्रगतिः अस्तु। उत्कर्षः अस्तु।

(5) May you get a son. *putraṁ labhasva.* पुत्रं लभस्व।

E. Ability :

(1) How may I help you? *ahaṁ te kiṁ śubhaṁ karvāṇi?* अहं ते किं शुभं करवाणि।

(2) What can we offer you? *vayaṁ tubhyaṁ kiṁ dadāma?* वयं तुभ्यं किं ददाम?

(3) I can bring moon (stars) from the sky? *aham ākāśāt-nabhāt candramasam-tārāḥ ānayāni.* अहं आकाशात्-नभसः चन्द्रमसं-ताराः आनयानि।

F. Question :

(1) Mother! Can I go out? *amb! kim ahaṁ bahiḥ gaccāni?* अम्ब! किम् अहं बहिः गच्छानि?

(2) Sir! May I come in? *bhagavan! kim ahaṁ praviśāni?* भगवन्! किम् अहं प्रविशानि?

(3) Can we wash our hands here? *kiṁ vayam asmākaṁ hastau-hastāḥ atra kṣālayāma?* किं वयम् अस्माकं हस्तौ-हस्तान् अत्र क्षालयाम? वयं हस्तान् अत्र क्षालयाम वा?

(4) May I read your book? *kim ahaṁ tava pustakaṁ paṭhāni?* किम् अहं तव पुस्तकं पठानि?

EXERCISE 69: IMPERATIVE MOOD लोट्

Fill in the blanks with imperative verbs.

(1) Rāma! Come here. राम! अत्र ——————

(2) Sītā! Write a letter. सीता! पत्रं ——————

(3) Please sit there. कृपया तत्र ——————

(4) Please have a coffee. कृपया कॉफीपानं ————

(5) Son! Take these Rupeees. पुत्र! एतानि रूप्यकाणि ——।

(6) May you succeed. यशस्वी ————

(7) Can I eat a mango? किम् अहम् आम्रं ————

(8) Can I ask you? किम् अहं त्वां ————————

(9) Can we go there? किं वयं तत्र ——————?

27.4

THE POTENTIAL MOOD

vidhi-liṅ विधिलिङ्।

Possibility, advice, desire, appropriateness, notice. संभावना, उपदेशः इच्छा, कार्यम्, सूचना।

कुर्यात् क्रियेत कर्तव्यं भवेत् स्यात् इति पञ्चमम्।
एतत् स्यात् सर्ववेदेषु नियतं विधिलक्षणम्।।65।।

A potential statement, a piece of advice, an expression of desire, a saying of appropriateness, a statement that may otherwise be expressed by an imperative mood, may fall under the POTENTIAL MOOD (विधिलिङ्म्) category.

SUFFIXES OF THE POTENTIAL विधिलिङ्। m◦ f◦ and n◦

Person	Singular		Dual		Plural	
1st person	ईयम्	(īyam)	ईव	(īva)	ईम	(īma)
2nd person	ईः	(īḥ)	ईतम्	(ītam)	ईत	(īta)
3rd person	ईत्	(īt)	ईताम्	(ītām)	ईयुः	(īyuḥ)

EXAMPLES : POTENTIAL MOOD विधिलिङ्।

A. Potentiality or possibility :

(1) Rāma may go to India. *Rāmaḥ bhāratam̐ gaćhet.* रामः भारतं गच्छेत्।

(2) I may not go to school. *aham̐ pāṭhaśālām̐ na gaćcheyam.* अहं पाठशालां न गच्छेयम्।

(3) She may not come to your house. *Sā tava gṛham̐ na āgaćchet.* सा तव गृहं न आगच्छेत्।

(4) Possibly it may snow today. *sambhavataḥ adya himavṛṣṭiḥ bhavet.* सम्भवतः अद्य हिमवृष्टिः भवेत्।

(5) We may go to New York. *sambhavataḥ vayam̐ New-yorkam̐ gaćchema.* सम्भवतः वयं न्यूयार्कं गच्छेम।

(6) Rāma may take you too. *sambhavataḥ Rāmaḥ tvām api nayet.* सम्भवतः रामः त्वाम् अपि नयेत्।

B. Advice :

(1) One should not sleep on the job. *kāryakāle na svapet.* कार्यकाले न स्वपेत्।

(2) One should abstain from meat and liquor. *madhum̐ māsam̐ ća varjayet.* मधुं मासं च वर्जयेत्।

(3) Do not lie. *asatyam̐ na brūyāt.* असत्यं न ब्रूयात्। Always speak the truth. *sadā satyam̐ brūyat.* सदा सत्यं ब्रूयात्।

(4) The innocent person should never be punished. *nirdoṣam̐ kadāpi na daṇḍayet.* निर्दोषं कदापि न दण्डयेत्।

(5) One should always be punctual. *sadā yathāsamayam āćaret.* सदा यथासमयम् आचरेत्।

(6) CLASSICAL EXAMPLES :

गते शोको न कर्तव्यो भविष्यं न चिन्तयेत्।
वर्तमानेन कालेन प्रवर्तन्ते विचक्षणाः।।66।।

(ii) लालयेत्पञ्च वर्षाणि दशवर्षाणि ताडयेत्।
प्राप्ते तु षोडशे वर्षे पुत्रं मित्रवदाचरेत्।।67।।

(iii) दृष्टिपूतं न्यसेत्पादं वस्त्रपूतं पिबेज्जलम्।

सत्यपूतां वदेद्वाचं मनः पूतं समाचरेत्।।68।।

C. Desire :

(1) May she recover fast. *sā śīghraṁ nīrogā bhavet.* सा शीघ्रं नीरोगा भवेत्।

(2) May everyone be righteous. *sarve dharmācāriṇaḥ bhavantu.* सर्वे धर्माचारिणः भवन्तु।

(3) THE LOFTY VOICE OF THE VEDAS :

सर्वे भवन्तु सुखिनः सर्वे सन्तु निरामयाः।
सर्वे भद्राणि पश्यन्तु मा कश्चिद्दुःखभाग्भवेत्।।69।।

D. Appropriateness :

(1) Speak truth. *satyaṁ vadet.* सत्यं वदेत्।

(2) Old people should be helped. *vṛddhānāṁ sevāṁ kuryuḥ.* वृद्धानां सेवां कुर्युः।

(3) Self control should be observed. *saṁyamam ācaret.* संयमम् आचरेत्।

(4) A QUOTE FROM THE NITI SHASTRA :

सद्भिरेव सहासीत सद्भिः कुर्वीत सङ्गतिम्।
सद्भिर्विवादं मैत्रीं च नासद्भिः किञ्चिदाचरेत्।।70।।

E. Notice :

* While talking about what is proper thing to do, Imperative (लोट्) must be used, even to impart a potential (विधिलिङ्म्) sense.

(1) One should not drink in the park. *udyāne madya-pānaṁ na karotu.* उद्याने मद्यपानं न करोतु।

(2) People should not pick flowers in the garden. *janāḥ vāṭikāyāṁ puṣpāṇi na troṭayantu.* जनाः वाटिकायां पुष्पाणि न त्रोटयन्तु।

(3) People should not write on the walls. *janāḥ bhitteḥ upari na likhantu.* जनाः भित्तेः उपरि न लिखन्तु।

(4) One should not smoke in the house. *gṛhe dhūmrapānaṁ na karotu.* गृहे धूम्रपानं न करोतु।

(5) Students should not talk in the library. *pustakālaye ćhātrāḥ vārtālāpaṁ na kurvantu.* पुस्तकालये छात्राः वार्तालापं न कुर्वन्तु।

EXERCISE 70: POTENTIAL MOOD (विधिलिङ्म्)

(A) Make plurals from the singular verbs :

(1) त्वं (यूयम्) अधर्माचरणं मा कुरु ———

(2) दुष्टतां मा कुरु ———

(3) अद्य छात्रः (छात्राः) विद्यालये कदाचित् यथासमये न आगच्छेत् ———

(4) सम्भवतः अहं (वयम्) भारते गच्छेयम् ———

(B) Translate into Sanskrit. (answers are shown in Devanagarī)

(5) Possibly it will rain today.	सम्भवतः अद्य वृष्टिः भवेत्।
(6) May you recover fast.	शीघ्रं स्वास्थ्यं भवेत्। शीघ्रं स्वस्थः भवेः।
(7) Speak the truth.	सत्यं वदतु।
(8) We all may be there tomorrow.	वयं सर्वे श्वः तत्र भवेम।
(9) Please do not be egoist.	आत्म–प्रशंसकः मा भूः।
(10) Do not befriend the fools.	मूर्खैः सह मित्रं मा भूः।
(11) May he live long.	सः आयुष्मान् भवेत्।
(12) You all may go to heaven.	यूयं स्वर्गं गच्छेत।
(13) She may go to Nagpur.	सा नागपुरं गच्छेत्।
(14) They all may drink buttermilk.	ते सर्वे तक्रं पिबेयुः।
(15) Students may study now.	छात्राः अधुना अभ्यासं कुर्युः।
(16) Rich people may give to the poor.	श्रीमन्तः अकिञ्चनेभ्यः दानं यच्छेयुः।
(17) One should listen to the teachers.	गुरुजनानां वचनानि शृणोतु–शृणुतात्।
(18) I may (should) not leave India.	अहं भारतं न त्यजेयम् (त्यजानि)।
(19) You may stay at my home.	भवान् मम सदने वसेत्–वसतु।
(20) He should cross the river by boat.	सः नौकया नदीं तरेत्।

27.5

PRECATIVE OR BENEDICTIVE MOOD

āśīrliṅ आशीर्लिङ्।

आशीर्वादः स्तुतिः च। Optative, blessings, wish.

TYPICAL SUFFIXES

परस्मैपदी *Parasmaipadī*			आत्मनेपदी *Atmanepadī*		
यासम् *yāsam*	यास्व *yāsva*	यास्म *yāsma*	सीय *sīya*	सीवहि *sīvahi*	सीमहि *sīmahi*
याः *yāḥ*	यास्तम् *yāstam*	यास्त *yāsta*	सीष्ठाः *sīṣṭhāḥ*	सीयास्थाम् *sīyāsthām*	सीध्वम् *sīdhvam*
यात् *yāt*	यास्ताम् *yāstām*	यासुः *yāsuḥ*	सीष्ठ *sīṣṭha*	सीयास्ताम् *sīyāstām*	सीरन् *sīran*

For the benediction is a future event, the Benedictive mood is an extension of the Future tense (in passive form).

Sometimes imperative mood is used as benedictive mood. e.g. देवाः भावयन्तु वः *devāḥ bhāvayantu vaḥ.* May gods bless you both.

(1) May you always be well (may yours be well always).
सदा ते शुभं भूयात्। *sadā te śubhaṁ bhuyāt.*

(2) May your wishes come true. तव इच्छाः परिषीरन्। *tava icchāḥ pariṣīran.*

(3) May it not rain today. अद्य वृष्टिः न भूयात्। *adya vṛṣṭiḥ na bhūyāt.*

(4) May you succeed. भवतः सिद्धिः भूयात्। *bhavataḥ siddhiḥ bhuyāt.*

(5) May no one die hungry. कोऽपि क्षुधितः न म्रियेत। *ko'pi kṣudhitaḥ na mriyet.*

(6) May he give us money. सः अस्मभ्यं धनं यच्छेत्। *saḥ asmabhyaṁ dhanaṁ yacchet.*

(7) May she wish good. सा भद्रम् इच्छेत्। *sā bhadram icchet.*

(8) May he not become angry. सः न क्रुध्येत्। *saḥ na krudhyet.*

27.6

THE CONDITIONAL MOOD

lṛṅ-lakāraḥ लृङ् लकारः।

यदि, चेत् - तर्हि *yadi, ćet - tarhi*

Possibility, advice, desire, appropriateness, notice.
सम्भावना, उपदेशः, इच्छा, उचितकार्यम्, सूचना।

In Subjunctive (सङ्केतार्थः) construction, the word IF *yadi* यदि or *ćet* चेत is complemented with the word THEN *tarhi* तर्हि। *tarhi* तर्हि may not actually be written but it is implied.

NOTE :
When an action could not be accomplished, then in that kind of past tense लृङ् mood is used. e.g. If I was there. *yadi aham abhaviṣyam.* यदि अहम् अभविष्यम्।

EXAMPLES : CONDITIONAL SENTENCES (लृट्)

1. If you like, give charity. *ićchasi ćet dānam kuru.* इच्छसि चेत् दानं कुरु। *yadi ićchā abhaviṣyat tarhi dānaṁ aksriṣyat.* यदि इच्छा अभविष्यत् तर्हि दानं अकरिष्यत्।
2. If you sin, (then) sorrow will come.
   yadi pātakam akariṣyaḥ tarhi paritāpaḥ bhaviṣyati.
   यदि पातकम् अकरिष्यः तर्हि परितापः अभविष्यत्।
3. If you want, I will cook.
   ćet tvam aiṣiṣyaḥ tarhi aham apakṣam. चेत् त्वम् ऐषिष्यः तर्हि अहम् अपक्ष्यम्।
4. If he will call me then only I will go.
   yadi saḥ mām ahvāsyat tarhi eva aham agamiṣyam.

यदि सः माम् अह्वास्यत् तर्हि एव अहम् अगमिष्यम्।

5. O Child! If you are a fool then cry, if you are wise then laugh.

he bālak! tvaṁ mūrkhaḥ ćet (tarhi) rudihi sujñaḥ ćet (tarhi) hasa.

हे बालक! त्वं मूर्खः चेत् (तर्हि) रुदिहि सुज्ञः चेत् (तर्हि) हस।

THE CLASSICAL EXAMPLES :

6. यदि मामप्रतीकारमशस्त्रं शस्त्रपाणयः।
धार्तराष्ट्रा रणे हन्युः (तर्हि) तन्मे क्षेमतरं भवेत्।।71।। (Gītā 1.45)

7. सुखार्थी चेत् (तर्हि) त्यजेत् विद्यां विद्यार्थी चेत् (तर्हि) त्यजेत् सुखम्।
सुखार्थिनः कुतो विद्या कुतो विद्यार्थिनः सुखम्।।72।।

EXERCISE 71 : CONDITIONAL MOOD

Translate the following in Sanskrit. (Answers are shown in the brackets)

(1) If I call you, please come. (यदि अहं भवन्तम् आह्वासिष्यं तर्हि कृपया आगच्छतु)

(2) If he calls me, I will go (यदि सः माम् अह्वास्यत तर्हि अहम् अगमिष्यम्)

(3) If you wish, I will eat. (चेत् भवान् एषिष्यति तर्हि अहम् अखादिष्यम्)

(4) If he gives her something, she will be happy. (यदि सः तां किमपि अदास्यत् तर्हि सा अतोक्ष्यत्)

(5) If we cleanse our vices, we will be pious. (चेत् वयं स्वान् दुर्गुणान् अहनिष्याम तर्हि वयं पूताः अभविष्याम)

(6) If she knew him, she would not have trusted him. (यदि सा तम् अज्ञास्यत् तर्हि सा तस्मिन् विश्वासं न अकरिष्यत्)

(7) If you had not slept in the cold, you would not have become sick. (यदि त्वं शैत्ये न अस्वप्स्यः तर्हि रुग्णः न अभविष्यः)

LESSON 28

aṣṭāviṁśaḥ abhyāsaḥ अष्टाविंशः अभ्यासः।

ADJECTIVES AND PARTICIPLES

viśeṣaṇāni kṛdantāni kriyāviśeṣaṇāni ca
विशेषणानि कृदन्तानि क्रियाविशेषणानि च।

यल्लिङ्गं यद्वचनं या च विभक्तिर्विशेष्यस्य।
तल्लिङ्गं तद्वचनं सा च विशेषणस्यापि।।

RULES :

(1) The word that describes, qualifies or adds something to a noun (नाम, विशेष्यम्), is called an ADJECTIVE (विशेषणम्). e.g. A good boy. शोभनः बालकः।

Adjectives have cases. They do not have tenses.

(2) The adjective that comes straight from a root verb is a PARTICIPLE (कृदन्तम्, धातुसाधित-विशेषणम्). Even though the participles appear to be verbs, they are not verbs. Therefore, **they do not have tenses; rather they have cases**. e.g.

Root verb	Past Tense	Past-participle	Nominative
(to go)	went	gone	He who has gone
√*gam* (√गम्)	*agacchat* (अगच्छत्)	*gata* (गत)	*gataḥ* (गतः)

(3) The word that qualifies a verb (क्रिया) or an adjective, is called an ADVERB (क्रियाविशेषणम्), e.g. Eat slowly. शनैः खादतु। Very good. बहु समीचीनम्। The adverbs neither have tenses nor the cases.

28.1

ADJECTIVES

viśeṣaṇāni **विशेषणानि।**

AGREEMENT OF ADJECTIVES WITH NOUNS

(1) In Sanskrit, an adjective (विशेषणम्) does not have its own gender, number or case. It follows the gender, number and case of the noun (विशेष्यम्) to which it is attached (to which it qualifies).

(2) If a pronoun (सर्वनाम) acts as an adjective, it is called a pronominal adjective (सार्वनामिक–विशेषणम्).

TABLE : ADJECTIVE (विशेषणम्) m◦ f◦ and n◦

e.g. *śobhana* शोभन good, handsome, beautiful

MASCULINE GENDER NOUNS

Singular	Plural
अहं शोभनः बालकः *aham̐ śobhanaḥ bālakah*	वयं शोभनाः बालकाः *vayam̐ śobhanāḥ bālakāḥ*
2. त्वं शोभनः बालकः *tvam̐ śobhanaḥ bālakaḥ*	यूयं शोभनाः बालकाः *yūyam̐ śobhanāḥ bālakāḥ*
3. सः शोभनः बालकः *saḥ śobhanaḥ bālakaḥ*	ते शोभनाः बालकाः *te śobhanāḥ bālakāḥ*

FEMININE GENDER NOUNS

1. अहं शोभना बालिका *aham̐ śobhanā bālikā*	वयं शोभनाः बालिकाः *vayam̐ śobhanāḥ bālikāḥ*
2. त्वं शोभना बालिका *tvam̐ śobhanā bālikā*	यूयं शोभनाः बालिकाः *yūyam̐ śobhanāḥ bālikāḥ*
3. सा शोभना बालिका *sā śobhanā bālikā*	ताः शोभनाः बालिकाः *tāḥ śobhanāḥ bālikāḥ*

NEUTER GENDER NOUNS

तत् शोभनं गृहम् *tat śobhanam̐ gṛham*	तानि शोभनानि गृहाणि *tāni śobhanāni gṛhāṇi*

EXAMPLES : USE of ADJECTIVES

(A) Masculine gender : (Singular, dual, plural)

(1) One good boy. *śobhanaḥ bālakaḥ.* शोभनः बालकः।

(2) Two good boys. *śobhanau bālakau.* शोभनौ बालकौ।

(3) A white horse. *svetaḥ aśvaḥ.* श्वेतः अश्वः।

Two white horses. *śvetau aśvau.* श्वेतौ अश्वौ।

The white horses. *śvetāḥ aśvāḥ.* श्वेताः अश्वाः।

(4) An old man. *vṛddhaḥ naraḥ.* वृद्धः नरः।

Two old men. *vṛddhau narau.* वृद्धौ नरौ।

Old men. *vṛddhāḥ narāḥ.* वृद्धाः नराः।

(5) A big mountain. *viśālaḥ parvataḥ.* विशालः पर्वतः।

Big mountains. *viśālāḥ parvatāḥ.* विशालाः पर्वताः।

(B) Feminine gender : (Singular, dual, plural)

(1) One good girl. Two good girls. Good girls. *śobhanā bālikā. śobhane bālike, śobhanāḥ bālikāḥ.* शोभना बालिका। शोभने बालिके। शोभनाः बालिकाः।

(2) A white bird. *śvetā ćaṭikā.* श्वेता चटिका।

Two white birds. *svete ćaṭike.* श्वेते चटिके।

White birds. *svetāḥ ćaṭikāḥ.* श्वेताः चटिकाः।

(3) A beautiful woman. *sundarī strī.* सुन्दरी स्त्री।

Two beautiful women. *sundaryau striyau.* सुन्दर्यौ स्त्रियौ।

Beautiful women. *sundaryaḥ striyaḥ.* सुन्दर्यः स्त्रियः।

(C) Neuter gender : (Singular, dual, plural)

(1) A white flower. *śvetaṁ puṣpam.* श्वेतं पुष्पम्।

Two white flowers. *śvete puṣpe.* श्वेते पुष्पे।

White flowers. *śvetāni puṣpāṇi.* श्वेतानि पुष्पाणि।

(2) A sweet fruit. *madhuraṁ phalam.* मधुरं फलम्।

Two sweet fruits. *madhure phale.* मधुरे फले।

Sweet fruits. *madhurāṇi phalāni.* मधुराणि फलानि।

(3) A true saying. *satyaṁ vaćanam.* सत्यं वचनम्।

True sayings. *satyāni vaćanāni.* सत्यानि वचनानि।

(4) One boy. *ekaḥ bālakaḥ.* एकः बालकः।

One Girl. *ekā bālikā.* एका बालिका।

One book. *ekaṁ pustakam.* एकं पुस्तकम्।

Three boys. *trayaḥ bālakāḥ.* त्रयः बालकाः।

Three girls. *tisraḥ bālikāḥ.* तिस्रः बालिकाः।

Three books. *triṇi pustakāni.* त्रीणि पुस्तकानि।

(5) प्रथमे नार्जिता विद्या, द्वितीये नार्जितः अर्थः।
तृतीये नार्जितं पुण्यं चतुर्थे किं करिष्यति।।73।।

EXERCISE 72 : ADJECTIVES (विशेषणानि)

A. Say in Sanskrit and find the adjectives in the following sentences:

(1) I have two brothers. मम द्वौ भ्रातरौ स्तः।

(2) These mangos are yellow. एतानि आम्राणि पीतानि सन्ति।

(3) We are drinking hot tea. वयम् उष्णं चायं पिबामः।

(4) Your car is new. तव/भवतः कारयानं नूतनम् अस्ति।

(5) These flowers are beautiful. एतानि पुष्पाणि सुन्दराणि।

B. Fill in the blanks with Sanskrit adjectives:

(1) Rāma's car is red. रामस्य कारयानम् -------------- अस्ति।

(2) The clothes are new. वस्त्राणि --------------- सन्ति।

(3) He is a smart boy. सः -------------- बालकः अस्ति।

(4) You speak truth. त्वं/भवान् -------------- वदसि/वदति।

(5) The town is big. नगरी -------------- अस्ति।

NEW ADJECTIVES TO LEARN :

(A). All numerals are adjectives.

See the names of the numerals in lesson 11.1

(B). The names of colours are adjectives.

(1) White (श्वेत sveta, धवल dhavala, शुभ्र śubhra, गौर gaura)

(2) Black (कृष्ण kṛṣṇa, श्याम śyāma, काल kāla)

(3) Red (रक्त rakta, लोहित lohita, शोण śoṇa)

(4) Yellow (पीत pīta, पीतल pītala)

(5) Blue (नील nīla, श्यामल śyāmala)

(6) Green (हरित harita)

(7) Pink (पाटल pāṭala)

(8) Brown (पिङ्गल piṅgala, कपिल kapila, श्याव śyāva)

(9) Purple (धूमल dhūmala)

(10) Gold (सुवर्ण suvarṇa), Silver (रजत rajata)

(C). The qualitative attributes are adjectives :

(1) Good (भद्र bhadra, शुद्ध śuddha, साधु sādhu; शोभन śobhana, सत् sat, निर्दोष nirdoṣa, सम्यक् samyak)

(2) Bad (कु ku, अभद्र abhadra, अशुद्ध aśuddha, सदोष sadoṣa, असम्यक् asamyak)

(3) Sweet (मधुर madhura, मिष्ट miṣṭa)

(4) Sour (अम्ल amla, शुक्त śukta)

(5) Hot (उष्ण uṣṇa, तप्त tapta; उग्र ugra, चण्ड caṇḍa, तीव्र tīvra)

(6) Cold (शीत sīta, हिम hima)

(7) Large (विशाल viśāla, बृहत् bṛhat, महत् mahat, विस्तीर्ण vistīrṇa)

(8) Heavy (गुरु guru, भारवत् bhāravat)

(9) Light (अल्प alpa, लघु laghu, तरल tarala)

(10) Fat (पीन pīna, पुष्ट puṣṭa, मांसल maṁsala)

(11) Thin (विरल virala, श्लक्ष्ण ślakṣaṇa, सूक्ष्म sūkṣma; कृश kṛśa)

(12) Beautiful (सुन्दर sundara, सुरूप surūpa, रम्य ramya)

(13) Ugly (कुरूप kurūpa, विकृत vikṛta)

(14) Young (कौमार kaumāra, तरुण taruṇa, बाल bāla, युवन् yuvana)

(15) Old (वृद्ध vṛddha, जरठ jaraṭha, जीर्ण jīrṇa)

(16) Open (अपावृत apāvṛta)

(17) Closed (निमीलित nimīlita, पिहित pihita)

(18) Smart, Clever (कुशाग्र kuśāgra, तीक्ष्ण tīkṣṇa, चतुर catura, विदग्ध vidagdha)

(19) Lazy (अलस alasa, जड jaḍa, मन्द manda)

(20) Easy (सुकर sukara, सुबोध subodha, सुगम sugama, सहज sahaja)

(21) Difficult (दुष्कर duṣkara, दुर्बोध durbodha, दुर्गम durgama, दुःसाध्य duḥsādhya, कठिन kaṭhina)

(22) Little (अल्प alpa, लघु laghu, अणु aṇu, क्षुद्र kṣudra, ह्रस्व hrasva, श्लक्ष्ण ślakṣṇa)

(23) Much, More (अधिक adhika, भूयस् bhūyas)

(24) Big (विशाल viśāla, महत् mahat)

(25) Honest (सरल sarala, दक्षिण dakṣiṇa, साधु sādhu)

(26) Dishonest (कुटिल kuṭila, जिह्म jihma)

(27) True (ऋत ṛta, तथ्य tathya, यथार्थ yathārtha, सत्य satya)

(28) False (असत्य asatya, अनृत anṛta, मृषा mṛṣā, मिथ्या mithyā)

(29) All (अखिल akhila, सकल sakala, सर्व sarva)

(30) Happy (सुखिन् sukhin, सानन्द sānanda; तृप्त tṛpta, सन्तुष्ट santuṣṭa)

(31) Sad (अवसन्न avasanna, दुःखिन् dukhin, उद्विग्न udvigna, खिन्न khinna, म्लान mlāna, शोकाकुल śokākula, दुर्मनस् durmanas)

(32) Hard (कठिन kaṭhina; दृढ dṛḍha, घन ghana, कठोर kaṭhora, कर्कश karkaśa, उग्र ugra)

(33) Soft (मृदु mṛdu)

(34) Wise (ज्ञ jña, विज्ञ vijña, ज्ञानिन् jñānin, धीमत् dhimat, प्रज्ञ prajña, बुद्धिमत् buddhimat)

(35) Foolish (मूर्ख mūrkha, मूढ mūḍha, अज्ञ ajña, दुर्मति durmati, दुर्मेधस् durmedhas)

(36) Rich (धनिन् dhanin, धनवत् dhanavat)

(37) Poor (अकिञ्चन akiñćana, निर्धन nirdhana, दरिद्र daridra, दीन dīna)

(38) Long (चिर ćira, दीर्घ dīrgha)

(39) Short (अल्प alpa, स्वल्प svalpa, स्तोक stoka, लघु laghu, ह्रस्व hrasva)

(40) Quick (चञ्चल ćañćala, क्षिप्र kṣipra, त्वरित tvarita, शीघ्र śighra)

(41) Slow (मन्द manda)

(42) Strong (बलवत् balavat, बलिन् balin, प्रबल prabala, सबल sabala, वीर्यवत् vīryavat, शक्तिमत् śaktimat, समर्थ samartha, दृढ़ dṛḍha, क्षम kṣama)

(43) Weak (अक्षम akṣama, अशक्त aśakta, बलहीन balahīna)

(44) Tall (उच्च ućća, तुङ्ग tunga, उत्तुङ्ग uttunga)

(45) Wide (विस्तीर्ण vistīrṇa, विशाल viśāla)

(46) Narrow (संवृत sam̃vṛta, निरुद्ध niruddha)

(47) Big, Large (विशाल viśāla)

28.2

THE DEGREE OF COMPARISON

tulanātmak-viśeṣaṇāni तुलनात्मकविशेषणानि।

COMPARATIVE AND SUPERLATIVE

uttarāvasthā uttamāvasthā ća उत्तरावस्था उत्तमावस्था च।

The adjectives can be used in three degrees for comparing nouns. They are :

(1) The Original state (मूलावस्था), when no suffix is attached.

(2) The Comparative state (उत्तरावस्था), when a comparative suffix तरप् or ईयस् is added to the adjective to suggest which one is comparatively better or worse of two nouns, and

(3) The Superlative state (उत्तमावस्था), where a तमप् or ईष्ठन् suffix is attached to an adjective to indicate which one is the best or worst within a group of more than two.

The suffixes तरप्, ईयस्, तमप् and ईष्ठन् are grouped in the *taddhita* (तद्धित) suffixes. The taddhita suffixes are discussed, with a chart of examples, in Lesson 37.

THE COMPARATIVE ADJECTIVES

Original State मूलावस्था	Comparative state उत्तरावस्था (तर) Better, more	Superlative state उत्तमावस्था (तम) Best, most
1. अल्प (small)	अल्पतर (smaller)	अल्पतम (smallest)
2. लघु (short)	लघुतर (shorter)	लघुतम (shortest)
3. प्रिय (dear)	प्रियतर (dearer)	प्रियतम (dearest)
4. दीर्घ (long)	दीर्घ (longer)	दीर्घतम (longest)
5. एक (one)	एकतर (one in two)	एकतम (one in many)

6. कः (which one)	कतर (which one of two)	कतम (which one of many?)
7. उद् (up, high)	उत्तर (higher)	उत्तम (highest)
8. ज्येष्ठ (great)	ज्येष्ठतर (greater)	ज्येष्ठतम (greatest)
9. श्रेष्ठ (noble)	श्रेष्ठतर (nobler)	श्रेष्ठतम (noblest)
10. गरीयस् (Most noble)	गरीयान् (singular)	गरीयांसः (plural)
11. श्रेयस् (Most noble)	श्रेयान् (singular)	श्रेयांसः (plural)

NOTE : गरीयस् and श्रेयस् are already superlative adjectives. गरीयान्, गरीयंसः, श्रेयान्, श्रेयांसः are only the Nominative (1st) case singular and Nominative plural declensions. e.g. Something is better than nothing. The half-deaf is BETTER (more noble) than all the deafs. *badhirebhyaḥ mandakarṇaḥ śreyān.* बधिरेभ्यः मन्दकर्णः श्रेयान्।

EXAMPLES : DEGREE OF COMPARISON

(1) Rāma is taller than Sītā. *Rāmaḥ sītāyāḥ uccataraḥ asti.* रामः सीतायाः उच्चतरः अस्ति।

(2) He is the best man. *saḥ uttamaḥ manuṣyaḥ asti.* सः उत्तमः मनुष्यः अस्ति।

(3) This night is the longest. *eṣā rātriḥ dīrghatamā asti.* एषा रात्रिः दीर्घतमा अस्ति।

(4) That area is the largest. *tat kṣetraṁ mahattamam asti.* तत् क्षेत्रं महत्तमम् अस्ति।

(5) This book is unique in many. *etat pustakam ekatamam.* एतत् पुस्तकम् एकतमम्।

(6) These flowers are the best. *etāni puṣpāṇi uttamāni santi.* एतानि पुष्पाणि उत्तमानि सन्ति।

EXERCISE 73 : DEGREE OF COMPARISON

A. Find the comparative adjectives:

(1) नूतन, क्षुद्रतर, मृदुतम, स्थावर।

(2) दृढतर, सरल, सुगम, ह्रस्वतर।

(3) शुभ, शान्त, स्थिरतर।

B. Find the superlative adjectives:

(1) स्थिरतर, क्षुद्रतम, पवित्र। (2) दूर, दूरतम, निकट, निकटतर।

(3) लघुतर, दीर्घतम, महत्तम, विद्वत्तम।

MORE ADJECTIVES TO LEARN:

(1) Whole (पूर्ण pūrṇa, सम्पूर्ण sampūrṇa, अखिल akhila)

(2) Bound (सीमित sīmita)

(3) Boundless (अगाध ragādha, अनन्त ananta, अमित amita, निःसीम niḥsīma)

(4) Steady (स्थिर sthira, स्थावर sthāvara, अटल aṭala, अचल aćala, निश्चल niśćala)

(5) Marvelous (अद्भुत adbhuta, आश्चर्यकर āśćaryakara)

(6) Blind (अन्ध andha)

(7) Deaf (बधिर badhira, अकर्ण akarṇa)

(8) Dumb (मूक mūka)

(9) Lame (पंगु pangu, खञ्ज khañja)

(10) Sick (रुग्ण rugṇa, रोगिन् rogin, अस्वस्थ asvastha)

(11) Beginningless (अनादि anādi)

(12) Beginningless and endless (सनातन sanātana)

(13) Ancient (पुरातन purātana, पुराण purāṇa)

(14) Modern (आधुनिक ādhunika, अर्वाचीन arvāćina, नव nava, नवीन navīna)

(15) Cruel (निष्ठुर niṣṭhura, निर्दय nirdaya)

(16) Loving (सस्नेह sasneha, वत्सल vatsala, प्रिय priya)

(17) Ripe (पक्व pakva, परिणत pariṇata)

(18) Raw (अपक्व apakva, आम āma)

(19) Holy (पवित्र pavitra, पुण्य puṇya, पावन pāvana)

(20) Quiet (शान्त śānta, निश्चल niśćala)

THE PARTICIPLES

dhātusādhitāni

धातुसाधितानि वा कृदन्तानि वा।

PARTICIPLES (धातुसाधितानि, कृदन्तानि) are derived directly from the verb roots (√) by attaching primary suffixes (कृत् प्रत्यया:)

Even though the words with primary suffixes indicate a meaning of some action, they are not verbs. Therefore, they do not have tenses. They are adjectives or indeclinables. And thus, as adjectives they have gender, number and cases.
एतानि कृदन्तानि (धातुसाधितानि) यद्यपि क्रियापदस्य अर्थं बोधयन्ति तथापि एतानि क्रियापदानि न । अत: एतेषां पुरुषरूपाणि लकारा: वा न भवन्ति। एतानि विशेषणानि अव्ययानि वा। विशेषणानां लिङ्गरूपाणि विभक्तिरूपाणि च भवन्ति।

28.3
PAST PASSIVE PARTICIPLE (ppp∘)

kta-viśeṣaṇam

क्त-विशेषणम्।

The *kta* (क्त) suffix is added to the verbs in Passive and Abstract voices in the past tense. While adding a *kta* क्त suffix to a root verb, the *k* क is dropped and only *ta* त is attached.
NOTE : With the roots such as √री, ली, ब्ली, प्ली, धू, पू, लू, ऋ, कॄ, गॄ, जॄ, नॄ, पॄ, भॄ, वॄ, शॄ, स्तॄ and हा, suffix *ta* (त) becomes suffix *na* (न).

Use of this *kta* (क्त) suffix produces adjectives of the past tensen sometimes used as verbs.

sam-ava√i + kta (ta) = samaveta (assembed) सम्–अव√इ + क्त (त) = (सम्+अव+इ+त) समवेत

sam-ā√gam+kta (ta) = samāgata (came together) सम्–आ√गम्+ क्त (त) = समागत

√gam + kta (ta) = gata (gone) √गम् + क्त (त) = गत।

√jṛ́ + kta (na) = jīrna (worn out) √जॄ + क्त (न) = जीर्ण।

sam√pat + kta (na) = sampanna (rich) सम्√पत् + क्त (न) = सम्पन्न।

(1) I go अहं गच्छामि। I 'go' is a Present tense.

(2) Rāma went रामः अगच्छत्। 'Went' is a Past tense.

(3) The man that has gone. गतः नरः। 'Gone' is an adjective (ppp∘) of the man, it is not a tense, although it acts, looks and used like a verb. नरः गतः (अस्ति)। In this case, the verb 'is' (अस्ति) is understood.

EXAMPLES :

PAST PASSIVE PARTICIPLE (ppp∘) क्त

Note that the ppp∘, as an adjective, changes according to the gender and number and case of the substantive.

(1) The book that is seen by Rāma. *Rāmeṇa dṛṣṭaṁ pustakam.* रामेण दृष्टं पुस्तकं।

(2) The flowers seen by Sītā in the garden. *Sītayā udyāne dṛṣṭāni puṣpāṇi.* सीतया उद्याने दृष्टानि पुष्पाणि।

(3) The bird seen by him. *tena dṛṣṭā ćaṭikā.* तेन दृष्टा चटिका।

(4) The Rāvaṇa (was) killed by Rāma. *Rāmeṇa Rāvaṇaḥ hataḥ.* रामेण रावणः हतः।

(5) Mahābhārata (was) heard by me. *mayā Mahābhāratam śrutam.* मया महाभारतं श्रुतम्।

(6) The letter written by her. *tayā likhitaṁ patram.* तया लिखितं पत्रम्।

(7) Is my school seen by you? *tvayā mama pāṭhaśālā dṛṣṭā vā?* त्वया मम पाठशाला दृष्टा वा।

(8) I do not eat cold food. *ahaṁ śītam annaṁ na khādāmi.* अहं शीतम् अन्नं न खादामि।

(9) अश्रद्धया हुतं दत्तं तपः तप्तं कृतं च यत्। (Gītā 17.28)

PAST PASSIVE PARTICIPLES (ppp∘)

(1) Gone (√गम् – गत)

(2) Renounced (√त्यज् – त्यक्त)

(3) Written (√लिख – लिखित)

(4) Given (√दा – दत्त)

(5) Stayed (√स्था – स्थित)

(6) Known (√ज्ञा – ज्ञात)

(7) Killed (√हन् – हत)

(8) Heard (√श्रु – श्रुत)

(9) Seen (√दृश् – दृष्ट)

(10) Done (√कृ – कृत)

(11) Protected (√रक्ष् – रक्षित)

(12) Obtained (√लभ् – लब्ध)

FOR THE COMPLETE LISTING OF PPP∘s OF ALL 2000 VERBS, SEE APPENDIX 5.

EXERCISE 74 : (ppp∘) Find the Past Passive Participles in the following word groups :

(1) गच्छामि, खादितम्, भवति, भूतम्, भक्षितम्।

(2) पठितः, पठन्ति, रक्षितः, श्रुतम्, पतिताः।

(3) दृष्टा, करोमि, करोति, कृतम्, कृतानि।

(4) पृच्छसि, पृष्टः, लिख्, नीता, नीतः।

28.4

PAST ACTIVE PARTICIPLE (Past-AP)

ktavatu-viśeṣaṇam

क्तवतु–विशेषणम्।

A Past Active Participle is formed by attaching वत् *vat* suffix to a Past passive participle (ppp∘). e.g. गत + वत् → गतवत्। The Past-AP गतवत् becomes गतवान् in Nominative case.

Singular - (m∘) अहं गतवान्। त्वं गतवान्। सः गतवान्। अश्वः गतवान्। (f∘) चटिका गतवती।

Plural - (m∘) वयं गतवन्तः। यूयं गतवन्तः। ते गतवन्तः। अश्वाः गतवन्तः। (f∘) चटिकाः गतवन्त्यः।

NOTE : When we studied the Past (Imperfect) tense (लङ् लकारः) in lesson 18, we used constructions such as, अहम् अखादम्, त्वम् अखादः सः अखादत् ...etc. But, these forms are difficult. Thus, instead, the easier way is to use the क्तवतु forms e.g. अहं खादितवान्, त्वं खादितवान्, सः खादितवान्, सा खादितवती ...etc. in place of the Past tense लङ् e.g. अहम् अखादम्, त्वम् अखादः, सः-सा अखादत्।

भूतकाले अखादम्, अखादः, अखादत् इत्यादीनि रूपाणि यद्यपि भवन्ति तेषां रूपाणि क्लिष्टानि सन्ति। किन्तु तेषां स्थाने भूतकालार्थे क्तवतु-रूपाणि सरलानि सन्ति। अतः सरलतादृष्ट्या एवं कर्तव्यम्।

The *ktavat* (क्तवत्) suffix is used for the Active voice in the Past tense. While adding *ktavat* (क्तवत्) to a root verb, the *kta* (क्त) is dropped and only *ta* (वत्) is attached.

TABLE : √खाद् to eat, PAST ACTIVE PARTICIPLE

Verb	Singular		Plural	
1. I ate (m∘)	अहं खादितवान्	*ahaṁ khāditavān*	वयं खादितवन्तः	*vayaṁ khāditavantaḥ*
2. You ate (m∘)	त्वं खादितवान्	*tvaṁ khāditavān*	यूयं खादितवन्तः	*yūyaṁ khāditavantaḥ*
3. He ate (m∘)	सः खादितवान्	*saḥ khāditavān*	ते खादितवन्तः	*te khāditavantaḥ*
4. She ate (f∘)	सा खादितवती	*sā khāditavatī*	ताः खादितवत्यः	*tāḥ khāditavatyaḥ*
5. It ate (n∘)	तत् खादितवत्	*tat khāditavat*	तानि खादितवन्ति	*tāni khāditavanti*

USAGE : Compare these three examples with the same three examples given in Lesson 18

1. Rāma wrote. *Rāmaḥ likhitavān.* रामः लिखितवान्। Sītā went. *Sītā gatavatī.* सीता गतवती।
2. Tree fell. *vṛkṣaḥ patitavān.* वृक्षः पतितवान्। Vine fell. *latā patitavatī.* लता पतितवती। Flower fell. *puṣpaṁ patitavat.* पुष्पं पतितवत्। Flowers fell. *puṣpāṇi patitavanti.* पुष्पाणि पतितवन्ति। Trees Fell. *vṛkṣāḥ patitavantaḥ.* वृक्षाः पतितवन्तः। Vines fell. *latāḥ patitavatyaḥ.* लताः पतितवत्यः।
3. Bharata said. *Bharataḥ uktavān.* भरतः उक्तवान्। Boys went. *kumārāḥ gatavantaḥ.* कुमाराः गतवन्तः।

EXAMPLES : PAST ACTIVE PARTICIPLES (क्तवतु)

Past **Passive** Participle			Past-**Active**-participle	
(1) Gone	(√गम्→ गत→	गतवत्)	गतवान्	I, you, he went
(2) Killed	(√हन्→ हत→	हतवत्)	हतवान्	I, you, he killed
(3) Left	(√त्यज्→ त्यक्त→	त्यक्तवत्)	त्यक्तवान्	I, you, he left
(4) Heard	(√श्रु→ श्रुत→	श्रुतवत्)	श्रुतवान्	I, you, he heard
(5) Written	(√लिख→	लिखितवत्)	लिखितवान्	I, you, he wrote
(6) Seen	(√दृश्→	दृष्टवत्)	दृष्टवान्	I, you, he saw
(7) Given	(√दा→	दत्तवत्)	दत्तवान्	I, you, he gave
(8) Done	(√कृ→	कृतवत्)	कृतवान्	I, you, he did
(9) Stayed	(√स्था→	स्थितवत्)	स्थितवान्	I, you, he stayed
(10) Protected	(√रक्ष्→	रक्षितवत्)	रक्षितवान्	I, you, he protected
(11) Known	(√ज्ञा→	ज्ञातवत्)	ज्ञातवान्	I, you, he knew
(12) Obtained	(√लभ्→	लब्धवत्)	लब्धवान्	I, you, he obtained
(13) Obtained	(प्र√आप्→	प्राप्तवत्)	प्राप्तवान्	I, you, he obtained
(14) Bought	(√क्री→	क्रीतवत्)	क्रीतवान्	I, you, he bought

PRESENT ACTIVE PARTICIPLES

śatṛ-śānac-viśeṣaṇāni

शतृ–शानच्–विशेषणानि।

There are two types of Present Active Participles.

(i) The *Parasmaipadī* Participle (शतृ विशेषणम्), and

(ii) The *Ātmanepadī* Participle (शानच् विशेषणम्).

28.5

The *Parasmaipadī* Present Active Participle (PPAP)

śatṛ viśeṣaṇam (शतृ-विशेषणम्)

The *śatṛ* (शतृ) suffix *at* अत् is added to a *parasmaipadī* root to form an adjective of Present Continuous tense. e.g.

(i) *saṁ√jan + śatṛ (at* अत्*) + causative (ya* य*)= sañjanayat* (causing it to increase)
समु√जन् + शतृ (अत्) + प्रयोजक (य) = सञ्जनयत् (Gītā 1.12)

(ii) *vi√sad + śatṛ (at) = viṣidat* (while lamenting) वि√सद् + शतृ (अत्) = विषीदत् (Gītā 1.27)

How to form a शतृ PPAP adjective from a verb?

(1) first take the desired *parasmaipadī* verb (e.g. √गम्);

(2) determine the third-person, plural, present tense of that verb (e.g. गच्छन्ति);

(3) remove the last suffix (e.g. गच्छन्ति – अन्ति = गच्छ); and then to this word,

(4) attach the अत् suffix (e.g. गच्छ् + अत्), then you get PPAP गच्छत्।

The शतृ adjectives give a (gerund like) meaning with 'ing' attached to the verb. e.g.
गच्छत् = going, while going कुर्वत् = doing, while doing कथयत् = while saying ...etc.

In the Nominative (1st) case :

The Masculine forms of these words will be गच्छन्, गच्छन्तौ, गच्छन्तः। कुर्वन्, कुर्वन्तौ, कुर्वन्तः। कथयन्, कथयन्तौ, कथयन्तः। ... etc (like m∘ भगवत् शब्दः see Appendix 2)

The Feminine forms will be गच्छन्ती, गच्छन्त्यौ, गच्छन्त्यः। कुर्वन्ती, कुर्वन्त्यौ, कुर्वन्त्यः। कथयन्ती, कथयन्त्यौ, कथयन्त्यः। (like नदी शब्दः see Appendix 2), and

The Neuter gender forms will be गच्छत्, गच्छती, गच्छन्ति। कुर्वत्, कुर्वती, कुर्वन्ति। कथयत्, कथयती, कथयन्ति। (like जगत् शब्दः, see Appendix 2)

EXAMPLES cum EXERCISE : PPAP (शतृ) (answers are given for your help)

1. The man goes. मनुष्यः गच्छति → गच्छन् मनुष्यः, the going man, the man that is going (गच्छन् going is a *Parasmaipadī* adjective of the m∘ noun man).

2.(m∘) A tree falls. वृक्षः पतति → पतन् वृक्षः *patan vṛkṣaḥ.* a falling tree.

(m∘) Trees fall वृक्षाः पतन्ति → पतन्तः वृक्षाः *patantaḥ vṛkṣāḥ.* the falling trees.

(f∘) A vine falls लता पतति→ पतन्ती लता *patantī latā.* a falling vine.

(f∘) The vines fall लताः पतन्ति→ पतन्त्यः लताः *patantyaḥ latāḥ.* the falling vines.

(n∘) A flower falls पुष्पं पतति → पतत् पुष्पम् *patat puṣpam.* a falling flower.

(n∘) The flowers fall पुष्पाणि पतन्ति→ पतन्ति पुष्पाणि *patanti puṣpāṇi.* the falling flowers.

(3) A CLASSICAL EXAMPLE :

तमुवाच हृषीकेशः प्रहसन् इव भारत। (Gītā 2.10)

PARASMAIPADI PRESENT ACTIVE PARTICIPLES (शतृ)

(1) Going (√गम्→ गच्छत्)

(2) Killing (√हन्→ घ्नत्)

(3) Leaving (√त्यज्→ त्यजत्)

(4) Hearing (√श्रु→ श्रुण्वत्)

(5) Writing (√लिख्→ लिखत्)

(6) Seeing (√दृश्→ पश्यत्)

(7) Giving (√दा→ ददत्)

(8) Doing (√कृ→ कुर्वत्)

(9) Staying (√स्था→ तिष्ठत्)

(10) Protecting (√रक्ष्→ रक्षत्)

(11) Falling (√पत्→ पतत्)

(12) Taking (√नी→ नयत्)

EXERCISE 75 : PAP (शतृ) find Present Active Participles in the following words :

(1) गच्छत्, खादितवान्, भवति, भवत्, भक्षितवन्तः।

(2) पठितः, पठत्, पठितवान्, रक्षितः, श्रुण्वत्, पतिताः।

(3) दृष्टवान्, पश्यत्, करोमि, करोति, कृतवान्, कुर्वत्।

(4) पृच्छसि, पृष्टम्, पृष्टवान्, लिख्, नीता, नयत्, नीतवन्तः।

The Ātmanepadī Present Active Participles (ĀPAP)
śānać-kartari-viśesaṇāni शानच्-कर्तरि-विशेषणानि।

The *śānać* (शानच्) suffixes, *māna* (मान) and *āna* (आन), are added to the *ātmanepadī* roots to form adjectives of present continuous tense, same as the शतृ suffix. e.g.

(i) 7√*bhuj* + *śānać (āna)* = *bhuñjāna* (enjoying) 7√भुज् + शानच् (आन) = भुञ्जान (Gītā 15.10)

(ii) 4√*yudh* + *śānać (māna)* = *yotsyamāna* (fighter) 4√युध्+शानच् (मान) = योत्स्यमान (Gītā 1.23)

Use of these adjectives is not frequent. Their formation and use is a bit difficult, but they are discussed here for your information. Ātmanepadī Present Active Participle शानच् is formed by attaching मान or आन suffix to a verb.

(a) If the verb belongs to the FIRST GROUP (1st, 4th, 6th or 10th conjugation गणः), then it takes the मान (*māna*) suffix.

(b) But, if the verb belongs to the SECOND GROUP (2nd, 3rd, 5th, 7th, 8th or 9th conjugation), then it takes the आन (*āna*) suffix.

The शानच् adjectives give a (gerund like) meaning with 'ing' or 'er' attached to the verb. e.g. √लभ्→ लभमान = attaining; attainer. √कृ→ कुर्वाण = working(man); worker.

28.6
ĀPAP of the FIRST GROUP
मान-शानच्-विशेषणम्।

How to form a मान-शानच् adjective?

(1) first take the desired *ātmanepadī* verb (e.g. 1√लभ् to obtain);

(2) determine the third-person, plural, present tense of that verb (e.g. लभन्ते);

(3) remove the ending न्ते-ते suffix (e.g. लभन्ते - न्ते = लभ); and then to that word,

(4) attach the मान suffix (लभ + मान → लभमान = obtaining).

The verbs belonging to the FIRST GROUP i.e. 1st, 4th, 6th or 10th conjugation गण:, take the मान suffix. e.g.

1√लभ्→ लभन्ते→ लभमान = obtaining; 4√मन्→ मन्यते→ मन्यमान = thinking; 6√दिश्→ दिश्यते→ दिश्यमान = showing; 10√गण्→ गण्यते→ गण्यमान = counting ...etc.

All these adjectives, being अकारान्त, they decline like राम in masculine, like माला in feminine and like वन in neuter gender (see Appendix 2). e.g. लभमान:, लभमानौ, लभमाना:, लभमाना, लभमाने, लभमाना:, लभमानम्, लभमाने, लभमानानि etc.

EXAMPLES cum EXERCISE : ĀPAP (मान-शानच्)

(1) I saw him entering the house. अहं तं गृहं प्रविशमानं दृष्टवान्।

(2) Seeing (while seeing) the child she became happy. बालकं प्रेक्षमाणा सा तुष्टवती।

28.7
ĀPAP of the SECOND GROUP
आन-शानच्-विशेषणम्।

To form any आन-शानच् adjective

(1) Take the desired *ātmanepadī* verb (e.g. 9√ज्ञा to know);

(2) determine the third-person, plural, present tense (जानते);

(3) remove the ending न्ते-ते suffix (e.g. जानन्ते – न्ते = जान); and then to that word,

(4) add the *ān* आन suffix (जान + आन → जानान = knowing)

The verbs belonging to the SECOND GROUP (2nd, 3rd, 5th, 7th, 8th or 9th conjugation गणः), take आन् suffix. e.g. 2√ब्रू→ ब्रुवते→ ब्रुवाण = speaking; 3√दा→ ददते→ ददान = giving; 5√वृ→ वृण्वन्ते→ वृण्वान = choosing; 7√भुज्→ भुञ्जन्ते→ भुञ्जान = enjoying; 8√कृ→ कुर्वन्ते→ कुर्वाण doing; 9√ज्ञा→ जानन्ते→ जानान knowing ...etc.

All these participles being अकारान्त adjectives, they decline like राम in masculine, like माला in feminine and like वन in neuter gender. e.g. जानानः, जानानौ, जानानाः। जानाना, जानाने, जानानाः। जानानम्, जानाने, जानानानि। ... etc. Examples :

(1) Men doing sacrifice are rare. त्यागं कुर्वाणाः जनाः दुर्लभाः।

(2) Many are men who talk (talking) too much. अतीव ब्रुवाणाः जनाः सुलभाः।

CLASSICAL EXAMPLES : आन and मान शानच्

(3) उत्क्रामन्तं स्थितं वापि भुञ्जानं वा गुणान्वितम्। (Gītā 15.10)

(4) योत्स्यमानान् अवेक्षे अहं ये एते अत्र समागताः। (Gītā 1.23)

28.8
The Ātmanepadī Present Passive Participles (ĀPPP)
śānac-karmaṇi-viśeṣaṇāni शानच्-कर्मणि-विशेषणानि।

Thse ĀPPP adjectives are formed from *ātmanepadī* root verbs only, and therefore, they take मान (यमान) suffix only.

To form a कर्मणि यमान-शानच् adjective

(i) First take the desired *ātmanepadī* verb (e.g. 8√कृ to do) from any group (1st or 2nd group);

(ii) take the first part of the third person plural present tense and remove the tense suffix.

(iii) then attach the यमान suffix to it (e.g. कृ (क्रि) + यमान → क्रियमाण = is being done). e.g.
प्रकृतेः क्रियमाणानि गुणैः कर्माणि सर्वशः। (Gītā 3.27)

(1)	1√लभ् →	लभ्	+ यमान	=	लभ्यमान	being obtained
(2)	2√ब्रू →	उच्	+ यमान	=	उच्यमान	being said
(3)	5√श्रु →	श्रू	+ यमान	=	श्रूयमाण	being heard
(4)	7√छिद् →	छिद्	+ यमान	=	छिद्यमान	being cut
(5)	4√नश् →	नश्	+ यमान	=	नश्यमान	being destroyed
(6)	6√दिश् →	दिश्	+ यमान	=	दिश्यमान	being shown
(7)	9√मन्थ् →	मन्थ्	+ यमान	=	मन्थ्यमान	being chruned
(8)	3√धा →	धी	+ यमान	=	धीयमान	being borne
(9)	10√वर्ण् →	वर्ण्	+ वर्ण्यमान	=	वर्ण्यमान	being defined, being described

THE POTENTIAL PARTICIPLES (pp∘)

vidyarthī-viśeṣaṇāni विध्यर्थि-विशेषणानि।

In lesson 27 we studied the Potential Mood (विधिलिङ्). Now let us see the Potential Participles (विध्यर्थि कृदन्त-विशेषणानि).

These pp∘ participle adjectives indicate the meaning of 'something that ought to be done, should be done, proper to do, fit to be done, is worhty of, is a duty, is a precept or is a maxim.' Unfortunately, like most other Sanskrit expressions, the English language does not have single-word expressions for this purpose also.

To form these adjectives we can optionally attach either तव्य, अनीय or य suffix to the verb roots. In all three cases their meaning remains same. एकस्य धातो: एव प्रत्ययत्रयम् अपि योजयितुं शक्नुम: एतेषां प्रत्ययानाम् अर्थ: समान: एव। However, use of one suffix is more popular for some roots, while the other is used for some other roots. केषाञ्चित् धातूनां तव्यत-रूपाणि एव लोके प्रसिद्धानि। केषाञ्चित् धातूनाम् अनीय-रूपाणि य-रूपाणि वा एव प्रसिद्धानि। Therefore, what is most popular should be followed. अत: यत् रूपं प्रसिद्धं तत् एव योजितव्यं योजनीयं योज्यं वा।

Use of these adjectives is quite frequent and should be understood properly. Thus, please remember that :

(1) These participles are passive (कर्मणि) and never active (कर्तरि).
(2) These can be formed from almost any verb root, transitive or intransitive.
(3) Here, the subject is always in Instrumental (3rd) case and the object in Nominative (1st) case.
(4) The gender and number of the adjective follows those of the object.
(5) Sometimes, these adjectives are used as regular non-potential adjectives or as nouns also.
(6) These are adjectives. These are not verbs.
(7) If this adjective is not connected with an object (intransitive), it will take neuter gender and singular number. मया-अस्माभि: तत्र गन्तव्यम् *mayā-asmābhiḥ tatra gantavyam.* I-we ought to go there.

Six affixes are included in this pp◦ category of *kṛtya* suffixes, namely : *tavyat* (तव्यत्), *tavya* (तव्य), *anīyar* (अनीयर्), *yat* (यत्), *kyap* (क्यप्) and *ṇyat* (ण्यत्).

These *kṛtya* suffixes are attached to:

(i) the transitive verbs (सकर्मक-धातव:) in the Passive voice (कर्मवाच्य), and

(ii) the intransitive verbs (अकर्मक-धातव:) in the Abstract voice (भाववाच्य).

28.9

The Future Passive (Potential) Participles

tavyat (तव्यत्), *anīyar* (अनीयर्) and *tavya* (तव्य) suffixes

(A) The *tavyat* (तव्यत्) and *tavya* (तव्य) suffixes :

The *tavyat* (तव्यत्) and *tavya* (तव्य) suffixes of Future passive participles produce Potential Adjectives (विध्यर्थि-विशेषणानि). e.g.

(i) √śru + tavyat (tavya) = śrotavya (fit to be heard) √श्रु + तव्यत् (तव्य) = श्रोतव्य

(ii) √śru + anīyar (anīya) = śrvaṇīya (fit to be heard) √श्रु + अनीयर (अनीय) = श्रवणीय

(B) The *yat* (यत्), *kyap* (क्यप्) and *ṇyat* (ण्यत्) suffixes :

The *yat* (यत्), *kyap* (क्यप्) and *ṇyat* (ण्यत्) suffixes produce adjectives with a sense of 'fit for' or 'ought to be' by adding y (य) to the final root.

(i) √jñā + yat (y) = jñeya (to be known) √ज्ञा + यत् (य) = ज्ञेय

(ii) √kṛ + kyap (y) = kṛtya (to be done) √कृ+ क्यप् (य) = कृत्य

(iii) a-vi√kṛ+ ṇyat (y) = avikārya (indistructible) अ-वि√कृ + ण्यत् (य) = अविकार्य

EXAMPLES cum EXERCISE : USE OF POTENTIAL ADJECTIVES

(1) Rama does not study. Rama ought to study. रामः अभ्यासं न करोति। रामेण अभ्यासः कर्तव्यः–करणीयः–कार्यः (√कृ)।

(2) He does not drop bad habits. He should drop the bad habits. सः दुर्वर्तनानि न त्यजति। तेन दुर्वर्तनानि त्यक्तव्यानि–त्यजनीयानि–त्याज्यानि (√त्यज्)।

(3) They do not teach Sanskrit. They should teach Sanskrit. ते संस्कृतं न शासन्ति। तैः संस्कृतं शासितव्यम्–शासनीयम्–शिष्यम् (√शास्)।

(4) He does not give my book. He should give my book. सः मह्यं पुस्तकं न ददाति। तेन मह्यं पुस्तकं दातव्यम्–दानीयम्–देयम् (√दा)।

(5) He does not agree to it. He should agree it. सः एतत् न मन्यते। तेन एतत् मन्तव्यम्–मननीयम्–मान्यम् (√मन्)।

(6) Students should hear the instructions. छात्रैः सूचनाः श्रोतव्याः–श्रवणीयाः–श्राव्याः (√श्रु)।

(7) We should learn history. अस्माभिः इतिहासः अध्येतव्यः–अध्ययनीयः–अध्येयः (अधि√इ)।

(8) Truth must be told. सत्यं वक्तव्यम्–वचनीयम्–वाच्यम्।

(9) One should not wear damp clothes. आर्द्रवस्त्राणि न धारणीयानि–धारितव्यानि–धार्याणि।

(10) They should study. तैः अध्ययनं कर्तव्यम्–करणीयम्–कार्यम्।

(11) A CLASSICAL EXAMPLE : (by Varnekar Mahodaya)

लोकहितं मम करणीयम्। मनसा सततं स्मरणीयम्।
वचसा सततं वदनीयम्। न भोगभवने रमणीयम्।
न च सुखशयने शयनीयम्। अहर्निशं जागरणीयम्।
न जातु दुःखं गणनीयम्। न च निजसौख्यं मननीयम्।
कार्यक्षेत्रे त्वरणीयम्। दुःखसागरे तरणीयम्।
विपत्तिविपिने भ्रमणीयम्। लोकहितं मम करणीयम्।।74।।

THE POTENTIAL ADJECTIVES

(विध्यर्थि विशेषणानि)

√kṛ (to do) → pp◦ karaṇīya, kartavya, kārya = Ought to be done, fit to be done, must be done, good to be done, should be done, worth doing.

Root verb→		Potential Adjectives		
√भू	to become→	भवितव्य,	भवनीय,	भाव्य।
√अस्	to be →	भवितव्य,	भवनीय,	भाव्य।
√वृत्	to be →	वर्तितव्य,	वर्तनीय,	वृत्य।
√त्यज्	to leave →	त्यक्तव्य,	त्यजनीय,	त्याज्य।
√स्था	to stand →	स्थातव्य,	स्थानीय,	स्थेय।
√स्मृ	to remember →	स्मर्तव्य,	स्मरणीय,	स्मार्य।
√वन्द्	to salute →	वन्दितव्य,	वन्दनीय,	वन्द्य।
√दा	to give →	दातव्य,	दानीय,	देय।
√शंस्	to praise →	शंसितव्य,	शंसनीय,	शंस्य।
√ब्रू	to speak →	वक्तव्य,	वचनीय,	वाच्य।
√भी	to be afraid of →	भेतव्य,	भयनीय,	भेय।
√क्षम्	to forgive →	क्षन्तव्य,	क्षमनीय,	क्षम्य।
√मन्	to agree →	मन्तव्य,	मननीय,	मान्य।
√आप्	to obtain →	आप्तव्य,	आपनीय,	आप्य।
√श्रु	to hear →	श्रोतव्य,	श्रवणीय,	श्राव्य।
√शक्	to be able →	शक्तव्य,	शकनीय,	शक्य।
√प्रच्छ्	to ask →	प्रष्टव्य,	प्रच्छनीय,	प्रच्छ्य।
√रुध्	to stop →	रोद्धव्य,	रोधनीय,	रोध्य।
√भिद्	to break →	भेत्तव्य,	भेदनीय,	भेद्य।

INDECLINABLE PARTICIPLES

kṛdanta-avyayāni

कृदन्त–अव्ययानि।

The word that does not have any gender, number, person, tense or case is an INDECLINABLE word (अव्ययम्)

सदृशं त्रिषु लिङ्गेषु सर्वासु च विभक्तिषु ।
वचनेषु च सर्वेषु यन्न व्येति तदव्ययम् ।।75।।

The Two Indeclinable Past Participles (ipp◦)

ktvā, lyap

क्त्वा, ल्यप्।

If same subject does two actions, one after other, then in that case :

In order to indicate completion of a subordinate (first) action, prior to the commencement of the main (second) action, an Indeclinable Past Participle (क्त्वा or ल्यप् = having done) is used, in stead of joining two clauses with the phrase 'and then' ततः च।

These single-word participles (क्त्वा and ल्यप्) imply completion of the specific preceding subordinate action ('having done, or doing' पूर्वकालिक), before the following main action begins. **These participles are widely used in Sanskrit**.

28.10

Indeclinable Past Participle (ktvā-ipp∘)

ktvā (क्त्वा) suffix

RULE 1 :

The *tvā* त्वा of the Indeclinable Past Participle *ktvā* क्त्वा may be added only to those verb-root to which any prefix, other than अ, is NOT attached.

The त्वा participle has same <u>**nature**</u> as the त in the Past Passive Participles (ppp∘) we studied in lesson 28.3.

√दा (*dā,* to give), दत्त (ppp∘ - *datta,* given), दत्त्वा (ipp∘ - *dattvā,* having given)
The *ktvā* suffix is used for forming a Gerund ending in suffix 'ing' that are dependent on some previous event (पूर्वकालिक–क्रिया)
√dṛś+ktvā (tvā) = dṛṣṭvā (having seen, seeing) √दृश्+ क्त्वा (त्वा) = दृष्ट्वा

RULE 2 :

The *lyp* (ल्यप्) suffix is attached only to those verb-roots that have any prefix, other than *a* (अ), is attached. The meaning and the nature of a *lyp*-participle remains same as of a *ktvā*-participle. For more details see section 28.11

CLASSICAL EXAMPLES : क्त्वा Participle :

13. सिद्ध्यसिद्ध्योः समो <u>भूत्वा</u> समत्वं योग उच्यते।।77।। (Gītā 2.48)
14. योगिनः कर्म कुर्वन्ति सङ्गं <u>त्यक्त्वा</u> आत्मशुद्धये।।78।।(Gītā 5.11)

28.11

Indeclinable Past Participle (lyp-ipp∘)

with *lyp* (ल्यप्) Suffix

As said earlier, the suffix य or त्य of the Indeclinable Past Participle (ल्यप् lyp-ipp∘) may be added only to that verb-root to which a prefix (other than अ *a*) is already attached.

(i) आ√दा take, आदत्त ppp∘ taken, आदाय ipp∘ having taken.

(ii) *upa-sam√gam + lyp (ya) = upa-saṅgmya* (having approached) √गम् + क्त्वा (त्वा) = गत्वा having gone. उप-सम्√गम् + ल्यप् (य) = उपसङ्गम्य having approached.

INDECLINABLE PAST PARTICIPLE क्त्वा

Verb-root		ppp∘		ipp∘-क्त्वा	
√दा	(to give)	दत्त	(given)	दत्त्वा	(having given)
√ज्ञा	(to know)	ज्ञात	(known)	ज्ञात्वा	(having known)
√भू	(to become)	भूत	(become)	भूत्वा	(having become)
√कृ	(to do)	कृत	(done)	कृत्वा	(having done)
√दृश्	(to see)	दृष्ट	(seen)	दृष्ट्वा	(having seen)
√वच्	(to speak)	उक्त	(spoken)	उक्त्वा	(having spoken)

INDECLINABLE PAST PARTICIPLE ल्यप्

Verb-root		ppp∘	ipp∘-ल्यप् – meaning	
आ√दा	(to take)	आदत्त	आदाय	having taken
वि√ज्ञा	(to know)	विज्ञात	विज्ञाय	having known
अनु√भू	(to experience)	अनुभूत	अनुभूय	having experienced
द्विधा√कृ	(to duplicate)	द्विधाकृत	द्विधाकृत्य	having duplicated

अ√दृश्	(to disappear)	अदृष्ट	अदृश्य	having disppeared
प्र√वच्	(to tell)	प्रोक्त	प्रोच्य	having told

EXAMPLES cum EXERCISE : INDECLINABLE PAST PARTICIPLES क्त्वा, ल्यप्।

1. Boys go to school. *bālakāḥ pāṭhaśālāṁ gaccḥanti.* बालकाः पाठशालां गच्छन्ति।
2. Boys go to school having done their study. *bālakāḥ teṣām abhyāsaṁ kṛtvā pāṭhaśālāṁ gaccḥanti.* बालकाः तेषाम् अभ्यासं कृत्वा पाठशालां गच्छन्ति।
3. We will go to New York. *vayaṁ New-Yorkaṁ gamiṣyāmaḥ.* वयं न्यू-यार्कं गमिष्यामः।
4. Having gone to New York, we will see the University. *New-Yorkaṁ gatvā vayaṃ viśva-vidyālayaṁ drakṣyāmaḥ.* न्यू-यार्कं गत्वा वयं विश्वविद्यालयं द्रक्ष्यामः।
5. Rāma eats a fruit. *Rāmaḥ phalaṁ khādati.* रामः खादति।
6. Having eaten Rāma plays. *khāditvā rāmaḥ khelati.* खादित्वा रामः खेलति।
7. He climbs a tree. *saḥ vṛkṣam ārohati.* सः वृक्षम् आरोहति।
8. Having climbed the tree, he drops the fruits. *saḥ vṛkṣam āruhya phalāni pātayati.* सः वृक्षम् आरुह्य फलानि पातयति।
9. Sītā comes. *Sītā āgaccḥti.* सीता आगच्छति।
10. Having sold fruit, she came. *sā phalāni vikrīya āgaccḥt/āgatavatī.* फलानि विक्रीय सा आगच्छत्/आगतवती।
11. भवान् खादित्वा भ्रमति। मित्रं दृष्ट्वा अहं प्रसन्नः। तुभ्यं डालरान् दत्त्वा सः कुत्र गतवान्? सः मां रूप्यकाणि प्रदाय कुत्रचित् गतवान्। सीता जले प्रविश्य कमलम् आनयति। सा विदेशं गत्वा कीर्तिं प्राप्तवान् ...etc.

CLASSICAL EXAMPLE :

12. एवम् उक्त्वा अर्जुनः संख्ये रथोपस्थ उपाविशत्।
विसृज्य सशरं चापं शोकसंविग्नमानसः।76।। (Gītā 1.47)

28.12

THE INFINITIVE

tumun तुमुन्।

Another important Indeclinable Participle, the INFINITIVE *tumun* (तुमुन्), is formed by adding the *tum* तुम् suffix directly to any verb-root.

As an infinitive. it gives the meaning of 'for doing or to do' the action indicated by the attached verb. e.g. √दा (to give) → दा + तुम् = दातुम् (for giving, to give).

THE INFINITIVES (तुमुन्)

Verb-root		ipp∘-क्त्वा		Infinitive (तुमुन्)	
√दा	(to give)	दत्त्वा	having given	दातुम्	for giving
√जि	(to win)	जित्वा	having won	जेतुम्	for winning
√ज्ञा	(to know)	ज्ञात्वा	having known	ज्ञातुम्	for knowing
*√भू	(to be)	भूत्वा	having been	भवितुम्	for being
√कृ	(to do)	कृत्वा	having done	कर्तुम्	for doing
√दृश्	(to see)	दृष्ट्वा	having seen	द्रष्टुम्	for seeing
√वच्	(to say)	उक्त्वा	having said	वक्तुम्	for saying
√नम्	(to salute)	नत्वा	having saluted	नन्तुम्	for saluting
√रभ्	(to begin)	रब्ध्वा	having begun	रब्धुम्	for begining
*√डी	(to fly)	डयित्वा	having flown	डयितुम्	for flying
√ध्यै	(to meditate)	ध्यात्वा	(having meditated)	ध्यातुम्	for meditating
√स्था	(to stand)	स्थित्वा	(having stood)	स्थातुम्	for standing
√मन्	(to think)	मत्वा	(having thought)	मन्तुम्	for thinking
√श्रु	(to hear)	श्रुत्वा	(having heard)	श्रोतुम्	for hearing
*√चुर्	(to steal)	चोरयित्वा	(having stolen)	चोरयितुम्	for stealing

*√गण् (to count)	गणयित्वा (having counted)	गणयितुम्	for counting
√छिद् (to cut)	छित्त्वा (having cut)	छेत्तुम्	for cutting
√क्षिप् (to throw)	क्षिप्त्वा (having thrown)	क्षेप्तुम्	for throwing
√स्पृष् (to touch)	स्पृष्ट्वा (having touched)	स्पर्ष्टुम्	for touching

The * sign indicates that, these are '*seṭ*' सेट् verbs. For *seṭ* सेट् and *aniṭ* अनिट् verbs, see 28.7

EXAMPLES cum EXERCISE : THE INFINITIVES (तुमुन्)

1. I go to school. *ahaṁ pāṭhaśālāṁ gacchāmi.* अहं पाठशालां गच्छामि।
2. I go to school for learning (to learn). *ahaṁ pāṭhaśālāṁ paṭhituṁ-adhyetuṁ gacchāmi.* अहं पाठशालां पठितुं-अध्येतुं गच्छामि।
3. Rāma wants to speak (desires for speaking). *Rāmaḥ vaktum icchati.* रामः वक्तुम् इच्छति।
4. Sītā came here to hear Rāmāyaṇa. *Sītā Rāmāyaṇaṁ śrotum āgatavatī.* सीता रामायणं श्रोतुम् आगतवती।
5. The child is going to garden to pick fruits. *bālakaḥ phalāni cetum udyānaṁ gacchati.* बालकः फलानि चेतुम् उद्यानं गच्छति।
6. There are police to protect the city. *nagaraṁ saṁrakṣituṁ saṁrakṣakāḥ santi.* नगरं संरक्षितुं संरक्षकाः सन्ति।
7. I went to the pump to buy gas. *ahaṁ śilā-tailaṁ kretum uttolana-yantr-sthānaṁ gatavān.* अहं शिलातैलं क्रेतुम् उत्तोलनयन्त्रस्थानं गतवान्।
8. He brought a knife to cut mangos, wait for eating them. *saḥ āmraphalāni kartitum churikām ānītavān, tāni bhoktum pratikṣāṁ karotu.* सः आम्रफलानि कर्तितुं छुरिकाम् आनीतवान् तानि भोक्तुं प्रतीक्षां करोतु।
9. A CLASSICAL EXAMPLE :
श्रोतुं कर्णौ वक्तुमास्यं सुहास्यं घ्रातुं घ्राणं पादयुग्मं विहर्तुम्।
द्रष्टुं नेत्रे हस्तयुग्मं च दातुं ध्यातुं चित्तं येन सृष्टं स पातु।।79।।

NOTE : The Dative (4th) case may alternatively be used in place of the use of infinitives.

10. Rāma wants to speak (desires for speaking). *Rāmaḥ vaktum icchati. Rāmaḥ*

vaćanāya iććhati. रामः <u>वक्तुम्</u> इच्छति। रामः वचनाय इच्छति।

11. The police are here to protect (for the protection of) the city. *nagaraṁ saṁrakṣituṁ rakṣakāḥ santi. nagara-saṁrakṣaṇāya rakṣakāḥ santi.* नगरं <u>संरक्षितुं</u> रक्षकाः सन्ति। नगरसंरक्षणाय रक्षकाः सन्ति।

USE OF TUMUN
in place of
POTENTIAL PARTICIPLE ipp◦

A *tumun* infinitive could be used in place of any of the three ipp◦ Indeclinable Potential Participles of अनीयर्, तव्यत्, य।

e.g. You should not lament.

(i) tumun◦ न त्वं <u>शोचितुम्</u> अर्हसि। (Gītā 2.30). =

(ii) ipp◦ त्वया शोकः न <u>करणीयः</u>। त्वया शोकः न <u>कर्तव्यः</u>। त्वया शोकः न <u>कार्यः</u>।

EXERCISE 76 : Tumun

Match the English words with the corresponding Sanskrit participles.
खादित्वा, स्मर्तुम्, विक्रीय, प्राप्य, उक्त्वा, प्रष्टुम्, खादितुम्, वक्तुम्, स्मृत्वा, ज्ञातुम्, छेत्तुम्, क्रीत्वा।

(1) I go home to eat. Having eaten I go school.

(2) Having said so he kept quiet. He wants to say no more.

(3) Having sold his old house and having bought a new one, he is happy.

(4) I came here for asking you something.

(5) Having remembered you, I am writing the letter.

(6) Having obtained the degree, I got the job.

(7) You will not be able to cut this.

(8) He is not able to remember it.

(9) They are able to know that.

28.13

सेट् and अनिट् क्रियाः।

seṭ and *aniṭ* verbs

(i) The verb root (धातुः) that first takes an इट् *(iṭ)* suffix, while accepting a तुमुन् *(tumun),* तव्यत् *(tavyat),* लृट् (*lṛṭ* Indefinite future), लुट् (*luṭ* Definite future) or लृङ् (*lṛṅ* Indefinite future) suffix, is called a *seṭ* सेट् धातुः verb (स + इट् = सेट्, with *iṭ = seṭ*).

(ii) The root that does not take such इट् *(iṭ)* suffix, is called an अनिट् धातुः (*aniṭ* verb). Most of the roots that end in a vowel are अनिट् (*aniṭ* verbs). e.g.

(1) सेट् धातुः (verb with *'iṭ'*)	तुमुन्	√*bhū* to become √भू + इट् (इ) + तुम् = भवितुम्।
	तव्यत्	√भू + इ + तव्य = भवितव्य *bhavitavya*
	लृट्	√भू भविष्यति, भविष्यतः, भविष्यन्ति।
	लुङ्	√भू भविता, भवितारौ, भवितारः।
	लृङ्	√भू अभविष्यत्, अभविष्यताम्, अभविष्यन्।
(2) अनिट् धातुः (*aniṭ* verb) :	तुमुन्	√*dā* to give √दा + तुम = दातुम् *dātum*
	तव्यत्	√दा + तव्य = दातव्य *dātavya*
	लृट्	√दा दास्यति, दास्यतः, दास्यन्ति।
	लुङ्	√दा दाता, दातारौ, दातारः।
	लृङ्	√दा अदास्यत्, अदास्यताम्, अदास्यन्।

There are 102 अनिट् verbs : अद्, आप्, कृष्, क्रुध्, क्रुश्, क्षिप्, क्षुद्, क्षुध्, खिद्, गम्, घस्, छिद्, छुप्, तप्, तिप्, तुद्, तुष्, तृप्, त्यज्, त्विष्, निज्, दंश्, दह्, दिश्, दिह्, दुष्, दृप्, दृश्, दुह्, नम्, नह्, निज्, नुद्, पच्, पद्, पिष्, पुष्, प्रच्छ्, बन्ध्, बुध्, भज्, भञ्ज्, भिद्, भुज्, भृश्, भ्रस्ज्, मन्, मस्ज्, मिह्, मुच्, यज्, यभ्, यम्, युज्, युध्, रञ्ज्, रभ्, रम्, राध्, रिच्, रिश्, रुज्, रुश्, रुह्, लभ्, लिप्, लिश्, लिह्, लुप्, वच्, वप्, वस्, वह्, विच्, विज्, विद् (4,6,7), विनद्, विश्, विष्, व्यध्, शक्लृ, शद्, शप्, शिष्, शुष्, श्लिष्, सञ्ज्, सद्, साध्, सिच्, सिध्, सृज्, सृप्, स्कन्द्, स्पृश्, स्वञ्ज्, स्वप्, स्विद्, हन्, हृद्।

WHAT WE LEARNED ABOUT THE PARTICIPLES

The Primary Derivatives कृदन्तानि

Root Verb √भू

	PPP∘	PAP∘	PPAP∘	APPP∘	FPPP∘	FPPP∘	FPPP∘	IPP∘	IPP∘	INF∘
	क्त	क्तवतु	शतृ	शानच्	अनीयर्	तव्यत्	तव्य	क्त्वा	ल्यप्	तुमुन्
1. Regular Actions	भूत	भूतवत्	भवत्	भूयमान	भवनीय	भवितव्य	भव्य	भूत्वा	संभूय	भवितुम्
2. Causatives	भावित	भावयितवत्	भावयत्	भावयमान	भावनीय	भावयितव्य	भाव्य	भावयित्वा	संभाव्य	बुभूषितुम्
3. Desideratives	बुभूषित	बुभूषितवत्	बुभूषत्	बुभूषमान	बुभीषणीय	बुभूषितव्य	बुभूतव्य	बुभूषित्वा	संबुभूष्य	बोभवितुम्
4. Frequentative										
(i) यङन्त	बोभूयित	बोभूयितवत्	बोभूयत्	बोभूयमान	बोभूयनीय	बोभूयितव्य	बोभूय्य	बोभूयित्वा	संबोभूय्य	बोभोयितुम्
(ii) यङ्लुगन्त	बोभुवित	बोभुषितवत्	बोभुवत्	बोभुवमान	बोभवनीय	बोभवितव्य	बोभव्य	बोभूत्वा	संबोभूय	बोभवितुम्

The Derivatives : भव, भवदीय, भवन, भवानी, भवित्र, भविष्णु, भविष्य, भाव, भावक, भावना, भाविक, भावुक, भुवन, भूति, भूमि, भूष्णू, प्रभव, प्रभाव, प्रभु, प्रभुत्व, प्रभू, विभु, विभुति, ...etc.

---

* PRONUNCIATION GUIDE FOR PARASAVARNA-SANDHI (परसवर्ण–संधिः) *

महत्पापं कर्तुम् = महत्पापङ्कर्तुम् (mahatpāṗnkartum Gītā 1.45), पदं गच्छन्ति = पदङ्गच्छन्ति (padaṅgachhanti Gītā 2.51), रूपं घोरम् = रूपङ्घोरम् (rūpaṅghoram Gītā 11.49), महतीं चमूम् = महतीञ्चमूम् (mahatiñćamūm Gītā 1.3), द्यूतं छलयताम् = द्यूतञ्छलयताम् (dyutañćhalayatām Gītā 10.36), मनुष्याणां जनार्दन = मनुष्याणाञ्जनार्दन (manuṣyāṇāñjanārdana Gītā 1.44), संज्ञार्थं तान् = संज्ञार्थन्तान् (sam̐jñārtantān Gītā 1.7), व्यूढं दुर्योधनः = व्यूढन्दुर्योधनः (vyūḍhanduryodhanaḥ Gītā 1.2), देवदत्तं धनञ्जयः = देवदत्तन्धनञ्जयः (devadattandhanañjayaḥ Gītā 1.15), काङ्क्षितं नः = काङ्क्षितन्नः (kāṅkṣitannaḥ Gītā 1.33), एतां पाण्डुपुत्राणाम् = पश्यैताम्पाण्डुपुत्राणाम् (etāmpāṇḍu∘ Gītā 1.3), पुष्पं फलम् = पुष्पम्फलम् (puṣpamphalam Gītā 9.26), एतेषां बलम् = एतेषाम्बलम् (eteṣambalam Gītā 1.10), बलं भीष्माभिरक्षितम् = बलम्भीष्माभिरक्षितम् (balambhīma∘ Gītā 1.10), क्लैब्यं मा = क्लैब्यम्मा (klaibyammā Gītā 2.3), अहं योद्धुकामान् = अहं योद्धुकामान् (<u>m̐=अं</u> aham̐ yoddhukāmān Gītā 1.22), ऋद्धं राज्यम् = ऋद्धं राज्यम् (ṛddham̐ rājyam Gītā 2.8), नायं लोकः = नायं लोकः (nāyam̐ lokaḥ Gītā 4.31), अनियतं वासः = अनियतं वासः (aniyatam̐ vāsaḥ Gītā 1.44), अशस्त्रं शस्त्रपाणयः = अशस्त्रं शस्त्रपाणयः (aśastram̐ śastra∘ Gītā 1.46), रथं स्थापय = रथं स्थापय (ratham̐ sthāpaya Gītā 1.21),

28.14

CREATING EXISTANCE OF A NON-EXISTENT THING

ćvi suffix च्वि-प्रत्ययः।

Another cool and unique single-word idea in Sanskrit is bringing (or coming) into existence a non-existing or imaginary thing, by attaching the *ćvi* (च्वि) suffix to a noun or to an adjective.

How the *ćvi*-nouns or adjectives are formed

(1) Take the desired (non-existent) noun (or adjective) to be *ćvi*-ed

(2) If the (non-existent) noun ends in अ *(a), (ā)* आ or *(i)* इ, modify it to *(ī)* ई; but, if it ends in *(u)* उ, modify it to *(ū)* ऊ

(3) If the (non-existent) noun comes (by itself) into existence, attach भू *(bhū)* suffix to the noun modified in step 2. But, if the noun is to be brought into existence (by someone), attach कृ *(kṛ)* suffix.

(4) Now attach the gender, number, case and other suffixes to this *ćvi*-ed (च्विरूपितम्) noun (or adjective).

EXAMPLES :

(1) A non-existent m◦ noun mountain पर्वत ending in अ।

पर्वत → पर्वती, the च्वि रूपम् will be पर्वती + कृ = पर्वतीकृ। दुर्जनाः परदोषान् पर्वतीकुर्वन्ति। The bad people make a mountain out of others' faults.

(2) A non-existent f◦ adjective श्वेता (white) ending in आ।

श्वेता → श्वेती, the च्वि रूपम् will be श्वेती + भू = श्वेतीभू। चन्द्रमसा निशा श्वेतीभवति। The dark night becomes white with moon.

(3) A non-existent adjective शुचि (pure) ending in इ।

शुचि → शुची, the च्वि रूपम् will be शुची + कृ = शुचीकरोति। गङ्गास्नानं नरं शुचीकरोति। A bath in river the Gangā purifies a person.

(4) A non-existent adjective लघु (short) ending in उ।

लघु → लघू, the च्वि रूपम् will be लघू + भू = लघूभू। तव दर्शनेन मम दुःखं लघूभवति। With your presence my sorrow becomes less painful.

Without the *ćvi* (च्वि), above four sentences will read :

(1) दुर्जनाः परदोषान् पर्वतीकुर्वन्ति →	दुर्जनाः परान् दोषान् पर्वतं-पर्वतान् कुर्वन्ति।
(2) चन्द्रमसा निशा श्वेतीभवति →	चन्द्रमसा निशा श्वेता भवति।
(3) गङ्गास्नानं नरं शुचीकरोति →	गङ्गास्नानं नरं शुचिं करोति।
(4) तव दर्शनेन मम दुःखं लघूभवति →	तव दर्शनेन मम दुःखं लघु भवति।

APPLICATION of TENSES and MOODS to *ćvi* च्वि

Full power of the *ćvi* च्वि can be seen by applying various tense and mood suffixes to above four *ćvi*-nouns and *ćvi*-adjectives for example :

(1) पर्वतीकरोमि, पर्वतीकरोषि, पर्वतीकरोति, पर्वतीकुर्वन्ति, पर्वतीकुर्वन्, पर्वतीकर्तुम्, पर्वतीकर्तव्यम्, पर्वतीकृतम्। पर्वतीभवामि, पर्वतीभवसि, पर्वतीभवति, पर्वतीभवितुम्, पर्वतीभवितव्यम्, पर्वतीभूतम्।

(2) श्वेतीकरोमि, श्वेतीकरोषि, श्वेतीकरोति, श्वेतीकुर्वन्ति, श्वेतीकुर्वन्, श्वेतीकर्तुम्, श्वेतीकर्तव्यम्, श्वेतीकृतम्। श्वेतीभवामि, श्वेतीभवसि, श्वेतीभवति, श्वेतीभवितुम्, श्वेतीभवितव्यम्, श्वेतीभूतम्।

(3) शुचीकरोमि, शुचीकरोषि, शुचीकरोति, शुचीकुर्वन्ति, शुचीकुर्वन्, शुचीकर्तुम्, शुचीकर्तव्यम्, शुचीकृतम्। शुचीभवामि, शुचीभवसि, शुचीभवति, शुचीभवितुम्, शुचीभवितव्यम्, शुचीभूतम्।

(4) लघूकरोमि, लघूकरोषि, लघूकरोति, लघूकुर्वन्ति, लघूकुर्वन्, लघूकर्तुम्, लघूकर्तव्यम्, लघूकृतम्। लघूभवामि, लघूभवसि, लघूभवति, लघूभवितुम्, लघूभवितव्यम्, लघूभूतम्।

28.15

SATI -SAPTAMI

सति–सप्तमी।

In a sentence the action performed by the subject is indicated by choosing a right verb or sometimes by using a participle. However, in order to indicate that a subordinate action has occured, is occuring or will occur, **before the main action takes place**, use of 'sati saptamī' (सति सप्तमी) in one clause of the sentence is employed.

In the clause of sati saptami construction, the pair of a substantive and its related adjective, are **both kept in the Locative case** (सप्तमी विभक्तिः), and therefore this consruction is called *sati saptamī.*

The subject (doer) of the subordinate action i.e. sati saptamī, and the subject (doer) of the main action **must be different**.

We can remove the sati saptami and re-construct the sentence having the same meaning.

EXAMPLES :

1. रामे भूमिं पालयति जनानां दुःखं कुतः भवेत्। In Rāma's ruling of the earth, where from the people will have misery? * Without sati-saptami : यावत् रामः भूमिं पालयति, तावत् जनानां दुःखं कुतः भवेत्। As long as Rāma is ruling the earth, where from the people will have misery?
2. मनसि परितुष्टे को धनी को दरिद्रः। Being at peace in mind, what is richness and what is poverty? * Without sati-saptami : यावत् मनः परितुष्टः भवति तावत् कः धनी कः च दरिद्रः। When mind is satisfied, then who is rich and who is poor?
3. चित्रकुटं गते रामे पुत्रशोकातुरस्तथा। राजा दशरथः स्वर्गं जगाम विलपन्सुतम् ।। (रामायणं)

LESSON 29

navaviṁśaḥ abhyāsaḥ नवविंशः अभ्यासः।

ADVERBS AND CONJUNCTIONS

kriyāviśeṣaṇāni yaugicśabdāḥ ća क्रियाविशेषणानि यौगिकशब्दाः च।

(29.1)

ADVERBS

kriyāviśeṣaṇāni क्रियाविशेषणानि।

An Adverb does not take any gender, number, person, tense or case. It does not change with the verb it qualifies, thus, it is an INDECLINABLE word (*avyayam* अव्ययम्)

NOTE : Adverbs are not the only indeclinable words, there are many other words that are indeclinables and are used adverbially, such as :

(1) There are nouns of which one conjugation or the **Nominative Case** declension is used as an indeclinable word. e.g. अस्तम् (*astam* setting, decline), अस्ति (*asti* existence), नास्ति (*nāsti* non-existence), नमः (*namaḥ* salutation), भुवर् (*bhuvar* sky), संवत् (*saṁvat* a year), स्वर् (*svar* heaven), स्वस्ति (*svasti* greeting), स्वुखम् (*sukham* happily), etc.

(2) There are **Adjectives** of which the Accusative Neuter is indeclinable. e.g. नित्यम् (*nityam* regularly), बहु (*bahu* very), भूयः (*bhūyaḥ* again), सत्यम् (*satyam* truly), दुःखम् (*dukham* sadly), etc.

(3) There are **Pronouns** of which Accusative Neuter is indeclinable. e.g. किम् (*kim* what),

तत् (*tat* that), यावत् (*yāvat* as long), तावत् (*tāvat* so long), etc.

(4) There are other substantive **Nouns** of which the Accusative neuter is indeclinable. e.g. स्वयम् (*svayam* oneself), दु:खम् (*duḥkham* with difficulty), etc.

(5) There are nouns and adjectives of which **Instrumental Case** is indeclinable, अशेषेण (*aśeṣeṇa* fully), उच्चै: (*uććaiḥ* loudly), चिरेण (*ćireṇa* quickly), तेन (*tena* thus), पुरा (*purā* anciently, formerly), etc.

(6) There are words of which the **Dative Case** is indeclinable. e.g. अप्रदाय (*apradāya* without sharing), आस्थाय (*āsthāya* for staying), विज्ञाय (*vijñāya* for knowing), etc.

(7) There are nouns and pronouns of which the **Ablative Case** is indeclinable. e.g. तस्मात् (*tasmāt* therefore), बलात् (*balāt* forcibly), समन्तात् (*samantāt* around), etc.

(8) There are words of which the **Locative Case** is indeclinable. e.g. अग्रे (*agre* at first), अन्तरे (*antare* inside), ऋते (*ṛte* without), स्थाने (*sthāne* justly), etc.

(9) There are words of which a **Derivative** is indeclinable : e.g.

Affirmative : एव (*eva* only); Negative : न (*na* not), मा (*mā* don't), मा स्म (*mā sma* do not);

Interrogative : कच्चित् (*kaććit* does it), नु (*nu* is it possibe);

Comparative : इव (*iva* as if), एवम् (*evam* thus), तथैव (*tathaiva* as well);

Degree : अतीव (*atīva* very), सर्वथा (*sarvathā* by all means);

Mode : आशु (*āśu* soon), तूष्णीम् (*tūṣṇīm* quietly), नाना (*nānā* various), पुनर् (*punar* again), पृथक् (*pṛthak* differently);

Time : अद्य (*adya* today), जातु (*jātu* ever), प्राक् (*prāk* before), प्रेत्य (*pretya* in the next life), मुहु: (*muhuḥ* frequently);

Place : इह (*iha* here), तत्र (*tatra* there);

Doubt : उत (*uta* whether); Emphasis : अपि (*api* also), हि (*hi* indeed, because) etc.

EXAMPLES cum EXERCISE : USE of ADVERBS (क्रियाविशेषणानि)

1. Rāma works quickly. *Rāmaḥ kāryaṁ śīghreṇa karoti.* रामः कार्यं शीघ्रेण करोति।

2. Sītā works quickly. *Sītā kāryaṁ śīghreṇa karoti.* सीता कार्यं शीघ्रेण करोति।

3. We work quickly. *vayaṁ kāryaṁ śīghreṇa kurmaḥ.* वयं कार्यं शीघ्रेण कुर्मः

4. They worked quickly. *te/tāḥ kāryaṁ śīghreṇa kurvantaḥ-akurvan.* ते/ताः कार्यं शीघ्रेण कृतवन्तः, अकुर्वन्।

5. He always helps. *saḥ sadā sahāyyaṁ karoti.* सः सदा सहाय्यं करोति।

6. Please move backward. *kṛpayā pṛṣṭhataḥ saratu.* कृपया पृष्ठतः सरतु।

7. I will come before him. *ahaṁ tasmāt pūrvam āgamiṣyāmi.* अहं तस्मात् पूर्वम् आगमिष्यामि।

8. He wants money now. *saḥ dhanam idānīm icchati.* सः धनम् इदानीम् इच्छति।

9. Kindly give me ten Rupees. *kṛpayā mahyaṁ daśa-rūpyakāṇi dadātu.* कृपया मह्यं दश रूप्यकाणि ददातु।

10. Otherwise I am going. *anyathā ahaṁ gacchāmi.* अन्यथा अहं गच्छामि।

11. Where is your friend? *tava-bhavataḥ mitraṁ kutra asti?* तव-भवतः मित्रं कुत्र अस्ति?

EXERCISE 77 : ADVERBS

Fill in the blanks with Sanskrit adverbs

(1) Why did you tell him? त्वं तं ---------- उक्तवान्?

(2) How is your brother now? तव बन्धुः ---------- अस्ति?

(3) I see it clearly. अहं तत् ---------- पश्यामि।

(4) You are very tired. त्वं ---------- क्लान्तः असि।

(5) Enough with (of) talking. ---------- कथनेन।

EXAMPLES cum EXERCISE : USING WORDS ADVERBIALLY

(1) Where is your house? *bhavataḥ gṛhaṁ kutra asti?* भवतः गृहं कुत्र अस्ति?

Where is Rāma? *Rāmaḥ kutra asti?* रामः कुत्र अस्ति?

Where are they? *te-tāḥ kutra santi?* ते-ताः कुत्र सन्ति?

(2) Stay quiet, he is here. *tūṣṇīṁ tiṣṭhatu saḥ atra asti.* तूष्णीं तिष्ठतु सः अत्र एव अस्ति।

(3) Happiness is where peace is. *yatra śāntiḥ, tatra sukham.* यत्र शान्तिः तत्र सुखम्।

Where there is a will there is a way. *yatra icćhā, tatra mārgaḥ.* यत्र इच्छा तत्र मार्गः।

(4) Somehow he got a job. *katham-api tena vyavasāyaḥ prāptaḥ.* कथमपि तेन व्यवसायः प्राप्तः। Please say it again. *punaḥ vadtu.* पुनः वदतु।

(5) How can you not know this? *etat kathaṁ na jānāti bhavān?* एतत् कथं न जानाति भवान्?

(6) Be kind to the poor. *dīnaṁ prati dayāṁ karotu.* दीनं प्रति दयां करोतु।

(7) I drink milk, nothing else. *ahaṁ kevalaṁ dugdhaṁ pibāmi, anyat kim-api na.* अहं केवलं दुग्धं पिबामि अन्यत् किमपि न।

(8) Knowledge indeed comes slowly. *jñānaṁ khalu śanaiḥ śanaiḥ prāpyate.* ज्ञानं खलु शनैः शनैः प्राप्यते।

(9) Do not tell a lie, otherwise you will be punished. *mithyā mā vadatu, no ćet daṇḍaṁ prāpsyasi.* मिथ्या मा वदतु नो चेत् दण्डं प्राप्स्यसि।

(10) From here my house is near. *itaḥ mama gṛhaṁ samīpe asti.* इतः मम गृहं समीपे अस्ति। How about your? *bhavataḥ.* भवतः?

(11) The sun rises in the morning. *sūryaḥ prage udayati.* सूर्यः प्रगे उदयति।

(12) As long as the moon and the sun are there. *yāvat ćandra-divākarau.* यावत् चन्द्रदिवाकरौ।

(13) Long ago there was a righteous king named Rāma. *purā Rāmaḥ nāma sāttvikaḥ rājā āsīt.* पुरा रामः नाम सात्त्विकः राजा आसीत्।

(14) He is cunning like a fox. *saḥ śṛgālaḥ iva dhūrtaḥ asti.* सः शृगालः इव धूर्तः अस्ति।

(15) The sky is high. *nabhaḥ uććaiḥ asti.* नभः उच्चैः अस्ति। The lion roars loudly. *simhaḥ uććaiḥ garjati.* सिंहः उच्चैः गर्जति।

(17) What is the use of pouring oil into the lamp that has been extinguished? *nirvāṇa-dīpe kimu tailam?* निर्वाणदीपे किमु तैलम्?

(18) Who is clever, you or he? *kaḥ ćaturaḥ bhavān vā saḥ vā?* कः चतुरः भवान् वा सः वा? कः चतुरः त्वम् अथवा सः?

(19) No pains no gains. *yatnam vinā na lābhaḥ.* यत्नं विना न लाभः।

(20) You are certainly a gentleman. *nūnam-avaśyam-niśćayena bhavān satpuruṣaḥ.* नूनं-अवश्यं-निश्चयेन भवान् सत्पुरुषः।

(21) Although he is rich, he is not happy. *yadyapi saḥ dhanī saḥ sukhī nāsti.* यद्यपि सः धनी अस्ति सः सुखी नास्ति।

(22) Do not do anything suddenly. *sahasā ikm-api mā karotu.* सहसा किमपि मा करोतु।

(23) Animals do not enter the mouth of a sleeping lion indeed. *na hi suptasya simhasya praviśanti mukhe mṛgāḥ.* न हि सुप्तस्य सिंहस्य प्रविशन्ति मुखे मृगाः।

PARADGIMES :

(24) अंग (vocative expression) → अंग प्रिय! प्रियं रामं भज। O Dear! Worship dear Rāma.

(25) अकस्मात् (suddenly) → ह्यः वृष्टिः अकस्मात् आगता। Yesterday it rained suddenly.

(26) अग्रतः (in front of) → गुरोः अग्रतः उपविशतु । Please sit in front of the teacher.

(27) अचिरम्, अचिरात्, अचिरेण, नचिरात्, नचिरेण (quickly, soon) → श्रद्धावान् अचिरेण शान्तिम् अधिगच्छति। Faithful person attains peace quickly.

(28) अतः, अतएव (therefore) → अतः समत्वं योगः उच्यते। Therefore, the equanimity is called yoga..

(29) अथ किम् (what else, yes, exactly, of course, certainly, quite so) → एतत् अहम् एव

कृतवान् अथ किम्। Of course I have done it.

(30) अधुना, इदानीम् (now) → अधुना गृहम् रिक्तं भाति। Now the house looks empty.

(31) अध: (down) → दुर्जन: अध: गच्छति । The wicked person goes down.

(32) अन्तरा (between) → नेत्रयो: अन्तरा नासिका अस्ति। The nose is between two eyes.

(33) अन्येद्यु, अपरेद्यु (other day) → अन्येद्यु: एतत् भविष्यति। It will happen some other day.

(34) अपि (does it, do you) → अपि जानाति स: क:। Do you know who is he.

(35) अपि च (further) → अपि च वदतु भवान्। Please tell me further.

(36) अलम् (enough) → अर्जुन! अलं तव पाण्डित्येन। O Arjuna! enough with your wisdom.

(37) आहोस्वित् (or) → स: विजित: आहोस्वित् पराजित:। Did he win or loose.

(38) इत्थम् (in this manner) → इत्थं स: पलायित:। In this manner he escaped.

(39) उपरि, ऊर्ध्वं गच्छन्ति सत्त्वस्था: (up) → The righteous people rise above.

(40) उभयत: (on both sides) → वनम् उभयत: नद्यौ स्त:। Rivers are on both sides of the forest.

(41) ऋते, विना (without) → भवत: ऋते मन: अस्वस्थम्। Without you mind is disturbed .

(42) एकदा (once) → एकदा एक: राजा आसीत्। Once up on a time there was a king.

(43) एवम् (like this) → एवं कथम् अभवत्। How did it happen like this.

(44) कथमपि (somehow) → स: कथमपि गृहं गतवान्। Somehow he reached home.

(45) अकच्चित् (hopefully, did it) → कच्चित् एतत् श्रुतं पार्थ। O Arjuna! Did you hear it.

(46) किमुत, किं पुन: (what more) → किमुत स: कथयिष्यति। What more can he say.

(47) किल (probably) → अर्जुन: किल विजेष्यति कर्णम्। Arjuna will probably defeate Karṇa.

(48) केवलम् (only, just) → पय:पानं भुजङ्गानाम् केवलं विषवर्धनम्। Feeding milk to snakes is just growing poison.

(49) खलु (actually, quite) → न खलु स: क्रुद्ध:। He is not quite angey.

(50) चिरम् (long) → चिरं जीवतु भवान्। May you live long.

(51) जातु (ever) → न जातु दु:खं गणनीयम्। Suffering should never be counted.

(52) ततः (then) → ततः सः उक्तवान्। Then he said.

(53) ततस्ततः (after that) → ततः सः उक्तवान्। ततस्ततः? Then he spoke. Then after that?

(54) तावत्, यावत् (so long, as long) → यावत् चन्द्रदिवाकरौ तावत् संस्कृतम्। As long moon and sun are there, so long Sanskrit will be there.

(55) तूष्णीम् (quietly) → तूष्णीम् तिष्ठतु भवान्। You please stay quietly.

(56) ननु (or, is it) → ननु खादितवान् सर्वे मोदकान् सः। He ate all sweets or what.

(57) नितराम्, सुतराम् (totally) → सः नितरां मूर्खः। He is totally a fool.

(58) नूनम् (actually, certainly) → अद्यापि नूनं ते प्रामाणिकाः। Even today they are honest.

(59) परश्वः (day after tomorrow) → रविवासरः परश्वः वर्तते। Sunday is day after tomorrow.

(60) परितः (around) → गृहं परितः वृक्षाः सन्ति। There are trees around the house.

(61) पुनः, भूयः, असकृत् (again) → शुभः अवसरः पुनः आगमिष्यति। Good time will come again.

(62) पुरा (before) → आसीत् पुरा रामः नाम राजा। In old days there was a king called Rāma.

(63) पृथक् (different) → रामः कृष्णात् पृथक् नास्ति। Rāma is not different from Kṛṇa.

(64) प्रातः (in the morning) → हरिः प्रातः स्मरणीयः। Rāma should be remembered in the morning.

(65) प्रायः, प्रायेण (mostly, usually) → द्राक्षाः प्रायः मधुराः। The grapes are usually sweet.

(66) मुहुर्मुहुः (again and again) → अहं तं मुहुःमुहुः स्मरामि। I remember him again and again.

(67) यतः (because) → अहं तत्र न गन्तुम् शक्नोमि यतः रुग्णः अस्मि। I can not go there because I am sick.

(68) युगपत् (together) → कष्टानि युगपत् एव आगच्छन्ति। The difficulties come all together.

(69) वरम् (better) → वरं प्राणः गच्छेत न कीर्तिः। Better the life goes, not the good name.

(70) सद्यः (the same day, immidiately, quickly) → सत्कर्मणः फलं सद्यः एव न प्राप्यते। Fruit of good deeds do not come immidiately.

(71) सम्यक् (properly) → सम्यक् विचिन्त्य करणीयम्। One should act after thinking properly.

(72) सहसा (suddenly) → सहसा क्रोधं मा करोतु भवान्। Do not get angry suddenly.

(73) स्थाने (righttly) → स्थाने तव दर्शनेन वयं तुष्यामः। Rightly we are delighted seeing you.

(74) हन्त (ok, alright) → हन्त! ते कथयिष्यामि। All right! I will tell you.

SOME CLASSICAL EXAMPLES :

(75) न कश्चित् अपि जानाति किं कस्य श्वः भविष्यति।
अतः श्वः करणीयानि कुर्यात् अद्य एव बुद्धिमान्।।80।।

(76) दिवा पश्यति न उलुकः काकः नक्तम् न पश्यति।
विद्याविहीनः मूढः तु दिवा नक्तम् न पश्यति।।81।।

(77) यथा परोपकारेषु नित्यं जागर्ति सज्जनः।
तथा परापकारेषु नित्यं जागर्ति दुर्जनः।।82।।

(78) Thus ends the study of adverbs. इति क्रियाविशेषणानाम् अभ्यासः समाप्यते।

EXERCISE 78 : Find the adverbial usages :

(for the simplification and meaning of the verses please see Appendix 9)

(1) यथा देशः तथा भाषा यथा राजा तथा प्रजा।
यथा भूमिः तथा तोयं यथा बीजं तथा अंकुरः (भविष्यति)।।83।।

(2) स्वभावो न उपदेशेन शक्यते कर्तुमन्यथा।
सुतप्तम् अपि पानीयं पुनर्गच्छति शीतताम्।।84।।

(3) क्षणशः कणशः च एव विद्याम् अर्थं च साधयेत्।
क्षणत्यागे कुतः विद्या कणत्यागे कुतः धनम्।।85।।

(29.2)

CONJUNCTIONS

yaugika-śabdāh यौगिकशब्दाः।

Words like - and, or, but, for, if, that, where, either, neither, nor, still, till, only, else, after, before ...etc. make a connection or conjunction (*yogaḥ* योगः) between two parts of a sentence and, therefore, they are called CONJUNCTIONS (यौगिक-शब्दाः *yaugika-śabdāḥ*)

EXAMPLES cum EXERCISE : We have learned some of these words, let us learn new ones now.

1. Rāma AND Sunīl are brothers. *Rāmaḥ Sunīlaḥ ća bandhū staḥ.* रामः सुनीलः च बन्धू स्तः।
2. Bring mango AND a knife. *āmram evaṁ ćhurikām ānayatu.* आम्रम् एवं छुरिकाम् आनयतु।
3. He works day AND night. *saḥ divā naktaṁ ća kāryaṁ karoti.* सः दिवा नक्तं च कार्यं करोति।
4. He AS WELL AS Neil were there. *saḥ tathaiva Neilaḥ tatra āstām.* सः तथैव नीलः तत्र आस्ताम्।
5. Give me a mango OR a banana. *mahyam āmraṁ kadalīṁ vā dadātu.* मह्यं आम्रं कदलीं वा ददातु।
6. Speak in Sanskrit OR English. *Saṁskṛtena athavā Englisha-bhāṣayā vadatu.* संस्कृतेन अथवा इंग्लिशभाषया वदतु।
7. EITHER speak Sanskrit, OR speak English. *Saṁskṛtena vā Englisha-bhāṣayā vā vadatu.* संस्कृतेन वा इंग्लिश-भाषया वा वदतु।
8. It is NEITHER good, NOR beautiful. *etat na śobhanaṁ na ća sundaram. etat na śobhanaṁ na vā sundaram.* एतत् न शोभनं न च सुन्दरम्। एतत् न शोभनं न वा सुन्दरम्।
9. WHETHER he does it OR NOT, I will do it. *saḥ etat akariṣyat vā na akariṣyat, ahaṁ etat kariṣyāmi eva.* स एतत्करोतु न करिष्यत् वा न अकरिष्यत् अहम् एतत् करिष्यामि एव।

10. I do not know WHETHER he is here OR there. *ahaṁ na jānāmi saḥ (api) atra asti tatra ut. ahaṁ na jānāmi yat saḥ atra asti tatra vā.* अहं न जानामि सः (अपि) अत्र अस्ति तत्र उत। अहं न जानामि यत् सः अत्र अस्ति तत्र वा।

11. Sit down OR ELSE leave. *upaviśatu anyathā gaććhatu.* उपविशतु अन्यथा गच्छतु।

12. Give me money if you have, OTHERWISE I am going. *yadi asti mahyaṁ dhanaṁ dadātu anyathā ahaṁ gaććhāmi.* मह्यं धनं ददातु अन्यथा अहं गच्छामि। *dhanam asti ćet dadātu no ćet ahaṁ gaććhāmi.* धनं अस्ति चेत् ददातु नो चेत् अहं गच्छामि।

13. He told me THAT Sītā was not there. *saḥ mām uktavān yat Sītā tatra nāsti iti.* सः माम् उक्तवान् यत् सीता तत्र नास्ति इति।

14. He is rich BUT he is not charitable. *saḥ dhanī asti kintu dānī nāsti.* सः धनी अस्ति किन्तु सः दानी नास्ति। Not only I told him, BUT I wrote him too. *na kevalam ahaṁ tam uktavān ahaṁ taṁ likhitavān api.* न केवलम् अहं तम् उक्तवान् अहं तं लिखितवान् अपि।

15. Run FROM 'a' TO 'b.' A-*taḥ* B-*patyantaṁ dhāvatu.* अ तः ब पर्यन्तम् धावतु।

16. She is slow BUT will win. *sā mandagatiḥ paraṁ jeṣyati.* सा मन्दगतिः परं जेष्यति।

17. I have eaten, BUT I am still hungry. *ahaṁ khāditavān tathāpi kṣudhitaḥ asmi.* अहं खादितवान् तथापि क्षुधितः अस्मि।

18. Even though he is in pain, YET he is quiet. *yadyapi saḥ dukhitaḥ asti tathāpi saḥ śāntaḥ asti.* यद्यपि सः दुःखितः अस्ति तथापि सः शान्तः अस्ति।

19. ALTHOUGH he did not ask, I gave him money. *yadyapi saḥ na yāćitavān, ahaṁ tasmai ḍālarān-rūpyakāṇi-mudrāḥ dattavān.* यद्यपि सः न याचितवान् अहं तस्मै डालरान्–रूप्यकाणि–मुद्राः दत्तवान्।

20. IN SPITE OF what I said, (s)he did not do that. *yadyapi aham uktavān, saḥ tat na kṛtavān (sā tat na kṛtavatī).* यद्यपि अहम् उक्तवान्, सः तत् न कृतवान् (सा तत् न कृतवती)।

21. Notice was posted IN ORDER THAT everyone might be aware. *sūćanā-patraṁ sthāpitam āsīt yena sarve api sāvadhānāḥ syuḥ.* सूचनापत्रं स्थापितम् आसीत् येन सर्वे अपि सावधानाः स्युः।

22. AS SOON AS the bell rang, I went inside. *yāvat ghaṇṭā nāditavatī, tāvat aham abhyantare gatavān/gatavatī.* यावत् घण्टा नादितवती तावत् अहम् अभ्यन्तरे गतवान्/गतवती।

23. He is walking AS THOUGH he is lame. *saḥ paṅguḥ iva ćalati.* सः पंगुः इव चलति।

24. He was alright, EXCEPT that he was tired. *saḥ svasthaḥ paraṁ klāntaḥ āsīt.* सः स्वस्थः परं क्लान्तः आसीत्।

25. Something certainly fell down, FOR I heard the noise. *kim-api niśćitaṁ patitaṁ yataḥ ahaṁ śabdaṁ/dhvaniṁ śrutavān.* किमपि निश्चितं पतितं यतः अहं शब्दं/ध्वनिं श्रुतवान्।

26. He sat down BECAUSE he was tired. *saḥ upāviśat yatah saḥ klāntaḥ āsīt.* सः उपाविशत् यतः सः क्लान्तः आसीत्।

27. WHEN I was young, I used to work very hard. *yadā ahaṁ taruṇaḥ āsam tadā ahaṁ praćuraṁ karma karomi sma.* यदा अहं तरुणः आसं तदा अहं प्रचुरं कर्म करोमि स्म।

28. His watch is WHERE he had kept it. *tasya ghaṭikā tatra eva asti yatra tena sthāpitā āsīt.* तस्य घटिका तत्र एव अस्ति यत्र तेन स्थापिता आसीत्।

29. Let us give charity, WHILE we have money. *yāvat dhanam asti tāvat dānaṁ kuryāma.* यावत् धनम् अस्ति तावत् दानं कुर्याम।

30. WHENEVER I see him, he becomes happy. *yadā yadā hi ahaṁ taṁ paśyāmi saḥ ānanditaḥ bhavati.* यदा यदा हि अहं तं पश्यामि सः आनन्दितः भवति। WHEREVER the rain falls, the water goes to the ocean. *yatra yatra eva vṛṣṭiḥ bhavati, tataḥ tataḥ jalaṁ sāgaraṁ prati eva gaććhati.* यत्र यत्र एव वृष्टिः भवति ततः ततः जलं सागरं प्रति एव गच्छति।

31. Rāma is taller THAN Hari. *Rāmaḥ hareḥ apekṣayā unnataḥ.* रामः हरेः अपेक्षया उन्नतः।

32. He said yes, THEREFORE I went there. *saḥ ām uktavān tasmāt ahaṁ tatra gatavān.* सः आम् उक्तवान् तस्मात् अहं तत्र गतवान्।

EXERCISE 79 : Fill in the blanks with suitable Sanskrit conjunctions.

(1) Mangos AND Bananas are fruits. आम्राणि —————————— कदलीफलानि फलानि सन्ति।

(2) Give me paper AND a pencil. मह्यं पत्रं लेखनीं/वार्तिकां —————————— देहि/ददातु।

(3) He buys and sells books. सः पुस्तकानि क्रीणाति —————————— विक्रीणाति ——————————

(4) Give me a pen AS WELL AS paper. मह्यं लेखनीं ——— पत्रकं देहि।

(5) Pay the fine OR go to jail. दण्डधनं ददातु ——— कारागृहं गच्छतु।

(6) Come by bus OR car. बसयानेन कारयानेन ——— आगच्छतु।

(7) It is NEITHER bad, NOR good. एतत् ——— अभद्रं ——— भद्रम् अस्ति।

(8) He said THAT it is difficult. सः उक्तवान् ——— एतत् कठिनम् अस्ति।

(9) Eat it OR ELSE stay hungry. एतत् खादतु ——— क्षुधितः तिष्ठतु।

(10) Take an umbrella, OTHERWISE you will get wet. छत्रं नयतु ——— भवान् क्लेदिष्यति।

(11) I told her BUT she did not listen. अहं तम् उक्तवान् ——— सः न श्रुतवान्।

(12) It is thin BUT strong. एतत् श्लक्ष्णं ——— दृढम् अस्ति।

(13) He does not like it, YET he is quiet. एतत् तस्मै न रोचते ——— सः किमपि न वदति।

(14) ALTHOUGH he did ask, I did not give it to him. ——— सः याचितवान् अहं तस्मै न दत्तवान्।

(15) THOUGH he did pay, he did not take the thing. ——— सः रूप्यकाणि दत्तवान् सः वस्तुं न नीतवान्।

(16) The milk was boiled IN ORDER THAT it may not get spoiled. दुग्धम् उष्णीकृतम् आसीत् ——— तत् न नश्येत्।

(17) AS SOON AS the door opened, the dog got out. ——— द्वारम् अपावृतं ——— कुकुरः बहिर्गतवान्।

(18) He walked slowly AS THOUGH he was a turtle. सः शनैःशनैः कूर्मः —— चलति स्म।

(19) I do not trust you, FOR you are stupid. अहं त्वयि विश्वासं न करोमि ——— त्वं मूर्खः असि।

(20) I did not go there, BECAUSE I forgot. अहं तत्र न गतवान् ——— अहं विस्मृतवान्।

(21) WHEN your letter came, I was already gone. ——— भवतः पत्रम् आगतम् अहं गतवान् आसम्।

(22) My office is THERE, WHERE your old house was. मम कार्यालयः ——— अस्ति ——— तव पुरातनं गृहम् आसीत्।

(23) WHILE he was sick, I was there. ——— सः रुग्णः आसीत् ——— अहं ——— ——— आसम्।

(24) WHENEVER I win, he becomes happy. ——— ——— अहं जयामि सः आनन्दितः भवति।

(25) WHEREVER God is worshipped, only Krishna gets worshipped. ——— ——— ईश्वरः पूज्यते केवलं कृष्णः एव पूजितः भवति।

(26) Grapes were sweet, THEREFORE, I ate them. द्राक्षाः मधुराः आसन् ——— अहं ताः खादितवान्।

LESSON 30

trimśaḥ abhyāsaḥ त्रिंश: अभ्यास:।

THE PREPOSITIONS

aupasargika-śabdāḥ औपसर्गिकशब्दा:।

The Prepositional Prefixes

upasargāḥ उपसर्गा:।

The preposition (उपसर्ग: *upasargaḥ*) is an indeclinable word (*avyayam* अव्ययम्), prefixed to a verb (*kriyāpadam* क्रियापदम्) or its derivative (*sādhita-śabdaḥ* साधित-शब्द:). It can be seen that the 22 prepositional prefixes listed by Pāṇini and Varadāćārya do intensify, modify, alter, change or make no change in the sense of the root verb.

उपसर्गेण धात्वर्थो बलादन्यत्र नीयते। प्रहाराहारसंहारविहारपरिहारवत्।।
धात्वर्थं बाधते कश्चित्कश्चित्तमनुवर्तते। तमेव विशिनष्टयन्य: उपसर्गगतिस्त्रिधा।।

(1) *ati* (अति) over, beyond. (i) क्रम: a step, pace → अतिक्रम: aransgression. (ii) रिक्त empty → अतिरिक्त remaining; supreme.

(2) *adhi* (अधि) power, right. (i) कार: causer → अधिकार: the right, power. (ii) क्षिप: casting away → अधिक्षेप: censure.

(3) *anu* (अनु) along, after, behind; each, every. (i) कम्प: shaking, a tremor → अनुकम्पा compassion. (ii) √कृ to do → अनुकृति: imitation.

(4) *antar* (अन्तर्) with interval, within, inner. (i) याम: restraint, control → अन्तर्याम: inner control. (ii) धानम् a seat → अन्तर्धानम् disappearance.

(5) *apa* (अप) away, away from. (i) शकुनम् a good omen → अपशकुनम् a bad omen. (ii) कार:

doer, causer → अपकार: Harm.

(6) *api* (अपि) also; over, near, near to; indeed, also. (i) अयनम् entrance → अप्ययनम् junction, union. (ii) हितम् benefit → अपिहितम् openly, visibly.

(7) *abhi* (अभि) towards, near. (i) मुखम् mouth, face → अभिमुखम् In front of. (ii) मान: pride → अभिमान: ego, self-pride.

(8) *ava* (अव) away, off, down. (i) √स्था to stay → अवस्था condition, state. (ii) गुण: quality, character → अवगुण: a bad quality

(9) *ā* (आ) up to, towards, from, around; a little. (i) गमनम् going → आगमनम् coming. (ii) जन्म birth → आजन्म from the birth.

(10) prefixes *ut, ud* (उत्, उद्) over, superior, higher; facing. (i) √स्था to stay → उत्थानम् Getting up, rising. (ii) भव: Existence → उद्भव: Birth.

(11) *upa* (उप) secondary; towards, near to, by the side of. (i) √विश् to enter → उपविश to sit. (ii) √स्था to stay → उपस्थम् the middle part.

(12) *dur, dus,* (दुर्, दुस्) hard to do, difficult. (i) √लभ् to get, obtain → दुर्लभम् difficult to attain. (ii) बुद्धि: mind → दुर्बुद्धि: malignity, evil mind.

(13) *ni* (नि) in, into; great; opposed to, without. (i) बन्ध: A bond, tie → निबन्ध: an essay. (ii) दानम् a gift, giving → निदानम् a cause, diagnosis.

(14) *nir* (निर्) out of, away from, without, ◦less, un◦ (i) मलम् dirt → निर्मलम् a clean thing.

(15) *nis* (निस्) out of, away from, without, ◦less, un◦ (ii) √चल् to move → निश्चलम् steady.

(16) *parā* (परा) away, back, opposed to. (i) क्रम: a step, pace → पराक्रम: bravery. (ii) भव: existence → पराभव: Defeat.

(17) *pari* (परि) about, around. (i) भाषा language → परिभाषा definition. (ii) नाम name → परिणाम: effect, result.

(18) *pra* (प्र) good, opposite, excess, progress. (i) कृति: action, doing → प्रकृति: nature. (ii) वदनम् mouth → प्रवदनम् announcement.

(19) *prati* (प्रति) towards, back, in return, in opposition; each. (i) √ज्ञा to know → प्रतिज्ञा vow.

(ii) दिनम् day → प्रतिदिनम् every day.

(20) *vi* (वि) reverse of, apart, separate from. (i) कृतिः action, doing → विकृतिः disorder. (ii) क्रमः a step, pace → विक्रमः bravery.

(21) *sam* (सम्) together with, full, excellent. (i) बन्धः A bond, tie → सम्बन्धः relationship. (ii) योगः union → संयोगः bondage.

(22) *su* (सु) very, good, well, easily; thorough. (i) रूपम् Form → सुरूपम् beauty. (ii) कृतम् done → सुकृतम् done well.

NOTE : For the affixes that are suffixed to root verbs and substantives, see Lesson 37.

EXERCISE 80 : Find the prefixes in the following words :

(1) अतिसारः, अधिक्षेपः, अनुक्रमणम्, अनुचराः।

(2) अन्तर्यामी, अपहारः, उपहारः, अपकारः, उपकारः।

(3) अपिधानम्, अभिरुचिः, अभिरामः, अवमानः।

(4) अवतारः, अवसादः, आकाशः, आकारः, उद्यमः, उत्सर्गः।

(5) उद्गमः, उपस्थानम्, उपगमः, दुराचारः, दुस्सहः।

(6) निकेतम्, निश्चयः, निर्दोषः।

(7) पराजयः, प्रतिकारः, प्रतिबिम्बम्।

(8) विक्रयः, विशेषः, विकारः।

(9) संस्कारः, सङ्गमः, सुभाषितम्, सुकृतम्।

More Examples : उपसर्गयुक्ताः शब्दाः।

(1) अति (beyond, over) → अतिशय, अतिक्रमः

(2) अधि (over, above) → अधिकारः, अधिपतिः, अधिवासः

(3) अनु (after, behind, following) → अनुकम्पा, अनुक्रमः, अनुरक्त, अनुक्रमणम्, अनुकृतिः

(4) अप (away, away from; wrong; harm) → अपमानः, अपशकुनः, अपहरणम्

(5) अपि (near to, over) → अपिधानम्, अप्यय:

(6) अभि (near, towards) → अभिनन्दनम्, अभिमान:, अभ्यास:

(7) अव (away, down, off, disrespect) → अवगुण:, अवतार:, अवमान:, अवस्था, अवज्ञा

(8) आ (up to, towards, all around) → आकार:, आजन्म, आमरणम्

(9) उत्, उद् (upon, up to) → उद्भव:, उद्गम:, उद्धार:, उद्यम:, उत्सर्ग:

(10) उप (towards, near to, by the side of) → उपकार:, उपचार:, उपदेश:

(11) दुर् (bad, difficult, hard to be done) → दुर्गम, दुर्बुद्धि:, दुर्बोध:, दुर्मुख, दुर्लभ

(12) दुस् (improper, bad) → दुष्कर, दुष्कृत्यम्, दुष्परिणाम:, दुस्सह

(13) नि (in, into; insult, without, opposed to) → निग्रह:, नियम:, नियुक्त, निचय:, निदेश:

(14) निर् (away, without, out) → निर्गत, निरीक्षणम्, निर्देश:

(15) निस् (without) → निषेध:, निष्पाप, निश्चल, निश्चित्

(16) परा (away, back, opposed to, reject, despise) → पराक्रम:, पराजय:, पराभव:

(17) परि (about, around) → परिक्रमा, परिग्रह:, परित्याग:, परिवर्तनम्

(18) प्र (more, opposite) → प्रकाश:, प्रकृति:, प्रणाम:, प्रबुद्ध, प्रमाणम्, प्रयोग:, प्रवेश:, प्रज्ञा

(19) प्रति (towards, back, in return, opposite) → प्रतिकूल, प्रत्यक्ष, प्रतिज्ञा, प्रतिकार:

(20) वि (opposite, apart) → विचलित, विजय:

(21) सम् (together, full, be united, perfection) → संग्रह:, समक्ष, संयोग:, संस्कृति:

(22) सु (good, well, thorough) → सुकृतम्, सुगम, सुबोध, सुहृद्

EXERCISE 81 : Identify the prefixes in the following words:

सुशिक्षित: प्रहार: संहार: विहार: आहार: उद्योग: आभास: अपघात: सन्तोष: प्रचार: अनुचर: पराक्रमम् प्रबलम् प्रख्यात: दुश्चरित्रम् विशेषम् उत्कर्ष: अभिलाषा उत्कण्ठा उत्तमम् अटला अधोगति: विमल अमृतम् प्रत्युपकार: उपसर्ग: अतीव अतीत: आघात: दुर्दैवम् दुर्गति: दुरुपयोग: दुस्तरम् परित्राणम् परिच्छेद: विक्षेप: विपरीतम् व्यवस्थिता वियोग: आचरणम् अभेद्यम् आजीवनम् अहिंसा समाचरत् अनुभव: प्रतिजानामि प्रतिगच्छति उपसङ्गम्य प्राप्स्यसि अवाप्स्यसि विरमति विसरति परिहार: अनुवर्तते उपपदम् विस्मृति:।

LESSON 31

ektriṁśaḥ abhyāsaḥ एकत्रिंशः अभ्यासः।

COMPOUND WORDS

sāmāsāḥ समासाः।

When TWO or MORE related words compounded together with a **logical defination** to form a single MEANINGFUL word, forms a *sāmāsik-śabdaḥ* (सामासिकशब्दः compound word). अनेकपदानाम् तार्किकम् एकीभवनं समासः।

On the other hand, when TWO words are joined together purely with grammatical rules, to form a single word, it is called a *sandhi* (सन्धिः) betweeb two words.

The word *samāsa* comes from ←ind◦ *sam* (सम् equal, even) + par◦ 4√*as* (√अस् to be, unite, aggregate, combine, join, connect, compound). समसनं समासः।

Eight main *samāsas* are briefly explained below, with examples from the Gītā.

A *samāsa* can be formed in five ways. कृत्तद्धितसमासैकशेषसनाद्यन्तधातवः पञ्च वृत्तयः।

(1) By adding suffix to a verbal root;

(2) By attaching suffix to a noun stem;

(3) By joining simpler noun stems into a single word;

(4) By merging two or more nouns with a single stem;

(5) By adding desiderative or other affixes to roots.

NOTE : Before forming a *samasa* between two (or more) words, the words being compounded should generally be first rendered in their original forms, removing the case, gender, number or any other suffixes attached to them. The case, gender, number or any other suffixes are added to the compound word, after forming a *samasa.*

SAMASA - GENERAL RULES

परस्परान्वितयोः सुबन्तयोः समासः भवति। प्रायः तिङन्तानां समासः न भवति।

1. **Tatpuruṣa samāsa** (tat◦ तत्पुरुष-समासः), the Determinative or Dependent Compound : In this *samāsa*, the last component-word is primary (प्रधानः) and the other words are secondary (गौणाः). Therefore, the case, number and gender of the last word dictate the case, number and gender of the entire composite word. (परस्य यल्लिङ्गं तद्भवति द्वंद्वस्य तत्पुरुषस्य च - pāṇini, *aṣṭādhyāyī* 2: 4.26).

e.g. *dharmakṣetre* धर्मक्षेत्रे n◦ loc◦ sing◦ *dharmasya kṣetre* धर्मस्य क्षेत्रे on sacred land. (Gītā 1.1)

dharma-mayam धर्ममयम् (the sacred, righteous) pos◦ sing◦ ←m◦ *dharma* धर्म (righteousness) *kṣetre* क्षेत्रे (on the land) loc◦ sing◦ ←n◦ *kṣetr* (the field).

(i) Generally, the compound words of which last component is a Past Passive Participle, such as *gata, mṛta, atíta, sthita, rata, āsakta, prāpta, mukta, stha, ja, tulya, pūrva,* etc., come under *tatpuruṣa-samāsa.*

(ii) The *karmadhāraya* and *dvigu samāsas* are subdivisions of the *tatpuruṣa-samāsa.*

2. **Bahuvrīhi samāsa** (bah◦ बहुव्रीहि-समासः), the Attributive or Relative Compound : In this *samāsa*, any one component is not primary. The whole compound word is an epithet (adjective) of an element outside of the compound itself. (अन्यपदप्रधानः बहुव्रीहिः। अन्यपदार्थे बहुव्रीहिः। pāṇini, 2: 2: 24).

Bhīmārjaunasamāḥ भीमार्जुनसमाः nom◦ pl◦ ←adj◦ *bhīmārjaunasama, bhīmasya arjaunasya vā samaḥ yaḥ saḥ* भीमार्जुनसम, भीमस्य अर्जुनस्य वा समः यः सः। (he who is equal to *bhīma* or *arjauna*). The adjective in this *samāsa* is an epithet of some third person, (other than *bhīma* and *arjauna*), who is not mentioned in the *samāsa.*

3. **Dvandva samāsa** (dvan∘ द्वन्द्व-समास:), the Dual or Aggregative Compound : In this *samāsa*, all component words have equal importance and they are connected together with an ind∘ copulative conjunction *ća* च (and). Though this *samāsa* is a simple aggregation of individual nouns, the case, number and gender of the whole *samāsa* is usually attached to the last element only (similar to tat∘), keeping the rest in stem form. (परवत्-लिङ्गं द्वन्द्व-तत्पुरुषयो: pāṇini, 2: 4.26) This *samasa* must always consist of words which, if uncompounded, will have same case-declensions. e.g. *paṇavānakagomukhā:* पणवानकगोमुखा: (Gītā 1.13) ←*paṇavāḥ ća ānakāḥ ća gomukhāḥ ća* पणवा: च आनका: च गोमुखा: च *(paṇavas and anakas and gomukhas)* ←m∘ *paṇava* पणव (cymbal) + m∘ *ānaka* आनक (drum) + *gomukha* गोमुख (horn).

(i) As there are always two or more individual word elements in this *samāsa*, it is usually in dual or plural form. However, when it denotes a single collective noun, it is in singular neuter gender.

(ii) When more than two singular words are aggregated together, only the last element is pluraled and the compound word then assumes the gender of the last element. e.g. *harṣāmarṣabhayodvegaiḥ,* हर्षामर्षभयोद्वेगै: Instrumental case, (*harṣeṇa ća āmarṣeṇa ća bhayena ća udvegena ća* हर्षेण च आमर्षेण च भयेन च उद्वेगेन च). However, in a plural *dvanva* word, each individual element could be plural too, but not necessarily..

e.g. *kaṭvamlalavaṇātyuṣṇatīkṣṇarūkṣavidāhinaḥ* कट्वम्ललवणात्युष्णतीक्ष्णरूक्षविदाहिन:। *kaṭvaḥ ća amlāḥ ća lavaṇāḥ ća atyuṣṇāḥ ća tīkṣṇāḥ ća rūkṣāḥ ća vidāhinaḥ ća* कट्व: च अम्ला: च लवणा: च अति-उष्णा: च तीक्ष्णा: च रूक्षा: च विदाहिन: च। (Gītā 17.9)

(iii) When words are aggregated, the इकारान्त, ईकारान्त word should be kept first, the rest anywhere. eg. हरिः and चन्द्रः हरिश्चन्द्र, not चन्द्रहरिः। When there are many इकारान्त words, at least one इकारान्त word kept first, the rest anywhere. e.g. रामः हरिः गुरुः हरिगुरुरामाः। Generally, the words starting with any vowel, and ending with vowel अ should be kept first. eg. इन्दुः इन्द्रः वायुः अग्निः, इन्द्रः इन्दुः अग्निः वायुः = इन्द्विन्द्रग्निवायवः। The word that has less characters should come first. हरिः केशवः, हरिकेशवौ। Normally, the **feminine name** should come first then masculine name. e.g. सीतारामौ, राधाकृष्णौ।

4. **Dvigu samāsa** (द्विगु-समासः), the Numeral or Collective Compound (dvigu◦) : In this *samāsa*, the first element is a numerical adjective (संख्या-विशेषणम्) and the entire compound word is a singular collective noun. (द्विगुरेकवचनम्। pāṇini, *aṣṭādhyāyī* 2: 4.1)

e.g. *navadvāra* नवद्वार (the aggregate of nine gates) ←num◦ adj◦ *nava* (nine) + m◦ *dvāra* (gate) Gītā 5.13. Note: This *samāsa* is always in singular number collective noun.

5. **Karmadhāraya samāsa** (कर्मधारय-समासः), Appositional Compound (kar◦) : In this *samāsa*, usually there are two component words and they are always in Nominative (1st) case. The first element is a usually an adjective (विशेषणम्) and the second word is a substantive (विशेष्यम्). Sometimes there are three words, where the middle word physically does not exist but is only understood. eg. *svabhāva* स्वभाव (the inherent nature) ←adj◦ *sva* स्व (inherent) + substantive *bhāva* भाव (nature)

6. **prādi samāsa** (प्रादि-समासः) : If the first word is an adjective-prefix indicating such meanings as- much, extreme, more, improper, opposite, etc. (प्र-, अति-, उद्-, अधि, अनु, अव-, निः-, वि, परि-, e.g. प्रगत, अत्यन्त, उद्गत, अधिक, अनुचित, अवक्रुष्ट, निर्गत, विपरीत, परिक्लान्त) then the *samasa* is known It is also used to express an opposite circumstance, e.g. prefix adj◦ *vi* वि (opposite) + substantive *sama* सम (normal

circumstance) (Gītā 2.2)

Ad said earlier, the *dvigu samāsa* and the *karmadhāraya samāsa* are subdivisions of the *tatpuruṣa-samāsa* (द्विगुकर्मधारयौ तत्पुरुषभेदौ).

7. **Avyayībhāva samāsa** (अव्ययीभाव-समासः) Adverbial Compound : In this *samāsa*, the first word is indeclinable, it is the primary term, and the whole compound word is an indeclinable adverb. (अनव्ययम् अव्ययं भवति). Sometimes, however, the first word is a noun-stem and the last word is indeclinable. e.g. in◦ *yathābhāgam* यथाभागम् (as appointed) ←in◦ *yathā* यथा (as) + m◦ *bhāgam* भागम् (appointment).

Note: (नञ्-समासः) A word with the negative prefix *nañ* नञ् is not an *ayayibhāva.* It forms negative-tat◦ *samāsa* (e.g. *aparyāpta*) or negative-bah◦ *samāsa* (e.g. *aćyuta*).

8. **Aluk samāsa** (अलुक्समासः) In this *samāsa*, the case-affixes (विभक्तिप्रत्ययाः) of the member words are not dropped, they remain intact in the compound word.

e.g. *yudhiṣṭhiraḥ* युधिष्ठिरः ←*yudhi युधि + sthiraḥ* स्थिरः ←locative of noun *yudh* (in the battle) + nom◦ adj◦ *shtiraḥ* (stable). युधिष्ठिरः ←युधि + स्थिरः ←युध् सप्तमी + वि◦ स्थिरः

THUS, (mostly) पूर्वपदार्थप्रधानोऽव्ययीभावः उत्तरपदार्थप्रधानस्तत्पुरुषः।
अन्यपदार्थप्रधानो बहुव्रीहिः उभयपदार्थप्रधानो द्वंद्वः।।86।।

(i) In an Avayībhāva samāsa (अव्ययीभाव समासः), its first member is dominant; in a Tatpuruṣa samāsa (तत्पुरुषसमासः), its last member is dominant.

(ii) In Bahuvrīhi samāsa (बहुव्रीहिसमासः) no single word is dominating. It points to a thing different from the individual meanings of any of its component members.

(iii) In a Dvandva samāsa (द्वंद्वसमासः), all words are equally dominating, and the meanings of all its members are have same importance.

WHAT WE LEARNED SO FAR

EXERCISE 82 :

Following sentences are in various tenses, moods and cases. Translate the English sentences into Sanskrit.

Compare tem with the corresponding 100 sentences given in Exercise 44. √Root Verbs are shown in brackets. For your help, Answers are given in *italic transliteration* and in Devanāgarī (देवनागरी) Sanskrit.

(1) Rāma writes letters. *Rāmḥ patrāṇi likhati (√likh).* रामः पत्राणि लिखति। Rāma wrote letters. *Rāmḥ patrāṇi alikhat-likhitavān.* रामः पत्राणि अलिखत्–लिखितवान्।

(2) The ants are walking. *pipīlikāḥ ćalanti (√ćal).* पिपीलिकाः चलन्ति (चलन्त्यः सन्ति)।

(3) She will eat apples. *sā ātāphalāni/sevāni khādiṣyati (√khā).* सा आताफलानि/सेवानि खादिष्यति।

(4) They worshiped Krishna. *te kṛṣṇam ārćan-arćitavantaḥ. (√arć).* ते कृष्णम् आर्चन्–अर्चितवन्तः।

(5) Rītā was throwing a ball. *Rītā kandukaṁ kṣipati sma (√kṣip).* रीता कन्दुकं क्षिपति स्म।

(6) The cart is brought by Viśāl. *Viśālena yānam ānītaṁ (ā√nī).* विशालेन यानम् आनीतम्।

(7) Yes, Rānī will cut the beans. *ām! Ranī simbāḥ kartiṣyati.* आम्! रानी सिम्बाः

कर्तिष्यति।

(8) The bears run freely in the forest. *bhallāḥ-bhallukāḥ vane svairaṁ dhāvanti (√dhāv).* भल्लाः-भल्लुकाः वने स्वैरं धावन्ति। (स्वैरम् = freely)

(9) They must not kill the dog. *taiḥ kukkuraḥ-bhaṣakaḥ-śunakaḥ-śvānaḥ na hantavyaḥ (√han).* तैः कुक्कुरः-भषकः-शुनकः-श्वान न हन्तव्यः।

(10) He may steal the money. *kadāćit saḥ mudrāḥ/dhanaṁ ćorayet (√ćur).* कदाचित् सः मुद्राः/धनं चोरयेत्।

(11) The black bird flew to the nest. *kṛṣṇaḥ khagaḥ/ćaṭakaḥ/pakṣī/vihaṅgaḥ nīḍam aḍayata (√ḍī).* कृष्णः खगः/चटकः/पक्षी/विहङ्गः नीडम् अडयत।

(12) The barber works in his shop. *nāpitaḥ tasya āpaṇe/kartanālaye kāryam karoti (karma√kṛ).* नापितः तस्य आपणे/कर्तनालये कार्यं करोति।

(13) Gopāl will come here to wash his hands. *Gopālḥ tasya hastau kṣālayitum atra āgamiṣyati (√kṣal).* गोपालः तस्य हस्तौ क्षालयितुम् अत्र आगमिष्यति।

(14) Ramesh should burn the dry grass in the fields. *Rameshaḥ kṣetreṣu śuṣkaṁ ghāsaṁ dahet (√dah).* रमेशः क्षेत्रेषु शुष्कं घासं दहेत्।

(15) The dry branch should not fall on your head. *śuṣkā śākhā bhavataḥ śirasi na patet (√pat).* शुष्का शाखा भवतः शिरसि न पतेत्।

(16) When the time comes you will not stay here. *yadā samayaḥ āgamiṣyati/bhaviṣyati bhavān atra na sthāsyati (ā√gam, √bhū).* यदा समयः आगमिष्यति/भविष्यति भवान् अत्र न स्थास्यति।

(17) The animals should roam freely. *jantavaḥ/jīvāḥ/prāṇinaḥ/paśavaḥ svećchayā/yathā-ićchā-tathā aṭantu (√aṭ).* जन्तवः/जीवाः/प्राणिनः/पशवः स्वेच्छया (यथा इच्छा तथा) अटन्तु।

(18) You all should read that book. *bhavantaḥ tat pustakaṁ paṭhantu (√paṭh).*

भवन्तः तत् पुस्तकं पठन्तु।

(19) The baby will cry. *bālakaḥ/śisuḥ krandiṣyati (√krand).* बालकः/शिशुः क्रन्दिष्यति।

(20) The girl played. *bālikā/bālā akhelat/akrīḍat (√khel, √krīḍ).* बालिका/बाला अखेलत्/अक्रीडत्। The girls played. *bālikāḥ/bālāḥ akhelan/akrīḍan (√khel, ḱrīḍ).* बालिकाः/बालाः अखेलन्/अक्रीडन्।

(21) Sītā is not cooking bread/breads. *Sītā roṭikāṁ/roṭikāḥ na paćati (√pać).* सीता रोटिकां/रोटिकाः न पचति।

(22) Honey-bee bites. *madhu-makṣikā daṁśayate (√daṁś).* मधुमक्षिका दंशयते। Honey-bee will bite. *madhu-makṣikā daṁśayiṣyate (√daṁś).* मधुमक्षिका दंशयिष्यते।

(23) We should give charity. *vayaṁ dānaṁ kuryāma (√dā).* वयं दानं कुर्याम।

(24) Blood rushes to the heart. *rudhiraṁ hṛdayam prati dhāvati (√dhāv).* रुधिरं हृदयं प्रति धावति।

(25) The blood flows in the veins. *raktaṁ/rudhiraṁ/śoṇitaṁ/lohitaṁ nāḍīṣu pravahati (pra√vah).* रक्तं/रुधिरं/शोणितं/लोहितं नाडीषु प्रवहति।

(26) Two boats are floating on the water. *dve jalayāne/nāvaṁ/nauke jale tarataḥ. (√tṝ).* द्वे जलयाने/नावौ/नौके जले तरतः।

(27) Does Sonia bring the box? *Sonia peṭikāṁ/samudrakaṁ/mañjuṣām ānayati vā? (ā√ni).* सोनीया पेटिकाम्/समुद्रकम्/मञ्जूषाम् आनयति वा।

(28) Are you buying a brecelet from the market? *api/kiṁ bhavān āpaṇāt valayaṁ/kaṅkaṇaṁ krīṇāti? (√kṛ)* अपि/किं भवान् वलयं/कङ्कणम् आपणात् क्रीणाति?

(29) Ramesh is going to the building belonging to Govind. *Rameshaḥ*

Govindasya bhavanaṁ gaććhati (√gam). रमेशः गोविन्दस्य भवनं गच्छति।

(30) Rādhā makes butter from milk. *Rādhā dhgdhāt navanītaṁ/ghṛtaṁ sādhayati (√sādh).* राधा दुग्धात् नवनीतं/घृतं साधयति।

(31) Rājā cooked Cauliflower yesterday and tomorrow he may cook Okras. *Rājā hyaḥ gojihvam apaćat śvaḥ ća saḥ bhiṇḍakān paćet (√pać).* राजा ह्यः गोजिह्वाम् अपचत् श्वः च सः भिण्डकान् पचेत्।

(32) The camels are drinking water from the pond. *ūṣṭrāḥ jalaṁ/udakaṁ/nīraṁ/toyaṁ jalāśayāt pibatni (√pā).* ऊष्ट्राः जलं/उदकं/नीरं/तोयं जलाशयात् पिबन्ति।

(33) When I went to Mālā's home, she was sewing a shirt for her mother. *Yadā ahaṁ Mālāyaḥ gṛhaṁ gatavān tadā sā tasyāḥ matre ekaṁ ćolaṁ/nićulaṁ/yutakaṁ sīvyati sma (√siv).* यदा अहं मालायाः गृहं गतवान् तदा सा तस्याः मात्रे एकं चोलं/निचुलं/युतकं सीव्यति स्म।

(35) One day she drove a car from Bombay (Mumbāpurī, Mumbaī) to Nagpur. *ekadā sā Mumbāpurītaḥ Nagpuraṁ paryantaṁ cārayānam aćālayat (√ćāl).* एकदा सा मुम्बापुरीतः नागपुर-पर्यन्तं कारयानम् अचालयत्।

(36) That car is painted by John. *tat car-yānaṁ Johnena raṅgaliptam asti (raṅga√lip).* तत् कारयानं जॉनेन रङ्गलिप्तम् अस्ति।

(37) Rekhā counted Rupees/Dollars quickly. *Rekhā rūpyakāṇi śīghram agaṇayat/gaṇitavatī (√gaṇ).* रेखा रूप्यकाणि/डालरान् शीघ्रम् अगणयत्/गणितवती।

(38) She will eat chick-peas with a roṭī. *saḥ roṭyā saha chaṇakān bhakṣayiṣyati/khādiṣyati (√bhakṣ).* सः रोट्या सह चणकान् भक्षयिष्यति/खादिष्यति।

(39) Sunītā will dry Chillies in the sun. *Sunītā marīćān ātape śuṣkī-kariṣyati (śuṣki√kṛ).* सुनीता मरीचान् आतपे शुष्कीकरिष्यति। Chillies will dry in the sun.

marīćāni ātape śokṣyanti (√śuṣ). मरीचानि आतपे शोक्ष्यन्ति।

(40) Ajīt gives a comb to Rādhā. *Ajītaḥ prasādhanīṁ/kaṅkatikāṁ Rādhāyai dadāti (√dā).* अजीत: कङ्कतिकां/प्रसाधनीं राधायै ददाति।

(41) We cooked rice but did not eat it. *vayam odanam apaćāma paraṁ na akhādama/khaditavantaḥ (√pać, √khād).* वयम् ओदनम्/भक्तम् अपचाम परं न अखादम/खादितवन्तः।

(42) The crow is dead. *kākaḥ/vāyasaḥ mṛtaḥ asti (√mṛ).* काक:/वायस: मृत: अस्ति। The dead crow. *mṛtaḥ kākaḥ/vāyasaḥ (√mṛ).* मृत: काक:/वायस:।

(42) The dancing peacock sings. *nṛtyan mayūraḥ gāyati (√nṛt; √gā).* नृत्यन् मयूर: गायति।

(43) Child sleeps with his mother. *bālakaḥ tasya matrā saha svapiti (√svap).* बालक: तस्य मात्रा सह स्वपिति।

(44) The devotees worship Krishna. *bhaktāḥ kṛṣṇaṁ pūjyanti (√pūj).* भक्ता: कृष्णं पूयन्ति। The devotees were worshiping Krishna. *bhaktāḥ kṛṣṇaṁ pūjyanti sma (√pūj).* भक्ता: कृष्णं पूयन्ति स्म।

(45) The trees in the forest do not fall with wind. *vaneṣu vṛkṣāḥ/taravaḥ/drumāḥ/pādapāḥ vāyunā na patatni (√pat).* वनेषु वृक्षा:/तरव:/द्रुमा:/पादपा: वायुना न पतन्ति।

(46) The wind blows the leaves. *anilaḥ/marut/vātaḥ/vāyuḥ/pavanaḥ parṇāni vahati (√vah).* अनिल:/मरुत्/वात:/वायु:/पवन: पर्णानि वहति।

(47) The corn grows in the fields of the farmers. *kiṇaḥ/śasyaṁ kṛṣakānāṁ kṣetreṣu sphuṭati (√sphuṭ).* किण:/शस्यं कृषकानां क्षेत्रेषु स्फुटति।

(48) The red and yellow flowers bloom in that garden. *tasmin udyāne raktāni pītāni ća puṣpāṇi vikasanti (√vikas).* तस्मिन् उद्याने रक्तानि पीतानि च पुष्पाणि

विकसन्ति। All cows give white milk *(√dā). sarvāḥ dhenavaḥ/gāvaḥ śvetam dugdhaṁ/kṣiraṁ/payaḥ dadati.* सर्वाः धेनवः/गावः श्वेतं दुग्धं/क्षीरं/पयः ददति।

(49) Rādhā did not win the cup. *Rādhā ćaṣakaṁ na ajayat/vijitavatī (vi√ji).* राधा चषकं न अजयत्/विजितवती।

(50) Simā was riding Sītā's bicycle. *Sīmā Sītāyāḥ dvi-ćakrikām ārohati sma (ā√ruh).* सीमा सीतायाः द्विचक्रिकाम् आरोहति स्म।

(51) The deers jump while running. *mṛgāḥ/hariṇāḥ dhāvantaḥ utpatatni (ud√pat).* मृगाः/हरिणाः धावन्तः उत्पतन्ति।

(52) She wants gold for her mother. *sā tasyāḥ mātre kanakam/kāñćanam/bharma/suvarṇam/svarṇam/hema ićchati/ vāñćhati/ kāṅkṣati (√iććh, √vāñćh, √kāṅkṣ).* सा तस्याः मात्रे कनकम्/ काञ्चनम्/ भर्म/ सुवर्णम्/ स्वर्णम्/ हेम इच्छति/वाञ्छति/कांक्षति।

(53) Cows suffer in the hot sun. *gāvaḥ/dhenavaḥ uṣṇe ātape khidyante (√khid).* गावः/धेनवः उष्णे आतपे खिद्यन्ते।

(54) The doors will close at seven O'Clock. *dvārāṇi sapta vādane saṁvartsyante (saṁ√vṛt).* द्वाराणि सप्तवादने संवर्त्स्यन्ते।

(55) Rīnā drinks tea in the morning and evening. *Rīnā uṣā/prage sāyaṁ ća ćāyapānaṁ karoti (√pā).* रीना उषा/प्रगे सायं च चायपानं करोति।

(56) The ducks and swans swim in the lake. *kadambāḥ haṁsāḥ ća taḍāge/sarovare taranti/plavante (√tṛ́, √plu).* कदम्बाः हंसाः च तडागे/सरोवरे तरन्ति/प्लवन्ते।

(57) Eagles soar in the sky to look for mice on the ground. *bhūmau mūṣakān draṣṭuṁ garuḍāḥ ākāśe uḍḍīyante (ud√dī).* भूमौ मूषकान् द्रष्टुं गरुडाः आकाशे उड्डीयन्ते।

(58) I will buy diamonds for you. *aham tubhyaṁ ratnāni/hīrakān kreṣyāmi (√krī).* अहं तुभ्यं रत्नानि/हीरकान् क्रेष्यामि। I bought diamonds for you all. *ahaṁ yuṣmabhyam ratnāni/hīrakāḥ akrīṇām/krītavān (√krī).* अहं युष्मभ्यं रत्नानि/हीरकाः अक्रीणाम्/क्रीतवान्।

(59) She brings Sanskrit dictionary from the library. *sā pustakālayāt Saṁskṛta-shabda-kośam ānayati (ā√ni).* सा पुस्तकालयात् संस्कृतशब्दकोशम् आनयति।

(60) A father should teach Sanskrit to his son. *pitā/janakaḥ/tātaḥ putraṁ Saṁskṛtam adhyāpayet (adhi√i).* पिता/जनकः/तातः पुत्रं संस्कृतम् अध्यापयेत्।

(61) Fire burnt a house on the farm. *agniḥ/analaḥ/pāvakaḥ kṣetre ekaṁ gṛham adahat/dagdhavān (√dah).* अग्निः/अनलः/पावकः क्षेत्रे एकं गृहम् अदहत्/दग्धवान्।

(62) Having seen a fish the boy cried. *jhaṣaṁ/matsyaṁ/mīnaṁ dṛṣṭvā bālakaḥ arodīt/ruditavān (√dṛś, √rud)* झषं/मत्स्यं/मीनं दृष्ट्वा बालकः अरोदीत्/रुदितवान्।

(63) The hen lays eggs. *kukkuṭī aṇḍāni sūyate (√sū*). कुक्कुटी अण्डानि सूयते।

(64) The earth turns day and night. *bhūḥ/bhūmiḥ/pṛthvī/pṛthivī/mahī/dharā/dharaṇī/medinī ahorātraṁ parivartate (pari√vṛt).* भूः/भूमिः/पृथ्वी/पृथिवी/मही/धरा/धरणी/मेदिनी अहोरात्रं परिवर्तते।

(65) Ranī orders food. *Rānī annam/aśanam/khādyam/khādanam/bhaktam/bhakṣaṇam/bhakṣyam/bhojanam/āhāram ājñāpayati (ā√jñā).* रानी अन्नम्/अशनम्/खाद्यम्/खादनम्/भक्तम्/भक्षणम्/भक्ष्यम्/भोजनम्/आहारम् आज्ञापयति।

(66) The elephant picked the wood for cutting. *gajaḥ kāṣṭham ćhettum auddharat/udhṛtavān (√ćhid, ud√dhṛ).* गजः छेत्तुं काष्ठम् औद्धरत्/उद्धृतवान्।

(67) Rāma said. *Rāmaḥ abhaṇat/agadat/uvāća = bhaṇitavān/uktavān (√vać,*

√bhaṇ, √gad, √brū). रामः अभणत्/अगदत्/उवाच = भणितवान्/गदितवान्/उक्तवान् ।

(68) Monīkā wanted to send the books. *Monīkā pustakāni sampreṣayitum iććhati sma (sam√preṣ).* मोनीका पुस्तकानि सम्प्रेषयितुम् इच्छति स्म।

(69) Mīnā writes letters in Hindī. *Mīnā hindyāṁ patrāṇi likhati (√likh).* मीना हिन्द्यां पत्राणि लिखति।

(70) They went to forest for hunting. *te mṛgayārthaṁ vane/kānane/vipine agaććan/gatavantaḥ (mṛgayā√kṛ).* ते मृगयार्थं वने/कानने/विपिने अगच्छन्/गतवन्तः।

(71) The friend loves friend. *mitraṁ/bandhuḥ/suhṛd/sakhā/sakhī mitraṁ/bandhuṁ/suhṛdaṁ/sakhāyaṁ/sakhīṁ snihyati (√snih).* मित्रं/बन्धुः/सुहृद्/सखा/सखी मित्रं/बन्धुं/सुहृदं/सखायं/सखीं स्निह्यति।

(72) We will go to Mathurā for Diwālī-festival. *vayaṁ dīpāvalī-utsavāya Mathurāṁ gaććhāmaḥ (√gam).* वयं दीपावली-उत्सवाय मथुरां गच्छामः।

(73) The frog catches the flies with his tongue. *maṇḍūkaḥ/darduraḥ jihvayā makṣikāḥ gṛhṇāti (√grah).* मण्डूकः/दर्दुरः जिह्वया मक्षिकाः गृह्णाति।

(74) The fruits are ripe. *phalāni paripakvāṇi santi (pari√pać).* फलानि परिपक्वानि सन्ति।

(75) The garlic stinks. *laśuṇaṁ durgandhaṁ janayati (√jan).* लशुनं दुर्गन्धं जनयति।

(76) The goats eat almost anything. *ajāḥ īṣadapi/stokamapi adanti/khādanti (√ad).* अजाः ईषदपि/स्तोकमपि अदन्ति/खादन्ति।

(77) Tūlikā thinks very properly. *Tūlikā atīva suṣṭhu/samyak/bāḍhaṁ ćintayati (√ćint).* तूलिका अतीव सुष्ठु/सम्यक्/बाढं चिन्तयति।

(78) Sunīl deserves a prize. *Sunīlaḥ pāritoṣakam arhati (√arh).* सुनीलः पारितोषकम् अर्हति।

(79) God exists everywhere. *Devaḥ/bhagavān/īśvaraḥ sarvatra asti (√as).*

देवः/भगवान्/ईश्वरः सर्वत्र अस्ति।

(80) Oil is a fuel. *tailam indhanam/edhaḥ asti (√as).* तैलम् इन्धनम्/एधः अस्ति।

(81) Are you jealous of me. *bhavān mām īrṣyati vā (√īrṣ).* भवान् माम् ईर्ष्यति वा?

(82) She is getting angry with you. *sā tubhyaṁ kupyati/krudhyati (√kup, √krudh).* सा तुभ्यं कुप्यति/क्रुध्यति।

(83) She digs the field and sows the seeds. *sā kṣetraṁ khanati bijāni ća vapati (√khan, √vap).* सा क्षेत्रं खनति बीजानि च वपति।

(84) The clouds that thunder do not rain. *ye meghāḥ garjanti te na varṣanti (√garj, √varṣ).* ये मेघाः गर्जन्ति ते न वर्षन्ति।

(85) Having listened the tape, he sings songs. *dhvani/mudrikāṁ śrutvā saḥ gItāni gāyati (√gai).* ध्वनिमुद्रिकां श्रुत्वा सः गीतानि गायति।

(86) She is walking alone. *sā ekākinī ćalantī asti (√ćal).* सा एकाकिनी चलन्ती अस्ति।

(87) The hare will eat grass and leaves. *śaśakaḥ tṛṇaṁ/ghāsaṁ parṇāni ća khādiṣyati (√khād).* शशकः तृणं/घासं पर्णानि च खादिष्यति।

(88) The hermit worships Goddess Kālī. *tāpasaḥ/tapasvī/muniḥ/yatiḥ kālyai devyai arćati (√tap).* तापसः/तपस्वी/मुनिः/यतिः काल्यै देव्यै अर्चति।

(89) Having seen a toy the granddaughter became happy. *krīḍanakaṁ dṛṣṭvā pautrī ahṛṣyat/hṛṣṭavatī (√tuṣ).* क्रीडनकं दृष्ट्वा पौत्री अहृष्यत्/हृष्टवती।

(90) Those grapes were sweeter than the plums. *tāḥ drākṣāḥ badarebhyaḥ miṣṭāḥ āsan (√as).* ताः द्राक्षाः बदरेभ्यः मिष्टाः आसन्।

(91) The horse is taller than the cow. *aśvaḥ/turaṅgaḥ/hayaḥ goḥ/dhenoḥ uććataraḥ asti (√as).* अश्वः/तुरङ्गः/हयः गोः/धेनोः उच्चतरः अस्ति।

(92) The devotee sings hymns for Lord Rāma. *bhaktaḥ Rāmāya/devāya ślokāḥ*

gāyati (√gai). भक्तः रामाय/देवाय श्लोकाः गायति।

(93) The insects ate all the fruits. *kīṭāḥ/kṛmayaḥ sarvāṇi phalāni akhādan/khāditavantaḥ (√khād).* कीटाः/कृमयः फलानि अखादन्/खादितवन्तः।

(94) The sun shines in the world. *sūryasya ālokaḥ/prakāśaḥ/bhā/ābhā/prabhā sarvasmin viśve cakāsti/prakāśyate (√cakās, pra√kāś).* सूर्यस्य आलोकः/प्रकाशः/भा/आभा/प्रभा सर्वस्मिन् विश्वे चकास्ति/प्रकाश्यते।

(95) The lion hunts animals. *siṁhaḥ mṛgayate (√mṛg).* सिंहः/केसरी मृगयते।

(96) The lotus looks beautiful in the water. *kamalaṁ/padmaṁ/aravindaṁ/paṅkajaṁ jale śobhate (√śobh).* कमलं/पद्मं/अरविन्दं/पङ्कजं जले शोभते।

(97) The ripe mango falls. *pakvam amraphalṁ patati (√pat).* पक्वम् आम्रफलं पतति।

(98) The monkey jumps from tree to tree. *kapiḥ/markaṭaḥ/vānaraḥ vṛkṣāt vṛkṣaṁ plavate (√plu).* कपिः/मर्कटः/वानरः वृक्षात् वृक्षं प्लवते।

(99) The mouse is eaten by a cat. *mūṣakaḥ biḍālena khaditaḥ (√khād).* मूषकः बिडालेन खादितः। The cat ate the mouse. *biḍālaḥ mūṣakam akhadat/khāditavān (√khād).* बिडालः मूषकम् अखादत्/खादितवान्।

(100) The heart pumps the blood in the body. *dehe hṛdayaṁ rudhiraṁ/raktam uttulayati (ud√tul).* देहे हृदयं रुधिरम् उत्तुलयति।

LESSON 32

dvātriṁśaḥ abhyāsaḥ द्वात्रिंशः अभ्यासः।

LET US SPEAK SANSKRIT

saṁskṛtena vadānaḥ
संस्कृतेन वदामः।

पठन्तु संस्कृतम्। वदन्तु संस्कृतम्।
लसतु संस्कृतम्। जयतु संस्कृतम्।

paṭhantu saṁskṛtam, vadantu saṁskṛtam,
lasatu saṁskṛtam, jayatu saṁskṛtam.

CONVERSATIONS

vārtālāpāḥ
वार्तालापाः।

1. Hello! नमस्ते! नमस्कारः! स्वस्ति! जयराम! सीताराम! साईराम! हरि ओम्! *namaste! namaskāraḥ! jayarāma! sītārām! sāīrām! hari om!*
2. Good monring. सुप्रभातम्। *suprabhātam!*
3. Good night शुभरात्रिः *śubha-rātriḥ!*
4. How are you? भवान् कथम् अस्ति? त्वं कथमसि? *bhavān katham asti? tvaṁ kathamasi?*
5. Is everything ok? सर्वं कुशलं वा? *sarvaṁ kuśalaṁ vā?* Yes. *ām* आम्।

6. Sir! How are you? आर्य! भवान् कथमस्ति? *ārya! bhāvān kathamasti?*

7. Madam! How are you? आर्ये! भवती कथमस्ति? *ārye bhavatī kathamasti?*

8. Are you well (m∘)? *kuśalī vā?* (f∘) *kuśalinī vā* कुशली वा? कुशलिनी वा?

9. Welcome. *svāgatam* स्वागतम्।

10. You are welcome (m∘f∘). स्वागतं ते/भवतः/भवत्याः। *svāgataṁ (m∘f∘) te; (m∘) bhavatḥ, (f∘) bhavatyāḥ.*

11, Please come in. कृपया अभ्यन्तरम् आगच्छतु। अन्तः आस्यताम्। *kṛpayā abhyantaram āgaćchatu. antaḥ āsyatām.*

12. Have a seat. उपविशतु। *upaviśatu.*

13. Where should I sit? कुत्र उपविशानि? *kutra upaviśāni?*

14. Sit wherever you wish. यत्र इच्छसि तत्र उपविश, यत्र भवान् इच्छति तत्र उपविशतु। *yatra ićchasi tatra upaviśa. yatra bhavān ićchati tatra upaviśatu.*

15. Who is he (this person)? एषः कः? *eśaḥ kaḥ?* अत्रभवान् कः? *atrabhavān kaḥ?*

16. Who is she (this lady)? एषा का? *eśā kā?* अत्रभवती का? *atrabhavatī kā?*

17. What is the news? कः समाचारः? का वार्ता? किं वृत्तम्? *kaḥ samāćāraḥ? kā vātrā? kiṁ vṛttam?*

18. I hope you are well. (m∘f∘) अपि नाम भवान्/भवती कुशली/कुशलिनी अस्ति। *api nāma bhavān/bhavatī kuśalī/kuśalinī asti.*

19. Is everything ok at home? गृहे सर्वं कुशलं वा। *gṛhe sarvaṁ kuśalaṁ vā?*

20. Are you not well? (m∘f∘) अपि भवान्/भवती न स्वस्थः/स्वस्था? *api bhavān/bhavatī na svasthaḥ/svasthā?*

21. Yes. I am alright. आम्। अहं कुशली/कुशलिनी। मम सर्वं सम्यक् अस्ति। *ām. ahaṁ kuśalī/kuśalinī. mama sarvaṁ samyak asti.*

22. Thank you very much. बहुशः धन्यवादाः। *bahuśaḥ dhanyavādāḥ.*

23. Best wishes for the New Year. नववर्षस्य शुभेच्छाः। *nava-varṣasya śubhećchāḥ.*

24. See! I brought something special for you. पश्य! मया भवते/त्वदर्थं किमपि विशेषम् आनीतम्। अहं ते किमपि विशिष्टम् आनीतवान्। *paśya mayā bhavate/tvadarthaṁ kimapi ānītam. ahaṁ te kim/api viśiṣṭam ānītavān.*

25. Is it really? एवम्? *evam?* एवम् वा? *evaṁ vā?*

26. Very good. साधु साधु। *sādhu sādhu!*

27. It is really nice, Sir! Madam!. इदं शोभनं खलु श्रीमन्! श्रीमति! *idaṁ śobhanaṁ khalu, śrīman! śrīmati!.*

28. I am grateful. (m∘f∘) अहम् उपकृतः/उपकृता अस्मि। *aham upakṛtaḥ/upakṛtā asmi.*

29. Congratulations. अभिनन्दनम्। *abhinandanam.*

30. Friend! What is your name? (m∘f∘) मित्र! तव/भवतः/भवत्याः नाम किम्? *mitra! tava/bhavataḥ/bhavatyāḥ nāma kim?*

31. Sir! what is your name? आर्य/महोदय/भगवन्! भवतः शुभनाम/नामधेयं किम्? *ārya/mahodaya/bhagavan! bhavataḥ śubhanāma/nāmadheyaṁ kim?*

32. Madam! What is your name? आर्ये/महोदये/भगवति! भवत्याः शुभनाम/नामधेयं किम्? *ārye/mahaedye/bhagavati! bhavatyāḥ śubhanāma/nāmadheyaṁ kim?*

33. My name is Rāma. मम नाम रामः अस्ति। *mama nāma Rāmaḥ asti.*

34. My name is Sītā. मम नाम सीता अस्ति। *mama nāma Sītā asti.*

35. Where do you live? क्व निवससि त्वम्। क्व निवसति भवान्/भवती। कुत्र विद्यते तव (भवतः भवत्याः) निवासः? *kva nivasasi tvam? kva nivasati bhavān? kutra vidyate tava (bhavataḥ/bhavatyāḥ) nivasaḥ?*

36. I live near Modern High School. अहं नूतनविद्यालयस्य निकटे/समीपे निवसामि। *ahaṁ nūtana-vidyālayasya nikaṭe/samīpe nivasāmi.*

37. I live in Kingston. अहं किंग्स्टन-नगरे निवसामि। *ahaṁ Kingston nagare nivasāmi.*

38. I live in Downtown. अहम् अधःपुरे निवसामि। *aham adhaḥpure nivasāmi.*

39. How far is it from here? इतः कियत् दूरम् अस्ति? *itaḥ kiyat dūram asti?*

40. Not far away. नाति दूरम्। समीपे एव। *nāti dūram. samīpe eva.*

41. It may be about 4 miles from here. इतः प्रायेण क्रोशद्वयं स्यात्। *itaḥ prāyeṇa krośa-dvayaṁ syāt.*

42. By car it takes only ten minutes. कारयानेन मात्रं दशक्षणानां मार्गः। *cāra-yānena mātraṁ daśa-kṣaṇānāṁ mārgaḥ.*

43. What do you do? त्वं किम् उद्योगं करोषि? भवान्/भवती किम् उद्योगं करोति? *tvaṁ kim udyogaṁ karoṣi? bhavān/bhavatī kim udyogaṁ karoti?*

44. I am a teacher in a high school. अहं महाविद्यालये अध्यापकः/अध्यापिका अस्मि। *ahaṁ mahāvidyālaye adhyāpakaḥ/adhyāpikā asmi.*

45. What do you teach there? भवान्/भवती तत्र किम् अध्यापयति? *bhavān/bhavatī tatra kim adhyāpayati?*

46. I teach Hindī there. तत्र अहं हिन्दीम् अध्यापयामि। *tarta ahaṁ Hindīm adhyāpayāmi?*

47. Don't you teach Sanskrit also? किं भवान् संस्कृतम् अपि न अध्यापयति? *kiṁ bhavān saṁskṛtam api na adhyāpayati?*

48. No! I don't teach Sanskrit there, but at my home I teach Sanskrit to some students. नहि। अहं तत्र संस्कृतं न अध्यापयामि परं मम गृहे एव कतिपयछात्रान् संस्कृतम् अध्यापयामि। *nahi! ahaṁ tatra saṁskṛtaṁ na adhyāpayāmi, paraṁ mama gṛhe eva katipaya-ćhātrān saṁskṛtam adhyāpayāmi.*

49. Do you like teaching Sanskrit? भवते/भवत्यै संस्कृताध्यापनं रोचते वा? *bhavate/bhavatyai saṁskṛta-adhyāpanaṁ roćate vā?*

50. Yes. I like Sanskrit very much. आम्। मह्यं संस्कृतम् अतीव रोचते। *ām! mahyaṁ saṁskṛtam atīva roćate.*

51. Why so? किमर्थम् इति? *kimartham iti?*

52. Because, of all languages, Sanskrit language is the most poetic, sweetest and the best. यतः सर्वासु भाषासु संस्कृतभाषा काव्यमयी मधुरा मुख्या च अस्ति। *yataḥ sarvāsu bhāṣāsu*

saṁskṛta-bhāṣā kāvya-mayī, madhurā mukhyā ća asti.

53. What do you want? तव/भवत:/भवत्या: किम् आवश्यकम्? *tava/bhavataḥ/bhavatyāḥ kim āvaśyakam?*
54. What does he/she want? तस्य/तस्या: किम् आवश्यकम्? *tasya/tasyāḥ kim āvaśyakam?*
55. What is he doing? स: किं करोति? स: किं कुर्वन् अस्ति? *saḥ kiṁ karoti? saḥ kiṁ kurvan asti?*
56. What for? किं कारणम्? केन हेतुना? किमर्थं? *kiṁ kāraṇam? kena hetunā? kimartham?*
57. What did you say? (m◦f◦) त्वं/भवान्/भवती किम् उक्तवान्/उक्तवती? *tvaṁ/bhavān/bhavatī kim uktavān/uktavatī?*
58. What do you mean? (m◦f◦) तव/भवत:/भवत्या: कथनस्य आशय: क: अस्ति? *tava/bhavataḥ/bhavatyāḥ kathanasya āśayaḥ kaḥ asti?*
59. What do you desire? त्वं किं चिकीर्षसि? भवान्/भवती किं चिकीर्षति? *bhavān/bhavatī kiṁ ćikīrṣati?*
60. What should you do? भवान्/भवती किं कर्तुम् अर्हति? *bhavān/bhavatī kiṁ kartum arhati?* भवता/भवत्या किं करणीयम्? *bhavatā/bhavatyā kiṁ karaṇīyam?* भवान्/भवती किं कुर्यात्? *bhavān/bhavatī kiṁ kutyāt?*
61. What will you do? भवान्/भवती किं करिष्यति? *bhavān/bhavatī kiṁ kariṣyati?*
62. What happened? किं जातम्? किम् अभवत्? *kiṁ jātam? kim abhavat?*
63. Nothing. न किमपि। *na kimapi.*
64. What more? किंबहुना? *kiṁbahunā?*
65. Why are you quiet? (m◦f◦) त्वं/भवान्/भवती तूष्णीं किमर्थं? *tvaṁ/bhavān/bhavatī tūṣṇīṁ kimartham?*
66. Why don't you keep quiet? भवान् तूष्णीं किमर्थं न तिष्ठति? *bhavān tūṣṇīṁ kimarthaṁ na tiṣṭhati?*
67. Why don't you speak? भवान् किंकारणं न वदति? *bhavān kiṅkāraṇaṁ na vadati?*

68. Why did you not answer? त्वया/भवता/भवत्या प्रत्युत्तरं केन हेतुना न दत्तम्? *tvayā/bhavatā/bhavatyā pratyuttaraṁ kena hetunā na dattam?*

69. Why should I go there? अहं तत्र किन्निमित्तं गच्छेयम्? *mayā tatra kinnimittaṁ gaććheyam?* मया तत्र किंकारणं गन्तव्यम्? *mayā tatra kiṅkāraṇaṁ gantavyam?*

70. Why should he/she not go there? तेन/तया तत्र किं हेतुना न गन्तव्यम्/गमनीयम्/गम्यम्? *tena/tayā tatra kiṁ hetunā na gantavyaṁ/gamanīyaṁ/gamyam?*

71. Why may it happen? एतत् कस्मात्/कथं भवेत्? *etat kasmāt/kathaṁ bhavet?*

72. Why may it not happen? एतत् कस्मान्न भवेत्? एतत् कुतः न भवेत्? *etat kasmānna bhavet? etat kutaḥ na bhavet?*

73. When will he/she come? सः/सा कदा आगमिष्यति? *saḥ/sā kadā āgamiṣyati?*

74. When you will give him permission, then only he/she will come here. यदा भवान्/भवती तस्मै अनुमतिं दास्यति तदा एव सः/सा अत्र आगमिष्यति। *yadā bhavān/bhavatī tasmai anumatiṁ dāsyati tadā eva saḥ/sā atra āgamiṣyati.*

75. Whenever he comes, I become very happy. यदा यदा हि सः आगच्छति, अहम् अतीव हृष्यामि। *yadā yadā hi saḥ āgaććhati, aham atīva hṛṣyāmi.*

76. Where are you? त्वं कुत्र असि? भवान्/भवती कुत्र अस्ति? *tvaṁ kutra asi? bhavān/bhavatī kutra asti?*

77. Where are you coming from? भवान्/भवती कुतः आगच्छति? *bhavān/bhavatī kutaḥ āgaććhati?*

78. Wherever there is light there is shadow. यत्र कुत्रापि प्रकाशः अस्ति तत्रैव छाया अपि भवति। *yatra kutrāpi prakāśaḥ asti tatraiva ćhāyā api bhavati.*

79. Whenever you come, we feel happy. यदा कदाचित् भवान्/भवती आगच्छति वयं हृष्यामः। *yadā kadāćit bhavān/bhavatī āgaććhati vayaṁ hṛṣyāmaḥ.*

80. What should we do to protect our health? अस्माकं स्वास्थ्यस्य रक्षायै वयं किं कुर्याम? *asmākaṁ svāsthyasya rakṣāyai vayaṁ kiṁ kuryāma?*

81. One should exercise regularly. नियमतः व्यायामं कुर्यात्। *niyamataḥ vyāyāmaṁ kuryāt.*

82. Should the old people also exercise? किं वृद्धाः अपि व्यायामं कुर्युः? *kiṁ vṛddhāḥ api vyāyāmaṁ kuryuḥ?*

83. Yes, as possible they should exercise too. आम्, ते अपि यथाशक्ति व्यायायमं कुर्युः। *ām! te api yathā-śaktiḥ vyāyāmaṁ kuryuḥ?*

84. One should eat healthy food. स्वास्थ्यवर्धकानि खाद्यानि खादेयुः *svāsthya-vardhakāni khādyāni khādeyuḥ.*

85. And one should not eat too much, or again and again. अधिकं च मुहुर्मुहुः वा न खादेयुः। *adhikaṁ ća muhurmuhuḥ vā na khādeyuḥ.*

86. Shall I go to the market? किम् अहम् आपणं गच्छानि? *kim aham āpaṇaṁ gaććāni?* They should go. ते गच्छन्तु। *te gaććhantu.*

87. Stay in the house! *gṛhe tiṣṭha/tiṣṭhatu.* गृहे तिष्ठ/तिष्ठतु।

88. Do you remember that he was here yesterday? किं भवान्/भवती स्मरति यत् सः ह्यः अत्र आसीत्? *kiṁ bhavān/bhavatī smarati yat saḥ hyaḥ atra āsīt.*

89. Do this right now! एतत् अधुना/इदानीम् एव कुरु/करोतु। *etat adhunā/idānīm eva kuru/karotu.*

90. Be happy! सुखी/सुखिनी भवतु। *sukhī/sukhinī bhavatu.*

91. Do not talk unnecessarily! व्यर्थं मा वदतु। *vyarthaṁ mā vadatu.*

92. Excuse me. *kṣamyatām.* क्षम्यताम्।

93. Do not make noise! कोलाहलं मा करोतु। *kolāhalaṁ mā karotu.*

94. Stand properly! सम्यक् तिष्ठतु। *samyak tiṣṭhatu.*

95. Don't worry! चिन्ता मास्तु। *ćintā māstu.*

96. I do not want what you want. तत् अहं न इच्छामि यत् भवान्/भवती इच्छति। *tat ahaṁ na iććhāmi yat bhavān/bhavatī iććhati.*

97. Does any of you know her name? किं युष्मासु कोऽपि तस्याः नाम जानाति? *kiṁ yuṣmāsu*

ko'pi tasyāḥ nāma jānāti?

98. She lives somewhere else. सा अन्यत्र कुत्रापि निवसति। *sā anyatra kutrāpi nivasati.*

99. Go if you want to go. गन्तुम् इच्छति चेत् गच्छतु। *gantum iććhati ćet gaććhatu.*

100. He is really a gentleman. सः नूनं भद्रपरुषः। *saḥ nūnaṁ bhadra-puruṣaḥ.*

101. I have seen you somewhere. अहं भवन्तं/भवतीं कुत्रचित् दृष्टवान्/दृष्टवती। *ahaṁ bhavantaṁ/bhavatīṁ kutraćit dṛṣṭavān/dṛṣṭavatī.*

102. Do not waste time! समयनाशं मा करोतु। समयं मा नाशयतु। *samaya-nāśaṁ mā karotu! samayaṁ mā nāśayatu!*

103. Don't try to be smart! चातुर्यं मा करोतु। *ćāturyaṁ mā karotu.*

104. Don't tease! उपहासं मा करोतु। *upahāsaṁ mā karotu.*

105. Don't shout! चीत्कारं मा करोतु। *ćītkāraṁ mā karotu.*

106. Don't be shy सङ्कोचं मा करोतु। *saṁkoćaṁ mā karotu.*

107. Don't be stubborn. हठं मा करोतु। *haṭhaṁ mā karotu.*

108. Please don't mind! मनसि मा करोतु। *manasi mā karotu.*

109. Have no doubt! सन्देहं मा धारयतु। *sandehaṁ mā dhārayatu.*

110. Help me! मम सहाय्यं कुरु/करोतु। मम सहायः/सहाया भव/भवतु। *mama sahāyyaṁ kuru/karotu. mama sahāyaḥ/sahāyā bhava/bhavatu.*

111. It was good luck. सौभाग्यम् आसीत्। *saubhāgyam āsīt.*

112. Good idea! साधु विचारः। *sādhu vićāraḥ.*

113. Well done! साधु कृतम्। *sādhu kṛtam.*

114. Nice day! रमणीयं दिनम्। *ramaṇīyaṁ dinam.*

115. It depends. सापेक्षम् इदम्। *sāpekṣam idam.*

116. See you पुनर् दर्शनाय। *punar darśanāya.*

117. Alright, OK, Well. अस्तु। *astu.* सम्यक्! *samyak!*

118. How surprising. *aho āśćaryam.* अहो आश्चर्यम्।

119. where is my book? *mama pustakaṁ kutra asti?* मम पुस्तकं कुत्र अस्ति?

120. It is where your glasses are, please look. यत्र भवतः/भवत्याः उपनेत्रम् अस्ति तत्र एव तद् अस्ति, पश्यतु। *yatra bhavataḥ/bhavatyāḥ upanetram asti tatra eva tad asti, paśyatu.*

121. You keep things at one place and search elsewhere. *tvam ekatra ekaṁ sthāpayasi anyatra ća anveṣaṇaṁ karoṣi.* त्वम् एकत्र एकं स्थापयसि अन्यत्र च अन्वेषणं करोषि।

122. Found it. *prāptam.* प्राप्तम्। Good! *samīćīnam.* समीचीनम्।

EXERCISE 83 : Fill in the blanks with the words given below

कृपया, शीघ्रम्, कथम्, चल, मम, इतः दर्शय, तिष्ठ, कृतज्ञः उपकृतः धैर्यम्, वद, कुरु, इदम्, किमर्थम्, व्यापारे, विलम्बम्, बहुशः तस्य, मा, तम्, शुभेच्छाः।

1. How is she? अधुना सा ———— अस्ति? 2. What is his name? ———— नामधेयं किम्?

3.Please come. ———— आस्यताम्। 4. I am thankful to you. अहं ———— अस्मि।

5.Best wishes for success. साफल्याय हार्दिकाः ————

6.May you be healthy soon. आरोग्यं ———— भूयात्।

7. Don't make a noise. कोलाहलं ———— कुरु-करोतु।

8. Be quite! तूष्णीं ———— 9. Have patience! ———— धारय-धारयतु।

10. Walk properly! सम्यक्———— 11. Come this way! ———— आगच्छतु।

12. Show me the way. मां मार्गं ———— 13. Speak loudly (slowly). उच्चैः (मन्दम्) ——

14. Please hold my hand. कृपया ———— हस्तं धर।

15. Do you go to school? त्वं पाठशालां गच्छसि ———— ?

16. Don't get angry! (mad!) कोपं मा ————

17. Don't interfere in my work! मम ———— हस्तक्षेपं मा कुरु-करोतु।

18. Do not drink this milk! ———— दुग्धं मा पिब-पिबतु।

19. Don't bother him! ———— मा बाधस्व। 20. Don't delay ———— मा कुरु-करोतु।

LESSON 33

ćatustrimśaḥ abhyāsaḥ चतुस्त्रिंशः अभ्यासः।

PROSE READING

gadya-paṭhanam गद्यपठनम्।

SHORT STORIES

laghu-kathāḥ लघुकथाः।

34.1
MOTHER AND THE BABY PARROT
śukī śāvahaḥ ća शुकी शावकः च।

मनसि एकस्य चित्रस्य कल्पनां कुरुत। *manasi ekasya ćitrasya kalpanāṁ kurut.* Imagine a picture in mind.

कुत्रचित् कस्मिंश्चित् नगरे, *kutraćit kasminśćit nagare* Somewhere in some town, एकः शुकशावकः पञ्जरे बद्धः तिष्ठति। *ekāḥ śuka-śāvakaḥ puñjare baddhaḥ tiṣṭhati.* A baby parrot is sitting trapped in a bird cage. तस्य माता शुकी पञ्जरात् बहिः निकटे वृक्षशाखायां स्थिता अस्ति। *tasya mātā, śukī, pañjarāt bahiḥ nikaṭe vṛkṣa-śākhāyāṁ sthitā asti.* His mother, Shukī, is sitting outside the cage, on a branch of a nearby tree. सा स्व-शावकं बद्धं दृष्ट्वा नेत्राभ्याम् अश्रूणि मुञ्चन्ती भाषते- *sā sva-śāvakaṁ baddhaṁ dṛṣṭvā, netrābhyām aśruṇi muñćanti bhāṣate-* Seeing her baby trapped in the cage, she is talking with tears flowing from her eyes,

वत्स! उक्तं खलु मया (*vatsa! uktaṁ khalu mayā.* O Child! I had indeed told you) नीडात् न

निर्गन्तव्यं (*nīḍāt na nirgantavyaṁ* the nest is not to be left), कोऽपि त्वां गृह्णियात् –इति (*ko'pi vtām gṛhṇiyāt ˉiti.* someone may catch you -so). मम वाक्यम् अनादृत्य (*mama vākyam anādṛtya.* Having not listened to what I said) त्वं क्रीडितुं लतां गतः (*tvaṁ krīditum latāṁ gataḥ.* you went to play on the flower-vines).

ततः शुकशावकः मातरम् आह (*tataḥ śuka-śāvakaḥ mātaram āha-* Then the baby parrot said to his mother) मातः! (*māt!* O Mother!) मातुः वाक्यम् अनुल्लंघनीयम् इति जानामि अहम् (*mātuḥ vākyam anullaṅghanīyam iti jānāmi aham.* I know that Mother's word is not to be disobeyed) अथापि, (*athāpi,* However) क्रीडासक्तेन (*krīḍā-saktena* with the attraction of playing) चापल्यात् मया तत् न आलोचितम् (*cāpalyāt mayā tat na ālocitam.* in the rush it was not obeyed by me).

शुकी आह– (*śukī āha,* Shukī said-) जात! (*jāt!* Whatever!) एवं गते त्वयि कथं त्वत् एकपुत्रया मया आयुः शेषः नेयः? (*evaṁ gate tvai kathaṁ tvat eka-putrayā mayā āyuḥ śeṣaḥ neyaḥ?* You, the only child, gone like this, how may I spend my life?)

शुकशावकः मातरम् अपृच्छत्– (*śuka-śāvakaḥ mātaram apṛcchat-* The baby parrot asked his mother-) "अम्ब! किम् एवं वदति भवान्? (*amb! kim evaṁ vadati bhavān?* O Mother! Why are you saying this?) किं मम मुक्तिः न स्यात् अस्मात् पञ्जरात्? (*kiṁ mama muktiḥ na syāt asmāt pañjarāt?* Why, will I not be free from this cage?)"

शुकी अकथयत्– (*śukī akathayat-* Shukī said-) दृढतराः पञ्जरस्य शलाकाः (*dṛḍhatarāḥ pañjarasya śalākāḥ* . the bars of the cage are very strong). कथं ते मुक्तिः भविष्यति? (*kathaṁ te muktiḥ bhaviṣyati?* How will you become free?) ...

34.2

UNNECESSARY ADVICE

nirarthakaḥ upades̒aḥ निरर्थकः उपदेशः।

मनसि अन्यस्य चित्रस्य कल्पनां कुरुत। *manasi anyasya c̒itrasya kalpanāṁ kurut.* Imagine another picture in your mind.

कुत्रापि वने वर्षाकाले वृक्षात्-वृक्षं विटपात्-विटपं प्लवमानः वानरः क्वापि वृक्षे क्रीडति स्म। *kutrāpi vane varṣā-kāle vṛkṣāt-vṛkṣaṁ viṭapāt-viṭapaṁ plavamānaḥ vānaraḥ vṛkṣe krīḍti sma.* In a forest in the rainy season, a monkey, jumping from tree to tree and branch to branch, was playing on a tree. तस्य वृक्षस्य शाखायाम् एकः नीडः आसीत्। (*tasya vṛkṣasya s̒ākhāyām ekāḥ nīḍaḥ āsīt.* In the branches of that tree there was a bird nest). तत्र नीडे कश्चन चटकः पत्न्या सह वसति स्म। (*tatra nīḍe kas̒c̒ana c̒aṭakaḥ patnyā saha vasati sma.* There, in the nest some bird was living with his wife).

वानराः प्रायेण नरैः तुल्यरूपाः। *vānarāḥ prāyeṇa naraiḥ tulya-rūpāḥ.* The monkeys are mostly like people. अथापि, (*athāpi* However) नराः इव गृहाणि खगाः इव नीडानि वा कर्तुं न शक्नुवन्ति (*narāḥ iva gṛhāṇi khagāḥ iva nīḍāni vā kartuṁ na s̒aknuvanti.* they cannot build houses like people or nests like the birds). सदैव एव ते वृक्षेषु निवसन्ति (*sadaiva eva te vṛkṣeṣu nivasanti.* They always live in the trees). कन्दैः फलैः च उदरं पूरयन्ति (*kandaiḥ phalaiḥ c̒a udaraṁ pūrayanti.* They fill their bellies with tubers and fruits). वानराः स्वभावतः एव चपलाः कोपनाः च। (*vānarāḥ svabhāvataḥ eva c̒apalāḥ kopanāḥ c̒a.* Monkeys are by nature fickle and irascible).

एकदा वर्षासु सः वानरः शैत्येन बाधितः दन्तवीणां वादयन् वृक्षम् अनारुह्य मूलम् उपविष्टवान् (*ekadā varṣāsu saḥ vānaraḥ s̒aityena bādhitaḥ danta-vīṇāṁ vādayan vṛkṣam anāruhya mūlam upaviṣṭavān.* Once, wet with the rains and frozen with the cold, that monkey came down to the root of the tree and sat with his teeth chattering). बहिः सर्वत्र शीतलं वातावरणम् आसीत् (*bahiḥ sarvatra s̒ītalaṁ vātāvaraṇam āsīt,* Outside, it was cold everywhere). नीडे तु

औष्ण्यम् आसीत् (*nīḍe tu auṣṇyam āsīt.* but in the nest it was warm). तं शैत्येन कम्पमानं वानरं दन्तवीणां वादयन्तं दृष्ट्वा सा चटका उक्तवती- (*taṁ śaityena kampamānaṁ vānaraṁ danta-vīṇāṁ vādayantaṁ dṛṣṭvā sā caṭakā uktavatī.* Mrs. Bird said to that monkey who was trembling with cold and was chattering his teeth-)

नीडं कुर्मो वयं चापि चञ्चुमात्रैर्हृतैस्तृणैः। पाणिपादादिसंयुक्ता यूयं किमिति सीदथ।।87।।

nīḍaṁ kurmo vayaṁ cāpi cañcumātrairhṛtaistṛṇaiḥ, pāṇi-pādādi-saṁyuktā yūyaṁ kimiti sīdatha.

Even we build a nest, by carrying grass only with our beaks,
Equipped with arms and limbs, how can you freeze like this?

तत् श्रुत्वा सः वानरः उक्तवान् (*tat śrutvā saḥ vānaraḥ uktavān,* Hearing it, the monkey said) "रे दुष्टे! (*re duṣṭe!* O Wicked!) अलं जल्पेन। (*alaṁ jalpena!* Enough of the talk). किमर्थं मौनं न तिष्ठसि (*kimarthaṁ maunaṁ na tiṣṭhasi?* Why don't you shut up?). मम विषये किंकारणं चिन्तयसि ("*mama viṣaye kiṁkāraṇaṁ cintayasi.* Why do you worry about me?")

परन्तु चटका मौनं न स्थितवती। (*parantu caṭakā maunaṁ na sthitavatī.* But Mrs. Bird did not keep quiet). पुनः सा तथा एव उपदेशम् आरब्धवती (*punaḥ sā tathā eva upadeśam ārabdhavatī.* Again she started the same advice). तत् आकर्ण्य कुपितः मर्कटः आह– (*tat ākarṇya kupitaḥ markaṭaḥ āha-* Hearing that the agitated monkey said-) सूचिमुखि! (*sūci-mukhi!* O Needlemouth!) दुराचारे! (*durācāre!* O Corrupt One!) किं प्रलपसि? (*kiṁ pralapayasi?* Why are you talking nonsense?) इति वदन् (*iti vadan,* Saying this) वृक्षम् आरुह्य (*vṛkṣam āruhya,* climbing the tree) सः चटकयोः नीडं खण्डशः कृतवान् क्षिप्तवान् च (*saḥ caṭakayoḥ nīḍaṁ khaṇḍaśaḥ kṛtavān kṣiptavān ca.* he broke the birds' nest into pieces and threw it away). मूर्खम् प्रति एवं व्यर्थेन उपदेशेन चटकयोः नीडः अपि नष्टः अभवत्। *mūrkhaṁ prati evaṁ vyarthena upadeśena caṭakayoḥ nīḍaḥ api naṣṭaḥ abhavat.* Thus by giving unnecessary advice to a fool, their nest also got destroyed.

मूर्खम् प्रति उपदेशं न कुर्यात्। *mūrkham prati upadeśaṁ na kuryāt*

One should not advise fools.

34.3
INHERENT NATURE
jāti-svabhāvaḥ जातिस्वभावः।

मनसि एकस्य दृश्यस्य कल्पनां कुरुत। Imagine a scene in your mind.

एकस्मिन् वने सिंहदम्पती वसतः स्म। कालान्तरे सिंही पुत्रद्वयं प्रसूतवती। सिंहः प्रतिदिनं मृगान् मारयित्वा मांसम् आनीय पत्नीपुत्रेभ्यः ददाति स्म। एकदा सिंहः मृगयायै वने अटति स्म। तत्र सः एकं शृगालशिशुं दृष्टवान्। करुणया तं शिशुं गुहाम् आनीय सः पत्न्यै दत्तवान्। सा अपि तं शिशुं मारयितुं न इष्टवती। अतः तं शृगालं वात्सल्येन स्वपुत्रवत् पालितवती। स्वपुत्राभ्यां यथा सा आहारादिकं ददाति तथा शृगालशिशवे अपि ददाति स्म। अतः ते त्रयः शिशवः परस्परं भेदं न जानन्ति स्म। ते परस्परं खेलन्ति स्म। एवमेव ते प्रवृद्धाः।

In a forest, a lion couple was living. In due course, the lioness gave birth to two cubs. The lion used to kill animals and bring the meat for wife and children. One day, while he was roaming in the forest to hunt animals, he saw a baby fox. Overwhelmed with pity, he brought the cub to the den and gave it to his wife. The lioness also did not desire to kill the cub. Therefore, she raised the baby fox lovingly, as if it was her own son. As she was feeding her cubs, so she fed the baby fox too. Thus those three cubs did not know any difference between them. They were always playing together. That is how they grew.

कदाचित् ते त्रयः अपि शिशवः अरण्ये खेलन्ति स्म। तत्र एकः गजः आगतः। गजं दृष्ट्वा सिंहपुत्रौ आक्रमणं कर्तुं सिद्धौ। तदा शृगालपुत्रः आह- "बन्धू! एषः गजः अस्माकं कुलशत्रुः। तस्य पुरतः न गन्तव्यम्।" इति उक्त्वा ततः गृहं पलायनं कृतवान्। तं दृष्ट्वा निरुत्साहेन सिंहपुत्रौ अपि गृहम् आगतवन्तौ। अनन्तरं तौ पितरम् उक्तवन्तौ – "आवयोः अग्रजः कातरः अस्ति। सः गजं दृष्ट्वा भीत्या पलायनं कृतवान्" इति। सिंहः तत् श्रुत्वा कुपितः अभवत्। "युवयोः सिंहकुलस्य एव अपमानं तेन कृतम्" इति सः पुत्रौ निन्दितवान्।

One day those three cubs were playing in the forest. There came an elephant. Seeing the elephant, the lion cubs got ready to charge. But the fox cub said- “Brothers! this elephant is an enemy of our race. Therefore, we ought to go in front of him.” Saying so, he ran to the den. Seeing him gone, the two lion cubs became nervous and came home. Thereafter, the two lion cubs told their father, “Our brother is timid. He ran away with fear having seen the elephant.” Hearing this, the lion became angry. He scolded his cubs, “He has insulted your lion race.”

सिंही शृगालपुत्रम् एकान्ते उक्तवती – “वत्स! पुनः कदापि त्वं तव भ्रात्रोः उत्साहभङ्गं मा कुरु” इति।
The lioness privately said to the fox cub, “Son! Do not put off your brothers ever again.”
तदा कुपितः शृगालशिशुः उक्तवान्– “मातः! किम् अहं शौर्येण, रूपेण वा ताभ्यां हीनः अस्मि? किमर्थं तौ माम् उपहसतः?” इति। सिंही मनसि एव हसित्वा तम् उक्तवती – Then the agitated fox cub said- “O Mother! Am I less brave or beautiful than those two? Why did they ridicule me?” Laughing in her mind, the lioness said -

"शूरोऽसि कृतविद्योऽसि दर्शनीयोऽसि पुत्रक।
यस्मिन् कुले त्वमुत्पन्नो गजस्तत्र न हन्यते"।।88।।

“You are brave, you are well trained, you are beautiful, Son Dear!
The race into which you are born, the elephant is not hunted there.”

त्वं शूरः असि। तेन विद्याभ्यासः अपि कृतः अस्ति। त्वं सुन्दरः अपि असि। तथापि त्वं वस्तुतः शृगालपुत्रः असि। अहं करुणया त्वां मम पुत्रम् इव पालितवती। परन्तु युष्माकं शृगालकुले जाताः गजं मारितुं शक्ताः न भवन्ति। त्वं शृगालपुत्रः असि इति यदि मम पुत्रौ जानीतः तर्हि त्वां तौ मारयतः एव। अतः तत् पूर्वम् एव त्वं गत्वा स्वजातीयैः शृगालैः सह वासं कुरु" इति।

You are gallant. Education is also done by you. You are handsome too. Even then, in reality, you are a son of a fox. With pity I raised you like my own child. But those who are born into your fox race are not able to kill an elephant. If my children ever know that you are a son of a fox, they will kill you. Therefore, before that happens, go away and live with your own fox race. तत् श्रुत्वा शृगालपुत्रः जातिस्वभावेन अपरिहार्येण भयेन ततः तूष्णीं गतवान्। Hearing that, and driven by his inherent fear, the fox cub quietly went away from there.

SHORT ESSAYS

laghu-nibandhāḥ लघुनिबन्धाः।

34.4

THE HORSE

aśvaḥ अश्वः।

अर्वा, आजानेयः, कर्कः, कियाहः, गन्धर्वः, घोटकः, तुरगः, तुरङ्गः, हयः, तुरङ्गमः, भूमिरक्षकः, वाजी, वाहः, वीतिः, सप्तिः, साधुवाही, सिन्धुवारः, सैन्धवः, इत्यादिभिः, अभिधानैः अश्वः अभिज्ञायते।

The horse is known by such names as *arvā, ājāneyaḥ, karkaḥ, kiyāhaḥ, gandharvaḥ, ghoṭakaḥ, turagaḥ, turaṅgaḥ, hayaḥ, turaṅgamaḥ, bhūmirakṣakaḥ, vājī, vāhaḥ, vītiḥ, saptiḥ, sādhuvāhī, sindhuvāraḥ, saindhavaḥ ityādibhiḥ abhidhānaihiḥ aśvaḥ abhijñāyate.*

अश्वः विनीतः पशुः। *aśvaḥ vinītaḥ paśuḥ* The horse is a disciplined animal. सः गौः इव उपयुक्तः पशुः भवति। *saḥ gauḥ iva upayuktaḥ bhavati.* He is a useful animal like a cow. गोः अश्वस्य च कः भेद? *goḥ aśvasya ća kaḥ bhedaḥ?* What is the difference between a cow and a horse? अश्वस्य शृंगे न स्तः। *aśvasya śṛnge na staḥ.* The horse does not have two horns. तस्य ग्रीवायां रोमराजिः वर्तते। *tasya grīvāyāṁ roma-rājiḥ vartate.* His neck has a hairy mane. गोः शफः द्वेधा दलितः अस्ति न तु अश्वस्य। *goḥ śaphaḥ dvedhā dalitaḥ asti, na tu aśvasya.* A cow's hoof is divided into two halves, but not the horse's. अतः अश्वः शीघ्रतरं धावति। *ataḥ aśvaḥ śīghrataraṁ dhāvati.* Therefore, the horse runs faster. सः सबलः च। *saḥ sabalaḥ ća.* He is strong too.

अश्वः चतुरः पशुः। *aśvaḥ ćaturaḥ paśuḥ.* The horse is a smart animal. लोकाः तम् आरोहन्ति। *lokāḥ tam ārohanti.* People ride him. ते हयपृष्ठे उपविश्य प्रवसन्ति। *te haya-pṛṣṭhe upaviṣya pravasanti.* They travel sitting on horseback. सः मनुजानां विश्वस्तं मित्रं खलु। *saḥ manujānāṁ viśvastaṁ mitraṁ khalu.* He is indeed a friend of human beings. प्राचीनकाले

नृपाः अश्वान् युद्धेषु उपयुञ्जते स्म। *prācina-kāle nṛpāḥ aśvān yuddheṣu upayuñjate sma.* In olden days kings used horses in the battles.

कश्चित् कविः अश्वप्रशंसायाम् एवं निवेदयति- *kaścit kaviḥ aśva-praśaṁsāyām evaṁ nivedayati-* Some poet says in praise of the horse-

अश्वाः यस्य जयः तस्य यस्य अश्वाः तस्य मेदिनी।
अश्वाः यस्य यशः तस्य यस्य अश्वाः तस्य काञ्चनम्।।89।।

aśvāḥ yasya jayaḥ tasya, yasya aśvāḥ tasya medinī,
aśvāḥ yasya yaśaḥ tasya, yasya aśvāḥ tasya kāñcanam.

(Victory is his, who has horses, Who has horses, on land he has hold;
Success is his, who has horses, Who has horses, his is gold.)

34.5
THE SUN
sūryaḥ सूर्यः।

सूरसूर्यार्यमादित्यः द्वादशात्मादिवाकरः।
भास्कराहस्करब्रध्नः प्रभाकरविभाकरः।
भास्वद्विवस्वत्सप्ताश्वः हरिदश्वोष्णरश्मयः।
विकर्तनार्कमार्तण्डः मिहिरारुणपूषणः।
द्युमणिस्तरणिर्मित्रः चित्रभानुर्विरोचनः।
विभावसुर्ग्रहपतिः त्विषां पतिरहर्पतिः।
भानुर्हंसः सहस्त्रांशुः तपनः सविता रविः।।90।।

सूरः, सूर्यः, अर्यमा, आदित्यः, द्वादशात्मा, दिवाकरः, भास्करः, अहस्करः, ब्रध्नः, प्रभाकरः, विभाकरः, भास्वत्, विवस्वत्, सप्ताश्वः, हरिदश्वः, उष्णरश्मयः, विकर्तनः, अर्कः, मार्तण्डः, मिहिरः, अरुणः, पूषणः, द्युमणिः, तरणिः, मित्रः, चित्रभानुः, विरोचनः, विभावसुः, ग्रहपतिः, त्विषपतिः, अहर्पतिः, भानुः, हंसः, सहस्त्रांशुः, तपनः, सविता, रविः ...इत्यादिभिः नामधेयैः अमरकोषे सूर्यः अभिज्ञायते।

In the Amarakosha, the Sun is referred by such names as, Sūraḥ (Remover of the diseases), Sūryaḥ (The One with twelve names), Aryamā (The Most excellent one, the Dear friend), Āditya (Son of Aditi), Dvādaśātmā (The Twelvefold soul), Divākaraḥ (The Day maker), Bhāskaraḥ (The Light maker), Ahaskaraḥ (The Day maker), Bradhnaḥ (The Producer), Prabhākaraḥ (The Brightness maker), Vibhākaraḥ (The Glow maker), Bhāsvat (The Glittering one), Vivasvat (Manu Vaivasvat), Saptāśvaḥ (The One with seven horses), Haridaśvaḥ (The One on the green horse), Uṣṇaraśmayaḥ (The One with blazing rays), Vikartanaḥ (The One with special cutting power), Arkaḥ (The Ray of light), Martaṇḍaḥ (That Came from an egg that is not live), Mihiraḥ (The One that sprays rains), Aruṇaḥ (The Red coloured one), Pūṣaṇaḥ (The Growth causer), Dyumaṇi (The Jewel in the sky), Taraṇiḥ (The One that crosses from one to other end), Mitraḥ (The Friend) Ćtrabhānuḥ (The Bright rays), Viroćanaḥ (The One that is specially pleasing), Vibhāvasuḥ (The Brightest jewel), Grahapatiḥ (The King of planets), Tviṣapatiḥ (The King of illuminations), Aharpatiḥ (The King of the day time) Bhānuḥ (The One with rays), Haṁsaḥ (The Shining one), Sahasrāṁśuḥ (The one with thousands of rays), Tapanaḥ (The Heat giver), Savitā (The Originator), Raviḥ (The Silence breaker, the Slumber ender, the Day starter) ...etc.

सूर्यः गगनस्य अलङ्कारः। सूर्यः प्राच्यां दिशि उदयते। सम्प्रति तस्य प्रकाशः रक्तः कोमलः च वर्तते। उदयमानः सूर्यः अन्धकारं नाशयति प्राणिनः प्रबोधयति कुसुमानि च विकासयति। क्रमेण उद्गच्छन् यदा सूर्यः मध्यम् आरोहति तदा मध्याह्नः भवति। मध्याह्ने सूर्यस्य प्रकाशः कठोरः भवति। अतः सूर्यः क्रमेण पश्चिमां दिशम् अवतरति। अन्ते च सूर्यः पश्चिमदिशि अस्तं गच्छति।

The Sun is an adornment of the sky. The Sun rises in the East. At this time its light is red and soft. The rising sun destroys the darkness, wakes the animals up and makes the flowers bloom. Gradually the Sun reaches the center of the sky and it is then noon. At noon the sun-light is hard. From here, the Sun gradually comes down in the West. And eventuaally the Sun sets in the West.

सूर्यः स्वयं प्रकाशते। सूर्यस्य भासा सकला सृष्टिः प्रकाशते। सूर्यः जगते उष्णतां यच्छति। सूर्येण तुल्यः

अन्यत् किमपि तेजस्वि न वर्तते। सूर्यः प्रत्यक्ष देवता। सः देवैः असुरैः च नमस्कृतः। तस्मात् वाल्मीकिरामायणे कथितम् अस्ति–

The Sun shines by itself. The entire universe is brightened by the light of the Sun. The Sun gives warmth to the world. There is nothing as brilliant as the sun. The Sun is God Himself. He is worshipped by the Gods as well as demons. Therefore, in the Rāmāyaṇa of Vālmīki, it is said-

रश्मिमन्तं समुद्यन्तं देवासुरनमस्कृतम्।
पूजयस्व विवस्वं तं भास्करं भुवनेश्वरम्।।91।।

raśmimantaṁ samudyantaṁ devāsuranamaskṛtam,
pūjayasva vivasvantaṁ bhāskaraṁ bhuvaneśvaram.

Full of rays, up high in the sky, worshipped by the Gods and demons as well,
Worship that Vaivasvat, the light maker, the Lord of the universe all.

34.6
KNOWLEDGE
vidyā विद्या।

कस्यापि वस्तुनः सम्यक् ज्ञानं विद्या इति कथ्यते। Proper understanding of anything is called knowledge. दर्शनस्य विज्ञानस्य साहित्यस्य च अध्ययनम् अपि विद्या। The study of any system of philosophy, science or literature is also knowledge. यद्यपि विश्वम् इदं नाना धनैः परिपूर्णम् अस्ति, परं विद्या तेषु प्रधानतमम् अस्ति। Even though the world is full of different treasures, knowledge is the most superior to them all. यतः एतत् धनम् ईदृशम् अद्वितीयम् अस्ति यत्– because it is such a unique thing which- व्ययतः वृद्धिम् आयाति क्षयम् आयाति च सञ्चयात्। grows as you use it, and diminishes as you conserve it. उक्तञ्च– It has been said that-

न चोरहार्यं न च राजहार्यं न भ्रातृभाज्यं न च भारकारि।
व्यये कृते वर्धत एव नित्यं विद्याधनं सर्वधनप्रधानम्।।92।।

na ćorahāryaṁ na ća rāja-hāryaṁ, na bhrātṛ-bhājyaṁ na ća bhāra-kāri,
vyaye kṛte vardha eva nityaṁ, vidyā-dhanaṁ sarva-dhana-pradhānam.

A thief can steal it not, a king will seize it never,
A brother can claim it not, nor is it a burden at all;
As much as it is used, it grows and grows for ever,
The wealth of knowledge is superior to all.

विद्या मनुष्यस्य आन्तरिकाः सत्-प्रवृत्तीः विकासयति। Knowledge expands the good qualities of the man. विद्यां प्राप्य मनुष्यः विवेकशीलः भूत्वा कर्तव्य-अकर्तव्य-विवेचनाय प्रभवति। Having gained knowledge, the man is able to discern between what should be done and what should not be done. उक्तञ्च- *uktañća* it is said that-

विद्या नाम नरस्य रूपमधिकं प्रच्छन्नगुप्तं धनम्।
विद्या भोगकरी यशसुखकरी विद्या गुरूणां गुरुः।।93।।

vidyā nāma narasya rūpam-adhikaṁ praććhanna-guptaṁ dhanam,
vidya bhoga-karī yaśaḥ sukha-karī, vidyā gurūṇāṁ guruḥ.

Knowledge is the beauty of a person;
It is a treasure hidden and mysterious,
Knowledge gives joy, success and pleasure;
It is most superior among the things precious.

विद्यावान् मनुष्यः विनयशीलः भवेत्। यतः विनयस्य प्रभावेण मनुष्यः योग्यताम् अधिगच्छति। A knowledgable person should be humble, for with the strength of humility one attains propriety. विद्या विनयेन शोभते। The knowledge looks beautiful with humility.

सरस्वती विद्यायाः देवता। Sarasvatī is the Goddess of knowledge. तस्याः एकस्मिन् हस्ते वीणा शोभते अपरकरे च पुस्तकं वर्तते। In her one hand is a Viṇā and in the other hand is a book. एतौ तस्याः आभूषणे। These two are her ornaments. सर्वे देवाः तां वन्दन्ते। All the Gods worship her. तस्मात् वयम् अपि तां नमस्कुर्याम। Thus, we should worship her.

34.7

POETIC SAYINGS

subhāṣitāni सुभाषितानि।

सुभाषितम् इत्युक्ते शोभनं भाषितम् अथवा शोभना उक्तिः। Subhāṣita means beautifully said or beautiful saying. संस्कृतभाषा सर्वासु भाषासु पद्यमयी भाषा। Among all languages Sanskrit language is the most poetic language. संस्कृते सुभाषितानि अनेकानि सन्ति। In Sanskrit there are many Subhāṣitas. एतानि सुभाषितानि मधुराणि गेयानि च वर्तन्ते। These verses are sweet and singable. सुभाषितेषु अल्पैः शब्दैः महान्तम् अर्थम् अभिव्यक्तिं नयन्ति कवयः। Poets put deep meaning in the verses with a few words only. उत्कृष्ट-निबन्ध-लेखनार्थं तथा वक्तृत्व-कलायां नैपुण्य-सम्पादनार्थं सुभाषितानि अतीव उपयुक्तानि भवन्ति। For writing superb essays as well as for attaining excellence in the art of eloquent speech, the Subhāṣitas are very useful.

भाषासु मुख्या मधुरा दिव्या गीर्वाणभारती।
तस्माद्धि मधुरं काव्यं तस्मादपि सुभाषितम्।।94।।

Among all languages Sanskrit language is the best and sweetest language. Within that too even sweeter is the poetry and within that, the most sweet is a Subhāṣita.

पृथिव्यां त्रीणि रत्नानि जलमन्नं सुभाषितम्।
मूढैः पाषाणखण्डेषु रत्नसंज्ञा विधीयते।।95।।

There are three jewels on the earth - water, food and *subhāṣita*; but the stones are jewels for the ignorant people.

काव्यशास्त्रविनोदेन कालो गच्छति धीमताम्।
व्यसनेन तु मूर्खाणां निद्रया कलहेन वा।।96।।

Wise people spend their time with the amusement in the science of poetry; but the fools with devotion to addiction, slumber and fighting. प्रश्नः अस्ति- The qustion is :

कं पृच्छामः सुराः स्वर्गे निवसामो वयं भुवि।
किं वा काव्यरसः स्वादु किं वा स्वादीयसी सुधा।।97।।

Whom shall we ask, if the necter of poetry or the *amṛta* is sweeter? The Gods (who drink the juice called *amṛta*) live in the heavens and we (who drink the nectar of poetry) live on the earth. उत्तरं स्यात्– The answer may be :

द्राक्षा म्लानमुखी जाता शर्करा च अश्मतां गता।
सुभाषितस्य अग्रे सुधा भीता दिवं गता।।98।।

Sour with the sweetness of the *Subhāṣita,* the grapes have gone sour and wilted, the sugar became tasteless and froze and the *amṛta* got scared and ran away to the heavens.

कविः करोति काव्यानि रसं जानाति पण्डितः।
तरुः सृजति पुष्पाणि वायुः वहति सौरभम्।।99।।

The poet makes poetry, and its sweetness is relished by the wise; (just as,) while the trees grow blossoms, the fragrance is carried away by the wind.

संसारवृक्षस्य द्वे फले हि अमृतोपमे।
सुभाषितरसस्वादः संलापः सज्जनैः सह।।100।।

The tree of the worldly-life has two sweet fruits, the first is *subhāṣita* and the other is dialogue with the wise people.

34.8
WORDS OF WISDOM
sadupadeśāḥ
सदुपदेशाः।

अविचार्य न वक्तव्यं वक्तव्यं सुविचारितम्।
किञ्च तत्रैव वक्तव्यं यत्रोक्तं सफलं भवेत्।।101।।

उपकारोऽपि नीचानामपकारो हि जायते।
पयः पानं भुजङ्गानां केवलं विषवर्धनम्।।102।।

क्षमाशस्त्रं करे यस्य दुर्जनः किं करिष्यति।
अतृणे पतितो वह्निः स्वयमेवोपशाम्यति।।103।।

यदशक्यं न तच्छक्यं तच्छक्यं शक्यमेव तत्।
न जले शकटं याति न च नौर्गच्छति स्थले।।104।।

अकृत्वा परसन्तापमगत्वा खलमन्दिरम्।
अनुत्सृज्य सतां वर्त्म यत्स्वल्पमपि तद्बहु।।105।।

कुसुमं वर्णसम्पन्नं गन्धहीनं न शोभते।
न शोभते क्रियाहीनं मधुरं वचनं तथा।।106।।

उद्यमेन हि सिध्यन्ति कार्याणि न मनोरथैः।
न हि सुप्तस्य सिंहस्य प्रविशन्ति मुखे मृगाः।।107।।

उद्यमः साहसं धैर्यं बुद्धिः शक्तिः पराक्रमः।
षडेते यत्र वर्तन्ते तत्र दैवं प्रसीदति।।108।।

गच्छन्पिपीलिका याति योजनानां शतान्यपि।
अगच्छन् वैनतेयोऽपि पदमेकं न गच्छति।।109।।

स्वगृहे पूज्यते मूर्खः स्वग्रामे पूज्यते प्रभुः।
स्वदेशे पूज्यते राजा विद्वान्सर्वत्र पूज्यते।।110।।

सर्पदुर्जनयोर्मध्ये वरं सर्पो न दुर्जनः।
सर्पो दंशति कालेन दुर्जनस्तु पदे पदे।।111।।

रविश्चन्द्रो घना वृक्षाः नदी गावश्च सज्जनाः।
एते परोपकाराय भुवि दैवेन निर्मिताः।।112।।

छायामन्यस्य कुर्वन्ति तिष्ठन्ति स्वयमातपे।
फलान्यपि परार्थाय वृक्षाः सत्पुरुषा इव।।113।।

यो ध्रुवाणि परित्यज्य अध्रुवं परिसेवते।
ध्रुवाणि तस्य नश्यन्ति अध्रुवं नष्टमेव च।।114।।

यस्मिन्देशे न सन्मानो न वृत्तिर्न च बान्धवाः।
न च विद्यागमोप्यस्ति वासं तत्र न कारयेत्।।115।।

न देवो विद्यते काष्ठे न पाषाणे न मृन्मये।
भावे हि विद्यते देवस्तस्माद्भावो हि कारणम्।।116।।

34.9

RIGHTEOUS SAYINGS

suvaćanāni

सुवचनानि।

(1) सत्यमेव जयते नानृतम्। *satyameva jayate nānṛtam.* (सत्यम् एव जयते, न अनृतम्) Only the truth wins, not the false.

(2) परोपकारार्थम् इदं शरीरम्। *paropakārārtham idaṁ śarīram.* The body is for service to others.

(3) लोभः पापस्य कारणम्। *lobhaḥ pāpasya kāraṇam.* Greed is the root of sins.

(4) जननी जन्मभूमिश्च स्वर्गादपि गरीयसी। *jananī janmabhūmiśća svargādapi garīyasī.* (जननी जन्म-भूमिः च स्वर्गात् अपि गरीयसी) The Mother and the Mother-earth are superior to heaven.

(5) शीलं परं भूषणम्। *śīlaṁ paraṁ bhūṣaṇam.* Character is the best adornment.

(6) अति सर्वत्र वर्जयेत्। *ati sarvatra varjayet.* Too much should always be avoided.

(7) न गृहं गृहिणीहीनं गृहिणी गृहम् उच्यते। *na gṛhaṁ gṛhiṇī-hīnaṁ, gṛhiṇī gṛhaṁ ućyate.* It is not a home without a lady, with a lady a house is called a home.

(8) दीर्घसूत्री विनश्यति। *dīrghasūtrī vinaśyati.* The procastinator perishes.

(9) अक्रोधेन जयेत् क्रोधम्। *akrodhena jayet krodham.* Violence should be defeated with peace.

(10) अहिंसा परमो धर्मः। *ahiṁsā paramo dharmaḥ.* Non-violence is the greatest righteousness.

(11) अकरणान्मन्दकरणं श्रेयः *akaraṇānmandakaraṇaṁ śreyaḥ.* (अकरणात् मन्दकरणं श्रेयः)। Better late than never.

(12) अनर्थः संघचारिणः। *anarthaḥ saṅgha-ćāriṇaḥ.* Calamities occur in groups.

(13) मूर्खस्य नास्त्यौषधम्। *mūrkhasya nāsi-auṣadham.* (मूर्खस्य नास्ति औषधम्) You can not cure fools. Brains are not injected.

(14) वरमद्य कपोतो न श्वो मयूर:। *varamadya kapoto na śvo mayūraḥ.* (वरम् अद्य कपोत: न श्व: मयूर:) A pigeon today is better than a peacock tomorrow.

(15) कोऽतिभार: समर्थानां किं दूरं व्यवसायिनाम्।
को विदेश: सविद्यानां क: पर: प्रियवादिनाम्।।120।।

(क: अति-भार: समर्थानाम्? किं दूरं व्यवसायिनाम्? क: विदेश: स-विद्यानाम्? क: पर: प्रिय-वादिनाम्?)

For able people what is too difficult? (Nothing). For industrious people what is inaccessible? (None). For the learned people where is there foreign land? (Nowhere). For agreeable people who is a foreigner? (Nobody).

(16) तावद्भयस्य भेतव्यं यावद्भयमनागतम्।
आगतं तु भयं वीक्ष्य नर: कुर्याद्यथोचितम्।।121।।

(तावत् भयस्य भेतव्यं यावत् भयम् अनागतम्। आगतं तु भयं वीक्ष्य नर: कुर्यात् यथा उचितम्।।)

One should fear, as long as there is no calamity. But, seeing the calamity a person should act appropriately)

(17) त्यजेदेकं कुलस्यार्थे ग्रामस्यार्थे कुलं त्यजेत्।
ग्रामं जनपदस्यार्थे आत्मार्थे पृथिवीं त्यजेत्।।122।।

(त्यजेत् एकं कुलस्य अर्थे, ग्रामस्य अर्थे कुलं त्यजेत्। ग्रामं जनपदस्य अर्थे, आत्मार्थे पृथिवीं त्यजेत्।।)

One person may be sacrificed for the sake of the family, a family may be sacrificed for the sake of the town, a town may be sacrificed for the sake of the country and for the sake of soul, the earth may be left.

(18) अक्रोधेन जयेत्क्रुद्धमसाधुं साधुना जयेत्।
जयेत्कदर्यं दानेन जयेत्सत्येन चानृतम्।।123।।

(अक्रोधेन जयेत् क्रुद्धम्, असाधुं साधना जयेत्। जयेत् कदर्यं दानेन, जयेत् सत्येन च अनृतम्।।)

Violence should be won with non-violence; the unrighteous should be won being righteous, a miser should be won over with charity; the false should be won with truth)

LESSON 34

pañćatrim̃śaḥ abhyāsaḥ पञ्चत्रिंशः अभ्यासः।

GENERAL KNOWLEDGE

sāmānya-jñānam
सामान्यज्ञानम्।

35.1

NAMES OF THE DAYS OF THE WEEK

saptāhasya dinānaṁ nāmāni
सप्ताहस्य दिनानां नामानि।

The names of the seven days of the week are :

(1) Sunday	*Ravivāraḥ*	*Ravivāsaraḥ*	रविवारः	रविवासरः
(2) Monday	*Somavāraḥ*	*Somavāsaraḥ*	सोमवारः	सोमवासरः
(3) Tuesday	*Maṅgalvāraḥ*	*Maṅgalvāsaraḥ*	मंगलवारः	मंगलवासरः
(4) Wednesday	*Budhavāraḥ*	*Budhavāsaraḥ*	बुधवारः	बुधवासरः
(5) Thursday	*Guruvāraḥ*	*Guruvāsaraḥ*	गुरुवारः	गुरुवासरः
(6) Friday	*Śukravāraḥ*	*Śukravāsaraḥ*	शुक्रवारः	शुक्रवासरः
(7) Saturday	*Śanivāraḥ*	*Śanivāsaraḥ*	शनिवारः	शनिवासरः

There are 30 days in a month. मासे त्रिंशत् दिनानि सन्ति। There are two bi-weekly periods in each month, namely Kṛṣṇa-pakṣaḥ and Śukla-pakṣaḥ. प्रतिमासे द्वौ पक्षौ भवतः नामनी कृष्णपक्षः शुक्लपक्षः च इति। In each biweekly period there are 15 days. प्रतिपक्षे पञ्चदश तिथयः

भवन्ति। Their names- तासां नामानि–

(1) प्रतिपदा (2) द्वितीया (3) तृतीया (4) चतुर्थी (5) पञ्चमी (6) षष्ठी (7) सप्तमी (8) अष्टमी (9) नवमी (10) दशमी (11) एकादशी (12) द्वादशी (13) त्रयोदशी (14) चतुर्दशी (15) अमावस्या अथवा पौर्णिमा।

35.2

NAMES OF THE MONTHS OF THE YEAR
वर्षस्य मासानां नामानि।

The names of the twelve months are:

(1) March-April	*Caitraḥ*	चैत्रः
(2) April-May	*Vaiśākhaḥ*	वैशाखः
(3) May-June	*Jyeṣṭhaḥ*	ज्येष्ठः
(4) June-July	*Āṣāḍhaḥ*	आषाढः
(5) July-August	*Śrāvaṇaḥ*	श्रावणः
(6) Aug.-Sept.	*Bhādrapadaḥ*	भाद्रपदः
(7) Sept.- Oct.	*Āśvinaḥ*	आश्विनः
(8) Oct.-Nov.	*Kārtikaḥ*	कार्तिकः
(9) Nov.-Dec.	*Mārgaśīrṣaḥ*	मार्गशीर्ष
(10) Dec.-Jan.	*Pauṣaḥ*	पौषः
(11) Jan.-Feb.	*Māghaḥ*	माघः
(12) Feb.-March	*Phālgunaḥ*	फाल्गुनः

The names of the six seasons are:

(1) Spring	*Vasantaḥ*	वसन्तः
(2) Summer	*Grīṣmaḥ*	ग्रीष्मः

(3) Rainy-season	*Varṣā*	वर्षा
(4) Autumn	*Sharad*	शरद्
(5) Winter (Nov-Jan)	*Hemantaḥ*	हेमन्तः
(6) Winter(Jan-Mar)	*Śiśiraḥ*	शिशिरः

35.3

THE MEASUREMENTS

parimāṇāni

परिमाणानि।

Length	आयामः, द्राघिमन्, दैर्घ्यम्।
Width	विस्तारः, व्यासः, विशालता, परिणाहः।
Height	आरोहः, उन्नयः, उच्छ्रयः, उच्चता, तुङ्गता।
Thickness	घनता, संहति, सान्द्रता; पिण्डत्वम्, वेधः।
Weight	गुरुत्वम्, तोलः, भारः, मानम्; प्रभावः।
Wetness	आर्द्रता, तेमः, क्लेदः।
Dryness	शुष्कता, शोषः, निर्जलत्वम्।
Distance	अन्तरम्, दूरता, असान्निध्यम्।
Nearness	सामीप्यम्, आसन्नता, नैकट्यम्।
Smoothness	श्लक्ष्णता, अक्षोभः
Roughness	पारुष्यम्, वैषम्यम्; उग्रता।
Roundness	वृत्तता, गोलत्वम्, वर्तुलता, पीनता।
Straightness	ऋजुता, सारल्यम्।
Obliqueness	वक्रता, अनृजुता।

35.4

THE NAMES OF THE DIRECTIONS

diśaḥ दिशः।

East	पूर्वदिश्, पूर्वा, प्राची, ऐन्द्री।
West	पश्चिमा, प्रतीची, वारुणी।
North	उत्तरा, उदीची, कौबेरी।
South	दक्षिणा, अवाची, याम्या।
South-east	दक्षिणपूर्वा, आग्नेयी।
South-west	दक्षिणपश्चिमा, नैर्ऋती।
North-east	उत्तरपूर्वा, पूर्वोत्तरा, प्रागुत्तरा, ऐशानी।
North-west	उत्तरपश्चिमा, वायवी।
Right	दक्षिण, वामेतर, अपसव्य, सव्येतर।
Left	वाम, सव्य, दक्षिणेतर।
Above	उपरि, ऊर्ध्वम्, उच्चैः।
Below	अधः, तले।
Down	अधस्तात्।
In front of	पुरस्तात्, अग्रतः, अग्रे, मूर्ध्नि, शिरसि।
In between	अभ्यन्तरे, मध्ये
In	अन्तरे, मध्ये।
Out	बहिः।
Toward	प्रति, अभिमुखम्।
Up	ऊर्ध्वम्, उच्चैः।

35.5

TIME

samayaḥ **समयः।**

Names of the time elements :

Second	क्षणः, निमिषः, विपलम्।
Minute	पलम्, कला।
Hour	घण्टाः।
Day	अहन्, दिनम्, दिवसः, वारः, वासरः, तिथिः।
Night	रात्रिः, रात्री, निशा।
Dawn	उषः, उषा, प्रभातम्।
Noon	मध्यदिनम्, मध्याह्नः।
Afternoon	अपराह्नः, पराह्नः, विकालः।
Midnight	मध्यरात्रः, अर्धरात्रः, रात्रिमध्यम्, निशीथः।
Week	सप्ताहः, सप्तदिनम्।
Year	वर्षः, वत्सरः, अब्दः, समा।
Age	कल्पः, युगम्।
Time	समयः, कालः, वेला।
Day-before-yesterday	परह्यः।
Yesterday	ह्यः, पूर्वेद्युः।
Today	अद्य।
Now	अधुना, इदानीम्, सम्प्रति।
Tomorrow	श्वः, परेद्युः।
Day-after-tomorrow	परश्वः।

Always	सदा, सर्वदा, सततम्, सन्तत, निरन्तरम्।
Periodically	समयतः, काले काले।
Sometime	एकदा, पुरा, प्राक्।
Sometimes	क्वचित्, कदाचित्, कदा कदा, काले काले।
Maybe	कदाचित्।
Never	न कदापि, न कदाचन, न जातु।
Eever	जातु, एकदा।
* What time is it now?	कः समयः? इदानीं कः समयः सञ्जातः?

kaḥ samayaḥ? idānīṁ kaḥ samayaḥ sañjātaḥ?

EXAMPLES cum EXERCISE : TIME

1. It is one O' clock. *eka-vādanam.* एकवादनम्।
2. It is 5 minutes past 1 O' clock.
   pañćādhika-eka-vādanam, pañćādhikaika-vādanam पञ्चाधिक-एकवादमन्, पञ्चाधिकैकवादनम्।
3. It is 5 to 3.
   pañća-nyūna-tri-vādanam. पञ्चन्यूनत्रिवादनम्।
4. It is four-thirty.
   sārdha-ćatur-vādanam, trimśādhika-ćatur-vādanam. सार्धचतुर्वादनम्, त्रिंशाधिकचतुर्वादनम्।
5. It is 7 o'clock.
   sapta-vādanam. सप्तवादनम्।
6. It is 12 o'clock.
   dvādaśa-vādanam. द्वादशवादनम्।
7. 4. It is quarter to five.
   pādona-pañća-vādanam. पादोनपञ्चवादनम्।

35.6 RELATIONSHIPS

sambandhāḥ सम्बन्धाः।

Bride नववधूः, वधूः, पाणिगृहीता, नवोढा

Brother बन्धुः भ्राता, सोदरः, सहोदरः, सोदर्यः, सहजः, सगर्भः

Brother elder अग्रजः

Brother younger अनुजः

Brother's daughter (niece) भ्रातृकन्या, भ्रातृसुता, भ्रात्रीया

Brother's son (nephew) भ्रातृव्यः, भ्रात्रीयः, भ्रातृपुत्रः

Brother's wife (sister-in-law) भ्रातृजाया, भ्रातृपत्नी, प्रजावती

Brotherhood भ्रातृभावः, सौभ्रात्रम्, साहचर्यम्, समाजः, संसर्गः

Child अपत्यम्; बालः, बालकः, अर्भकः, दारकः, वत्सः, वत्सा, जातः, जाता, शिशुः, सन्तानः, सन्ततिः

Daughter कन्या, सुता, दुहिता, पुत्रका, पुत्री, तनया, आत्मजा, सुनुः, सुनूः, स्वजा, अङ्गजा, जाता, दारिका

Daughter-in-law स्नुषा, पुत्रवधूः, सुतस्त्री

Daughter's daughter (grand-daughter) दौहित्री, पुत्रिकासुता

Daughter's son (grandson) दौहित्रः, पुत्रिकासुतः, पुत्रिकापुत्रः

Family परिवारः, कुलम्, वंशः

Father पिता, जनकः, जन्मदः, तातः

Father-in-law श्वसुरः

Father's brother (uncle) पितृव्यः, पितृभ्राता, तातगुः

Father's brother's daughter (cousin sister) पितृव्यपुत्री

Father's brother's son (cousin) पितृव्यपुत्रः

Father's brother's wife (aunt) पितृव्या

Father's father (grandfather) पितामहः, पितृपिता

Father's mother (grandmother) पितामही, पितृमाता, पितृप्रसूः

Father's sister (aunt) पितृस्वसा

Father's sister's daughter (cousin sister) पितृष्वसेयी

Father's sister's son (cousin) पितृष्वसेयः

Friend मित्रम्, बन्धुः, बान्धवः, सुहृद्, सखा, सखी, स्नेही, हितः, विभावः; सहायः, सहकारी, सहभोगी, सहभागी, सहवर्ती, समदुःखसुखः, प्रतियोगी, सङ्गी, अनुरागी, पथकः

Husband पतिः, स्वामी, वरः, वल्लभः, भर्ता, वोढाः, कान्तः, दयितः, नायः, धवः

Husband's brother (brother-in-law) देवरः

Husband's sister (sister-in-law) ननान्दा, ननन्दा, नन्दा, पतिस्वसा

Lover (boy-friend) प्रियः, प्रणयी, कान्तः, रमणः, रमकः, रमः, वल्लभः, अनुरागी

Mother माता, जननी, अम्बा, जनी, प्रसूः

Mother and father (parents) पितरौ, मातापितरौ, मातरपितरौ

Mother-in-law श्वश्रूः

Mother's brother (uncle) मातुलः, मातृभ्राता, मातगुः

Mother's brother's daughter (niece) मातुलपुत्री

Mother's brother's son (nephew) मातुलपुत्रः

Mother's brother's wife (aunt) मातुली, मातुलानी

Mother's father (grandfather) मातामहः, मतृपिता

Mother's mother (grandmother) मातामही, मातृमाता

Mother's sister (aunt) मातृस्वसा

Mother's sister's daughter (niece) मातृष्वसेयी

Mother's sister's son (nephew) मातृष्वसेयः

Neighbor (fellow) प्रतिवासी, प्रतिवासिनी, समीपवर्ती, निकटस्थः, समीपस्थः, समीपस्थायी,

समीपवासी, समन्तः, अदूरस्थः

Parents (mother and father) पितरौ, मातापितरौ, मातरपितरौ

Relative सम्बन्धी, सगोत्रः, सकुल्यः, बन्धुः, बान्धवः, ज्ञातिः

Sister स्वसा, भगिनी

Sister, elder अग्रजा

Sister, younger अनुजा

Sister's daughter स्वस्त्रीया, भगिनेया

Sister's son (nephew) भगिनेयः, स्वस्त्रीयः, स्वसृसुतः

Sister's husband देवृ (देवा)

Some one, some body कोपि, अमुकः, यःकश्चन, कश्चित्

Son पुत्रः, पुत्रकः, सुतः, सुनुः, तनयः, नन्दनः, आत्मजः, स्वजः, अङ्गजः, तनुजः, दारकः, उद्वहः

Son-in-law जामाता, दुहितुः पति, दुहितुभर्ता

Son's daughter (grand-daughter) पौत्री, पुत्रसुता, पुत्रात्मजा, दौहित्री

Son's son (gradnson) पौत्रः, पुत्रसुतः, पुत्रात्मजः, सुतात्मजः, पुत्रात्मजः, पुत्रकसुतः, नप्ता, पुत्रपुत्रः

Stranger आगन्तुकः, अभ्यागतः, वैदेशिकः, अपरिचितः, परः, परपुरुषः, पारक्यः, अनभ्यस्तः, अज्ञातः, अनभिज्ञः।

Step brother वैमात्रः, वैमात्रेयः, विमातृजः, अन्योदर्यः

Step daughter सपत्नीसुता

Step father मातुःपतिः

Step mother विमातृ, सपत्नीमाता

Step Sister वैमात्री, वैमात्रैयी, विमातृजा, अन्योदर्या

Step son सपत्नीसुतः

Wife पत्नी, भार्या, स्त्री, जाया, वधूः, गृहिणी, दायिता, कान्ता, वल्लभा, वनिता; दारा (m∘)

Wife's brother (brother-in-law) श्यालः

Wife's sister (sister-in-law) श्याली, श्यालिका, स्यालकी, पत्नीस्वसा, जायाभगिनी

LESSON 35

ṣaṭtriṁśaḥ abhyāsaḥ षट्त्रिंशः अभ्यासः।

ANTONYMS

viloma-śabdāḥ विलोमशब्दाः।

अमृतम्	X	विषम्	निर्भय	X	सभय	सजीव	X	निर्जीव
असत्	X	सत्	निस्तेज	X	सतेज	सज्जनः	X	दुर्जनः
उष्ण	X	शीत	निन्दा	X	स्तुतिः	सत्यम्	X	असत्यम्
कुकर्म	X	सुकर्म	परकीय	X	स्वकीय	सन्तोषः	X	असन्तोषः
कुटिल	X	सरल	पूर्णता	X	शून्यता	सन्धिः	X	विग्रहः
कुमतिः	X	सुमतिः	प्रीतिः	X	वैरम्	सफल	X	असफल
कुमार्गः	X	सन्मार्गः	यशः	X	अपयशः	सम्पद्	X	विपद्
जंगम	X	स्थावर	युक्त	X	विहीन	संयुक्त	X	वियुक्त
तरल	X	शुष्क	विमुख	X	सम्मुख	संयोगः	X	वियोगः
दुःखद	X	सुखद	विस्तिर्ण	X	सङ्कीर्ण	सक्षम	X	अक्षम
दुर्गन्धः	X	सुगन्धः	वृद्धिः	X	ह्रासः	साधर्म्यम्	X	वैधर्म्यम्
दुर्गम	X	सुगम	व्यक्त	X	अव्यक्त	सामान्य	X	विशेष
दुर्बल	X	सबल	शांतिः	X	अशांतिः	सुन्दर	X	विकृत
दुर्बुद्धिः	X	सुबुद्धिः	शूरः	X	कापुरुषः	सुरः	X	असुरः
दुर्बोध	X	सुबोध	श्याम	X	श्वेत	स्मरणं	X	विस्मरणं
दुर्भाग्यं	X	सौभाग्यं	श्रद्धा	X	अश्रद्धा	स्वामी	X	सेवकः
दुष्कर	X	सुकर	श्रीगणेशः	X	इतिश्री	हर्षः	X	शोकः
दुष्कर्म	X	सत्कर्म	सखा	X	शत्रुः	हिंसा	X	अहिंसा
निराकार	X	साकार	संगः	X	असंगः	क्षुद्र	X	महान्
निराधार	X	साधार	सगुण	X	निर्गुण	ज्ञानम्	X	अज्ञानम्

LESSON 36

saptatriṁśaḥ abhyāsaḥ सप्तत्रिंशः अभ्यासः ।

1. WORDS WITH SUFFIXES

pratyayānta-śabdāḥ प्रत्ययान्तशब्दाः ।

In Sanskṛt, words (*śabdāḥ* शब्दाः) and their forms (*rūpāṇi* रूपाणि) are derived in two ways. (1) By attaching suffixes to the roots (*dhātavaḥ* धातवः), and (2) by attaching suffixes to the words. The suffixes are the syllables (*śabdāṁśāḥ* शब्दांशाः) or marks (*ćihnāni* चिह्नानि) that, are added to modify the meaning of the words.

Besides the case suffixes (*vibhakti-pratyayāḥ* विभक्ति-प्रत्ययाः) and the tense and mood suffixes (*tiṅganta-pratyayāḥ* तिङ्न्त-प्रत्ययाः) described in Lessons 17-27, there are two other types of suffixes, as described in the Lesson on participles, in this Lesson and in the next Lesson.

(1) The suffixes that are attached to the verb roots to form nouns, adjectives and indeclinable words, are known as Primary suffixes (*kṛt- pratyayāḥ* कृत्-प्रत्ययाः).

(2) The suffixes that are attached to words to form derivative nouns, pronouns, adjectives and indeclinable words, are known as Secondary suffixes (*taddhita-pratyayāḥ* तद्धित-प्रत्ययाः), given in the next Lesson.

A word that is formed with a primary suffix, is called a Participle (*kṛdantahm* कृदन्तम्); and the word that is formed with a secondary suffix, is called a Derivative Word (*taddhita-śabdaḥ* तद्धित-शब्दः).

WE MUST ALWAYS REMEMBER THAT :

(1) *tahddhita* (तद्धित) suffixes are never attached to verb roots.

(2) the *kṛt* (कृत्) suffixrs are not attached to the words.

(3) The declensions (*vibhakti-rūpāṇi* विभक्ति-रूपाणि) of the nouns, pronouns and adjectives are formed by attaching Case suffixes (*sup-pratyayāḥ* सुप्-प्रत्यया:). Thus, the case suffixes are never attached to verbs; and

(4) the conjugations of Tense-and-Moods (*tiṅgant-lakarāḥ* तिङ्न्त-लकारा:) of the verbs (*kriyāpadāni* क्रियापदानि) are formed by attaching the Tense-and-Mood suffixes (*tiṅg-pratyayāḥ* तिङ्-प्रत्यया: See Lesson17-27). Thus, the tense suffixes are never attached to nouns or adjectives.

37.1
WORDS WITH PRIMARY SUFFIXES
कृत्-प्रत्ययान्ता: शब्दा:।

The primary suffixes are attached only to the root verbs. (कृत्-प्रत्ययानां प्रयोग: धातुभि: सह एव भवति)

While the prefixes are attached before the root verbs and their derivatives, as prepositions, the suffixes are added after the verbs, as postpositions. For prefixes that are attached to the verb roots, see Lesson 30, on Prepositiopns.

PRIMARY SUFFIXES :

(A) *kvin, kañ* and *ksa* क्विन्, कञ् and क्स suffixes : When the pronouns such as त्यद्, तद्, यद्, एतद्, इदम्, युष्मद्, अस्मद्, भवत्, किम्, समान, अन्य are prefixed to the √roots, attachment of the क्विन्, कञ् and क्स suffixes give adjectives indicating similitude.

Prefix+√root	+ *kvin* क्विन्	+ *kañ* कञ्	+ *ksa* क्स	meaning
त्यद् √दृश्	त्यादृक्	त्यादृशः	त्यादृक्ष	like that
तद् √दृश्	तादृक्	तादृशः	तादृक्ष	like that
यद् √दृश्	यादृक्	यादृशः	यादृक्ष	as
एतद् √दृश्	एतादृक्	एतादृशः	एतादृक्ष	like this
इदम् √दृश्	ईदृक्	ईदृशः	ईदृक्ष	like this
युष्मद् √दृश्	युष्मादृक्	युष्मादृशः	युष्मादृक्ष	like you
भवत् √दृश्	भवादृक्	भवादृशः	भवादृक्ष	like you
अस्मद् √दृश्	अस्मादृक्	अस्मादृशः	अस्मादृक्ष	like me
किम् √दृश्	कीदृक्	कीदृशः	कीदृक्ष	like what
समान √दृश्	सदृक्	सदृशः	सदृक्ष	similar
अन्य √दृश्	अन्यादृक्	अन्यादृशः	अन्यादृक्ष	like other

* These adjectives decline in seven cases, in three genders and in three numbers, similar to other regular adjectives.

(B) *lyuṭ* ल्युट्

lyuṭ ल्युट् suffix अन (*an*) is added to a √root to form a neuter abstract noun. e.g.

to tolerate	√सह्	+	ल्युट् (अन)	=	सहनम्	tolerance
to read	√पठ्	+	ल्युट् (अन)	=	पठनम्	reading
to sleep	√शी	+	ल्युट् (अन)	=	शयनम्	sleep
to give	√दा	+	ल्युट् (अन)	=	दानम्	giving
to listen	√श्रु	+	ल्युट् (अन)	=	श्रवणम्	listening
to do	√कृ	+	ल्युट् (अन)	=	करणम्	doing
to become	√भू	+	ल्युट् (अन)	=	भवनम्	becoming

(C) *ṇini* णिनि (इन्) suffix

If there is a substantive prefixed to the √root verb, *ṇini* णिनि (इन्) suffix is attached to produce an adjective suggesting one's nature. e.g.

noun	+	√root	+	णिनि	=	adjective	m∘	f∘	n∘
ब्रह्मन्	+	√चर्	+	णिनि	=	ब्रह्मचारिन्	ब्रह्मचारी	ब्रह्मचारिणी	ब्रह्मचारि
सुख	+	√दा	+	णिनि	=	सुखदायिन्	सुखदायी	सुखदायिनी	सुखदायि
चिर	+	√स्था	+	णिनि	=	चिरस्थायिन्	चिरस्थायी	चिरस्थयिनी	चिरस्थायि

(D) *dhiṇun* धिणुन् (इन्) suffix

If a substantive is NOT prefixed to the √root verb, then by attaching the *dhiṇun* धिणुन् (इन्) suffix, an adjective suggesting one's nature is produced.

√root	+	इन्	=	adjective	m∘	f∘	n∘
√युज्	+	इन्	=	योगिन्	योगी,	योगिनी,	योगि
√श्रम्	+	इन्	=	श्रमिन्	श्रमी,	श्रमिनी,	श्रमि
√भज्	+	इन्	=	भागिन्	भागी,	भागिनी,	भागि

(E) *ṇamul* णमुल् suffix

When a subject performs two actions, then to indicate completion of the first (subordinate) action prior to the last (main) action, an Indeclinable Past Participle ipp∘ (क्त्वा) is used instead of a verb (see 28.6). This participle (क्त्वा) implies completion of the preceding action ('having done, or doing' पूर्वकालिक) before the following action begins.

If the action indicated by ipp∘ is repeatitive, then णमुल् suffix indicates the repitition or excess of that action.

√श्रु + क्वा = श्रुत्वा श्रुत्वा having heard over and over

√श्रु + णमुल् = श्रावं श्रावम् having heard over and over

(F) *tṛn* and *tṛć* तृण् and तृच् suffixes

When *tṛṇ* or *tṛć* तृण् or तृच् suffix is attached to a verb √root, it produces an adjective meaning 'having the habit that is indicated by the verb' or 'one performing the verb in the best manner.'

√भू + तृण् (तृ) = भवितृ *bhavitṛ* One who becomes

√भू + तृच् (तृ) = भवितृ *bhavitṛ* One who becomes

Both these suffixes produce same word, but they are different in sound. In Vedic Sanskrit, where the pronunciation is an important factor, use of each of these two suffixes makes a significant difference. However, in the Classical sanskrit, this difference is not measurable.

√हन् + (तृ) = हन्तृ One who kills, killer

√जि + (तृ) = जेतृ One who wins, winner

NOTE : The adjective produced by तृ suffix in the Nominative case is same as the verb produced by लृट् (indefinite future) tense, third person, singular.

(G) *ṇvul* ण्वुल् (वु) suffix

When attached to a verb, it produces an adjective meaning 'doer' of that verb.

√कृ + ण्वुल् (अक) = कारक, कारिका, कारकम् the doer

√स्था + ण्वुल् (अक) = स्थायक, स्थायिका, स्थायकम् the stayer

√सेव् + ण्वुल् (अक) = सेवक, सेविका, सेवकम् the server

√गै + ण्वुल् (अक) = गायक, गायिका, गायकम् the singer

37.2

WORDS WITH SECONDARY SUFFIXES

taddhita-śabdāḥ तद्धित-शब्दाः ।

The Secondary Suffixes तद्धित-प्रत्ययाः ।

Nouns or adjectives can be derived from primitive nouns, pronouns, adjectives and indeclinables, to imply a particular relation to a thing, action or notion that belongs (*tat-dhit* तत्-हित्) to that primitive subject itself.

The secondary suffix, that forms such a noun or adjective from a primitive subject, is called a derivative affix (तद्धित-प्रत्ययः).

Remember, that *thddhita* suffixes are never atteched to verb roots. They are only attached to subtantives (प्रातिपादिकाः) to form derivative nouns, pronouns, adjectives and indeclinable words.

For convenience, the *taddhita* suffixes can be grouped into three sections :

(A) Suffixes showing relationship of possession,

(B) suffixes forming adverbs, and

(C) miscellaneous secondary suffixes.

(A) Taddhita suffixes showing possession (मत्वर्थीय-आदेशाः)

When attached, these affixes form adjectives possessing the sense or the quality that is possessed by the noun to which they are attached. e.g.

NOTE : The words in the brackets show actual substitutes.

(1) Taddhita suffix *itać* (इतच्)

n∘ puṣpa + *itać (it)* = adj∘ puṣpita (Gītā 2.42)

* पुष्प + इतच् (इत) = पुष्पित। पुष्प = n◦ flower, पुष्पित = adj◦ flowery, decorated, ornamented, embellished, showey.

(2) Taddhita suffixes *ini* (इनि), *ṭhañ* (ठञ्) and *ṭhak* (ठक्)

* *jñāna + ini (in) = adj◦ jnānin* (Gītā 7.16)

ज्ञान + इनि (इन्) = ज्ञानिन्। ज्ञान = n◦ knowledge; ज्ञानिन् (ज्ञानी) = adj◦ One who possesses knowledge, wise, learned, experienced.

* *sattva + ṭhañ (ika) = sāttvika* (Gītā 1.14) सत्त्व + ठञ् (इक) = सात्त्विक (righteous),

* *ātman + ṭhak (ika) = ātmika* (Gītā 2.41) आत्मन् + ठक् (इक) = आत्मिक (own)

(3) Taddhita suffix *yap* (यप्)

* *triguṇa + yap (ya) = traiguṇya* (Gītā 2.45) त्रिगुण + यप् (य) = त्रैगुण्य (belonging to the three *gunas*); त्रिगुण = Collective noun◦ Three Guṇas; त्रैगुण्य = adj◦ that which possesses the three guṇas.

(4) Taddhita suffix *vin* (विन्)

* *medhā + vin (vin) = medhāvin* (Gītā 18.10)

मेधा + विन् (विन्) = मेधाविन्। मेधा = n◦ Intellect, intelligence; मेधाविन् (मेधावी) adj◦ Intelligent, brilliant, clever, smart, wise, astute

(B) Taddhita suffixes yield Adverbs (क्रियाविशेषणकारका:)

These suffixes produce adverbs when they are attached attached to adjectives.

(1) Taddhita suffix *ena* (एन)

* *aćira + ena (ena) = aćireṇa* (Gītā 4.39) अचिर + एन (एन) = अचिरेण। अचिर = adj◦ short, quick; अचिरेण = adv◦ shortly, quickly, fast, soon.

* *naćira + ena (ena) = naćireṇa* (Gītā 5.6) नचिर + एन (एन) = नचिरेण adv◦ shortly, quickly.

(2) Taddhita suffix *tas* (तस्)

* *parmukha + taḥ = pramukhataḥ* (Gītā 1.25)

प्रमुख + तस् (तः) = प्रमुखतः। प्रमुख = adj∘ facing; प्रमुखतः = प्रमुखे = adv∘ In front of, before, opposite to.

(3) Taddhita suffix *nā* (ना)

* *nā + nā (nā) = nānā* (various) (Gītā 1.9) ना + ना (ना) = नाना

ना = adj∘ Not that; नाना = adv∘ ind∘ in different ways, differently, variously.

* *vi + nā (nā) = vinā* (without) (Gītā 10.39) वि + ना = विना

(4) Taddhita suffix *vatup* (वतुप्)

Similitude of a noun or verb with another object.

* *āśćarya + vatup (vat) = āśćaryavat* (Gītā 2.29) आश्चर्य + वतुप् (वत्) = आश्चर्यवत्। आश्चर्य = n∘ Wonder; आश्चर्यवत् = adv∘ like a wonder, wondrously, wonderingly.

(5) Taddhita suffix *śas* (शस्)

* *sarva + śas (śaḥ) = sarvaśaḥ* (Gītā 1.18) सर्व + शस् (शः) = सर्वशः। सर्व = pron∘ all; सर्वशः = adv∘ ind∘ all together.

(C) Miscellaneous Taddhita suffixes (सङ्कीर्ण-प्रत्ययाः)

(1) Suffixes *a, i, eya, ya* (अ, इ, एय, य) = offspring of

Usually letter *a* (अ) is added to the first chararcter of the word and then the Taddhita suffix is added. e.g.

* *pāṇḍu + a = a + pāṇḍu + a = pāṇḍava* (Gītā 1.1) पाण्डु + अ = पाण्डव, पाण्डोः अपत्यम्। पाण्डु = n∘ King Pāṇḍu; पाण्डव = n∘ King Pāṇḍu's son.

* *somadatta + i = saumadatti* (Gītā 1.8) सोमदत्त + इ = सौमदत्ति, सोमदत्तस्य अपत्यम्।

* *kunti + eya = kaunteya* (Gītā 1.8) कुन्ती + एय = कौन्तेय, कुन्त्याः अपत्यम्

* *diti + ya = daitya* (Gītā 10.30) दिति + य = दैत्य, दितेः अपत्यम्

(2) Taddhita suffixes *aṇ* (अण्), *tva* (त्व), *ṇyañ* (ण्यञ्), *yak* (यक्), *tal* (तल्), and *imanić* (इमनिच्)

All these suffixes form abstract nouns.

(i) The suffixes *aṇ* (अण्), *tvạ* (त्व), *ṇyañ* (ण्यञ्), *yak* (यक्) form neuter nouns,

(ii) *tal* (तल्) forms feminine nouns, and

(iii) *imanić* (इमनिच्) forms masculine nouns.

* *muni + aṇ (a) = mauna* (Gītā 10.38) मुनि + अण् (अ) = मौन = मुनेः भावः

* मुनि = adj◦ The person who is holy, ascetic, saintly; मौन (मौनम्) = n◦. The attitude of silence, silence, taciturnity

* *śatru + tva (tva) = śatrutva* (Gītā 6.6) शत्रु + त्व (त्व) = शत्रुत्व

* *durbala + ṇyañ (ya) = daurbalya* (Gītā 2.3) दुर्बल + ण्यञ् (य) = दौर्बल्य

* *rājan + yak (ya) = rājya* (Gītā 1.32) राजन् + यक् (य) = राज्य

* *deva + tal (tā) = devatā* (Gītā 4.12) देव + तल् (ता) = देवता

* *mahat + imanić (iman) = mahiman* (Gītā 11.41) महत् + इमनिच् (इमन्) = महिमन्

(3) Taddhita suffixes of comparison *īyasun* (ईयसुन्), *tarap* (तरप्), *tamap* (तमप्), *iṣṭhan* (इष्ठन्)

(a) Suffix *tarap* (तरप्) is comparison between two objects, *īyasun* (ईयसुन्) is comparison between two qualities;

(b) *tamap* (तमप्) suggests comparison between more than two objects, and

(c) *iṣṭhan* (इष्ठन्) is used optionally in place of *tamap.*

* *guru + īyasun (īyas) = garīyas* (Gītā 1.32) गुरु + ईयसुन् (ईयस्) = गरीयस्। गुरु = adj◦ big, good, great; गुरु + ईयस्, गरीयस् = comparative adj◦ better, greater.

* *kṣema + tarap (tara) = kṣematara* (Gītā 1.46) क्षेम + तरप् (तर) = क्षेमतर

* *dvija + ud + tamap (tama) = dvijottama* (Gītā 1.7) द्विज + उद् + तमप् (तम) = द्विजोत्तम

* *śrī + iṣṭhan (iṣṭha) = śreṣṭha* (Gītā 3.21) श्री + इष्ठन् (इष्ठ) = श्रेष्ठ

* गुरु + इष्ठन् (इष्ठ) = गरिष्ठ = biggest, best, greatest.

(4) Taddhita suffixes *matup* (मतुप्) and *maya* (मय)

Suffixes *matup* (मतुप्) and *mayad* (मयद्) suggest inclusion of one thing into another. e.g.

* *dhī + matup (mat) = dhīmat* (Gītā 1.3) धी + मतुप् (मत्) = धीमत्। धी = Intellect, intelligence; धीमत् (धीमान्) = adj◦ Intelliogent, having intelligence.

* *mat + mayad (maya) = manmaya* (Gītā 4.10) मत् + मयद् (मय) = मन्मय

NOTE: Sometimes the *matup* (मत्) suffix undergoes a change (वत्व) and becomes a *vat* (वत्) suffix, and declines like the word भगवत्। e.g.

* *Bhaga + matup (vat)* = bhagavat (divine) (Gītā 10.14)

भग + (मतुप्) वत् = भगवत् See Appendix 2 for all Case declensions↓

(5) Taddhita suffixes *gha* (घ) and *ćh* (छ) indicating relationship

* *kṣatra + gha (iya) = kṣatriya* (Gītā 3.31) क्षत्र + घ (इय) = क्षत्रिय

* *asmad + ćh (īya) = asmadīya* (Gītā 11.26) अस्मद् + छ (ईय) = अस्मदीय

* अस्मद् = pron◦ I, we; अस्मदीय = pronominal◦ Our

(6) Other Taddhita suffixes- *āmaha* (आमह), *tyul* (ट्युल्), *tal* (तल्), *tyap* (त्यप्), and *śālać* (शालच्)

* *pitṛ + āmaha (āmaha) = pitāmaha* (Gītā 1.12) पितृ + आमह (आमह) = पितामह

* *sadā + ṭyul (tana) = sanātana* (Gītā 1.40) सदा + ट्युल् (तन) = सनातन

* *sama + tal (tā) = samatā* (Gītā 10.5) सम + तल् (ता) = समता

* *ni + tyap (tya) = nitya* (Gītā 2.15) नि + त्यप् (त्य) = नित्य

* *vi + śālać (śāla) = viśāla* (Gītā 9.29) वि + शालच् (शाल) = विशाल

NOTE : The *taddhita* words may also be prepared from other taddhita words. e.g. भरत → भारत → भारतीय; पण्डा → पण्डित → पाण्डित्य। पण्डा → पाण्डु → पाण्डुपुत्र, पाण्डव → पाण्डवीय।

SOME COMMONLY USED TADDHITA WORDS

अस्मदीय	(Belonging to us अस्मद्)	भौतिक	(About the beings भूत)
आस्तिक	(Existance of in God अस्ति)	मदीय	(Belonging to me मत्)
ऐतिहासिक	(About history इतिहास)	महिमा	(Quality of greatness महिमन्)
कौन्तेय	(Son of Kuntī कुन्ती)	माधुर्य	(Quality of being sweet मधुर)
कौरव	(Descendent of Kuru कुरु)	मासिक	(Once a month मास)
गुरुत्व	(Quality of greatness गुरु)	मूर्खत्व	(Nature of a fool मूर्ख)
जनता	(A group of people जन)	मृदुता	(Quality of softness मृदु)
जलमय	(Flooded with water जल)	यौवन	(Quality of a youth यून)
जागतिक	(Belonging to world जगत्)	राघव	(Descendent of Raghu रघु)
जानकी	(Daughter of Janaka जनक)	राजसिक	(Belonging to Rajasa रजस्)
तामसिक	(of the Tamasa तमस्)	राष्ट्रिय	(Belonging to the nation राष्ट्र)
दैत्य	(Descendent of Diti दिति)	रूपवती	(f∘ Possessing beauty रूप)
दैनिक	(daily day दिन)	रूपवान्	(m∘ Possessing beauty रूप)
धनवान्	(Possessing wealth धन)	लघुत्व	(Quality of shortness लघु)
धार्मिक	(Belonging to Dharma धर्म)	वार्षिक	(Once a year वर्ष)
धीमान्	(Possessing intellect धी)	वासुदेव	(Son of Vasudeva वसुदेव)
नाविक	(Rider of a boat नौ)	विद्यावान्	(Possessing knowledge विद्या)
नास्तिक	(Non-existence of God नास्ति)	वैदिक	(Belonging to Veda वेद)
न्याय्य	(Abiding law न्याय)	शक्तिमान्	(Possessing power शक्ति)
पशुता	(Nature of an animal पशु)	शारीरिक	(Pertaining to body शरीर)
पाण्डव	(Son of Pāṇḍu पाण्डु)	शौर्य	(Nature of a brave person शूर)
पार्थ	(Son of Pṛthā पृथा)	श्रीमती	(f∘ Possessing divinity श्री)
पौराणिक	(Relating to Purāṇa पुराण)	श्रीमान्	(m∘ Possessing divinity श्री)
प्राणिन्	(Possessing life प्राण)	सात्त्विक	(Belonging to Sattva सत्त्व)
बलवान्	(Possessing strength बल)	सुन्दरता	(Bing beautiful सुन्दर)
बुद्धिमान्	(Possessing intellect बुद्धि)	स्वकीय	(Belonging to oneself स्व)
भवदीय	(Belonging to you भवत्)	ज्ञानवान्	(Possessing knowledge ज्ञान)
भारतीय	(Of linage of Bharata भरत)	ज्ञानिन्	(Possessing knowledge ज्ञान)

The Feminine Suffixes (स्त्री प्रत्यया:)

In Saṁskrit some words are feminine by nature (e.g. yudh, saṁjñā, bheri, pṛthivī, ćamū), however, the masculine words can also be converted into femine words using such suffixes as, *ā* (आ), *ī* (ई), ū (ऊ) and ti (ति). e.g.

(i) m◦ dhīmat + *ṭāp*	(ā)	= *dhīmatā* धीमत् + टाप् (आ) धीमता।
(ii) m◦ brahman + *ñīp*	(ī)	= *brahmī* ब्रह्मन् + ङीप् (ई) ब्राह्मी।
(iii) m◦ bandh + *ūṅ*	(ū)	= *vadhū* बन्ध् + ऊङ् (ऊ) वधू:।
(iv) m◦ sanga + *ktin*	(ti)	= *saṅgati* सङ्ग + क्तिन् (ति) सङ्गति:।

MASCULINE TO FEMININE GENDER CONVERSION
लिङ्गपरिवर्तनम्।

EXAMPLES

पुंल्लिङ्गस्य च शब्दस्य स्त्रीलिङ्गे कीदृशं भवेत्। रूपं चेति मयाऽधस्तात्तव बोधाय लिख्यते।।
पति: पत्नी नरो नारी देवो देवी नदो नदी। गौरो गौरी गुरुर्गुर्वी हंसो हंसी शुक: शुकी।।
सिंह: सिंही पिता माता राक्षसो राक्षसी तथा। भागिनेयो भागिनेयी राजा राज्ञी मृगो मृगी।।
रजको रजकी चैव ब्रह्मणो ब्रह्मणी तथा। पुत्र: पुत्री प्रपौत्रश्च प्रपौत्री च यमो यमी।।
पौत्र: पौत्री प्रभु: प्रभ्वी सारस: सारसी तथा। मानवो मानवी श्रीमान्श्रीमती व पर: परा।।
सुन्दरा: सुन्दरी धाता धात्री चैव चर: चरी। मातुलो मातुलानी च भ्राता च भगिनी तथा।।
दशमो दशमी चेति महीयांश्च महीयसी। नर्तको नर्तकी पापी पापिनीश्वर ईश्वरी।।
गुणवान्गुणवती च श्याम: श्यामा नृपो नृपा। बुद्धिहीनो बुद्धिहीना मानुषश्चाथ मानुषी।।
दौहित्रस्त्वथ दौहित्री हरिणो हरिणी तथा। व्याघ्रो व्याघ्री च वैश्यश्च वैश्या मूषकश्च मूषिका।।
एक: एका द्वितीयश्च द्वितीयेदृश ईदृशी। दशमो दशमी चैव पञ्चम: पञ्चमी तथा।।
षष्ठ: षष्ठी द्वादशश्च द्वादशी च कृप: कृपी। प्रथम: प्रथमा सौम्य: सौम्या गजो गजेति च।।

37.3

USING NOUNS AS VERB ROOTS

नामधातुः ।

So far we have used only the verb roots to make tenses. However, popular nouns or adjectives can also be used as a root verbal base (नामधातुः) to form a verb indicating 'to be, to be like or to act like.' **These verbs are formed by adding य *(y)* to a noun or adjective and then attaching a *parasmaipadi* or an *ātmanepadi* tense suffix.** Normally these verbs are used in present tense.

CLASSICAL EXAMPLES :

(1) गुणैरुत्तुङ्गतां याति नोच्चैरासन्संस्थितः।
प्रासादशिखरस्थोऽपि काकः किं गरुडायते।।

(गुणैः उत्तुङ्गतां याति न–उच्चैः आसन्–संस्थितः प्रासाद–शिखर–स्थः अपि काकः किं गरुडायते।)

Sitting up high not necessarily means excellence in virtues. Does a crow seated on top of a palace become an eagle?

noun गरुडः (eagle) + य *(y)* + present tense suffix ते *(te)* = गरुडायते *(garudāyate)* to become an eagle.

(2) सज्जनमुखे दोषाः गुणायन्ते, दुर्जनमुखे तु गुणाः दोषायन्ते।

(3) आवेष्टितं महासर्पैः चन्दनं न विषायते।

(4) पूर्णकुम्भः न करोति शब्दं परम् अर्धघटः शब्दायते।

(5) जनन्या प्रेम्णा दत्तं पयोऽपि अमृतायते।

(6) वृद्धस्य शरीरं जीर्यते परं तृष्णा तस्य न मन्दायते।

THE CHARTS OF CONJUGATIONS

e.g. the verb root √*bhū* (√भू to become, to be)

(A)

ACTIVE VOICE PARASMAIPADI

1A. THE 360 PARASMAIPADI ACTIONS (10 Parasmaipadi Tenses)

from the verb √bhū (भू)

(A) REGULAR (साधारण) ACTIONS

(1) Present Tense : लट् (सामान्य-वर्तमाने) *Parasmaipadī* - e.g. I become

	Singular	Dual	Plural
1p∘	भवामि *bhavāmi*	भवाव: *bhavāvaḥ*	भवाम: *bhavāmaḥ*
2p∘	भवसि *bhvasi*	भवथ: *bhavathaḥ*	भवथ *bhavatha*
3p∘	भवति *bhavati*	भवत: *bhavataḥ*	भवन्ति *bhavanti*

(2) Past Imperfect Tense : लङ् (अनद्यतन-भूते) *Parasmaipadī* - e.g. I became

1p∘	अभवम् *abhavam*	अभवाव *abhavāva*	अभवाम *abhavāma*
2p∘	अभव: *abhavaḥ*	अभवतम् *abhavatam*	अभवत *abhavata*
3p∘	अभवत् *abhavat*	अभवताम् *abhavatām*	अभवन् *abhavan*

(3) Perfect Past Tense : लिट् (परोक्ष-भूते) *Parasmaipadī* - e.g. I had become

1p∘	बभूव *babhūva*	बभूविव *babhūviva*	बभूविम *babhūvima*
2p∘	बभूविथ *babhūvitha*	बभूवथु: *babhūvathuḥ*	बभूव *babhūva*
3p∘	बभूव *babhūva*	बभूवतु: *babhūvatuḥ*	बभूवु: *babhūvuḥ*

(4) Indefinite Past Tense : लुङ् (दूरवर्ति-भूते) *Parasmaipadī* - e.g. I had become

1p◦ अभूवम् *abhūvam*	अभूव *abhūva*	अभूम *abhūma*
2p◦ अभू: *abhūḥ*	अभूतम् *abhūtam*	अभूत *abhūta*
3p◦ अभूत् *abhūt*	अभूताम् *abhūtām*	अभूवन् *abhūvan*

(5) Definite Future : लुट् (सामान्य-भविष्यति) *Parasmaipadī* - e.g. I will become

Singular	Dual	Plural
1p◦ भवितास्मि *bhavitāsmi*	भवितास्व: *bhavitāsvaḥ*	भवितास्म: *bhavitāsmaḥ*
2p◦ भवितासि *bhavitāsi*	भवितास्थ: *bhavitāsthaḥ*	भवितास्थ *bhavitāstha*
3p◦ भविता *bhavitā*	भवितारौ *bhavitārau*	भवितार: *bhavitāraḥ*

(6) Indefinite Future : लृट् (अपूर्ण-भविष्यति) *Parasmaipadī* - e.g. I shall become

1p◦ भविष्यामि *bhaviṣyāmi*	भविष्याव: *bhaviṣyāvaḥ*	भविष्याम: *bhaviṣyāmaḥ*
2p◦ भविष्यसि *bhaviṣyasi*	भविष्यथ: *bhaviṣyathaḥ*	भविष्यथ *bhaviṣyatha*
3p◦ भविष्यति *bhaviṣyati*	भविष्यत: *bhaviṣyataḥ*	भविष्यन्ति *bhaviṣyanti*

(7) Conditional Mood : लृङ् (भविष्यति क्रियातिपत्तौ) *Parasmaipadī* - e.g. If I become

1p◦ अभविष्यम् *abhaviṣyam*	अभविष्याव *abhaviṣyāva*	अभविष्याम *abhaviṣyāma*
2p◦ अभविष्य: *abhaviṣyaḥ*	अभविष्यतम् *abhaviṣyatam*	अभविष्यत *abhaviṣyata*
3p◦ अभविष्यत् *abhaviṣyat*	अभविष्यताम् *abhaviṣyatām*	अभविष्यन् *abhaviṣyan*

(8) Imperative Mood : लोट् (आज्ञार्थे; प्रश्नार्थे; विध्यादौ) Parasmai◦ - e.g. May I become?

1p◦ भवानि *bhavāni*	भवाव *bhavāva*	भवाम *bhavāma*
2p◦ भव *bhava*	भवतम् *bhavatam*	भवत *bhavata*
3p◦ भवतु *bhavatu*	भवताम् *bhavatām*	भवन्तु *bhavantu*

(9) Potential or Subjunctive Mood : विधिलिङ् (विध्यादौ) *Parasmaipadī* - e.g. I may become

1p◦ भवेयम *bhaveyama*	भवेव *bhaveva*	भवेम *bhavema*
2p◦ भवे: *bhaveḥ*	भवेतम् *bhavetam*	भवेत *bhaveta*
3p◦ भवेत् *bhavet*	भवेताम् *bhavetām*	भवेयु: *bhaveyuḥ*

(10) Benedictive or Optative Mood : आशीर्लिङ् (आशिषि) *Parasmaipadī* - e.g. May I become!

1p◦ भूयासम *bhūyāsama*	भूयास्व *bhūyāsva*	भूयास्म *bhūyāsma*
2p◦ भूया: *bhūyāḥ*	भूयास्तम् *bhūyāstam*	भूयास्त *bhūyāsta*

3p◦ भूयात् *bhūyāt*	भूयास्ताम् *bhūyāstām*	भूयासु: *bhūyāsuḥ*

(B) THE CAUSATIVE (ण्यन्त) ACTIONS

ACTIVE VOICE - PARASMAIPADI

(1) Present Tense : लट् (सामान्य-वर्तमाने) *Parasmaipadī*, Causative - e.g. I am made

	Singular	Dual	Plural
1p◦	भावयामि *bhāvayāmi*	भावयाव: *bhāvayāvaḥ*	भावयाम: *bhāvayāmaḥ*
2p◦	भावयसि *bhāvayasi*	भावयथ: *bhāvayathaḥ*	भावयथ *bhāvayatha*
3p◦	भावयति *bhāvayati*	भावयत: *bhāvayataḥ*	भावयन्ति *bhāvayanti*

(2) Past Imperfect : लङ् (अनद्यतन-भूते) *Parasmaipadī*, Causative - e.g. I was made

1p◦	अभावयम् *abhāvayam*	अभावयाव *abhāvayāva*	अभावयाम *abhāvayāma*
2p◦	अभावय: *abhāvayaḥ*	अभावयतम् *abhāvayatam*	अभावयत *abhāvayata*
3p◦	अभावयत् *abhāvayat*	अभावयताम् *abhāvayatām*	अभावयन् *abhāvayan*

(3) Perfect Past : लिट् (परोक्ष-भूते) *Parasmaipadī*, Causative - e.g. I was made

1p◦	भावयाञ्चकार *bhāvayāñćakāra*	भावयाञ्चकृव *bhāvayāñćakṛva*	भावयाञ्चकृम *bhāvayāñćakṛma*
	भावयाम्बभूवम् *bhāvayāmbabhūvam*	भावयाम्बभूव *bhāvayāmbabhūva*	भावयाम्बभूम *bhāvayāmbabhūma*
	भावयामास *bhāvayāmāsa*	भावयामासिव *bhāvayāmāsiva*	भावयामासिम *bhāvayāmāsima*
2p◦	भावयाञ्चकर्थ *bhāvayāñćakartha*	भावयाञ्चक्रथु: *bhāvayāñćakrathuḥ*	भावयाञ्चक्र *bhāvayāñćakra*
	भावयाम्बभूथ *bhāvayāmbabhūtha*	भावयाम्बभूवथु: *bhāvayāmbabhūvathuḥ*	भावयाम्बभूव *bhāvayāmbabhūva*
	भावयामासिथ *bhāvayāmāsitha*	भावयामासथु: *bhāvayāmāsathuḥ*	भावयामास *bhāvayāmāsa*
3p◦	भावयाञ्चकार *bhāvayāñćakāra*	भावयाञ्चक्रतु: *bhāvayāñćakratuḥ*	भावयाञ्चक्रु: *bhāvayāñćakruḥ*

भावयाम्बभूव *bhāvayāmbabhūva*	भावयाम्बभूवतु: *bhāvayāmbabhūvatuḥ*	भावयाम्बभूवु: *bhāvayāmbabhūvuḥ*
भावयामास *bhāvayāmāsa*	भावयामासतु: *bhāvayāmāsatuḥ*	भावयामासु: *bhāvayāmāsuḥ*

(4) Indefinite Past : लुङ् (दूरवर्ति-भूते) *Parasmaipadī*, Causative - e.g. I had been made

	Singular	Dual	Plural
1p◦	अभावयिष्यम् *abhāvayiṣyam*	अभावयिष्याव *abhāvayiṣyāva*	अभावयिष्याम *abhāvayiṣyāma*
2p◦	अभावयिष्य: *abhāvayiṣyaḥ*	अभावयिष्यतम् *abhāvayiṣyatam*	अभावयिष्यत *abhāvayiṣyata*
3p◦	अभावयिष्यत् *abhāvayiṣyat*	अभावयिष्यताम् *abhāvayiṣyatām*	अभावयिष्यन् *abhāvayiṣyan*

(5) Definite Future : लुट् (सामान्य-भविष्यति) *Parasmaipadī*, Causative - e.g. I will be made

1p◦	भावयितास्मि *bhāvayitāsmi*	भावयितास्व: *bhāvayitāsvaḥ*	भावयितास्म: *bhāvayitāsmaḥ*
2p◦	भावयितासि *bhāvayitāsi*	भावयितास्थ: *bhāvayitāsthaḥ*	भावयितास्थ *bhāvayitāstha*
3p◦	भावयिता *bhāvayitā*	भावयितारौ *bhāvayitārau*	भावयितार: *bhāvayitāraḥ*

(6) Indefinite Future : लृट् (अपूर्ण-भविष्यति) *Parasmaipadī*, Causative - e.g. I shall be made

1p◦	भावयिष्यामि *bhāvayiṣyāmi*	भावयिष्याव: *bhāvayiṣyāvaḥ*	भावयिष्याम: *bhāvayiṣyāmaḥ*
2p◦	भावयिष्यसि *bhāvayiṣyasi*	भावयिष्यथ: *bhāvayiṣyathaḥ*	भावयिष्यथ *bhāvayiṣyatha*
3p◦	भावयिष्यति *bhāvayiṣyati*	भावयिष्यत: *bhāvayiṣyataḥ*	भावयिष्यन्ति *bhāvayiṣyanti*

(7) Conditional Mood : लृङ् (भविष्यति क्रियातिपत्तौ) *Parasmaipadī*, Causative - e.g. If I am made

1p◦	अभावयिष्यम् *abhāvayiṣyam*	अभावयिष्याव *abhāvayiṣyāva*	अभावयिष्याम *abhāvayiṣyāma*
2p◦	अभावयिष्य: *abhāvayiṣyaḥ*	अभावयिष्यतम् *abhāvayiṣyatam*	अभावयिष्यत *abhāvayiṣyata*
3p◦	अभावयिष्यत् *abhāvayiṣyat*	अभावयिष्यताम् *abhāvayiṣyatām*	अभावयिष्यन् *abhāvayiṣyan*

(8) Imperative Mood : लोट् (आज्ञार्थे; प्रश्नार्थे; विध्यादौ) *Parasmaipadī*, Causative - May I be made?

1p◦	भावयानि *bhāvayāni*	भावयाव *bhāvayāva*	भावयाम *bhāvayāma*
2p◦	भावय *bhāvaya*	भावयतम् *bhāvayatam*	भावयत *bhāvayata*
3p◦	भावयतु *bhāvayatu*	भावयताम् *bhāvayatām*	भावयन्तु *bhāvayantu*

(9) Potential or Subjunctive Mood विधिलिङ् (विध्यादौ) *Parasmaipadī* Causative - I may be made

1p◦	भावयेयम् *bhāvayeyam*	भावयेव *bhāvayeva*	भावयेम *bhāvayema*

2p◦ भावये: *bhāvayeḥ*	भावयेतम् *bhāvayetam*	भावयेत *bhāvayeta*
3p◦ भावयेत् *bhāvayet*	भावयेताम् *bhāvayetām*	भावयेयु: *bhāvayeyuḥ*

(10) Benedictive or Optative Mood आशीर्लिङ् (आशिषि) *Parasmai◦* Causative May I be made!

Singular	Dual	Plural
1p◦ भाव्यासम् *bhāvyāsam*	भाव्यास्व *bhāvyāsva*	भाव्यास्म *bhāvyāsma*
2p◦ भाव्या: *bhāvyāḥ*	भाव्यास्तम् *bhāvyāstam*	भाव्यास्त *bhāvyāsta*
3p◦ भाव्यात् *bhāvyāt*	भाव्यास्ताम् *bhāvyāstām*	भाव्यासु: *bhāvyāsuḥ*

(C) THE DESIDERATIVE (सन्नन्त) ACTIONS

ACTIVE VOICE - PARASMAIPADI

(1) Present Tense : लट् (सामान्य-वर्तमाने) *Parasmaipadī,* Desiderative - e.g. I want to become

Singular	Dual	Plural
1p◦ बुभूषामि *bubhūṣāmi*	बुभूषाव: *bubhūṣāvaḥ*	बुभूषाम: *bubhūṣāmaḥ*
2p◦ बुभूषसि *bubhūṣasi*	बुभूषथ: *bubhūṣathaḥ*	बुभूषथ *bubhūṣatha*
3p◦ बुभूषति *bubhūṣati*	बुभूषत: *bubhūṣataḥ*	बुभूषन्ति *bubhūṣanti*

(2) Past Imperfect : लङ् (अनद्यतन-भूते) Parasmai◦ Desiderative - e.g. I wanted to became

1p◦ अबुभूषम् *abubhūṣam*	अबुभूषाव *abubhūṣāva*	अबुभूषाम *abubhūṣāma*
2p◦ अबुभूष: *abubhūṣaḥ*	अबुभूषतम् *abubhūṣatam*	अबुभूषत *abubhūṣata*
3p◦ अबुभूषत् *abubhūṣat*	अबुभूषताम् *abubhūṣatām*	अबुभूषन् *abubhūṣan*

(3) Perfect Past : लिट् (परोक्ष-भूते) *Parasmaipadī,* Desiderative - e.g. I had wanted to become

1p◦ बुभूषाञ्चकार	बुभूषाञ्चकृव	बुभूषाञ्चकृम
bubhūṣāñćakāra	*bubhūṣāñćakṛva*	*bubhūṣāñćakṛma*
बुभूषाम्बभूवम्	बुभूषाम्बभूव	बुभूषाम्बभूम
bubhūṣāmbabhūvam	*bubhūṣāmbabhūva*	*bubhūṣāmbabhūma*
बुभूषामास	बुभूषामासिव	बुभूषामासिम
bubhūṣāmāsa	*bubhūṣāmāsiva*	*bubhūṣāmāsima*
2p◦ बुभूषाञ्चकर्थ	बुभूषाञ्चक्रथु:	बुभूषाञ्चक्र
bubhūṣāñćakartha	*bubhūṣāñćakrathuḥ*	*bubhūṣāñćakra*

बुभूषाम्बभूथ *bubhūṣāmbabhūth*	बुभूषाम्बभूवथुः *bubhūṣāmbabhūvathuḥ*	बुभूषाम्बभूव *bubhūṣāmbabhūva*
बुभूषामासिथ *bubhūṣāmāsitha*	बुभूषामासथुः *bubhūṣāmāsathuḥ*	बुभूषामास *bubhūṣāmāsa*
3p॰ बुभूषाञ्चकार *bubhūṣāñćakāra*	बुभूषाञ्चक्रतुः *bubhūṣāñćakratuḥ*	बुभूषाञ्चक्रुः *bubhūṣāñćakruḥ*
बुभूषाम्बभूव *bubhūṣāmbabhūva*	बुभूषाम्बभूवतुः *bubhūṣāmbabhūvatuḥ*	बुभूषाम्बभूवुः *bubhūṣāmbabhūvuḥ*
बुभूषामास *bubhūṣāmāsa*	बुभूषामासतुः *bubhūṣāmāsatuḥ*	बुभूषामासुः *bubhūṣāmāsuḥ*

(4) Indefinite Past : लुङ् (दूरवर्ति–भूते) Parasmai॰ Desiderative - e.g. I had wanted to become

Singular	Dual	Plural
1p॰ अबुभूषिषम् *abubhūṣiṣam*	अबुभूषिष्व *abubhūṣiṣva*	अबुभूषिष्म *abubhūṣiṣma*
2p॰ अबुभूषीः *abubhūṣīḥ*	अबुभूषिष्टम् *abubhūṣiṣṭam*	अबुभूषिष्ट *abubhūṣiṣṭa*
3p॰ अबुभूषीत् *abubhūṣīt*	अबुभूषिष्टाम् *abubhūṣiṣṭām*	अबुभूषिषुः *abubhūṣiṣuḥ*

5. Definite Future लुट् (सामान्य–भविष्यति) Parasmai॰ Desiderative eg. I would want to become

1p॰ बुभूषितास्मि *bubhūṣitāsmi*	बुभूषितास्वः *bubhūṣitāsvaḥ*	बुभूषितास्मः *bubhūṣitāsmaḥ*
2p॰ बुभूषितासि *bubhūṣitāsi*	बुभूषितास्थः *bubhūṣitāsthaḥ*	बुभूषितास्थ *bubhūṣitāstha*
3p॰ बुभूषिता *bubhūṣitā*	बुभूषितारौ *bubhūṣitārau*	बुभुषितारः *bubhūṣitāraḥ*

6. Indefinite Future लृट् (अपूर्ण–भविष्यति) Parasmai॰ Desiderative - e.g. I shall want to become

1p॰ बुभूषिष्यामि *bubhūṣiṣyāmi*	बुभूषिष्यावः *bubhūṣiṣyāvaḥ*	बुभूषिष्यामः *bubhūṣiṣyāmaḥ*
2p॰ बुभूषिष्यसि *bubhūṣiṣyasi*	बुभूषिष्यथः *bubhūṣiṣyathaḥ*	बुभूषिष्यथ *bubhūṣiṣyatha*
3p॰ बुभूषिष्यति *bubhūṣiṣyati*	बुभूषिष्यतः *bubhūṣiṣyataḥ*	बुभूषिष्यन्ति *bubhūṣiṣyanti*

(7) Conditional Mood लृङ् (भविष्यति क्रियातिपत्तौ) *Parasmaipadī* Desiderative If I want to become

1p॰ अबुभूषिष्यम् *abubhūṣiṣyam*	अबुभूषिष्याव *abubhūṣiṣyāva*	अबुभूषिष्याम *abubhūṣiṣyāma*
2p॰ अबुभूषिष्यः *abubhūṣiṣyaḥ*	अबुभूषिष्यतम् *abubhūṣiṣyatam*	अबुभूषिष्यत *abubhūṣiṣyata*
3p॰ अबुभूषिष्यत् *abubhūṣiṣyat*	अबुभूषिष्यताम् *abubhūṣiṣyatām*	अबुभूषिष्यन् *abubhūṣiṣyan*

(8) Imperative Mood लोट् (आज्ञार्थे; प्रश्नार्थे; विध्यादौ) *Parasmaipadī* Desi॰ I should want to become!

1p∘ बुभूषाणि *baubhūṣāṇi*	बुभूषाव *bubhūṣāva*	बुभूषाम *bubhūṣāma*
2p∘ बुभूष *bubhūṣa*	बुभूषतम् *bubhūṣatam*	बुभूषत *bubhūṣata*
3p∘ बुभूषतु *bubhūṣatu*	बुभूषताम् *bubhūṣatām*	बुभूषन्तु *bubhūṣantu*

(9) Potential or Subjunctive Mood विधिलिङ् (विध्यादौ) *Parasmaipadī* Desi∘ I may want to become!

Singular	Dual	Plural
1p∘ बुभूषेयम् *bubhūṣeyam*	बुभूषेव *bubhūṣeva*	बुभूषेम *bubhūṣema*
2p∘ बुभूषे: *bubhūṣeḥ*	बुभूषेतम् *bubhūṣetam*	बुभूषेत *bubhūṣeta*
3p∘ बुभूषेत् *bubhūṣet*	बुभूषेताम् *bubhūṣetām*	बुभूषेयु: *bubhūṣeyuḥ*

(10) Benedictive or Optative Mood आशीर्लिङ् (आशिषि) *Parasmaipadī* Desiderative May I become!

1p∘ बुभूष्यासम् *bubhūṣyāsam*	बुभूष्यास्व *bubhūṣyāsva*	बुभूष्यास्म *bubhūṣyāsma*
2p∘ बुभूष्या: *bubhūṣyāḥ*	बुभूष्यास्तम् *bubhūṣyāstam*	बुभूष्यास्त *bubhūṣyāsta*
3p∘ बुभूष्यात् *bubhūṣyāt*	बुभूष्यास्ताम् *bubhūṣyāstām*	बुभूष्यासु: *bubhūṣyāsuḥ*

(D) THE REPEATETIVE or FREQUENTATIVE (यङ्लुगन्त) ACTIONS

ACTIVE VOICE - PARASMAIPADI

(1) Present Tense : लट् (सामान्य-वर्तमाने) *Parasmaipadī*, Frequentative - e.g. I become more

Singular	Dual	Plural
1p∘ बोभवीमि-बोभोमि *bobhavīmi-bobhomi*	बोभूव: *bobhūvaḥ*	बोभूम: *bobhūmaḥ*
2p∘ बोभवीषि-बोभोषि *bobhavīṣi-bobhoṣi*	बोभूथ: *bobhūthaḥ*	बोभूथ *bobhūtha*
3p∘ बोभवीति-बोभोति *bobhavīti-bobhoti*	बोभूत: *bobhūtaḥ*	बोभुवति *bobhuvati*

(2) Past Imperfect : लङ् (अनद्यतन-भूते) *Parasmaipadī*, Frequentative - e.g. I became more

1p∘ अबोभवम् *abobhavam*	अबोभूव *abobhūva*	अबोभूम *abobhūma*
2p∘ अबोभवी: *abobhavīḥ*	अबोभूतम् *abobhūtam*	अबोभूत *abobhūta*

3p◦ अबोभवीत् *abobhavīt*	अबोभूताम् *abobhūtām*	अबोभूवु: *abobhūvuḥ*

(3) Perfect Past : लिट् (परोक्ष-भूते) ***Parasmaipadī*****, Frequentative - e.g.** I had become more

Singular	Dual	Plural
1p◦ बोभवाञ्चकार	बोभवाञ्चकृव	बोभवाञ्चकृम
bobhavāñćakāra	*bobhavāñćakṛva*	*bobhavāñćakṛma*
बोभवाम्बभूवम्	बोभवाम्बभूव	बोभवाम्बभूम
bobhavāmbabhūvam	*bobhavāmbabhūva*	*bobhavāmbabhūma*
बोभवामास	बोभवामासिव	बोभवामासिम
bobhavāmāsa	*bobhavāmāsiva*	*bobhavāmāsima*
2p◦ बोभुवाञ्चकर्थ	बोभुवाञ्चक्रथु:	बोभुवाञ्चक्र
bobhūvāñćakartha	*bobhūvāñćakṛthuḥ*	*bobhūvāñćakra*
बोभुवाम्बभूथ	बोभुवाम्बभूवथु:	बोभुवाम्बभूव
bobhuvāmbabhūtha	*bobhuvāmbabhūvathuḥ*	*bobhuvāmbabhūva*
बोभुवामासिथ	बोभुवामासथु:	बोभुवामास
bobhuvāmāsitha	*bobhuvāmāsathuḥ*	*bobhuvāmāsa*
3p◦ बोभुवाञ्चकार	बोभुवाञ्चक्रतु:	बोभुवाञ्चक्रु:
bobhuvāñćakāra	*bobhuvāñćakratuḥ*	*bobhuvāñćakruḥ*
बोभुवाम्बभूव	बोभुवाम्बभूवतु:	बोभुवाम्बभूवु:
bobhuvāmbabhūva	*bobhuvāmbabhūvatuḥ*	*bobhuvāmbabhūvuḥ*
बोभुवामास	बोभुवामासतु:	बोभुवामासु:
bobhuvāmāsa	*bobhuvāmāsatuḥ*	*bobhuvāmāsuḥ*

(4) Indefinite Past : लुङ् (दूरवर्ति-भूते) ***Parasmaipadī*****, Frequentative - e.g.** I had become more

1p◦ अबोभूवम् *abobhūvam*	अबोभूव *abobhūva*	अबोभूम *abobhūma*
2p◦ अबोभूवी: *abobhūvīḥ*	अबोभूतम् *abobhūtam*	अबोभूत *abobhūta*
3p◦ अबोभूवीत् *abobhūvīt*	अबोभूताम् *abobhūtām*	अबोभवु: *abobhavuḥ*

(5) Definite Future : लुट् (सामान्य-भविष्यति) ***Parasmaipadī*****, Frequentative -** I will become more

1p◦ बोभवितास्मि *bobhavitāsmi*	बोभवितास्व: *bobhavitāsvaḥ*	बोभवितास्म: *bobhavitāsmaḥ*
2p◦ बोभवितासि *bobhavitāsi*	बोभवितास्थ: *bobhavitāsthaḥ*	बोभवितास्थ *bobhavitāstha*

3p◦	बोभविता *bobhavitā*	बोभवितारौ *bobhavitārau*	बोभवितार: *bobhavitāraḥ*

(6) Indefinite Future : लृट् (अपूर्ण–भविष्यति) *Parasmaipadī*, Frequentative - I will become more

	Singular	Dual	Plural
1p◦	बोभविष्यामि *bobhaviṣyāmi*	बोभविष्याव: *bobhaviṣyāvaḥ*	बोभविष्याम: *bobhaviṣyāmaḥ*
2p◦	बोभविष्यसि *bobhaviṣyasi*	बोभविष्यथ: *bobhaviṣyathaḥ*	बोभविष्यथ *bobhaviṣyatha*
3p◦	बोभविष्यति *bobhaviṣyati*	बोभविष्यत: *bobhaviṣyataḥ*	बोभविष्यन्ति *bobhaviṣyanti*

(7) Conditional Mood लृङ् (भविष्यति क्रियातिपत्तौ) *Parasmaipadī* Frequentative If I become more

1p◦	अबोभविष्यम् *abobhaviṣyam*	अबोभविष्याव *abobhaviṣyāva*	अबोभविष्याम *abobhaviṣyāma*
2p◦	अबोभविष्य: *abobhaviṣyaḥ*	अबोभुविष्यतम् *abobhaviṣyatam*	अबोभविष्यत *abobhaviṣyata*
3p◦	अबोभविष्यत् *abobhaviṣyat*	अबोभविष्यताम् *abobhaviṣyatām*	अबोभविष्यन् *abobhaviṣyan*

(8) Imperative Mood लोट् (आज्ञार्थे; प्रश्नार्थे; विध्यादौ) *Parasmai*◦ Frequ◦ I should become more!

1p◦	बोभवानि *bobhavāni*	बोभवाव *bobhavāva*	बोभवाम *bobhavāma*
2p◦	बोभोहि *bobhohi*	बोभूतम् *bobhūtam*	बोभूत *bobhūta*
3p◦	बोभवीतु *bobhvītu*	बोभूताम् *bobhūtām*	बोभुवतु *bobhuvatu*

(9) Potential or Subjunctive Mood विधिलिङ् (विध्यादौ) *Parasmaipadī* Frequ◦ I may become more

1p◦	बोभूयाम् *bobhūyām*	बोभूयाव *bobhūyāva*	बोभूयाम *bobhūyāma*
2p◦	बोभूया: *bobhūyāḥ*	बोभूयातम् *bobhūyātam*	बोभूयात *bobhūyāta*
3p◦	बोभूयात् *bobhūyāt*	बोभूयाताम् *bobhūyātām*	बोभूयु: *bobhūyuḥ*

(10) Benedictive or Optative Mood आशीर्लिङ् (आशिषि) *Parasmaipadī* Freq◦ May I become more!

1p◦	बोभूयासम् *bobhūyāsam*	बोभूयास्व *bobhūyāsva*	बोभूयास्म *bobhūyāsma*
2p◦	बोभूया: *bobhūyāḥ*	बोभूयास्तम् *bobhūyāstam*	बोभूयास्त *bobhūyāsta*
3p◦	बोभूयात् *bobhūyāt*	बोभूयास्ताम् *bobhūyāstām*	बोभूयासु: *bobhūyāsuḥ*

(2)

ACTIVE VOICE ATMANEPADI

(1B) THE 360 ĀTMANEPADI SINGLE-WORD ACTIONS (10 Atmanepadi Tenses)

e.g. from the verb √bhū (भू)

(E) REGULAR (साधारण) ACTIONS

(1) Present Tense : लट् (सामान्य-वर्तमाने) Ātmanepadī - e.g. I become

	Singular	Dual	Plural
1p∘	भवे *bhave*	भवावहे *bhavāvahe*	भवामहे *bhavāmahe*
2p∘	भवसे *bhavase*	भवेथे *bhavethe*	भवध्वे *bhavadhve*
3p∘	भवते *bhavate*	भवेते *bhavete*	भवन्ते *bhavante*

(2) Past Imperfect Tense : लङ् (अनद्यतन-भूते) Ātmanepadī - e.g. I became

1p∘	अभवे *abhave*	अभवावहि *abhavāvahi*	अभवामहि *abhavāmahi*
2p∘	अभवथा: *abhavathāḥ*	अभवेथाम् *abhavethām*	अभवध्वम् *abhavadhvam*
3p∘	अभवत *abhavata*	अभवेताम् *abhavetām*	अभवन्त *abhavanta*

(3) Perfect Past Tense : लिट् (परोक्ष-भूते) Ātmanepadī - e.g. I had become

1p∘	बभूवे *babhūve*	बभूविवहे *babhūvivahe*	बभूविमहे *babhūvimahe*
2p∘	बभूविषे *babhūviṣe*	बभूवाथे *babhūvāthe*	बभूविध्वे *babhūvidhve*
3p∘	बभूवे *babhūve*	बभूवाते *babhūvāte*	बभूविरे *babhūvire*

(4) Indefinite Past Tense : लुङ् (दूरवर्ति-भूते) Ātmanepadī - e.g. I had become

1p∘	अभविषि *abhaviṣi*	अभविष्वहि *abhaviṣvahi*	अभविष्महि *abhaviṣmahi*
2p∘	अभविष्ठा: *abhaviṣṭāḥ*	अभविषाथाम् *abhaviṣāthām*	अभविध्वम् *abhavidhvam*
3p∘	अभाविष्ट *abhāviṣṭa*	अभविषाताम् *abhaviṣātām*	अभविषत *abhaviṣata*

(5) Definite Future : लुट् (सामान्य-भविष्यति) Ātmanepadī - e.g. I will become

1p∘	भविताहे *bhavitāhe*	भवितास्वहे *bhavitāsvahe*	भवितास्महे *bhavitāsmahe*
2p∘	भवितासे *bhavitāse*	भवितासाथे *bhavitāsāthe*	भविताध्वे *bhavitādhve*
3p∘	भविता *bhavitā*	भवितारौ *bhavitārau*	भवितार: *bhavitāraḥ*

(6) Indefinite Future : लृट् (अपूर्ण–भविष्यति) Ātmanepadī - e.g. I shall become

1p∘ भविष्ये *bhaviṣye*	भविष्यावहे *bhaviṣyāvahe*	भविष्यामहे *bhaviṣyāmahe*
2p∘ भविष्यसे *bhaviṣyase*	भविष्येथे *bhaviṣyethe*	भविष्यध्वे *bhaviṣyadhve*
3p∘ भविष्यते *bhaviṣyate*	भविष्येते *bhaviṣyete*	भविष्यन्ते *bhaviṣyante*

(7) Conditional Mood : लृङ् (भविष्यति क्रियातिपत्तौ) Ātmanepadī - e.g. If I become

Singular	Dual	Plural
1p∘ अभविष्ये *abhaviṣye*	अभविष्यावहि *abhaviṣyāvahi*	अभविष्यामहि *abhaviṣyāmahi*
2p∘ अभविष्यथाः *abhaviṣyathāḥ*	अभविष्येथाम् *abhaviṣyethām*	अभविष्यध्वम् *abhaviṣyadhvam*
3p∘ अभविष्यत *abhaviṣyata*	अभविष्येताम् *abhaviṣyetām*	अभविष्यन्त *abhaviṣyanta*

(8) Imperative Mood : लोट् (आज्ञार्थे; प्रश्नार्थे; विध्यादौ) Ātmanepadī - e.g. May I become?

1p∘ भवै *bhavai*	भवावहै *bhavāvahai*	भवामहै *bhavāmahai*
2p∘ भवस्व *bhavasva*	भवेथाम् *bhavethām*	भवध्वम् *bhavadhvam*
3p∘ भवताम् *bhavatām*	भवेताम् *bhavetām*	भवन्ताम् *bhavantām*

(9) Potential or Subjunctive Mood : विधिलिङ् (विध्यादौ) Ātmanepadī - e.g. I may become

1p∘ भवेय *bhaveya*	भवेवहि *bhavevahi*	भवेमहि *bhavemahi*
2p∘ भवेथाः *bhavethāḥ*	भवेयाथाम् *bhaveyāthām*	भवेध्वम् *bhavedhvam*
3p∘ भवेत *bhaveta*	भवेताम् *bhavetām*	भवेरन् *bhaveran*

(10) Benedictive or Optative Mood : आशीर्लिङ् (आशिषि) Ātmanepadī - e.g. May I become!

1p∘ भविषीय *bhaviṣīya*	भविषीवहि *bhaviṣīvahi*	भविषीमहि *bhaviṣīmahi*
2p∘ भविषीष्ठाः *bhaviṣīṣṭhāḥ*	भविषीयास्थाम् *bhaviṣīyāsthām*	भविषीध्वम् *bhaviṣīdhvam*
3p∘ भविषीष्ट *bhaviṣīṣṭa*	भविषीयास्ताम् *bhaviṣīyāstām*	भविषीरन् *bhaviṣīran*

(F) THE CAUSATIVE (ण्यन्त) ACTIONS

ACTIVE VOICE - ĀTMANEPADI

(1) Present Tense : लट् (सामान्य–वर्तमाने) Ātmanepadī, Causative - e.g. I am made

Singular	Dual	Plural
1p∘ भावये *bhāvaye*	भावयावहे *bhāvayāvahe*	भावयामहे *bhāvayāmahe*

2p∘	भावयसे *bhāvayase*	भावयेथे *bhāvayethe*	भावयध्वे *bhāvayadhve*
3p∘	भावयते *bhāvayate*	भावयेते *bhāvayete*	भावयन्ते *bhāvayante*

(2) Past imperfect Tense : लङ् (अनद्यतन–भूते) Ātmanepadī, Causative - e.g. I was made

	Singular	Dual	Plural
1p∘	अभावये *abhāvaye*	अभावयावहि *abhāvayāvahi*	अभावयामहि *abhāvayāmahi*
2p∘	अभावयथा: *abhāvayathāḥ*	अभावयेताम् *abhāvayetām*	अभावयध्वम् *abhāvayadhvam*
3p∘	अभावयत *abhāvayata*	अभावयेताम् *abhāvayetām*	अभावयन्त *abhāvayanta*

(3) Perfect Past Tense : लिट् (परोक्ष–भूते) Ātmanepadī, Causative - e.g. I was made

1p∘	भावयाञ्चक्रे *bhāvayāñćakre*	भावयाञ्चकृवहे *bhāvayāñćakṛvahe*	भावयाञ्चकृमहे *bhāvayāñćakṛmahe*
2p∘	भावयाञ्चकृषे *bhāvayāñćakṛṣe*	भावयाञ्चक्राथे *bhāvayāñćakrāthe*	भावयाञ्चकृढ्वे *bhāvayāñćakṛḍhve*
3p∘	भावयाञ्चक्रे *bhāvayāñćakre*	भावयाञ्चक्राते *bhāvayāñćakrāte*	भावयाञ्चक्रिरे *bhāvayāñćakrire*

(4) Indefinite Past Tense : लुङ् (दूरवर्ति–भूते) Ātmanepadī, Causative - e.g. I had been made

1p∘	अबीभवे *abībhave*	अबीभवावहि *abībhavāvahi*	अबीभवामहि *abībhavāmahi*
2p∘	अबीभवथा: *abībhavathāḥ*	अबीभवेथाम् *abībhavethām*	अबीभवध्वम् *abībhavadhvam*
3p∘	अबीभवत *abibhavata*	अबिभवेताम् *abibhavetām*	अबिभन्त *abibhavanta*

(5) Definite Future : लुट् (सामान्य–भविष्यति) Ātmanepadī, Causative - e.g. I will be made

1p∘	भावयिताहे *bhāvayitāhe*	भावयितास्वहे *bhāvayiitāsvahe*	भावयितास्महे *bhāvayiitāsmahe*
2p∘	भावयितासे *bhāvayitāse*	भावयितासाथे *bhāvayitāsāthe*	भावयिताध्वे *bhāvayitādhve*
3p∘	भावयिता *bhāvayitā*	भावयितारौ *bhāvayitārau*	भावयितार: *bhāvayitāraḥ*

(6) Indefinite Future : लृट् (अपूर्ण–भविष्यति) Ātmanepadī, Causative - e.g. I shall be made

1p∘	भावयिष्ये *bhāvayiṣye*	भावयिष्यावहे *bhāvayiṣyāvahe*	भावयिष्यामहे *bhāvayiṣyāmahe*
2p∘	भावयिष्यसे *bhāvayiṣyase*	भावयिष्येथे *bhāvayiṣyethe*	भावयिष्यध्वे *bhāvayiṣyadhve*
3p∘	भावयिष्यते *bhāvayiṣyate*	भावयिष्येते *bhāvayiṣyete*	भावयिष्यन्ते *bhāvayiṣyante*

(7) Conditional Mood : लृङ् (भविष्यति क्रियातिपत्तौ) Ātmanepadī, Causative, e.g. I had been made

1p◦ अभावयिष्ये *abhāvayiṣye*	अभावयिष्यावहि *abhāvayiṣyāvahi*	अभावयिष्यामहि *abhāvayiṣyāmahi*
2p◦ अभावयिष्यथाः *abhāvayiṣyathāḥ*	अभावयिष्येथाम् *abhāvayiṣyethām*	अभावयिष्यध्वम् *abhāvayiṣyadhvam*
3p◦ अभावयिष्यत *abhāvayiṣyata*	अभावयिष्येताम् *abhāvayiṣyetām*	अभावयिष्यन्त *abhāvayiṣyanta*

(8) Imperative Mood : लोट् (आज्ञार्थे; प्रश्नार्थे; विध्यादौ) Ātmanepadī, Causative - May I be made?

Singular	Dual	Plural
1p◦ भावयै *bhāvayai*	भावयावहै *bhāvayāvahai*	भावयामहै *bhāvayāmahai*
2p◦ भावयस्व *bhāvayasva*	भावयेयाथाम् *bhāvayeyāthām*	भावयध्वम् *bhāvayadhvam*
3p◦ भावयताम् *bhāvayatām*	भावयेताम् *bhāvayetām*	भावयन्ताम् *bhāvayantām*

(9) Potential or Subjunctive Mood विधिलिङ् (विध्यादौ) Ātmanepadī, Causative, I may be made

1p◦ भावयेय *bhāvayeya*	भावयेवहि *bhāvayevahi*	भावयेमहि *bhāvayemahi*
2p◦ भावयेथाः *bhāvayethāḥ*	भावयेथाम् *bhāvayethām*	भावयेध्वम् *bhāvayedhvam*
3p◦ भावयेत *bhāvayeta*	भावयेयाताम् *bhāvayeyātām*	भावयेरन् *bhāvayeran*

(10) Benedictive or Optative Mood आशीर्लिङ् (आशिषि) Ātmanepadī, Causative, May I be made!

1p◦ भावयिषीय *bhāvayiṣīya*	भावयिषीवहि *bhāvayiṣīvahi*	भावयिषीमहि *bhāvayiṣīmahi*
2p◦ भावयिषीष्ठाः *bhāvayiṣīṣṭhāḥ*	भावयिषीयास्थाम् *bhāvayiṣīyāsthām*	भावयिषीध्वम् *bhāvayiṣīdhvam*
3p◦ भावयिषीष्ट *bhāvayiṣīṣṭa*	भावयिषीयास्ताम् *bhāvayiṣīyāstām*	भावयिषीरन् *bhāvayiṣīran*

(G) THE DESIDERATIVE (सन्नन्त) ACTIONS

ACTIVE VOICE - ĀTMANEPADI

(1) Present Tense : लट् (सामान्य-वर्तमाने) Ātmanepadī, Desiderative - e.g. I want to become

	Singular	Dual	Plural
1p◦	बुभूषे *bubhūṣe*	बुभूषावहे *bubhūṣāvahe*	बुभूषामहे *bubhūṣāmahe*
2p◦	बुभूषसे *bubhūṣase*	बुभूषेथे *bubhūṣethe*	बुभूषध्वे *bubhūṣadhve*
3p◦	बुभूषते *bubhūṣate*	बुभूषेते *bubhūṣete*	बुभूषन्ते *bubhūṣante*

(2) Past Imperfect : लङ् (अनद्यतन-भूते) Ātmanepadī, Desiderative - e.g. I wanted to became

	Singular	Dual	Plural
1p◦	अबुभूषे *abubhūṣe*	अबुभूषावहि *abubhūṣāvahi*	अबुभूषामहि *abubhūṣāmahi*
2p◦	अबुभूषथा: *abubhūṣathāh*	अबुभूषेथाम् *abubhūṣethām*	अबुभूषध्वम् *abubhūṣadhvam*
3p◦	अबुभूषत *abubhūṣata*	अबुभूषेताम् *abubhūṣetām*	अबुभूषन्त *abubhūṣanta*

(3) Perfect Past Tense : लिट् (परोक्ष-भूते) Ātmanepadī, Desiderative - I had wanted to become

1p◦	बुभूषाञ्चक्रे *bubhūṣāñćakre*	बुभूषाञ्चकृवहे *bubhūṣāñćakṛvahe*	बुभूषाञ्चकृमहे *bubhūṣāñćakṛmahe*
2p◦	बुभूषाञ्चकृषे *bubhūṣāñćakṛṣe*	बुभूषाञ्चक्राथे *bubhūṣāñćakrāthe*	बुभूषाञ्चकृढ्वे *bubhūṣāñćakṛḍhve*
3p◦	बुभूषाञ्चक्रे *bubhūṣāñćakre*	बुभूषाञ्चक्राते *bubhūṣāñćakrāte*	बुभूषाञ्चक्रिरे *bubhūṣāñćakrire*

(4) Indefinite Past Tense लुङ् (दूरवर्ति-भूते) Ātmanepadī, Desiderative - I had wanted to become

1p◦	अबुभूषिषि *abubhūṣiṣi*	अबुभूषिष्वहि *abubhūṣiṣvahi*	अबुभूषिष्महि *abubhūṣiṣmahi*
2p◦	अबुभूषिष्ठा: *abubhūṣiṣṭhāḥ*	अबुभूषिषाथाम् *abubhūṣiṣāthām*	अबुभूषिढ्वम् *abubhūṣiḍhvam*
3p◦	अबुभूषिष्ठ *abubhūṣiṣṭha*	अबुभूषिषाताम् *abubhūṣiṣātām*	अबुभूषिषत *abubhūṣiṣata*

(5) Definite Future : लुट् (सामान्य-भविष्यति) Ātmanepadī, Desiderative, I will want to become

1p◦	बुभूषिताहे *bubhūṣitāhe*	बुभूषितास्वहे *bubhūṣitāsvahe*	बुभूषितास्महे *bubhūṣitāsmahe*
2p◦	बुभूषितासे *bubhūṣitāse*	बुभूषितासाथे *bubhūṣitāsāthe*	बुभूषिताध्वे *bubhūṣitādhve*
3p◦	बुभूषिता *bubhūṣitā*	बुभूषितारौ *bubhūṣitārau*	बुभूषितार: *bubhūṣitāraḥ*

(6) Indefinite Future : लृट् (अपूर्ण–भविष्यति) Ātmanepadī, Desiderative, I shall want to become

1p∘	बुभूषिष्ये *bubhūṣiṣye*	बुभूषिष्यावहे *bubhūṣiṣyāvahe*	बुभूषिष्यामहे *bubhūṣiṣyāmahe*
2p∘	बुभूषिष्यसे *bubhūṣiṣyase*	बुभूषिष्येथे *bubhūṣiṣyethe*	बुभूषिष्यध्वे *bubhūṣiṣyadhve*
3p∘	बुभूषिष्यते *bubhūṣiṣyate*	बुभूषिष्येते *bubhūṣiṣyete*	बुभूषिष्यन्ते *bubhūṣiṣyante*

(7) Conditional Mood लृङ् (भविष्यति क्रियातिपत्तौ) Ātmanepadī, Desiderative, If I want to become

1p∘	अबुभूषिष्ये *abubhūṣiṣye*	अबुभूषिष्यावहि *abubhūṣiṣyāvahi*	अबुभूषिष्यामहि *abubhūṣiṣyāmahi*
2p∘	अबुभूषिष्यथाः *abubhūṣiṣyathāḥ*	अबुभूषिष्येथाम् *abubhūṣiṣyethām*	अबुभूषिष्यध्वम् *abubhūṣiṣyadhvam*
3p∘	अबुभूषिष्यत *abubhūṣiṣyata*	अबुभूषिष्येताम् *abubhūṣiṣyetām*	अबुभूषिष्यन्त *abubhūṣiṣyanta*

(8) Imperative Mood लोट् (आज्ञार्थे; प्रश्नार्थे; विध्यादौ) Ātmanepadī Desi∘ I should want to become

	Singular	Dual	Plural
1p∘	बुभूषै *baubhūṣai*	बुभूषावहै *bubhūṣāvahai*	बुभूषामहै *bubhūṣāmahai*
2p∘	बुभूषस्व *bubhūṣasva*	बुभूषेथाम् *bubhūṣethām*	बुभूषध्वम् *bubhūṣadhvam*
3p∘	बुभूषताम् *bubhūṣatām*	बुभूषेताम् *bubhūṣetām*	बुभूषन्ताम् *bubhūṣantām*

(9) Potential or Subjunctive Mood विधिलिङ् (विध्यादौ) Ātmanepadī Desi∘ I may want to become

1p∘	बुभूषेय *bubhūṣeya*	बुभूषेवहि *bubhūṣevahi*	बुभूषेमहि *bubhūṣemahi*
2p∘	बुभूषेथाः *bubhūṣethāḥ*	बुभूषेयाथाम् *bubhūṣeyāthām*	बुभूषेध्वम् *bubhūṣedhvam*
3p∘	बुभूषेत *bubhūṣeta*	बुभूषेयाताम् *bubhūṣeyātām*	बुभूषेरन् *bubhūṣeran*

(10) Benedictive or Optative Mood : आशीर्लिङ् (आशिषि) Ātmanepadī, Desi∘ May I become!

1p∘	बुभूषिषीय *bubhūṣiṣīya*	बुभूषिषीवहि *bubhūṣiṣīvahi*	बुभूषिषीमहि *bubhūṣiṣīmahi*
2p∘	बुभूषिषीष्ठाः *bubhūṣiṣīṣthāḥ*	बुभूषिषीयास्थाम् *bubhūṣiṣīyāsthām*	बुभूषिषीध्वम् *bubhūṣiṣīdhvam*
3p∘	बुभूषिषीष्ट *bubhūṣiṣīṣṭa*	बुभूषिषीयास्ताम् *bubhūṣiṣīyāstām*	बुभूषिषीरन् *bubhūṣiṣīran*

(H) THE REPEATETIVE or FREQUENTATIVE (यङन्त) ACTIONS

ACTIVE VOICE - ĀTMANEPADI

(1) Present Tense : लट् (सामान्य–वर्तमाने) Ātmanepadī, Frequentative - e.g. I become more

	Singular	Dual	Plural
1p◦	बोभूय *bobhūye*	बोभूयावहे *bobhūyāvahe*	बोभूयामहे *bobhūyāmahe*
2p◦	बोभूयसे *bobhūyase*	बोभूयेथे *bobhūyethe*	बोभूयध्वे *bobhūyadhve*
3p◦	बोभूयते *bobhūyate*	बोभूयेते *bobhūyete*	बोभूयन्ते *bobhūyante*

(2) Past imperfect Tense : लङ् (अनद्यतन–भूते) Ātmanepadī, Frequentative - e.g. I became more

1p◦	अबोभूये *abobhūye*	अबोभूयावहि *abobhūyāvahi*	अबोभूयामहि *abobhūyāmahi*
2p◦	अबोभूयथा: *abobhūyathāḥ*	अबोभूयेथाम् *abobhūyethām*	अबोभूयध्वम् *abobhūyadhvam*
3p◦	अबोभूयत *abobhūyata*	अबोभूयेताम् *abobhūyetām*	अबोभूयन्त *abobhūyanta*

(3) Perfect Past Tense : लिट् (परोक्ष–भूते) Ātmanepadī, Frequentative - e.g. I had become more

	Singular	Dual	Plural
1p◦	बोभूयाञ्चक्रे *bobhavāñćakre*	बोभवाञ्चकृवहे *bobhavāñćakṛvahe*	बोभवाञ्चकृमहे *bobhavāñćakṛmahe*
2p◦	बोभुवाञ्चकृषे *bobhūvāñćakṛṣe*	बोभुवाञ्चक्राथे *bobhūvāñćakrāthe*	बोभुवाञ्चकृढ्वे *bobhūvāñćakṛḍhve*
3p◦	बोभुवाञ्चक्रे *bobhuvāñćakre*	बोभुवाञ्चक्राते *bobhuvāñćakrāte*	बोभुवाञ्चक्रिरे *bobhuvāñćakrire*

(4) Indefinite Past Tense : लुङ् (दूरवर्ति–भूते) Ātmanepadī, Frequentative e.g. I had become more

1p◦	अबोभूयिषि *abobhūyiṣi*	अबोभूयिष्वहि *abobhūyiṣvahi*	अबोभूयिष्महि *abobhūyiṣmahi*
2p◦	अबोभूयिष्ठा: *abobhūyiṣṭhāḥ*	अबोभूयिषाथाम् *abobhūyiṣāthām*	अबोभूयिध्वम् *abobhūyidhvam*
3p◦	अबोभूयिष्ट *abobhūyiṣṭa*	अबोभूयिषाताम् *abobhūyiṣātām*	अबोभूयिषत *abobhūyiṣat*

(5) Definite Future : लुट् (सामान्य–भविष्यति) Ātmanepadī, Frequentative - e.g. I will become more

1p◦	बोभूयिताहे *bobhūyitāhe*	बोभूयितास्वहे *bobhūyitāsvahe*	बोभूयितास्महे *bobhūyitāsmahe*
2p◦	बोभूयितासे *bobhūyitāse*	बोभूयितासाथे *bobhūyitāsāthe*	बोभूयिताध्वे *bobhūyitādhve*
3p◦	बोभूयिता *bobuhūyitā*	बोभूहितारौ *bobhūyitārau*	बोभूयितार: *bobhūyitāraḥ*

(6) Indefinite Future : लृट् (अपूर्ण–भविष्यति) Ātmanepadī, Frequentative, e.g. I will become more

1p◦ बोभूयिष्ये *bobhūyiṣye*	बोभूयिष्यावहे *bobhūyiṣyāsvahe*	बोभूयिष्यामहे *bobhūyiṣyāsmahe*
2p◦ बोभूयिष्यसे *bobhūyiṣyase*	बोभूयिष्येथे *bobhūyiṣyethe*	बोभूयिष्यध्वे *bobhūyiṣyadhve*
3p◦ बोभूयिष्यते *bobhūyiṣyate*	बोभूयिष्येते *bobhūyiṣyete*	बोभूयिष्यन्ते *bobhūyiṣyante*

(7) Conditional Mood : लृङ् (भविष्यति क्रियातिपत्तौ) Ātmanepadī, Frequentative, If I become more

1p◦ अबोभूयिष्ये *abobhūyiṣye*	अबोभूयिष्यावहि *abobhūyiṣyāvahi*	अबोभूयिष्यामहि *abobhūyiṣyāmahi*
2p◦ अबोभूयिष्यथा: *abobhūyiṣyathāḥ*	अबोभूयिष्येथाम् *abobhūyiṣyethām*	अबोभूयिष्यध्वम् *abobhūyiṣyadhvam*
3p◦ अबोभूयिष्यत *abobhūyiṣyata*	अबोभूयिष्येताम् *abobhūyiṣyetām*	अबोभूयिष्यन्त *abobhūyiṣyant*

(8) Imperative Mood लोट् (आज्ञार्थे; प्रश्नार्थे; विध्यादौ) Ātmanepadī, Frequ◦ I should become more!

Singular	Dual	Plural
1p◦ बोभूयै *bobhūyai*	बोभूयावहै *bobhūyāvahai*	बोभूयामहै *bobhūyāmahai*
2p◦ बोभूयस्व *bobhūyasva*	बोभूयेथाम् *bobhūyethām*	बोभूयध्वम् *bobhūyadhvam*
3p◦ बोभूयताम् *bobhūyatām*	बोभूयेताम् *bobhūyetām*	बोभूयन्ताम् *bobhūyantām*

(9) Potential or Subjunctive Mood विधिलिङ् (विध्यादौ) Ātmanepadī, Freq◦ I may become more

1p◦ बोभूयेय *bobhūyeya*	बोभूयेवहि *bobhūyevahi*	बोभूयेमहि *bobhūyemahi*
2p◦ बोभूयेथा: *bobhūyethāḥ*	बोभूयेयाथाम् *bobhūyeyāthām*	बोभूयेध्वम् *bobhūyedhvam*
3p◦ बोभूयेत *bobhūyeta*	बोभूयेयाताम् *bobhūyeyātām*	बोभूयेरन् *bobhūyeran*

(10) Benedictive or Optative Mood आशीर्लिङ् (आशिषि) Ātmane◦ Frequ◦ I should become more!

1p◦ बोभूयिषीय *bobhūyiṣīya*	बोभूयिषीवहि *bobhūyiṣīvahi*	बोभूयिषीमहि *bobhūyiṣīmahi*
2p◦ बोभूयिषीष्ठा: *bobhūyiṣīṣṭhāḥ*	बोभूयिषीयास्थाम् *bobhūyiṣīyāsthām*	बोभूयिषीढ्वम् *bobhūyiṣīḍhvam*
3p◦ बोभूयिषीष्ट *bobhūyiṣīṣṭa*	बोभूयिषीयास्ताम् *bobhūyiṣīyāstām*	बोभूयिषीरन् *bobhūyiṣīran*

(B)

THE PASSIVE VOICE

360 ĀTMANEPADI PASSIVE VERBS

(I) REGULAR ACTIONS

PASSIVE VOICE - ĀTMANEPADI

(1) Present Tense : लट् (सामान्य–वर्तमाने) Passive Voice - e.g. I become

	Singular	Dual	Plural
1p◦	भूये *bhūye*	भूयावहे *bhūyāvahe*	भूयामहे *bhūyāmahe*
2p◦	भूयसे *bhūyase*	भूयेथे *bhūyethe*	भूयध्वे *bhūyadhve*
3p◦	भूयते *bhūyate*	भूयेते *bhūyete*	भूयन्ते *bhūyante*

(2) Past Imperfect Tense : लङ् (अनद्यतन–भूते) Passive Voice - e.g. I became

	Singular	Dual	Plural
1p◦	अभूये *abhūye*	अभूयावहि *abhūyāvahi*	अभूयामहि *abhūyāmahi*
2p◦	अभूयथाः *abhūyathāḥ*	अभूयेथाम् *abhūyethām*	अभूयध्वम् *abhūyadhvam*
3p◦	अभूयत *abhūyata*	अभूयेताम् *abhūyetām*	अभूयन्त *abhūyanta*

(3) Perfect Past Tense : लिट् (परोक्ष–भूते) Passive Voice - e.g. I had become

1p◦	बभूवे *babhūve*	बभूविवहे *babhūvivahe*	बभूविमहे *babhūvimahe*
2p◦	बभूविषे *babhūviṣe*	बभूवाथे *babhūvāthe*	बभूविध्वे *babhūvidhve*
3p◦	बभूवे *babhūve*	बभूवाते *babhūvāte*	बभूविरे *babhūvire*

(4) Indefinite Past Tense : लुङ् (दूरवर्ति–भूते) Passive Voice - e.g. I had become

1p◦	अभविषि *abhaviṣi*	अभविष्वहि *abhaviṣvahi*	अभविष्महि *abhaviṣmahi*
2p◦	अभविष्ठाः *abhaviṣṭāḥ*	अभविषाथाम् *abhaviṣāthām*	अभविध्वम् *abhavidhvam*
3p◦	अभावि *abhāvi*	अभविषाताम् *abhaviṣātām*	अभविषत *abhaviṣata*

(5) Definite Future : लुट् (सामान्य–भविष्यति) Passive Voice - e.g. I will become

1p◦	भविताहे *bhavitāhe*	भवितास्वहे *bhavitāsvahe*	भवितास्महे *bhavitāsmahe*
2p◦	भवितासे *bhavitāse*	भवितासाथे *bhavitāsāthe*	भविताध्वे *bhavitādhve*

3p◦ भविता *bhavitā*	भवितारौ *bhavitārau*	भवितार: *bhavitāraḥ*

(6) Indefinite Future : लृट् (अपूर्ण–भविष्यति) Passive Voice - e.g. I shall become

1p◦ भविष्ये *bhaviṣye*	भविष्यावहे *bhaviṣyāvahe*	भविष्यामहे *bhaviṣyāmahe*
2p◦ भविष्यसे *bhaviṣyase*	भविष्येथे *bhaviṣyethe*	भविष्यध्वे *bhaviṣyadhve*
3p◦ भविष्यते *bhaviṣyate*	भविष्येते *bhaviṣyete*	भविष्यन्ते *bhaviṣyante*

(7) Conditional Mood : लृङ् (भविष्यति क्रियातिपत्तौ) Passive Voice - e.g. If I become

1p◦ अभविष्ये *abhaviṣye*	अभविष्यावहि *abhaviṣyāvahi*	अभविष्यामहि *abhaviṣyāmahi*
2p◦ अभविष्यथा: *abhaviṣyathāḥ*	अभविष्येथाम् *abhaviṣyethām*	अभविष्यध्वम् *abhaviṣyadhvam*
3p◦ अभविष्यत *abhaviṣyata*	अभविष्येताम् *abhaviṣyetām*	अभविष्यन्त *abhaviṣyanta*

(8) Imperative Mood : लोट् (आज्ञार्थे; प्रश्नार्थे; विध्यादौ) Passive Voice - e.g. May I become?

Singular	Dual	Plural
1p◦ भूयै *bhūyai*	भूयावहै *bhūyāvahai*	भूयामहै *bhūyāmahai*
2p◦ भूयस्व *bhūyasva*	भूयेथाम् *bhūyethām*	भूयध्वम् *bhūyadhvam*
3p◦ भूयताम् *bhūyatām*	भूयेताम् *bhūyetām*	भूयन्ताम् *bhūyantām*

(9) Potential or Subjunctive Mood : विधिलिङ् (विध्यादौ) Passive Voice - e.g. I may become

1p◦ भूयेय *bhūyeya*	भूयेवहि *bhūyevahi*	भूयेमहि *bhūyemahi*
2p◦ भूयेथा: *bhūyethāḥ*	भूयेयाथाम् *bhūyeyāthām*	भूयेध्वम् *bhūyedhvam*
3p◦ भूयेत *bhūyeta*	भूयेताम् *bhūyetām*	भूयेरन् *bhūyeran*

(10) Benedictive or Optative Mood : आशीर्लिङ् (आशिषि) Passive Voice - e.g. May I become!

1p◦ भविषीय *bhaviṣīya*	भविषीवहि *bhaviṣīvahi*	भविषीमहि *bhaviṣīmahi*
2p◦ भविषीष्ठा: *bhaviṣīṣṭhā*	भविषीयास्थाम् *bhaviṣīyāsthām*	भविषीध्वम् *bhaviṣīdhvam*
3p◦ भविषीष्ट *bhaviṣīṣṭa*	भविषीयास्ताम् *bhaviṣīyāstām*	भविषीरन् *bhaviṣīran*

Thus, the table continues for the Passive Voice, for Causative actions, desiderative actions and frequentive actions, as shown above for the Active voice.

APPENDIX - 2

CHARTS of CASES

TYPICAL DECLENSIONS OF THE SEVEN CASES

(1) MASCULINE NOUN ENDING IN *(a)* **अ (राम)** Rāma (Gītā 10.31)

CASE–विभक्ति	Singular	Dual	Plural
(1st) Nominative -	रामः	रामौ	रामाः
(2nd) Accusative (to, what?)	रामम्	रामौ	रामान्
(3rd) Instrumental (with, by)	रामेण	रामाभ्याम्	रामैः
(4th) Dative (for, to)	रामाय	रामाभ्याम्	रामेभ्यः
(5th) Ablative (from. than)	रामात्	रामाभ्याम्	रामेभ्यः
(6th) Possessive (of)	रामस्य	रामयोः	रामाणाम्
(7th) Locative (in, on)	रामे	रामयोः	रामेषु
Vocative (address)	राम	रामौ	रामाः

(2) NEUTER NOUN ENDING IN *(a)* **अ (वन)** forest

(1st) Nominative -	वनम्	वने	वनानि
(2nd) Accusative (to, what?)	वनम्	वने	वनानि
(3rd) Instrumental (with, by)	वनेन	वनाभ्याम्	वनैः
(4th) Dative (for, to)	वनाय	वनाभ्याम्	वनेभ्यः
(5th) Ablative (from. than)	वनात्	वनाभ्याम्	वनेभ्यः
(6th) Possessive (of)	वनस्य	वनयोः	वनानाम्
(7th) Locative (in, on)	वने	वनयोः	वनेषु
Vocative (address)	वन	वने	वनानि

(3) MASCULINE NOUN ENDING IN *(ā)* **आ (सोमपा)** Nectar drinker (Gītā 9.20)

(1st) Nominative -	सोमपाः	सोमपौ	सोमपाः

(2nd) Accusative (to, what?)	सोमपाम्	सोमपौ	सोमप:
(3rd) Instrumental (with, by)	सोमपा	सोमपाभ्याम्	सोमपाभि:
(4th) Dative (for, to)	सोमपे	सोमपाभ्याम्	गोपाभ्य:
(5th) Ablative (from. than)	गोप:	गोपाभ्याम्	सोमपाभ्य:
(6th) Possessive (of)	सोमप:	सोमपो:	सोमपाम्
(7th) Locative (in, on)	सोमपि	सोमपो:	सोमपासु
Vocative (address)	सोमपा:	सोमपौ	सोमपा:

(4) FEMININE NOUN ENDING IN *(ā)* **आ (माला)** necklace

CASE–विभक्ति	Singular	Dual	Plural
(1st) Nominative -	माला	माले	माला:
(2nd) Accusative (to, what?)	मालाम्	माले	माला:
(3rd) Instrumental (with, by)	मालया	मालाभ्याम्	मालाभि:
(4th) Dative (for, to)	मालायै	मालाभ्याम्	मालाभ्य:
(5th) Ablative (from. than)	मालाया:	मालाभ्याम्	मालाभ्य:
(6th) Possessive (of)	मालाया:	मालयो:	मालानाम्
(7th) Locative (in, on)	मालायाम्	मालयो:	मालासु
Vocative (address)	माले	माले	माला:

(5) MASCULINE NOUN ENDING IN *(i)* **इ (कवि)** poet (Gītā 10.39)

(1st) Nominative -	कवि:	कवी	कवय:
(2nd) Accusative (to, what?)	कविम्	कवी	कवीन्
(3rd) Instrumental (with, by)	कविना	कविभ्याम्	कविभि:
(4th) Dative (for, to)	कवये	कविभ्याम्	कविभ्य:
(5th) Ablative (from. than)	कवे:	कविभ्याम्	कविभ्य:
(6th) Possessive (of)	कवे:	कव्यो:	कवीनाम्

(7th) Locative (in, on)	कवौ	कव्योः	कविषु
Vocative (address)	कवे	कवी	कवयः

(6) NEUTER NOUN ENDING IN *(i)* **इ (वारि)** water

CASE–विभक्ति	Singular	Dual	Plural
(1st) Nominative -	वारि	वारिणी	वारीणि
(2nd) Accusative (to, what?)	वारि	वारिणी	वारीणि
(3rd) Instrumental (with, by)	वारिणा	वारिभ्याम्	वारिभिः
(4th) Dative (for, to)	वारिणे	वारिभ्याम्	वारिभ्यः
(5th) Ablative (from. than)	वारिणः	वारिभ्याम्	वारिभ्यः
(6th) Possessive (of)	वारिणः	वारिणोः	वारीणाम्
(7th) Locative (in, on)	वारिणि	वारिणोः	वारिषु
Vocative (address)	वारे, वारि	वारिणी	वारीणि

(7) FEMININE NOUN ENDING IN *(i)* **इ (मति)** mind (Gītā 6.36)

(1st) Nominative -	मतिः	मती	मतयः
(2nd) Accusative (to, what?)	मतिम्	मती	मतीः
(3rd) Instrumental (with, by)	मत्या	मतिभ्याम्	मतिभिः
(4th) Dative (for, to)	मत्यै, मतये	मतिभ्याम्	मतिभ्यः
(5th) Ablative (from, than)	मत्याः, मतेः	मतिभ्याम्	मतिभ्यः
(6th) Possessive (of)	मत्याः, मतेः	मत्योः	मतीनाम्
(7th) Locative (in, on)	मत्याम्, मतौ	मत्योः	मतिषु
Vocative (address)	मते	मती	मतयः

(8) MASCULINE NOUN ENDING IN *(ī)* **ई (सुधी)** pundit

(1st) Nominative -	सुधीः	सुधियौ	सुधियः
(2nd) Accusative (to, what?)	सुधियम्	सुधियौ	सुधियः

(3rd) Instrumental (with, by)	सुधिया	सुधिभ्याम्	सुधिभिः
(4th) Dative (for, to)	सुधियै	सुधिभ्याम्	सुधिभ्यः
(5th) Ablative (from. than)	सुधियः	सुधिभ्याम्	सुधिभ्यः
(6th) Possessive (of)	सुधियः	सुधियोः	सुधियाम्
(7th) Locative (in, on)	सुधियि	सुधियोः	सुधीषु
Vocative (address)	सुधीः	सुधियौ	सुधियः

(9) FEMININE NOUN ENDING IN *(ī)* **ई (नदी)** river (Gītā 11.28)

CASE–विभक्ति	Singular	Dual	Plural
(1st) Nominative -	नदी	नद्यौ	नद्यः
(2nd) Accusative (to, what?)	नदीम्	नद्यौ	नदीः
(3rd) Instrumental (with, by)	नद्या	नदीभ्याम्	नदीभिः
(4th) Dative (for, to)	नद्यै	नदीभ्याम्	नदीभ्यः
(5th) Ablative (from. than)	नद्याः	नदीभ्याम्	नदीभ्यः
(6th) Possessive (of)	नद्याः	नद्योः	नदीनाम्
(7th) Locative (in, on)	नद्याम्	नद्योः	नदीषु
Vocative (address)	नदि	नद्यौ	नद्यः

(10) MASCULINE NOUN ENDING IN *(u)* **उ (गुरु)** teacher (Gītā 2.5)

(1st) Nominative -	गुरुः	गुरू	गुरवः
(2nd) Accusative (to, what?)	गुरुम्	गुरू	गुरून्
(3rd) Instrumental (with, by)	गुरुणा	गुरुभ्याम्	गुरुभिः
(4th) Dative (for, to)	गुरवे	गुरुभ्याम्	गुरुभ्यः
(5th) Ablative (from. than)	गुरोः	गुरुभ्याम्	गुरुभ्यः
(6th) Possessive (of)	गुरोः	गुर्वोः	गुरूणाम्
(7th) Locative (in, on)	गुरौ	गुर्वोः	गुरुषु

Vocative (address)	गुरो	गुरू	गुरवः

(11) NEUTER NOUN ENDING IN *(u)* **उ (मधु)** honey

CASE–विभक्ति	Singular	Dual	Plural
(1st) Nominative -	मधु	मधुनी	मधूनि
(2nd) Accusative (to, what?)	मधु	मधुनी	मधूनि
(3rd) Instrumental (with, by)	मधुना	मधुभ्याम्	मधुभिः
(4th) Dative (for, to)	मधुने	मधुभ्याम्	मधुभ्यः
(5th) Ablative (from. than)	मधुनः	मधुभ्याम्	मधुभ्यः
(6th) Possessive (of)	मधुनः	मधुनोः	मधूनाम्
(7th) Locative (in, on)	मधुनि	मधुनोः	मधुषु
Vocative (address)	मधो–मधु	मधुनी	मधूनि

(12) FEMININE NOUN ENDING IN *(u)* **उ (धेनु)** cow (Gītā 10.28)

(1st) Nominative -	धेनुः	धेनू	धेनवः
(2nd) Accusative (to, what?)	धेनुम्	धेनू	धेनूः
(3rd) Instrumental (with, by)	धेन्वा	धेनुभ्याम्	धेनुभिः
(4th) Dative (for, to)	धेन्वै	धेनुभ्याम्	धेनुभ्यः
(5th) Ablative (from. than)	धेनोः	धेनुभ्याम्	धेनुभ्यः
(6th) Possessive (of)	धेनोः	धेन्वोः	धेनूनाम्
(7th) Locative (in, on)	धेन्वाम्	धेन्वोः	धेनुषु
Vocative (address)	धेनो	धेनू	धनवः

(13) MASCULINE NOUN ENDING IN *(ū)* **ऊ (स्वभू)** brahmā

(1st) Nominative -	स्वभूः	स्वभुवौ	स्वभुवः
(2nd) Accusative (to, what?)	स्वभुवम्	स्वभुवौ	स्वभुवः
(3rd) Instrumental (with, by)	स्वभुवा	स्वभुभ्याम्	स्वभुभिः

(4th) Dative (for, to)	स्वभुवे	स्वभुभ्याम्	स्वभुभ्यः
(5th) Ablative (from. than)	स्वभुवः	स्वभुभ्याम्	स्वभुभ्यः
(6th) Possessive (of)	स्वभुवः	स्वभुवोः	स्वभुवाम्
(7th) Locative (in, on)	स्वभुवि	स्वभुवोः	स्वभुषु
Vocative (address)	स्वभूः	स्वभुवौ	स्वभुवः

(14) FEMININE NOUN ENDING IN *(ū)* **ऊ (वधू)** bride

CASE–विभक्ति	Singular	Dual	Plural
(1st) Nominative -	वधूः	वध्वौ	वध्वः
(2nd) Accusative (to, what?)	वधूम्	वध्वौ	वधूः
(3rd) Instrumental (with, by)	वध्वा	वधूभ्याम्	वधूभिः
(4th) Dative (for, to)	वध्वै	वधूभ्याम्	वधूभ्यः
(5th) Ablative (from. than)	वध्वाः	वधूभ्याम्	वधूभ्यः
(6th) Possessive (of)	वध्वाः	वध्वोः	वधूनाम्
(7th) Locative (in, on)	वध्वाम्	वध्वोः	वधूषु
Vocative (address)	वधु	वध्वौ	वध्वः

(15) MASCULINE NOUN ENDING IN *(ṛ)* **ऋ (पितृ)** father (Gītā 1.26)

(1st) Nominative -	पिता	पितरौ	पितरः
(2nd) Accusative (to, what?)	पितरम्	पितरौ	पितॄन्
(3rd) Instrumental (with, by)	पित्रा	पितृभ्याम्	पितृभिः
(4th) Dative (for, to)	पित्रे	पितृभ्याम्	पितृभ्यः
(5th) Ablative (from. than)	पितुः	पितृभ्याम्	पितृभ्यः
(6th) Possessive (of)	पितुः	पित्रोः	पितॄणाम्
(7th) Locative (in, on)	पितरि	पित्रोः	पितृषु
Vocative (address)	पितः	पितरौ	पितरः

(16) MASCULINE ADJ∘ ENDING IN *(ṛ)* ऋ (कर्तृ) doer (Gītā 3.24)

CASE–विभक्ति	Singular	Dual	Plural
(1st) Nominative -	कर्ता	कर्तारौ	कर्तारः
(2nd) Accusative (to, what?)	कर्तारम्	कर्तारौ	कर्तॄन्
(3rd) Instrumental (with, by)	कर्त्रा	कर्तृभ्याम्	कर्तृभिः
(4th) Dative (for, to)	कर्त्रे	कर्तृभ्याम्	कर्तृभ्यः
(5th) Ablative (from. than)	कर्तुः	कतृभ्याम्	कर्तृभ्यः
(6th) Possessive (of)	कर्तुः	कर्त्रोः	कर्तृणाम्
(7th) Locative (in, on)	कर्तरि	कर्त्रोः	कर्तृषु
Vocative (address)	कर्तः	कर्तारौ	कर्तारः

(17) NEUTER NOUN ENDING IN *(ṛ)* ऋ (धातृ) supporter (Gītā 9.17)

(1st) Nominative -	धातृ	धातृणी	धातृणि
(2nd) Accusative (to, what?)	धातृ	धातृणी	धातृणि
(3rd) Instrumental (with, by)	धात्रा	धातृभ्याम्	धातृभिः
(4th) Dative (for, to)	धात्रे	धातृभ्याम्	धातृभ्यः
(5th) Ablative (from. than)	धातुः	धातृभ्याम्	धातृभ्यः
(6th) Possessive (of)	धातुः	धात्रोः	धातृणाम्
(7th) Locative (in, on)	धातरि	धात्रोः	धातृषु
Vocative (address)	धातृ–धातः	धातृणी	धातृणि

(18) FEMININE NOUN ENDING IN *(ṛ)* ऋ (मातृ) mother (Gītā 9.17)

(1st) Nominative -	माता	मातरौ	मातरः
(2nd) Accusative (to, what?)	मातरम्	मातरौ	मातॄः
(3rd) Instrumental (with, by)	मात्रा	मातृभ्याम्	मातृभिः
(4th) Dative (for, to)	मात्रे	मातृभ्याम्	मातृभ्यः

(5th) Ablative (from. than)	मातु:	मातृभ्याम्	मातृभ्य:
(6th) Possessive (of)	मातु:	मात्रो:	मातृणाम्
(7th) Locative (in, on)	मातरि	मात्रो:	मातृषु
Vocative (address)	मात:	मातरौ	मातर:

(19) MASCULINE AND FEMININE NOUN ENDING IN *(ai)* **ऐ (रै)** wealth

CASE–विभक्ति	Singular	Dual	Plural
(1st) Nominative -	रा:	रायौ	राय:
(2nd) Accusative (to, what?)	रायम्	रायौ	राय:
(3rd) Instrumental (with, by)	राया	राभ्याम्	राभि:
(4th) Dative (for, to)	राये	राभ्याम्	राभ्य:
(5th) Ablative (from. than)	राय:	राभ्याम्	राभ्य:
(6th) Possessive (of)	राय:	रायो:	रायाम्
(7th) Locative (in, on)	रायि	रायो:	रासु
Vocative (address)	रा:	रायौ	राय:

(20) MASCULINE AND FEMININE NOUN ENDING IN *(o)* **ओ (गो)** cow, bull (Gītā 5.18)

(1st) Nominative -	गौ:	गावौ	गाव:
(2nd) Accusative (to, what?)	गाम्	गावौ	गाव:
(3rd) Instrumental (with, by)	गवा	गोभ्याम्	गोभि:
(4th) Dative (for, to)	गवे	गोभ्याम्	गोभ्य:
(5th) Ablative (from. than)	गो:	गोभ्याम्	गोभ्य:
(6th) Possessive (of)	गो:	गवो:	गवाम्
(7th) Locative (in, on)	गवि	गवो:	गोषु
Vocative (address)	गौ:	गावौ	गाव:

(21) MASCULINE NOUN ENDING IN *(au)* **औ (ग्लौ)** moon

(1st) Nominative -	ग्लौः	ग्लावौ	ग्लावः
(2nd) Accusative (to, what?)	ग्लावम्	ग्लावौ	ग्लावः
(3rd) Instrumental (with, by)	ग्लावा	ग्लौभ्याम्	गौभिः
(4th) Dative (for, to)	ग्लावे	ग्लौभ्याम्	गौभ्यः
(5th) Ablative (from. than)	ग्लावः	ग्लौभ्याम्	गौभ्यः
(6th) Possessive (of)	ग्लावः	ग्लावोः	ग्लावाम्
(7th) Locative (in, on)	ग्लावि	ग्लावोः	ग्लौषु
Vocative (address)	ग्लौः	ग्लावौ	ग्लावः

(22) FEMININE NOUN ENDING IN *(au)* **औ (नौ)** boat (Gītā 2.67)

CASE–विभक्ति	Singular	Dual	Plural
(1st) Nominative -	नौः	नावौ	नावः
(2nd) Accusative (to, what?)	नावम्	नावौ	नावः
(3rd) Instrumental (with, by)	नावा	नौभ्याम्	नौभिः
(4th) Dative (for, to)	नावे	नौभ्याम्	नौभ्यः
(5th) Ablative (from. than)	नावः	नौभ्याम्	नौभ्यः
(6th) Possessive (of)	नावः	नावोः	नावाम्
(7th) Locative (in, on)	नावि	नावोः	नौषु
Vocative (address)	नौः	नावौ	नावः

(23) MASCULINE NOUN ENDING IN *(k)* **क् (शक्)** an able man

(1st) Nominative -	शक्	शकौ	शकः
(2nd) Accusative (to, what?)	शकम्	शकौ	शकः
(3rd) Instrumental (with, by)	शका	शग्भ्याम्	शग्भिः
(4th) Dative (for, to)	शके	शग्भ्याम्	शग्भ्यः
(5th) Ablative (from. than)	शकः	शग्भ्याम्	शग्भ्यः

(6th) Possessive (of)	शकः	शकोः	शकाम्
(7th) Locative (in, on)	शकि	शकोः	शक्षु
Vocative (address)	शक्	शकौ	शकः

(24) MASCULINE NOUN ENDING IN *(kh)* ख् (लिख्) a writer

CASE–विभक्ति	Singular	Dual	Plural
(1st) Nominative -	लिक्	लिखौ	लिखः
(2nd) Accusative (to, what?)	लिखम्	लिखौ	लिखः
(3rd) Instrumental (with, by)	लिखा	लिग्भ्याम्	लिग्भिः
(4th) Dative (for, to)	लिखे	लिग्भ्याम्	लिग्भ्यः
(5th) Ablative (from. than)	लिखः	लिग्भ्याम्	लिग्भ्यः
(6th) Possessive (of)	लिखः	लिखोः	लिखाम्
(7th) Locative (in, on)	लिखि	लिखोः	लिक्षु
Vocative (address)	लिक्	लिखौ	लिखः

(25) NEUTER NOUN ENDING IN *(kh)* ख् (लिख्) a printer

(1st) Nominative -	लिख्	लिखी	लिङ्खि
(2nd) Accusative (to, what?)	लिख्	लिखी	लिङ्खि
(3rd) Instrumental (with, by)	लिखा	लिग्भ्याम्	लिग्भिः
(4th) Dative (for, to)	लिखे	लिग्भ्याम्	लिग्भ्यः
(5th) Ablative (from. than)	लिखः	लिग्भ्याम्	लिग्भ्यः
(6th) Possessive (of)	लिखः	लिखोः	लिखाम्
(7th) Locative (in, on)	लिखि	लिखोः	लिक्षु
Vocative (address)	लिख्	लिखी	लिङ्खि

(26) FEMININE NOUN ENDING IN *(ć)* च् (वाच्) speech (Gītā 2.42)

MASCULINE NOUN ENDING IN *(ć)* च् (सत्यवाच्) truth speeker

(1st) Nominative -	(सत्य)वाक्	वाचौ	वाच:
(2nd) Accusative (to, what?)	वाचम्	वाचौ	वाच:
(3rd) Instrumental (with, by)	वाचा	वाग्भ्याम्	वाग्भि:
(4th) Dative (for, to)	वाचे	वाग्भ्याम्	वाग्भ्य:
(5th) Ablative (from. than)	वाच:	वाग्भ्याम्	वाग्भ्य:
(6th) Possessive (of)	वाच:	वाचो:	वाचाम्
(7th) Locative (in, on)	वाचि	वाचो:	वाक्षु
Vocative (address)	वाक्-वाग्	वाचौ	वाच:

(27) MASCULINE NOUN ENDING IN *(j)* ज् (राज्) king

MASCULINE NOUN ENDING IN *(j)* ज् (वणिज्) merchant

CASE–विभक्ति	Singular	Dual	Plural
(1st) Nominative -	राट्-ड्	राजौ	राज:
(1st) Nominative -	वणिक्-ग्	वणिजौ	वणिज:
(2nd) Accusative (to, what?)	राजम्	राजौ	राज:
(3rd) Instrumental (with, by)	राजा	राड्भ्याम्	राड्भि:
(4th) Dative (for, to)	राजे	राड्भ्याम्	राड्भ्य:
(5th) Ablative (from. than)	राज:	राड्भ्याम्	राड्भ्य:
(6th) Possessive (of)	राज:	राजो:	राजाम्
(7th) Locative (in, on)	राजि	राजो:	राट्सु
Vocative (address)	राट्-राड्	राजौ	राज:

(28) NEUTER NOUN ENDING IN *(j)* ज् (ऊर्ज्) power

(1st) Nominative -	ऊर्क्-र्ग्	ऊर्जौ	ऊर्ज:
(2nd) Accusative (to, what?)	ऊर्क्-र्ग्	ऊर्जौ	ऊर्ज:
(3rd) Instrumental (with, by)	ऊर्जा	ऊर्भ्याम्	ऊर्ग्भि:

(4th) Dative (for, to)	ऊर्जे	ऊर्ग्भ्याम्	ऊर्ग्भ्यः
(5th) Ablative (from. than)	ऊर्जः	ऊर्ग्भ्याम्	ऊर्ग्भ्यः
(6th) Possessive (of)	ऊर्जः	ऊर्जोः	ऊर्जाम्
(7th) Locative (in, on)	ऊर्जि	ऊर्जोः	ऊर्क्षु
Vocative (address)	ऊर्क्-र्ग्	ऊर्जौ	ऊर्जः

(29) FEMININE NOUN ENDING IN *(j)* **ज् (स्रज्)** necklace

(1st) Nominative -	स्रक्-ग्	स्रजौ	स्रजः
(2nd) Accusative (to, what?)	स्रक्-ग्	स्रजौ	स्रजः
(3rd) Instrumental (with, by)	स्रजा	स्रग्भ्याम्	स्रग्भिः
(4th) Dative (for, to)	स्रजे	स्रग्भ्याम्	स्रग्भ्यः
(5th) Ablative (from. than)	स्रजः	स्रग्भ्याम्	स्रग्भ्यः
(6th) Possessive (of)	स्रजः	स्रजोः	स्रजाम्
(7th) Locative (in, on)	स्रजि	स्रजोः	स्रक्षु
Vocative (address)	स्रक्	स्रजौ	स्रजः

(30) MASCULINE NOUN ENDING IN *(ñć)* **ञ्च् (प्राञ्च्)** East

CASE–विभक्ति	Singular	Dual	Plural
(1st) Nominative -	प्राङ्	प्राञ्चौ	प्राञ्चः
(2nd) Accusative (to, what?)	प्राञ्चम्	प्राञ्चौ	प्राञ्चः
(3rd) Instrumental (with, by)	प्राचा	प्राङ्भ्याम्	प्राङ्भिः
(4th) Dative (for, to)	प्राचे	प्राङ्भ्याम्	प्राङ्भ्यः
(5th) Ablative (from. than)	प्राचः	प्राङ्भ्याम्	प्राङ्भ्यः
(6th) Possessive (of)	प्राचः	प्राञ्चोः	प्राञ्चाम्
(7th) Locative (in, on)	प्राचि	प्राञ्चोः	प्राङ्क्षु
Vocative (address)	प्राङ्	प्राञ्चौ	प्राञ्चः

(31) MASCULINE NOUN ENDING IN *(ñj)* ञ्ज् (खञ्ज्) lame

(1st) Nominative -	खन्	खञ्जौ	खञ्जः
(2nd) Accusative (to, what?)	खञ्जम्	खञ्जौ	खञ्जः
(3rd) Instrumental (with, by)	खञ्जा	खन्भ्याम्	खन्भिः
(4th) Dative (for, to)	खञ्जे	खन्भ्याम्	खन्भ्यः
(5th) Ablative (from. than)	खञ्जः	खन्भ्याम्	खन्भ्यः
(6th) Possessive (of)	खञ्जः	खञ्जोः	खञ्जाम्
(7th) Locative (in, on)	खञ्जि	खञ्जोः	खन्सु
Vocative (address)	खन्	खञ्जौ	खञ्जः

(32) MASCULINE NOUN ENDING IN *(t)* त् (मरुत्) wind (Gītā 10.21)

(1st) Nominative -	मरुत्	मरुतौ	मरुतः
(2nd) Accusative (to, what?)	मरुतम्	मरुतौ	मरुतः
(3rd) Instrumental (with, by)	मरुता	मरुद्भ्याम्	मरुद्भिः
(4th) Dative (for, to)	मरुते	मरुद्भ्याम्	मरुद्भ्यः
(5th) Ablative (from. than)	मरुतः	मरुद्भ्याम्	मरुद्भ्यः
(6th) Possessive (of)	मरुतः	मरुतोः	मरुताम्
(7th) Locative (in, on)	मरुति	मरुतोः	मरुत्सु
Vocative (address)	मरुत्	मरुतौ	मरुतः

(33) MASCULINE ADJECTIVE ENDING IN *(t)* त् (भगवत्) divine (Gītā 10.14)

CASE–विभक्ति	Singular	Dual	Plural
(1st) Nominative -	भगवान्	भगवन्तौ	भगवन्तः
(2nd) Accusative (to, what?)	भगवन्तम्	भगवन्तौ	भगवतः
(3rd) Instrumental (with, by)	भगवता	भगवद्भ्याम्	भगवद्भिः
(4th) Dative (for, to)	भगवते	भगवद्भ्याम्	भगवद्भ्यः

(5th) Ablative (from. than)	भगवतः	भगवद्भ्याम्	भगवद्भ्यः
(6th) Possessive (of)	भगवतः	भगवतोः	भगवताम्
(7th) Locative (in, on)	भगवति	भगवतोः	भगवत्सु
Vocative (address)	भगवन्	भगवन्तौ	भगवन्तः

(34) MASCULINE PRONOUN ENDING IN *(t)* **त् (भवत्)** you (Gītā 1.8)

(1st) Nominative -	भवान्	भवन्तौ	भवन्तः
(2nd) Accusative (to, what?)	भवन्तम्	भवन्तौ	भवतः
(3rd) Instrumental (with, by)	भवता	भवद्भ्याम्	भवद्भिः
(4th) Dative (for, to)	भवते	भवद्भ्याम्	भवद्भ्यः
(5th) Ablative (from. than)	भवतः	भवद्भ्याम्	भवद्भ्यः
(6th) Possessive (of)	भवतः	भवतोः	भवताम्
(7th) Locative (in, on)	भवति	भवतोः	भवत्सु
Vocative (address)	भवन्	भवन्तौ	भवन्तः

(35) MASCULINE PARTICIPLE ENDING IN *(t)* **त् (कुर्वत्)** while doing, doer (Gītā 4.21)

CASE–विभक्ति	Singular	Dual	Plural
(1st) Nominative -	कुर्वन्	कुर्वन्तौ	कुर्वन्तः
(2nd) Accusative (to, what?)	कुर्वन्तम्	कुर्वन्तौ	कुर्वतः
(3rd) Instrumental (with, by)	कुर्वता	कुर्वद्भ्याम्	कुर्वद्भिः
(4th) Dative (for, to)	कुर्वते	कुर्वद्भ्याम्	कुर्वद्भ्यः
(5th) Ablative (from. than)	कुर्वतः	कुर्वद्भ्याम्	कुर्वद्भ्यः
(6th) Possessive (of)	कुर्वतः	कुर्वतोः	कुर्वताम्
(7th) Locative (in, on)	कुर्वति	कुर्वतोः	कुर्वत्सु
Vocative (address)	कुर्वन्	कुर्वन्तौ	कुर्वन्तः

(36) NEUTER NOUN ENDING IN *(t)* **त् (जगत्)** world (Gītā 7.6)

(1st) Nominative -	जगत्	जगती	जगन्ति
(2nd) Accusative (to, what?)	जगत्	जगती	जगन्ति
(3rd) Instrumental (with, by)	जगता	जगद्भ्याम्	जगद्भिः
(4th) Dative (for, to)	जगते	जगद्भ्याम्	जगद्भ्यः
(5th) Ablative (from. than)	जगतः	जगद्भ्याम्	जगद्भ्यः
(6th) Possessive (of)	जगतः	जगतोः	जगताम्
(7th) Locative (in, on)	जगति	जगतोः	जगत्सु
Vocative (address)	जगत्	जगती	जगन्ति

(37) NEUTER ADJECTIVE ENDING IN *(t)* त् (महत्) great (Gītā 1.14)

(1st) Nominative -	महत्	महती	महान्ति
(2nd) Accusative (to, what?)	महत्	महती	महान्ति
(3rd) Instrumental (with, by)	महता	महद्भ्याम्	महद्भिः
(4th) Dative (for, to)	महते	महद्भ्याम्	महद्भ्यः
(5th) Ablative (from. than)	महतः	महद्भ्याम्	महद्भ्यः
(6th) Possessive (of)	महतः	महतोः	महताम्
(7th) Locative (in, on)	महति	महतोः	महत्सु
Vocative (address)	महत्	महती	महान्ति

(38) FEMININE ADJECTIVE ENDING IN *(t)* त् (सरित्) river

(1st) Nominative -	सरित्	सरितौ	सरितः
(2nd) Accusative (to, what?)	सरितम्	सरितौ	सरितः
(3rd) Instrumental (with, by)	सरिता	सरिद्भ्याम्	सरिद्भिः
(4th) Dative (for, to)	सरिते	सरिद्भ्याम्	सरिद्भ्यः
(5th) Ablative (from. than)	सरितः	सरिद्भ्याम्	सरिद्भ्यः
(6th) Possessive (of)	सरितः	सरितोः	सरिताम्

(7th) Locative (in, on)	सरिति	सरितोः	सरित्सु
Vocative (address)	सरित्	सरितौ	सरितः

(39) MASCULINE NOUN ENDING IN *(d)* द् (सुहृद्) friend (Gītā 1.26)

CASE–विभक्ति	Singular	Dual	Plural
(1st) Nominative -	सुहृद्	सुहृदौ	सुहृदः
(2nd) Accusative (to, what?)	सुहृदम्	सुहृदौ	सुहृदः
(3rd) Instrumental (with, by)	सुहृदा	सुहृद्भ्याम्	सुहृद्भिः
(4th) Dative (for, to)	सुहृदे	सुहृद्भ्याम्	सुहृद्भ्यः
(5th) Ablative (from. than)	सुहृदः	सुहृद्भ्याम्	सुहृद्भ्यः
(6th) Possessive (of)	सुहृदः	सुहृदोः	सुहृदाम्
(7th) Locative (in, on)	सुहृदि	सुहृदोः	सुहृत्सु
Vocative (address)	सुहृद्	सुहृदौ	सुहृदः

(40) NEUTER NOUN ENDING IN *(d)* द् (हृद्) heart (Gītā 8.12)

CASE–विभक्ति	Singular	Dual	Plural
(1st) Nominative -	हृत्	हृदी	हृन्दि
(2nd) Accusative (to, what?)	हृत्	हृदी	हृन्दि
(3rd) Instrumental (with, by)	हृदा	हृद्भ्याम्	हृद्भिः
(4th) Dative (for, to)	हृदे	हृद्भ्याम्	हृद्भ्यः
(5th) Ablative (from. than)	हृदः	हृद्भ्याम्	हृद्भ्यः
(6th) Possessive (of)	हृदः	हृदोः	हृदाम्
(7th) Locative (in, on)	हृदि	हृदोः	हृत्सु
Vocative (address)	हृद्	हृदौ	हृदः

(41) FEMININE NOUN ENDING IN *(dh)* ध् (क्षुध्) hunger

(1st) Nominative -	क्षुत्–क्षुद्	क्षुधौ	क्षुधः

(2nd) Accusative (to, what?)	क्षुधम्	क्षुधौ	क्षुधः
(3rd) Instrumental (with, by)	क्षुधा	क्षुद्भ्याम्	क्षुद्भिः
(4th) Dative (for, to)	क्षुधे	क्षुद्भ्याम्	क्षुद्भ्यः
(5th) Ablative (from. than)	क्षुधः	क्षुद्भ्याम्	क्षुद्भ्यः
(6th) Possessive (of)	क्षुधः	क्षुधोः	क्षुधाम्
(7th) Locative (in, on)	क्षुधि	क्षुधोः	क्षुत्सु
Vocative (address)	क्षुत्-क्षुद्	क्षुधौ	क्षुधः

(42) MASCULINE NOUN ENDING IN ***(in)*** **इन् (शशिन्)** moon (Gītā 10.21)

CASE–विभक्ति	Singular	Dual	Plural
(1st) Nominative -	शशी	शशिनौ	शशिनः
(2nd) Accusative (to, what?)	शशिनम्	शशिनौ	शशिनः
(3rd) Instrumental (with, by)	शशिना	शशिभ्याम्	शशिभिः
(4th) Dative (for, to)	शशिने	शशिभ्याम्	शशिभ्यः
(5th) Ablative (from. than)	शशिनः	शशिभ्याम्	शशिभ्यः
(6th) Possessive (of)	शशिनः	शशिनोः	शशिनाम्
(7th) Locative (in, on)	शशिनि	शशिनोः	शशिषु
Vocative (address)	शशिन्	शशिनौ	शशिनः

(43) NEUTER ADJECTIVE ENDING IN ***(in)*** **इन् (भाविन्)** future

(1st) Nominative	भावि	भाविनी	भावीनि
(2nd) Accusative (to, what?)	भावि	भाविनी	भावीनि
(3rd) Instrumental (with, by)	भाविना	भाविभ्याम्	भाविभिः
(4th) Dative (for, to)	भाविने	भाविभ्याम्	भाविभ्यः
(5th) Ablative (from. than)	भाविनः	भाविभ्याम्	भाविभ्यः
(6th) Possessive (of)	भाविनः	भाविनोः	भाविनाम्

(7th) Locative (in, on)	भाविनि	भाविनो:	भाविषु
Vocative (address)	भावि	भाविनी	भावीनि

(44) MASCULINE NOUN ENDING IN *(an)* न् (आत्मन्) soul (Gītā 6.5)

(1st) Nominative -	आत्मा	आत्मानौ	आत्मान:
(2nd) Accusative (to, what?)	आत्मानम्	आत्मानौ	आत्मन:
(3rd) Instrumental (with, by)	आत्मना	आत्मभ्याम्	आत्मभि:
(4th) Dative (for, to)	आत्मने	आत्मभ्याम्	आत्मभ्य:
(5th) Ablative (from. than)	आत्मन:	आत्मभ्याम्	आत्मभ्य:
(6th) Possessive (of)	आत्मन:	आत्मनो:	आत्मनाम्
(7th) Locative (in, on)	आत्मनि	आत्मनो:	आत्मसु
Vocative (address)	आत्मन्	आत्मानौ	आत्मान:

(45) NEUTER NOUN ENDING IN *(an)* न् (कर्मन्) deed (Gītā 2.49)

CASE–विभक्ति	Singular	Dual	Plural
(1st) Nominative -	कर्म	कर्मणी	कर्माणि
(2nd) Accusative (to, what?)	कर्म	कर्मणी	कर्माणि
(3rd) Instrumental (with, by)	कर्मणा	कर्मभ्याम्	कर्मभि:
(4th) Dative (for, to)	कर्मणे	कर्मभ्याम्	कर्मभ्य:
(5th) Ablative (from. than)	कर्मण:	कर्मभ्याम्	कर्मभ्य:
(6th) Possessive (of)	कर्मण:	कर्मणो:	कर्मणाम्
(7th) Locative (in, on)	कर्मणि	कर्मणो:	कर्मसु
Vocative (address)	कर्म	कर्मणी	कर्माणि

(46) FEMININE NOUN ENDING IN *(an)* न् (सीमन्) limit

(1st) Nominative -	सीमा	सीमानौ	सीमान:
(2nd) Accusative (to, what?)	सीमानम्	सीमानौ	सीम्न:

(3rd) Instrumental (with, by)	सीम्ना	सीमभ्याम्	सीमभिः
(4th) Dative (for, to)	सीम्ने	सीमभ्याम्	सीमभ्यः
(5th) Ablative (from. than)	सीम्नः	सीमभ्याम्	सीमभ्यः
(6th) Possessive (of)	सीम्नः	सीम्नोः	सीम्नाम्
(7th) Locative (in, on)	सीम्नि, सीमनि	सीम्नोः	सीमसु
Vocative (address)	सीमन्	सीमानौ	सीमनः

(47) MASCULINE AND FEMININE NOUN ENDING IN *(p)* **प् (गुप्)** defender

FEMININE NOUNS ENDING IN *(p)* **प् (आप्)** water — Plural only (Gītā 2.23)

(1st) Nominative -	गुप्-भ्	गुपौ	गुपः	आपः
(2nd) Accusative (to, what?)	गुपम्	गुपौ	गुपः	अपः
(3rd) Instrumental (with, by)	गुपा	गुब्भ्याम्	गुब्भिः	अद्भिः
(4th) Dative (for, to)	गुपे	गुब्भ्याम्	गुब्भ्यः	अद्भ्यः
(5th) Ablative (from. than)	गुपः	गुब्भ्याम्	गुब्भ्यः	अद्भ्यः
(6th) Possessive (of)	गुपः	गुपोः	गुपाम्	अपाम्
(7th) Locative (in, on)	गुपि	गुपोः	गुप्सु	अप्सु
Vocative (address)	गुप्-भ्	गुपौ	गुपः	आपः

(48) MASCULINE AND FEMININE NOUN ENDING IN *(bh)* **भ् (लभ्)** finder

(1st) Nominative -	लभ्	लभौ	लभः
(2nd) Accusative (to, what?)	लभम्	लभौ	लभः
(3rd) Instrumental (with, by)	लभा	लग्भ्याम्	लग्भिः
(4th) Dative (for, to)	लभे	लग्भ्याम्	लग्भ्यः
(5th) Ablative (from. than)	लभः	लग्भ्याम्	लग्भ्यः
(6th) Possessive (of)	लभः	लभोः	लभाम्
(7th) Locative (in, on)	लभि	लभोः	लप्सु

Vocative (address)	लभ्	लभौ	लभः

(49) MASCULINE NOUN ENDING IN *(r)* **र् (चर्)** mover (Gītā 13.15)

CASE–विभक्ति	Singular	Dual	Plural
(1st) Nominative -	चर्	चरौ	चरः
(2nd) Accusative (to, what?)	चरम्	चरौ	चरः
(3rd) Instrumental (with, by)	चरा	चर्भ्याम्	चर्भिः
(4th) Dative (for, to)	चरे	चर्भ्याम्	चर्भ्यः
(5th) Ablative (from. than)	चरः	चर्भ्याम्	चर्भ्यः
(6th) Possessive (of)	चरः	चरोः	चराम्
(7th) Locative (in, on)	चरि	चरोः	चर्षु
Vocative (address)	चर्	चरौ	चरः

(50) NEUTER NOUN ENDING IN *(r)* **र् (वार्)** water

(1st) Nominative -	वाः	वारी	वारि
(2nd) Accusative (to, what?)	वाः	वारी	वारि
(3rd) Instrumental (with, by)	वारा	वार्भ्याम्	वार्भिः
(4th) Dative (for, to)	वारे	वार्भ्याम्	वार्भ्यः
(5th) Ablative (from. than)	वारः	वार्भ्याम्	वार्भ्यः
(6th) Possessive (of)	वारः	वारोः	वाराम्
(7th) Locative (in, on)	वारि	वारोः	वार्षु
Vocative (address)	वाः	वारी	वारि

(51) FEMININE NOUN ENDING IN *(r)* **र् (गिर्)** speech (Gītā 10.25)

FEMININE NOUN ENDING IN *(r)* **र् (पुर्)** city, town

(1st) Nominative -	गीः	गिरौ	गिरः
(1st) Nominative -	पूः	पुरौ	पुरः

(2nd) Accusative (to, what?)	गिरम्	गिरौ	गिर:
(3rd) Instrumental (with, by)	गिरा	गीर्भ्याम्	गीर्भि:
(4th) Dative (for, to)	गिरे	गीर्भ्याम्	गीर्भ्य:
(5th) Ablative (from. than)	गिर:	गीर्भ्याम्	गीर्भ्य:
(6th) Possessive (of)	गिर:	गिरो:	गिराम्
(7th) Locative (in, on)	गिरि	गिरो:	गीर्षु
Vocative (address)	गी:	गिरौ	गिर:

(52) FEMININE NOUN ENDING IN *(v)* **व् (दिव्)** sky (Gītā 9.20)

CASE–विभक्ति	Singular	Dual	Plural
(1st) Nominative -	द्यौ:	दिवौ	दिव:
(2nd) Accusative (to, what?)	दिवम्	दिवौ	दिव:
(3rd) Instrumental (with, by)	दिवा	द्युग्भ्याम्	द्युग्भि:
(4th) Dative (for, to)	दिवे	द्युग्भ्याम्	द्युग्भ्य:
(5th) Ablative (from. than)	दिव:	द्युग्भ्याम्	द्युग्भ्य:
(6th) Possessive (of)	दिव:	दिवो:	दिवाम्
(7th) Locative (in, on)	दिवि	दिवो:	द्युषु
Vocative (address)	द्यौ:	दिवौ	दिव:

(53) MASCULINE NOUN ENDING IN *(ś)* **श् (नश्)** ruin

MASCULINE NOUN ENDING IN *(ś)* **श् (विश्)** merchant (Gītā 18.41)

(1st) Nominative -	नक्–ग्	नशौ	नश:
(1st) Nominative -	विश्	विशौ	विश:
(2nd) Accusative (to, what?)	नशम्	नशौ	नश:
(3rd) Instrumental (with, by)	नशा	नग्भ्याम्	नग्भि:
(4th) Dative (for, to)	नशे	नग्भ्याम्	नग्भ्य:

(5th) Ablative (from. than)	नशः	नग्भ्याम्	नग्भ्यः
(6th) Possessive (of)	नशः	नशोः	नशाम्
(7th) Locative (in, on)	नशि	नशोः	नक्षु
Vocative (address)	नक्-ग्	नशौ	नशः

(54) FEMININE NOUN ENDING IN *(ś)* **श् (दिश्)** direction (Gītā 6.13)

(1st) Nominative -	दिक्-दिग्	दिशौ	दिशः
(2nd) Accusative (to, what?)	दिशम्	दिशौ	दिशः
(3rd) Instrumental (with, by)	दिशा	दिग्भ्याम्	दिग्भिः
(4th) Dative (for, to)	दिशे	दिग्भ्याम्	दिग्भ्यः
(5th) Ablative (from. than)	दिशः	दिग्भ्याम्	दिग्भ्यः
(6th) Possessive (of)	दिशः	दिशोः	दिशाम्
(7th) Locative (in, on)	दिशि	दिशोः	दिक्षु
Vocative (address)	दिक्-दिग्	दिशौ	दिशः

(55) m∘ NOUN ENDING IN *(ṣ)* **ष् (चिकीर्ष्)** a desirer

(1st) Nominative -	चिकीः	चिकीर्षौ	चिकीर्षः
(2nd) Accusative (to, what?)	चिकीर्षम्	चिकीर्षौ	चिकीर्षः
(3rd) Instrumental (with, by)	चिकीर्षा	चिकीर्भ्याम्	चिकीर्भिः
(4th) Dative (for, to)	चिकीर्षे	चिकीर्भ्याम्	चिकीर्भ्यः
(5th) Ablative (from. than)	चिकीर्षः	चिकीर्भ्याम्	चिकीर्भ्यः
(6th) Possessive (of)	चिकीर्षः	चिकीर्षोः	चिकीर्षाम्
(7th) Locative (in, on)	चिकीर्षः	चिकीर्षोः	चिकीर्षु
Vocative (address)	चिकीः	चिकीर्षौ	चिकीर्षः

(56) NEUTER NOUN ENDING IN *(ṣ)* **ष् (धनुष्)** bow (Gītā 1.20)

(1st) Nominative -	धनुः	धनुषी	धनूंषि

(2nd) Accusative (to, what?)	धनु:	धनुषी	धनूंषि
(3rd) Instrumental (with, by)	धनुषा	धनुर्भ्याम्	धनुर्भि:
(4th) Dative (for, to)	धनुषे	धनुर्भ्याम्	धनुर्भ्य:
(5th) Ablative (from. than)	धनुष:	धनुर्भ्याम्	धनुर्भ्य:
(6th) Possessive (of)	धनुष:	धनुषो:	धनुषाम्
(7th) Locative (in, on)	धनुषि	धनुषो:	धनु:षु
Vocative (address)	धनु:	धनुषी	धनूंषि

(57) FEMININE NOUN END∘ IN *(ṣ)* **ष् (आशिष्)** blessing

CASE–विभक्ति	Singular	Dual	Plural
(1st) Nominative -	आशी:	आशिषौ	आशिष:
(2nd) Accusative (to, what?)	आशिषम्	आशिषौ	आशिष:
(3rd) Instrumental (with, by)	आशिषा	आशीर्भ्याम्	आशीर्भि:
(4th) Dative (for, to)	आशिषे	आशीर्भ्याम्	आशीर्भ्य:
(5th) Ablative (from. than)	आशिष:	आशीर्भ्याम्	आशीर्भ्य:
(6th) Possessive (of)	आशिष:	आशिषो:	आशिषाम्
(7th) Locative (in, on)	आशिषि	आशिषो:	आशी:षु
Vocative (address)	आशी:	आशिषौ	आशिष:

(58) MASCULINE NOUN ENDING IN *(s)* **स् (चन्द्रमस्)** moon (Gītā 15.12)

(1st) Nominative -	चन्द्रमा:	चन्द्रमसौ	चन्द्रमस:
(2nd) Accusative (to, what?)	चन्द्रमसम्	चन्द्रमसौ	चन्द्रमस:
(3rd) Instrumental (with, by)	चन्द्रमसा	चन्द्रमोभ्याम्	चन्द्रमोभि:
(4th) Dative (for, to)	चन्द्रमसे	चन्द्रमोभ्याम्	चन्द्रमोभ्य:
(5th) Ablative (from. than)	चन्द्रमस:	चन्द्रमोभ्याम्	चन्द्रमोभ्य:
(6th) Possessive (of)	चन्द्रमस:	चन्द्रमसो:	चन्द्रमसाम्

(7th) Locative (in, on)	चन्द्रमसि	चन्द्रमसो:	चन्द्रम:सु
Vocative (address)	चन्द्रम:	चन्द्रमसौ	चन्द्रमस:

(59) MASCULINE ADJECTIVE ENDING IN *(s)* स् (श्रेयस्) better (Gītā 3.35)

(1st) Nominative -	श्रेयान्	श्रेयांसौ	श्रेयांस:
(2nd) Accusative (to, what?)	श्रेयांसम्	श्रेयांसौ	श्रेयस:
(3rd) Instrumental (with, by)	श्रेयसा	श्रेयोभ्याम्	श्रेयोभि:
(4th) Dative (for, to)	श्रेयसे	श्रेयोभ्याम्	श्रेयोभ्य:
(5th) Ablative (from. than)	श्रेयस:	श्रेयोभ्याम्	श्रेयोभ्य:
(6th) Possessive (of)	श्रेयस:	श्रेयसो:	श्रेयसाम्
(7th) Locative (in, on)	श्रेयसि	श्रेयसो:	श्रेय:सु
Vocative (address)	श्रेयान्	श्रेयांसौ	श्रेयांस:

(60) NEUTER ADJECTIVE ENDING IN *(s)* स् (श्रेयस्) better (Gītā 1.31)

(1st) Nominative -	श्रेय:	श्रेयसी	श्रेयांसि
(2nd) Accusative (to, what?)	श्रेय:	श्रेयसी	श्रेयांसि
(3rd) Instrumental (with, by)	श्रेयसा	श्रेयोभ्याम्	श्रेयोभि:
(4th) Dative (for, to)	श्रेयसे	श्रेयोभ्याम्	श्रेयोभ्य:
(5th) Ablative (from. than)	श्रेयस:	श्रेयोभ्याम्	श्रेयोभ्य:
(6th) Possessive (of)	श्रेयस:	श्रेयसो:	श्रेयसाम्
(7th) Locative (in, on)	श्रेयसि	श्रेयसो:	श्रेय:सु
Vocative (address)	श्रेय:	श्रेयसी	श्रेयांसि

(61) NEUTER NOUN ENDING IN *(s)* स् (पयस्) water, milk

(1st) Nominative -	पय:	पयसी	पयांसि
(2nd) Accusative (to, what?)	पय:	पयसी	पयांसि
(3rd) Instrumental (with, by)	पयसा	पयोभ्याम्	पयोभि:

(4th) Dative (for, to)	पयसे	पयोभ्याम्	पयोभ्य:
(5th) Ablative (from. than)	पयस:	पयोभ्याम्	पयोभ्य:
(6th) Possessive (of)	पयस:	पयसो:	पयसाम्
(7th) Locative (in, on)	पयसि	पयसो:	पय:सु
Vocative (address)	पय:	पयसी	पयांसि

(62) MASCULINE ADJECTIVE ENDING IN ***(s)*** **स् (गरीयस्)** superior (Gītā 11.43)

CASE–विभक्ति	Singular	Dual	Plural
(1st) Nominative -	गरीयान्	गरीयांसौ	गरीयांस:
(2nd) Accusative (to, what?)	गरीयांसम्	गरीयांसौ	गरीयस:
(3rd) Instrumental (with, by)	गरीयसा	गरीयोभ्याम्	गरीयोभि:
(4th) Dative (for, to)	गरीयसे	गरीयोभ्याम्	गरीयोभ्य:
(5th) Ablative (from. than)	गरीय:	गरीयोभ्याम्	गरीयोभ्य:
(6th) Possessive (of)	गरीय:	गरीयसो:	गरीयसाम्
(7th) Locative (in, on)	गरीयसि	गरीयसो:	गरीयसु
Vocative (address)	गरीयन्	गरीयांसौ	गरीयांस:

NEUTER ADJECTIVE ENDING IN ***(s)*** **स् (गरीयस्)** superior (Gītā 2.6)

(1st) Nominative -	गरीय:	गरीयांसौ	गरीयांसि
(2nd) Accusative (to, what?)	गरीय:	गरीयांसौ	गरीयांसि

Remaining same as masculine forms

FEMININE ADJECTIVE ENDING IN ***(s)*** **स् (गरीयस्)** superior

(1st) Nominative -	गरीयसी	गरीयांस्यौ	गरीयस्य:

Remaining same as masculine forms

(63) MASCULINE NOUN ENDING IN ***(ṁs)*** **ंस् (पुंस्)** man (Gītā 2.71)

(1st) Nominative -	पुमान्	पुमांसौ	पुमांस:
(2nd) Accusative (to, what?)	पुमांसम्	पुमांसौ	पुंस:

(3rd) Instrumental (with, by)	पुंसा	पुम्भ्याम्	पुम्भिः
(4th) Dative (for, to)	पुंसे	पुम्भ्याम्	पुम्भ्यः
(5th) Ablative (from. than)	पुंसः	पुम्भ्याम्	पुम्भ्यः
(6th) Possessive (of)	पुंसः	पुंसोः	पुंसाम्
(7th) Locative (in, on)	पुंसि	पुंसोः	पुंसु
Vocative (address)	पुमान्	पुमांसौ	पुमांसः

(64) MASCULINE NOUN ENDING IN *(h)* ह् (मुह्) charmer

(1st) Nominative -	मुक्-ग्	मुहौ	मुहः
(2nd) Accusative (to, what?)	मुहम्	मुहौ	मुहः
(3rd) Instrumental (with, by)	मुहा	मुग्भ्याम्	मुग्भिः
(4th) Dative (for, to)	मुहे	मुग्भ्याम्	मुग्भ्यः
(5th) Ablative (from. than)	मुहः	मुग्भ्याम्	मुग्भ्यः
(6th) Possessive (of)	मुहः	मुहोः	मुहाम्
(7th) Locative (in, on)	मुहि	मुहोः	मुक्षु, मुट्सु
Vocative (address)	मुक्-ग्	मुहौ	मुहः

(65) FEMINENE NOUN ENDING IN *(h)* ह् (उपानह्) shoe

(1st) Nominative -	उपानत्-द्	उपानहौ	उपानहः
(2nd) Accusative (to, what)	उपानहम्	उपानहौ	उपानहः
(3rd) Instrumental (with, by)	उपानहा	उपानद्भ्याम्	उपानद्भिः
(4th) Dative (for, to)	उपानहे	उपानद्भ्याम्	उपानद्भ्यः
(5th) Ablative (from. than)	उपानहः	उपानद्भ्याम्	उपानद्भ्यः
(6th) Possessive (of)	उपानहः	उपानहोः	उपानहाम्
(7th) Locative (in, on)	उपानहि	उपानहोः	उपानत्सु
Vocative (address)	उपानत्-द्	उपानहौ	उपानहः

DECLENSIONS OF THE IRREGULAR WORDS

(66) MASCULINE NOUN ENDING IN *(i)* इ (सखि) friend (Gītā 4.3)

(1st) Nominative -	सखा	सखायौ	सखायः
(2nd) Accusative (to, what?)	सखायम्	सखायौ	सखीन्
(3rd) Instrumental (with, by)	सख्या	सखिभ्याम्	सखिभिः
(4th) Dative (for, to)	सख्ये	सखिभ्याम्	सखिभ्यः
(5th) Ablative (from. than)	सख्युः	सखिभ्याम्	सखिभ्यः
(6th) Possessive (of)	सख्युः	सख्योः	सखीनाम्
(7th) Locative (in, on)	सख्यौ	सख्योः	सखिषु
Vocative (address)	सखे	सखायौ	सखायः

(67) MASCULINE NOUN ENDING IN *(i)* इ (पति) husband (Gītā 1.18)

(3rd) Instrumental (with, by)	पत्या	पतिभ्याम्	पतिभिः
(4th) Dative (for, to)	पत्ये	पतिभ्याम्	पतिभ्यः
(5th) Ablative (from. than)	पत्युः	पतिभ्याम्	पतिभ्यः
(6th) Possessive (of)	पत्युः	पत्योः	पतीनाम्
(7th) Locative (in, on)	पत्यौ	पत्योः	पतिषु

(68) NEUTER NOUN ENDING IN *(i)* इ (अक्षि) eye (Gītā 13.14)

(3rd) Instrumental (with, by)	अक्ष्णा	अक्षिभ्याम्	अक्षिभिः
(4th) Dative (for, to)	अक्ष्णे	अक्षिभ्याम्	अक्षिभ्यः
(5th) Ablative (from. than)	अक्ष्णः	अक्षिभ्याम्	अक्षिभ्यः
(6th) Possessive (of)	अक्ष्णः	अक्ष्णोः	अक्ष्णाम्
(7th) Locative (in, on)	अक्षिण, अक्षणि	अक्ष्णोः	अक्षिषु

(69) FEMININE NOUN ENDING IN *(ī)* ई (स्त्री) woman (Gītā 1.41)

(2nd) Accusative (to, what?)	स्त्रियम्, स्त्रीम्	स्त्रियौ	स्त्रीयः

(70) FEMININE NOUN ENDING IN *(ī)* **ई (श्री)** wealth (Gītā 10.34)

(1st) Nominative -	श्रीः	श्रियौ	श्रियः
(2nd) Accusative (to, what?)	श्रियम्	श्रियौ	श्रियः
(3rd) Instrumental (with, by)	श्रिया	श्रीभ्याम्	श्रीभिः
(4th) Dative (for, to)	श्रियै, श्रिये	श्रीभ्याम्	श्रीभ्यः
(5th) Ablative (from. than)	श्रियाः, श्रियः	श्रिभ्याम्	श्रीभ्यः
(6th) Possessive (of)	श्रियाः, श्रियः	श्रियोः	श्रियाम्, श्रीणाम्
(7th) Locative (in, on)	श्रियाम्, श्रियि	श्रियोः	श्रीषु
Vocative (address)	श्रीः	श्रियौ	श्रियः

(71) FEMININE NOUN ENDING IN *(ū)* **ऊ (भू)** earth (Gītā 2.47)

(2nd) Accusative (to, what?)	भूवम्	भुवौ	भुवः
(4th) Dative (for, to)	भुवै, भुवे	भूभ्याम्	भूभ्यः
(5th) Ablative (from. than)	भुवाः, भुवः	भूभ्याम्	भूभ्यः
(6th) Possessive (of)	भुवाः, भुवः	भुवोः	भुवाम्, भूनाम्
(7th) Locative (in, on)	भुवाम्, भुवि	भुवोः	भूषु

(72) MASCULINE NOUN ENDING IN *(s)* **स् (विद्वस्)** learned (Gītā 3.25)

(1st) Nominative -	विद्वान्	विद्वांसौ	विद्वांसः
(2nd) Accusative (to, what?)	विद्वांसम्	विद्वांसौ	विदुषः
(3rd) Instrumental (with, by)	विदुषा	विद्वद्भ्याम्	विद्वद्भिः
(4th) Dative (for, to)	विदुषे	विद्वद्भ्याम्	विद्वद्भ्यः
(5th) Ablative (from. than)	विदुषः	विद्वद्भ्याम्	विद्वद्भ्यः
(6th) Possessive (of)	विदुषः	विदुषोः	विदुषाम्
(7th) Locative (in, on)	विदुषि	विदुषोः	विद्वत्सु

Vocative (address)	विद्वान्	विद्वांसौ	विद्वांस:

(73) MASCULINE NOUN ENDING IN *(in)* इन् (पथिन्) way (Gītā 6.38)

(1st) Nominative -	पन्था:	पन्थानौ	पन्थान:
(2nd) Accusative (to, what?)	पन्थानम्	पन्थानौ	पथ:
(3rd) Instrumental (with, by)	पथा	पथिभ्याम्	पथिभि:
(4th) Dative (for, to)	पथे	पथिभ्याम्	पथिभ्य:
(5th) Ablative (from. than)	पथ:	पथिभ्याम्	पथिभ्य:
(6th) Possessive (of)	पथ:	पथो:	पथाम्
(7th) Locative (in, on)	पथि:	पथो:	पथिषु
Vocative (address)	पन्था:	पन्थानौ	पन्थान:

(74) FEMININE NOUN ENDING IN *(ā)* आ (जरा) old age (Gītā 2.13)

(1st) Nominative -	जरा	जरे, जरसौ	जरा:, जरस:
(2nd) Accusative (to, what?)	जराम्, जरसम्	जरे, जरसौ	जरा:, जरस:
(3rd) Instrumental (with, by)	जरया, जरसा	जराभ्याम्	जराभि:
(4th) Dative (for, to)	जरायै, जरसे	जराभ्याम्	जराभ्य:
(5th) Ablative (from. than)	जरया:, जरस:	जराभ्याम्	जराभ्य:
(6th) Possessive (of)	जराया:, जरस:	जरयो:, जरसो:	जराणाम्, जरसाम्
(7th) Locative (in, on)	जरायाम्, जरसि	जरयो:, जरसो:	जरासु
Vocative (address)	जरे	जरे, जरसौ	जरा:, जरस:

(75) FEMININE NOUN ENDING IN *(ā)* आ (निशा) night (Gītā 2.69)

(1st) Nominative -	निशा	निशे	निशा:
(2nd) Accusative (to, what?)	निशाम्	निशे	निशा:, निश:
(3rd) Instrumental (with, by)	निशया, निशा	निशाभ्याम्, निज्भ्याम्, निड्भ्याम्	निशाभि:, निज्भि:, निड्भि:
(4th) Dative (for, to)	निशायै, निशे	निशाभ्याम्, निज्भ्याम्, निड्भ्याम्	निशाभ्य:, निज्भ्य: निड्भ्य:
(5th) Ablative (from. than)	निशाया:, निश:	निशाभ्याम्, निज्भ्याम्, निड्भ्याम्	निशाभ्य:, निज्भ्य: निड्भ्य

(6th) Possessive (of)	नशाया:, निश:	निशायो:, निशो:	निशानाम्, निशाम्
(7th) Locative (in, on)	निशायाम्, निशि	निशायो:, निशो:	निशासु, निच्सु, निड्सु, निटत्सु
Vocative (address)	निशा	निशे	निशा:

(76) FEMININE NOUN ENDING IN *(ā)* **आ (नासिका)** nose (Gītā 6.13)

(2nd) Accusative (to, what?)	नास्किा	नासिके	नासिका:, नस:
(3rd) Instrumental (with, by)	नासिकया, नसा	नासिकाभ्याम्, नोभ्याम्	नासिकाभि:, नोभि:
(7th) Locative (in, on)	नास्किायाम्, नसि	नासिकयो:, नसो:	नासिकासु, न:सु, नस्सु

(77) MASCULINE NOUN ENDING IN *(a)* **अ (पाद)** foot (Gītā 13.13)

(2nd) Accusative (to, what?)	पादम्	पादौ	पादान्, पद:
(3rd) Instrumental (with, by)	पादेन, पदा	पादाभ्याम्, पद्भ्याम्	पादै:, पद्भि:
(7th) Locative (in, on)	पादे, पदि	पादयो:, पदो:	पदेषु, पत्सु

(78) NEUTER NOUN ENDING IN *(a)* **अ (हृदय)** heart (Gītā 1.19)

(2nd) Accusative (to, what?)	हृदयम्	हृदये	हृदयानि, हृन्दि
(3rd) Instrumental (with, by)	हृदयेन	हृदयाभ्याम्, हृद्भ्याम्	हृदयै:, हृद्भि:
(7th) Locative (in, on)	हृदये, हृदि	हृदयो:, हृदो:	हृदयेषु, हृत्सु

(79) NEUTER NOUN ENDING IN *(a)* **अ (उदक)** water (Gītā 1.42)

(2nd) Accusative (to, what?)	उदकम्	उदके	उदकानि्, उदानि
(3rd) Instrumental (with, by)	उदकेन, उद्ना	उदकाभ्याम्, उद्भ्याम्	उदकै:, उदभि:
(7th) Locative (in, on)	उदके, उद्नि, उदनि	उदकयो:, उदो:	उदकेषु, उदसु

(80) MASCULINE NOUN ENDING IN *(a)* **अ (मास)** month (Gītā 10.35)

(2nd) Accusative (to, what?)	मासम्	मासौ	मासान्, मास:
(3rd) Instrumental (with, by)	मासेन, मासा	मासाभ्याम्, माभ्याम्	मासै:, माभि:
(7th) Locative (in, on)	मासे, मासि	मासयो:, मासो:	मासेषु, मा:सु, मास्सु

APPENDIX - 3

DECLENSIONS OF THE PRONOUNS

NOTE : Personal pronoun अस्मद् refers to a first person (m∘f∘n∘), युष्मद् to the second person (m∘f∘n∘) and तद् refers to a third person, genfer specific.

(81) FIRST PERSON, I (अस्मद्) — **2nd PERSON, You (युष्मद्)**

(1st)	अहम्	आवाम्	वयम्	त्वम्	युवाम्	यूयं
(2nd)	माम्,मा	आवाम् , नौ	अस्मान्, न:	त्वाम्, त्वा	युवाम्, वां	युष्मान्,व:
(3rd)	मया	आवाभ्याम्	अस्माभि:	त्वया	युवाभ्यां	युष्माभि:
(4th)	मह्यम्, मे	आवाभ्याम्, नौ	अस्मभ्य:,न:	तुभ्यम्, ते	युवाभ्या, वां	युष्मभ्य:,व:
(5th)	मत्	आवाभ्याम्	अस्मत्	त्वत्	युवाभ्यां	युष्मत्
(6th)	मम,मे	आवयो:, नौ	अस्माकम्, न:	तव, ते	युवयो:, वां	युष्माकं,व:
(7th)	मयि	आवयो:	अस्मासु	त्वयि	युवयो:	युष्मासु

Pronouns derived from अस्मद् with छ, अण् and खञ् suffixes :

छ	m∘ (my)	मदीय	m∘ (our)	अस्मदीय	f∘ (my)	मदीया	f∘ (our)	अस्मदीया
अण्	m∘ (my)	मामक	m∘ (our)	आस्मक	f∘ (my)	मामिका	f∘ (our)	आस्माकी
खञ्	m∘ (my)	मामकीन	m∘ (our)	आस्माकीन	f∘ (my)	मामकीना	f∘ (our)	आस्माकीना

Pronouns derived from युष्मद् with छ, अण् and खञ् suffixes :

छ	m∘ (your)	त्वदीय	m∘ (pl∘)	युष्मदीय	f∘ (your)	त्वदीया	f∘ (pl∘)	युष्मदीया
अण्	m∘ (your)	तावक	m∘ (pl∘)	यौष्माक	f∘ (your)	तावकी	f∘ (pl∘)	यौष्माकी
खञ्	m∘ (your)	तावकीन	m∘ (pl∘)	यौष्माकीण	f∘ (your)	तावकीना	f∘ (pl∘)	यौष्माकीणा

(82) THIRD PERSON, He she,it - away **(तद्)**

	MASCULINE, he		FEMININE, she		
(1st) स:	तौ	ते	सा	ते	ता:

(2nd) तम्	तौ	तान्	ताम्	ते	ताः
(3rd) तेन	ताभ्याम्	तैः	तया	ताभ्याम्	ताभिः
(4th) तस्मै	ताभ्याम्	तेभ्यः	तस्यै	ताभ्याम्	ताभ्यः
(5th) तस्मात्	ताभ्याम्	तेभ्यः	तस्याः	ताभ्याम्	ताभ्यः
(6th) तस्य	तयोः	तेषाम्	तस्याः	तयोः	तासाम्
(7th) तस्मिन्	तयोः	तेषु	तस्याम्	तयोः	तासु

NEUTER GENDER, it

(1st) तत्-तद्	ते	तानि
(2nd) तत्-तद्	ते	तानि The rest is same as MASCULINE↑

(83) WHO, WHICH (यद्)

MASCULINE			FEMININE		
(1st) यः	यौ	ये	या	ये	याः
(2nd) यम्	यौ	यान्	याम्	ये	याः
(3rd) येन	याभ्याम्	यैः	यया	याभ्याम्	याभिः
(4th) यस्मै	याभ्याम्	येभ्यः	यस्यै	याभ्याम्	याभ्यः
(5th) यस्मात्	याभ्याम्	येभ्यः	यस्याः	याभ्याम्	याभ्यः
(6th) यस्य	ययोः	येषाम्	यस्याः	ययोः	यासाम्
(7th) यस्मिन्	ययोः	येषु	यस्याम्	ययोः	यासु

NEUTER GENDER

(1st) यत्-यद्	ये	यानि
(2nd) यत्-यद्	ये	यानि The rest is same as MASCULINE↑

NOTE : Pronoun इदम् refers to a thing at hand, एतद् to the one still nearer, अदस् refers to a thing at a distance, and तद् to the the third person one that is absent.

इस्मस्तु सन्निकृष्टं समीपतरवर्तिं चैतरो रूपम्।
अदस्तु विप्रकृष्टं तदिति परोक्षे विजानियात् ।।

(84) THIS - near **(इदम्)**

	MASCULINE			FEMININE		
(1st)	अयम्	इमौ	इमे	इयम्	इमे	इमा:
(2nd)	इमम्	इमौ	इमान्	इमाम्	इमे	इमा:
(3rd)	अनेन	आभ्याम्	एभि:	अनया	आभ्याम्	आभि:
(4th)	अस्मै	आभ्याम्	एभ्य:	अस्यै	आभ्याम्	आभ्य:
(5th)	अस्मात्	आभ्याम्	एभ्य:	अस्या:	आभ्याम्	आभ्य:
(6th)	अस्य	अनयो:	एषाम्	अस्या:	अनयो:	आसाम्
(7th)	अस्मिन्	अनयो:	एषु	अस्याम्	अनयो:	आसु

NEUTER GENDER

(1st)	इदम्	इमे	इमानि
(2nd)	इदम्	इमे	इमानि The rest is same as MASCULINE↑

(85) THIS - close **(एतद्)**

	MASCULINE			FEMININE		
(1st)	एष:	एतौ	एते	एषा	एते	एता:
(2nd)	एतम्	एतौ	एतान्	एताम्	एते	एता:
(3rd)	एतेन	एताभ्याम्	एतै:	एतया	एताभ्याम्	एताभि:
(4th)	एतस्मै	एताभ्याम्	एतेभ्य:	एतस्यै	एताभ्याम्	एताभ्य:
(5th)	एतस्मात्	एताभ्याम्	एतेभ्य:	एतस्या:	एताभ्याम्	एताभ्य:
(6th)	एतस्य	एतयो:	एतेषाम्	एतस्या:	एतयो:	एतासां
(7th)	एतस्मिन्	एतयो:	एतेषु	एतस्याम्	एतयो:	एतासु

NEUTER GENDER

(1st)	एतत्	एते	एतानि
(2nd)	एतत्	एते	एतानि The rest is same as MASCULINE↑

(86) THAT – far **(अदस्)**

MASCULINE			FEMININE		
(1st) असौ	अमू	अमी	असौ	अमू	अमू:
(2nd) अमूम्	अमू	अमून्	अमूम्	अमू	अमू:
(3rd) अमुना	अमूभ्याम्	अमीभि:	अमुया	अमूभ्याम्	अमूभि:
(4th) अमुष्मै	अमूभ्याम्	अमीभ्य:	अमुष्यै	अमूभ्याम्	अमूभ्य:
(5th) अमुष्मात्	अमूभ्याम्	अमीभ्य:	अमुष्या:	अमूभ्याम्	अमूभ्य:
(6th) अमुष्य	अमुयो:	अमीषाम्	अमुष्या:	अमुयो:	अमूषाम्
(7th) अमुष्मिन्	अमुयो:	अमीषु	अमुष्याम्	अमुयो:	अमुषु

NEUTER GENDER

(1st) अद:	अमू	अमूनि
(2nd) अद:	अमू	अमूनि

The rest is same as MASCULINE↑

(87) MASCULINE PRONOUN सर्व (all)

CASE–विभक्ति	Singular	Dual	Plural
(1st) Nominative -	सर्व:	सर्वौ	सर्वे
(2nd) Accusative (to, what?)	सर्वम्	सर्वौ	सर्वान्
(3rd) Instrumental (with, by)	सर्वेण	सर्वाभ्याम्	सर्वै:
(4th) Dative (for, to)	सर्वस्मै	सर्वाभ्याम्	सर्वेभ्य:
(5th) Ablative (from. than)	सर्वस्मात्	सर्वाभ्याम्	सर्वेभ्य:
(6th) Possessive (of)	सर्वस्य	सर्वयो:	सर्वेषाम्
(7th) Locative (in, on)	सर्वस्मिन्	सर्वयो:	सर्वेषु
Vocative	सर्व	सर्वौ	सर्वे

NEUTER PRONOUN सर्व

(1st) सर्वम्	सर्वे	सर्वाणि
(2nd) सर्वम्	सर्वे	सर्वाणि

The rest is same as MASCULINE↑

FEMININE PRONOUN सर्व

(1st) Nominative -	सर्वा	सर्वे	सर्वाः
(2nd) Accusative (to, what?)	सर्वाम्	सर्वे	सर्वाः
(3rd) Instrumental (with, by)	सर्वया	सर्वाभ्याम्	सर्वाभिः
(4th) Dative (for, to)	सर्वस्यै	सर्वाभ्याम्	सर्वाभ्यः
(5th) Ablative (from. than)	सर्वस्याः	सर्वाभ्याम्	सर्वाभ्यः
(6th) Possessive (of)	सर्वस्याः	सर्वयोः	सर्वासाम्
(7th) Locative (in, on)	सर्वस्याम्	सर्वयोः	सर्वासु
Vocative	सर्वे	सर्वे	सर्वाः

(88) MASCULINE PRONOUN किम् (what, who?)

CASE–विभक्ति	Singular	Dual	Plural
(1st) Nominative -	कः	कौ	के
(2nd) Accusative (to, what?)	कम्	कौ	कान्
(3rd) Instrumental (with, by)	केन	काभ्याम्	कैः
(4th) Dative (for, to)	कस्मै	काभ्याम्	केभ्यः
(5th) Ablative (from. than)	कस्मात्	काभ्याम्	केभ्यः
(6th) Possessive (of)	कस्य	कयोः	केषाम्
(7th) Locative (in, on)	कस्मिन्	कयोः	केषु

NEUTER PRONOUN किम्

(1st) किम् के कानि

(2nd) किम् के कानि The rest is same as MASCULINE↑

FEMININE PRONOUN किम्

(1st) Nominative -	का	के	काः
(2nd) Accusative (to, what?)	काम्	के	काः
(3rd) Instrumental (with, by)	कया	काभ्याम्	काभिः

(4th) Dative (for, to)	कस्यै	काभ्याम्	काभ्य:
(5th) Ablative (from. than)	कस्या:	काभ्याम्	काभ्य:
(6th) Possessive (of)	कस्या:	कयो:	कासाम्
(7th) Locative (in, on)	कस्याम्	कयो:	कासु

(89) MASCULINE PRONOUN कश्चित् (someone)

(1st) Nominative -	कश्चित्	कौचित्	केचित्
(2nd) Accusative (to, what?)	कञ्चित्	कौचित्	कांश्चित्
(3rd) Instrumental (with, by)	केनचित्	काभ्याञ्चित्	कैश्चित्
(4th) Dative (for, to)	कस्मैचित्	काभ्याञ्चित्	केभ्यश्चित्
(5th) Ablative (from. than)	कस्माश्चित्	काभ्याञ्चित्	केभ्यश्चित्
(6th) Possessive (of)	कस्यचित्	कयोश्चित्	केषाञ्चित्
(7th) Locative (in, on)	कस्मिंश्चित्	कयोश्चित्	केषुचित्

NEUTER PRONOUN कश्चित्

(1st)	किञ्चित्	केचित्	कानिचित्
(2nd)	किञ्चित्	कचिेत्	कानिचित् The rest is same as MASCULINE↑

FEMININE PRONOUN काचित्

(1st) Nominative -	काचित्	केचित्	काश्चित्
(2nd) Accusative (to, what?)	काञ्चित्	केचित्	काशित्
(3rd) Instrumental (with, by)	कयाचित्	काभ्यांचित्	काभिश्चित्
(4th) Dative (for, to)	कस्यैचित्	काभ्यांचित्	काभ्याश्चित्
(5th) Ablative (from. than)	कस्याश्चित्	काभ्यांचित्	काभ्याश्चित्
(6th) Possessive (of)	कस्याश्चित्	कयोश्चित्	कासाञ्चित्
(7th) Locative (in, on)	कस्यांञ्चित्	कयोश्चित्	कासुचित्

DECLENSIONS OF THE NUMERICAL ADJECTIVES

(90) ONE (एक)

Always Singular

CASE	Masculine	Neuter	Feminine
(1st)	एक:	एकम्	एका
(2nd)	एकम्	एकम्	एकाम्
(3rd)	एकेन	एकेन	एकया
(4th)	एकस्मै	एकस्मै	एकस्यै
(5th)	एकस्मात्	एकस्मात्	एकस्या:
(6th)	एकस्य	एकस्य	एकस्या:
(7th)	एकस्मिन्	एकस्मिन्	एकस्याम्
(Voc)	एक	एके	एक

(91) TWO (द्वि)

Always Dual

CASE	Masculine	Neuter	Feminine
(1st)	द्वौ	द्वे	द्वे
(2nd)	द्वौ	द्वे	द्वे
(3rd)	द्वाभ्याम्	द्वाभ्याम्	द्वाभ्याम्
(4th)	द्वाभ्याम्	द्वाभ्याम्	द्वाभ्याम्
(5th)	द्वाभ्याम्	द्वाभ्याम्	द्वाभ्याम्
(6th)	द्वयो:	द्वयो:	द्वयो:
(7th)	द्वयो:	द्वयो:	द्वयो:
(Voc)	द्वौ	द्वे	द्वे

(92) THREE (त्रि)

Always Plural

CASE	Masculine	Neuter	Feminine
(1st)	त्रय:	त्रीणि	तिस्र:
(2nd)	त्रीन्	त्रीणि	तिस्र:
(3rd)	त्रिभि:	त्रिभि:	तिसृभि:
(4th)	त्रिभ्य:	त्रिभ्य:	तिसृभ्य:
(5th)	त्रिभ्य:	त्रिभ्य:	तिसृभ्य:
(6th)	त्रयाणाम्	त्रयाणाम्	तिसृणाम्
(7th)	त्रिषु	त्रिषु	तिसृषु
(Voc)	त्रय:	त्रीणि	तिस्र:

(93) FOUR (चतुर्)

Always Plural

CASE	Masculine	Neuter	Feminine
(1st)	चत्वार:	चत्वारि	चतस्र:
(2nd)	चतुर:	चत्वारि	चतस्र:
(3rd)	चतुर्भि:	चतुर्भि:	चतसृभि:
(4th)	चतुर्भ्य:	चतुर्भ्य:	चतसृभ्य:
(5th)	चतुर्भ्य:	चतुर्भ्य:	चतसृभ्य:
(6th)	चतुर्णाम्	चतुर्णाम्	चतसृणाम्
(7th)	चतुर्षु	चतुर्षु	चतसृषु
(Voc)	चत्वार:	चत्वारि	चतस्र:

(94) FIVE	**SIX**	**SEVEN**	**EIGHT**	**NINE**
पञ्चन्	षष्	सप्तन्	अष्टन्	नवन्

Same in all three genders; always plural.

5.	6.	7.	8.	9.
पञ्च	षट्–षड्	सप्त	अष्ट–अष्टौ	नव
पञ्च	षट्–षड्	सप्त	अष्ट–अष्टौ	नव
पञ्चभिः	षड्भिः	सप्तभिः	अष्टभिः	नवभिः
पञ्चभ्यः	षड्भ्यः	सप्तभ्यः	अष्टभ्यः	नवभ्यः
पञ्चभ्यः	षड्भ्यः	सप्तभ्यः	अष्टभ्यः	नवभ्यः
पञ्चानाम्	षण्णाम्	सप्तानाम्	अष्टानाम्	नवानाम्
पञ्चसु	षट्सु	सप्तसु	अष्टसु	नवसु
पञ्च	षट्–षड्	सप्त	अष्ट–अष्टौ	नव

NOTES:

(i) Numerals from दशन् to नवदशन् decline same as नवन्।

(ii) एकोनविंशति, ऊनविंशति and विंशति are feminine words and they decline like the word मति given in (7) above.

EXAMPLES :

ईश्वरः एकः अस्ति हस्तौ पादौ च द्वौ भवतः। महादेवाः त्रयः कथ्यन्ते वेदाः चत्वारः सन्ति।
पाण्डवाः पञ्च आसन् ऋतवः षट् भवन्ति। सप्ताहे सप्त वासराःलूतायाः अष्ट पादाः वै।
ग्रहाः तु नव ज्ञाताः रावणस्य मुखानि दश।।

SPECIAL NUMERICAL EXPRESSIONS : (बहुव्रीहि adjectives)

1. One or two एको वा द्वौ, एकद्वाः।
2. Two or three द्वौ वा त्रयो, द्वित्राः।
3. Three or four त्रयो वा चत्वारः, त्रिचतुराः।
4. Four or five चत्वारो वा पञ्च, चतुःपञ्चः।
5. Five or six पञ्च वा षट्, पञ्चषाः।
6. Group of two, a pair द्वय, युगल, युग्म।
7. Two opposites, opposite pair द्वंद्व, दम्पती।
8. Group of three त्रय, त्रिक।

9. Group of four चतुष्टय, चतुष्टक।

10. Group of five पञ्चतय, पञ्चक।

11. Group of six षष्टक।

12. Group of seven सप्तक।

13. Group of eight अष्टक।

14. Group of nine नवक।

15. Group of ten दशक।

16. Group of hundred शतक।

(95) NEUTER COMPARATIVE एकतर One among two

CASE–विभक्ति	Singular	Dual	Plural
(1st) Nominative -	एकतरम्	एकतरे	एकतराणि
(2nd) Accusative (to)	एकतरम्	एकतरे	एकतराणि
(3rd) Instrumental (with)	एकतरेण	एकतराभ्याम्	एकतरैः
(4th) Dative (for, to)	एकतरस्मै	एकतराभ्याम्	एकतरेभ्यः
(5th) Ablative (from)	एकतरस्मात्	एकतराभ्याम्	एकतरेभ्यः
(6th) Possessive (of)	एकतरस्य	एकतरयोः	एकतरेषाम्
(7th) Locative (in, on)	एकतरस्मिन्	एकतरयोः	एकतरेषु
Vocative (address)	एकतर	एकतरे	एकतराणि

(96) NEUTER SUPERLATIVE एकतम One among many

(1st) Nominative -	एकतमम्	एकतमे	एकतमानि
(2nd) Accusative (to)	एकतमम्	एकतमे	एकतमानि
(3rd) Instrumental (with)	एकतमेन	एकतमाभ्याम्	एकतमैः
(4th) Dative (for, to)	एकतमस्मै	एकतमाभ्याम्	एकतमेभ्यः
(5th) Ablative (from)	एकतमस्मात्	एकतमाभ्याम्	एकतमेभ्यः
(6th) Possessive (of)	एकतमस्य	एकतमयोः	एकतमेषाम्
(7th) Locative (in, on)	एकतमस्मिन्	एकतमयोः	एकतमेषु
Vocative (address)	एकतर	एकतरे	एकतराणि

EXPRESSIONS OF COMPARISON

ADJECTIVE	COMPARATIVE	m◦	f◦	n◦	SUPERLATIVE
1. बहुः	भूयस्	भूयान्	भूयसी	भूयः	भूयिष्ठः
2. महान्	महीयस्	महीयान्	महीयसी	महीयः	महिष्ठः
3. लघुः	लघीयस्	लघीयान्	लघीयसी	लघीयः	लघिष्ठः
4. गुरुः	गरीयस्	गरीयान्	गरीयसी	गरीयः	गरिंष्ठः
5. ह्रस्वः	ह्रसीयस्	ह्रसीयान्	ह्रसीयसी	ह्रसीयः	ह्रसिष्ठः
6. दीर्घः	द्राघीयस्	द्राघीयान्	द्राघीयसी	द्राघीयः	द्राघिष्ठः
7. अल्पः	अल्पीयस्	अल्पीयान्	अल्पीयसी	अल्पीयः	अल्पिष्ठः
अल्पः	कनीयस्	कनीयान्	कनीयसी	कनीयः	कनिष्ठः
8. वरः	वरीयस्	वरीयान्	वरीयसी	वरीयः	वरिष्ठः
9. कृश	क्रशीयस्	क्रशीय	क्रशीयसी	क्रशीयः	क्रशिष्ठः
10. दृढ	द्रढीयस्	द्रढीयान्	द्रढीयसी	द्रढीयः	द्रढिष्ठः
11. प्रिय	प्रेयस्	प्रेयान्	प्रेयसी	प्रेयः	प्रेष्ठः
12. श्रेय	श्रेयस्	श्रेयान्	श्रेयसी	श्रेयः	श्रेष्ठः
13. वृद्ध	वर्षीयस्	वर्षीयान्	वर्षीयसी	वर्षीयः	वर्षिष्ठः
14. क्षिप्र	क्षेपीयस्	क्षेपीयान्	क्षेपीयसी	क्षेपीयः	क्षेपिष्ठः
15. क्षुद्र	क्षोदीयस्	क्षोदीयान्	क्षोदीयसी	क्षोदीयः	क्षोदिष्ठ
16. मृदु	म्रदीयस्	म्रदीयान्	म्रदीयसी	म्रदीयः	म्रदिष्ठ
17. दूर	दवीयस्	दवीयान्	दवीयसी	दवीयः	दविष्ठ
18. मतिमत्	मतीयस्	मतीयान्	मतीयसी	मतीयः	मतिष्ठः
10. मेधाविन्	मेधीयस्	मेधीयान्	मेधीयसी	मेधीयः	मेधिष्ठः
20. बहुल	बंहीयस्	बंहीयान्	बंहीयसी	बंहीयः	बंहिष्ठः

APPENDIX - 5

RATNAKAR'S CHART OF PARTICIPLES

ADJECTIVES AND INDECLINABLES

(1) ADJECTIVE PARTICIPLES

	Participle	Suffix		Example - root verbs √कृ √लभ्	
1.	Past Passive Participle	त	(क्त)	कृत	(done, has been done)
2.	Past Active Participle	तवत्	(क्तवतु)	कृतवत्	(has done)
3.	Present Active Participle	अत्	(शतृ)	कुर्वत्	(doing, while doing, doer)
4.	Present Active Participle	आन	(शानच्)	कुर्वाण	(doing)
5.	Present Active Participle	मान	(शानच्)	लभमान	(getting)
6.	Present Passive Participle	यमान	(शानच्)	क्रियमाण	(being done)
7.	Potential Passive Participle	तव्य	(तव्यत्)	कर्तव्य	(ought, fit to be done)
		अनीय	(अनीयर्)	करणीय	(ought, fit to be done)
		य	(यत्)	कार्य	(ought, fit to be done)

(2) INDECLINABLE PARTICIPLES

Participle	Suffix		Example - root verbs √कृ √लभ्
8. Indeclinable Past Participle (without a prefix, Gerund)	त्वा	(क्त्वा)	कृत्वा (having done)
9. Indeclinable Past Participle (with a prefix)	य	(ल्यप्)	अनुकृत्य (having done accordingly)
10. Infinitive of Purpose	तुम्	(तुमुन्)	कर्तुम् (for doing)

APPENDIX - 6

TRANSLITERATION, SIMPLIFICATION AND MEANING

OF THE SANSKRIT VERSES GIVEN IN THIS BOOK

THE LINES MARKED TITH ** INDICATE THE THE WORDS WITHOUT SANDHI

** वीणा-वाद्य-प्रवीणाम् वाणी-वितिाय वाग्-अधिष्टात्रीम्। वन्दे-वारण-वक्त्रम् विकटम् विघ्नाय विघ्नानाम्।। *vīṇā-vādya-pravīṇāṁ vāṇī-vitāya vāg-adhiṣṭātrīm, vande-vāraṇa-vaktraṁ vikaṭaṁ vighnāya vighnānām.* *Salute to the Goddess of music of Viṇa, the Giver of the speech, the Goddess of the language, the Savior from difficulties and destroyer of the destroyers.

** रत्नाकर-आधौत-पदाम् हिमालय-किरीटिनीम्। ब्रह्म-राजर्षि-रत्नाढ्याम् वन्दे भारत-मातरम्।। *ratnākara-ādhaut-padāṁ himālaya-kirīṭinīm, brahma-rājarṣi-ratnāḍhyāṁ vande bhārata-mātaram.* * Salute to Mother Bhāratī, whose feet are washed around by the oceans, whose crown is adorned with the Himalayas and whose jewels are the great sages and seers.

** शारदा सदा श्रयणीया। स्वर-दा वर-दा स्मरणीया। भारत-जननी स्तवनीया। संस्कृत-वाणी श्रवणीया। अनुकंपा हृदि धरणीया। सेवा मनसा करणीया।। *śāradā sadā śryaṇīyā, svara-dā vara-dā smaraṇīyā, bhārata-jananī stavanīyā, saṁskṛta-vāṇī śravaṇīyā. anukampā hṛdi dharaṇīyā, seva manasā karaṇīyā.* * Śaradā must always be surrendered to, the Goddess of music and the Bestower of boons must be remembered. The Mother-India must be prayed to; the Sanskrit words must be heard. I must be caring at heart; I must serve people with my haear.

** नहि सुख-शय्या शयनीया। न नीच-चिन्ता चयनीया। रजः कामना शमनीया। तमः वासना दमनीया। *nahi sukha-śaiyā śayanīyā, na nīća-ćintā ćayanīyā, rajaḥ kāmanā śamanīyā, tamaḥ vāsanā damanīyā.* * I should not sleep in leasure; I should not think of things unworthy of thinking. Rājasic desire should be suppressed; Tāmasik cravings should be subdued.

** सतत सु-बुद्धिः धरणीया। मानस-शुद्धिः वरणीया। शुभा सरणिः अनुसणीया। सत्-सङ्गतिः अभिलषणीया। *satata su-buddhiḥ dharaṇīya, mānasa-śuddhiḥ varaṇīyā, subhā-saraṇiḥ-anusaraṇīyā, sat-saṅgatiḥ abhilaṣaṇīyā.* * I must always possess good mind; I must stay clean from inside and outside. I must choose the right-path; I must desire the right company.

** जाति-कु-प्रथा त्यजनीया। बन्धु-भावना भजनीया। अखिल संघता करणीया। विश्वे समाता भरणीया। *jāti-ku-prathā tyajanīyā, bandhu-bhāvanā bhajanīyā, akhila saṅghatā karaṇīyā, viśve samatā bharaṇīyā* * The bad system of casts should be abandoned; universal brotherhood must be honoured; everyone should be brought togrther, the world should be filled with equanimity.

** प्रमत्त-कु-मतिः दहनीया। आगता हानिः सहनीया। प्रजा-प्रतिष्ठा वहनीया। मया प्रतिज्ञा ग्रहणीया। *pramatta-ku-matiḥ dahanīyā, āgatā hāniḥ sahanīyā, prajā-pratiṣṭhā vahanīyā, mayā pratijñā grahanīyā.* * Evil thinking should be burnt down; whatever loss may come must be borne; people must be always served; it must be my oath.

** श्लोके षष्ठम् गुरु ज्ञेयम् सर्वत्र लघु पञ्चमम्। द्वि-चतुष्-पादयोः ह्रस्वम् सप्तमम् दीर्घम् अन्ययोः। *śloke ṣaṣṭhaṁ guru jñeyaṁ sarvatra laghu pañćamam, dvi-ćatuṣ-pādayoḥ hrasvam, saptamaṁ dīrgham anyayoḥ.* * In a śloka the sixth letter is known to be longer (in each quarter), the fifth should be short in all quarters, short in second and fourth quarter and long in other two quarters.

** धर्म-क्षेत्रे कुरु-क्षेत्रे समवेताः युयुत्सवः मामकाः पाण्डवाः च एव किम् अकुर्वत सञ्जय।। *dharma-kṣetre kuru-kṣetre samavetāḥ yuyutsavaḥ, māmakāḥ pāṇḍvāḥ ća eva kim akurvata? sañjaya!* * O Sanjaya, mine and Pandu's sons have gathered together on the holy place of Kurukṣetra with the desire of a war, what did they do?

(1) सु-रस-सु-बोधा, विश्व-मनोज्ञा, ललिता, हृद्या, रमणीया। अमृत-वाणी संस्कृत-भाषा न-एव क्लिष्टा न च कठिना।। *su-rasa-su-bodhā viśva-manojñā lalitā hṛdyā ramaṇīyā, amṛta vāṇī saṁskṛta-bhāṣā na eva kliṣṭā na ća kaṭhinā.* * Pleasing and easily understood, most beautiful in the world, gracefully elegant, hearty, enjoyable and eternal -the words of Sanskrit language- are neither strenuous nor difficult.

(2) कवि-कोकिल-वाल्मीकि-विरचिता, रामायण-रमणीय-कथा, अतीव सरला मधुरा मञ्जुला, न-एव क्लिष्टा न च कठिना।। *kavi-kokila-vālmīki-viraćitā rāmāyaṇa-ramaṇīya-kathā, atīva saralā madhurā mañjulā, na eva kliṣṭā na ća kaṭhinā.* * The delightful story of Rāmāyaṇa, written by poet lauret Vālmīki, is very simple and melodious, it is neither strenuous nor difficult

(3) श्री-कृष्ण! गोविन्द! हरे! मुरारे! हे नाथ! नारायण! वासुदेव!। जिह्वे! पिबस्व अमृतम् एतत् एव, गोविन्द! दामोदर! माधव! इति।। *śrī-kṛṣṇa! govinda! hare! murāre! hé nātha! nārāyaṇa! vāsudeva! jihve! pibasva amṛtam etat eva, govind! dāmodara! mādhava! iti.* * O Śrī-Kṛṣṇa! O Govinda! O Hari! O Murārī! O Lord! O Nārāyaṇa! O Vāsudeva! O My dear tongue! Please taste the necter of these names only, and utter thus O Govinda! O Dāmodara! O Mādhava!

(4) जिह्वे सदैव भज सुन्दराणि नामानि कृष्णस्य मनोहराणि। समस्त भक्तार्ति-विनाशनानि गोविन्द! दामोदर! माधव! इति।। *jihve! sadaiva bhaja sundarāṇi nāmāni kṛṣṇasya manoharāṇi, samasta bhaktārti-vināśanāni govind! dāmodara! mādhava! iti.* * O My dear tongue! Always chant the beautiful and fascinating names of kṛṣṇa; the names that remove the pains of the devotees, by chanting, O Govinda! O Dāmodara! O Mādhava!

(5) श्री-कृष्ण! राधा-वर! गोकुलेश! गोपाल! गोवर्धन! नाथ! विष्णो!। जिह्वे पिबस्व अमृतम् एतत् एव गोविन्द दामोदर माधव इति।। *śrī-kṛṣṇa! rādhā-vara! gokuleśa! gopāla!*

govardhana! nātha! viṣṇo! jihve! pibasva amṛtam etat eva, govind! dāmodara! mādhava! iti. * O Śrī-Kṛṣṇa! O Favourite of Rādhā, O Lord of Gokula! O Govardhana! O Lord Viṣṇu! O My Dear tongue! Please taste the nectar of these names only and utter thus O Govinda! O Dāmodara! O Mādhava!

(6) व्यास-विरचिता, गणेश-लिखिता, महाभारते दिव्य-कथा। कौरव-पाण्डव-सङ्गर-मथिता, न-एव क्लिष्टा न च कठिना।। *vyāsa-viraćitā gaṇeśa-likhitā mahābhārate divya kathā, kaurava-pāṇḍava-saṅgara-mathitā, na eva kliṣṭā na ća kaṭhinā.* * Composed by Vyāsa, written by Gaṇeśa, the divine-story is told in the Mahābhārata; by extracting the battle stories of the Kauravas and the Pāṇḍavas. The eternal words of Sankkrit language are neither strenuous nor difficult.

(7) कुरुक्षेत्र-समराङ्गण-गीता विश्व-वन्दिता भगवद्गीता। अमृत-मधुरा कर्म-दीपिका न-एव क्लिष्टा न च कठिना।। *kuru-kṣetra-samarāṅgaṇa-gītā viśva-vanditā bhagavad-gītā, amṛta-madhurā karma-dīpikā, na eva kliṣṭā na ća kaṭhinā.* * The Song Celestial of the battlefield of the Kurukṣetra, the one respected all over the world, the Bhagavad-Gītā, is sweet like nectar, and the guiding light of karma. The eternal words of Sankkrit language are neither strenuous nor difficult.

(8) न मे द्वेष-रागौ न मे लोभ-मोहौ। मदः न-एव मे न-एव मात्सर्य-भावः न धर्मः न च अर्थः न कामः न मोक्षः चिदानन्द-रूपः शिवः अहम् शिवः अहम्।। *na me dveṣaḥ-rāgau na me lobha-mohau, madaḥ na-eva me na mātsarya-bhāvaḥ, na dharmaḥ na ća arthaḥ na kāmaḥ na mokṣaḥ, ćidānanda-rūpaḥ śivaḥ ahaṁ śivaḥ aham.* * I have neither an attachment nor detachment nor do I have desire nor lust; neither have I insanity nor do I have jealousy; neither do I have craving for dharma, nor wealth, nor passion, nor heaven; I am the delightful consciousness of Śiva, I am Śiva.

(9) न पुण्यम् न पापम् न सौख्यम् न दुःखम्। न मन्त्राः न तीर्थम् न वेदाः न यज्ञाः अहम् भोजनम् न-

एव भोज्यम् न भोक्ता। चिदानन्द-रूपः शिवः अहम् शिवः अहम्।। *na puṇyaṁ na pāpaṁ na saukhyaṁ na duḥkham, na mantraḥ na tīrthaṁ na vedāḥ na yajñāḥ, ahaṁ bhojanaṁ na-eva bhojyaṁ na bhoktā, ćidānanda-rūpaḥ śivaḥ ahaṁ śivaḥ aham.* * Neither I am the purity not the sin nor the happiness, nor the sorrow, nor the holy chant, nor the sacred object, nor the Vedas, nor the Yajñas, nor the feeding, nor the food, nor the eater; I am the delightful consciousness of Śiva, I am Śiva.

(10) न मे मृत्यु-शङ्का न मे जाति-भेदः। पिता न-एव मे न-एव माता न जन्म। न बन्धुः न मित्रम् गुरुः न-एव शिष्यः। चिदानन्द-रूपः शिवः अहम् शिवः अहम्।। *na me mṛtyu-śaṅkā na me jāti-bhedaḥ, pitā na-eva mātā na janma, na bandhuḥ na mitraṁ guruḥ na-eva śiṣyaḥ, ćidānanda-rūpaḥ śivaḥ ahaṁ śivaḥ aham.* * Neither do I have doubt in the death, nor do I have discrimination of the castes, nor do I have father, nor mother, nor birth, nor relative, nor friend, nor teacher nor a pupil; I am the delightful consciousness of Śiva, I am Śiva.

(11) अहम् निर्विकल्पः निराकार-रूपः। विभुः व्याप्य-सर्वत्र सर्वेन्द्रियाणाम्। सदा मे समत्वम् न मुक्तिः न बन्धः। चिदानन्द-रूपः शिवः अहम् शिवः अहम्।। *ahaṁ nirvikalpaḥ nirākāra-rūpaḥ, vibhuḥ-vyāpya-sarvatra sarvendriyāṇām, sadā me samatvaṁ na mukti na bandhaḥ, ćidānanda-rūpaḥ śivaḥ ahaṁ śivaḥ aham.* * I am undetermined and formless, capable of pervading everywhere and everything; everything is the same to me, neither do I have liberation nor the bondage; I am the delightful consciousness of Śiva, I am Śiva.

(12) वन्दे मातरम्। सुजलाम् सुफलाम् मलयज-शीतलाम्। शस्य-श्यामलाम् मातरम्। वन्दे मातरम्।। I salute to the Motherland; to the one that is abundant in waters, abundant in fruits, abundant in food grains, cooled by the winds from the Malaya Mountains, to that Mother I salute.

(13) शुभ्र-ज्योत्स्नाम् पुलकित-यामिनीम्। सुहासिनीम् सुमधुर-भाषिणीम्। सुखदाम् वरदाम् मातरम्।

वन्दे मातरम्।। To that Motherland with bright moon-lit and rejoiced nights, to the one with beautiful smile, to the one with very sweet speech, to the bestower of happiness, to the bestower of boons, to that Mother I salute.

(14) विद्या-दायिनि! नमामि त्वाम्। नमामि कमलाम् अमलाम् अतुलाम्। सुजलाम् सुफलाम् मातरम्। वन्दे मातरम्।। O Bestower of knowledge! I salute you. I salute to that excellent Motherland, to the Pure one, to the Peerless, to the Motherland plentiful of water, bountiful of fruits, to that Mother I salute.

(15) श्यामलाम् सरलाम्। सुस्मिताम् भूषिताम्। धरणीम् भरणीम् मातरम्। वन्दे मातरम्।। To the Dark-blue, to the Simple one, to the One adored with with sweet smile, to the Motherly nourishing land, to that Mother I salute.

(16) गीता गङ्गा च गायत्री गोविन्द इति हृदि स्थिते। चतुर्-गकार-संयुक्ते पुनर्-जन्म न विद्यते।। The Gītā, the Ganges, the Gāyatrī chant and the name of Govinda, while these four G-words staying in the heart, there is no rebirth.

(17) ॐ भूर्भुवः स्वः तत् सवितुः वरेण्यम् भर्गः देवस्य धीमहि। धियः यः नः प्रचोदयात्।। Om! O Lord! You are the giver of life, heavenly and bestower of happiness. Let us meditate upon that Lord who is the Sun of knowledge, worthy of imploring, giver of life. May He inspire our intellects.

(18) ॐ एक-दन्ताय विद्महे। वक्र-तुण्डाय धीमहि। तत् नः दन्ती प्रचोदयात्।। Om! O Lord, the one whom we know as Eka-danta (the One toothed one). Let us meditate upon the one with curved trunk. May that Gaṇeśa inspire us.

(19) ॐ तत् पुरुषाय विद्महे। महा-देवाय धीमहि। तत् नः रुद्रः प्रचोदयात्।। Om! O' Lord, the one whom we know as Puruṣa, let us meditate on that Great Lord. May that Lord Śiva inspire us.

(20) ॐ नारायणाय विद्महे। वासुदेवाय धीमहि। तत् नः विष्णुः प्रचोदयात्।। Om! O Lord, the one whom we know as Nārayaṇa. Let us meditate up on that Vāsudeva. May that

Lord Viṣṇu inspire us.

(21) ॐ देव्यै ब्रह्माण्यै विद्महे। महा-शक्त्यै च धीमहि। तत् नः देवी प्रचोदयात्।। Om! O Lord, to whom we know as Brahmāṇī. Let us meditate upon that Great Śakti (Pārvatī). May that Goddess inspire us.

(22) ॐ महा-लक्ष्म्यै च विद्महे। विष्णु-पत्न्यै च धीमहि। तत् नः लक्ष्मी प्रचोदयात्।। Om! O Lord, to whom we know as the Great Goddess Lakṣmī. Let us meditate uopn that wife of Lord Viṣṇu. May Goddess Lakṣmī inspire us.

(23) ॐ भास्कराय विद्महे। महत्-द्युतिकराय धीमहि। तत् नः आदित्यः प्रचोदयात्।। Om! O Lord, to who we know as Lord Bhāskara (Sun). Let us meditate upon that great light producer. May that Lord Āditya (Sun) inspire us.

(24) गायत्र्याः तु परम् नास्ति शोधनम् पाप-कर्मणाम्। गायन्तम् त्रायते यस्मात् गायत्री सा ततः स्मृता।। There is none greater purifier of sinful acts, than the Gāyatrī chant. By which while singing one achives protection, thus She is called the Gāyatrī.

(25) पश्य एताम् पाण्डु-पुत्राणाम् आचार्य महतीम् चमूम्।। *paśya etāṁ pāṇḍu-putrāṇām āćārya mahatīṁ ćamūm.* * O Āchārya (Droṇa)! Behold, this great army of the sons of Pāṇḍu.

(26) पर्याप्तम् तु इदम् एतेषाम् बलम् भीम-अभिरक्षितम्।। *paryāptaṁ tu idam eteṣāṁ balaṁ bhīma-abhirakṣitam* * This their army protected by Bhīma is limited.

(28) काकः कृष्णः पिकः कृष्णः कः भेदः पिक-काकयोः वसन्त-समये प्राप्ते काकः काकः पिकः पिकः। *kākaḥ kṛṣṇaḥ pikaḥ kṛṣṇaḥ kaḥ bhedaḥ pika-kākayoḥ? vasant-samaye prāpte kākaḥ kākaḥ pikaḥ pikaḥ.* * The crow is black. the cuckoo is black. What is the difference between the crow and the cockoo? When the spring season comes, the crow is (just) a crow, whie the cuckoo is (singing) cuckoo.

(29) जीर्यन्ते जीर्यतः केशाः दन्ताः जीर्यन्ति जीर्यतः। क्षीयते जीर्यते सर्वम् तृष्णा एव एका न

जीर्यते।। *jīryante jīryataḥ keśāḥ dantāḥ jīryanti jīryataḥ, kṣīyate jīryate sarvaṁ tṛṣṇā ekā na jīryate.* * The hair of the person getting older get older, the teeth of the person getting older get older, his everything else gets weaker and older, only the desire does not get weaker.

(30) भ्वादि–अदादि–जुहोत्यादिः दिवादिः स्वादिः एव च। तुदादिः च रुधादिः च तनादिः क्री–चुरादयः ।30।। *bhvādi-adādi-juhotyādiḥ divādiḥ svādiḥ eva ća, tudādiḥ ća rudhādiḥ ća tanādiḥ krī-ćurādayaḥ.* * bhvādi, adādi, hvādi, divādi, svādi, tudādi, rudhādi, tanādi, kryādi and ćurādi.

(31) रामः राज–मणिः सदा विजयते। रामम् रमेशम् भजे। रामेण अभिहिता निशा–चर–चमू। रामाय तस्मै नमः रामात् नास्ति परायणम् पर–तरम्। रामस्य दासः अस्मि अहम्। रामे चित्तलयः सदा भवतु मे। भोः राम! माम् उद्धर।। *rāmaḥ rāja-maṇiḥ sadā vijayate, rāmaṁ rameśaṁ bhaje, rāmeṇa abhihitā niśā-ćara-ćamū, rāmāya tasmai namaḥ. rāmāt nāsti parāyaṇaṁ para-taram, rāmasya dāsaḥ asmi aham. rāme ćittalayaḥ sadā bhavatu me, bhoḥ rāma! mām uddhara.* * Lord Rāma, the jewel king is always victorious. I salute to that Lord Rāma, the husband of Ramā (Sītā). The night-dwelling demons are destroyed by Lord Rāma. Salute to that Lord Rāma. There is no better aim than Lord Rāma. I am a servant of Lord Rāma. In Lord Rāma may my heart always stay. O Lord Rāma! Please rescue me.

(32) विद्यार्थी सेवकः पान्थः क्षुधार्थी भयकातरः। भाण्डारी प्रतिहारी च सप्त सुप्तान् प्रबोधयेत्।। *vidyārthī sevakaḥ pānthaḥ kṣudhārthi bhayakātaraḥ, bhāṇḍārī pratihārī ća sapta sauptān prabodhayet.* * One should awake any of these seven persons if they are sleeping: a student, servant, traveller, hungry person, scared person, storekeeper or a watchman.

(33) शोकः नाशयते धैर्यम् शोकः नाशयते श्रुतम्। शोकः नाशयते सर्वम् न–अस्ति शोक–समः रिपुः। *śokaḥ nāśayate dhairyaṁ śokaḥ nāśayate śrutam, śokaḥ nāśayate sarvaṁ na-asti*

śoka-sama ripuḥ. * The grief destroys courage, the grief destroys the knowledge earned by hearing. The grief destroys everything. There is no greater enemy than the grief.

(34) वृक्षाग्र–वासी न च पक्षि–राजः त्रि–नेत्र–धारी न च शूल–पाणिः जटाभिः युक्तः न च सिद्ध–योगी जलम् च बिभ्रत् न घटः न मेघः। *vṛkṣāgra-vāsī na ća pakṣi-rājaḥ, tri-netra-dhārī na ća śula-pāṇiḥ, jaṭābhiḥ yuktaḥ na ća siddha-yogī jalaṁ ća vibhrat na ghaṭaḥ na meghaḥ.* It dwells at the top of a tree, but is not an eagle. It has three eyes, but is not Lord Śiva. It bears long hair, but is not an ascetic. It fills with water, but is neither a jug nor a cloud (then what is it?)

(35) अहिम् नृपम् च शार्दूलम् कीटिम् च बालकम् तथा। पर–श्वानम् च मूर्खम् च सप्त सुप्तान् न बोधयेत्।। *ahiṁ nṛpaṁ ća śārdūlaṁ kīṭiṁ ća bālakaṁ tathā, para-śvānaṁ ća mūrkhaṁ ća sapta suptān na bodhayet.* * One should not awake any of these seven while they are sleeping: a snake, king, lion, insect, child, someone else's dog or a fool.

(36) न चौर–हार्यम् न च राज–हार्यम् न भ्रातृ–भाज्यम् न च भार–कारी। व्यये कृते वर्धते एव नित्यम् विद्या–धनम् सर्व–धन–प्रधानम्।। *na chaurya hāryaṁ na ća rāja-hāryam, na bhrātṛ-bhājyaṁ na ća bhāra-kārī, vyaye kṛte vardhate eva nityam, vidyā-dhanaṁ sarva-dhana-pradhānam.* Neither can be confiscated by the king, nor can be stolen by a thief, nor can be divided and shared by a brother, nor it is burdensome. More you spend, more it ever grows, such wealth of knowledge is the most superior in all the wealths.

(37) परोक्षे कार्य–हन्तारम् प्रत्यक्षे प्रिय–वादिनम्। वर्जयेत् तादृशम् मित्रम् विष–कुम्भम् पयः मुखम्।। *parokṣe kārya-hantāraṁ pratyakṣe priya-vādinam, varjayet tādṛśaṁ mitraṁ viṣa-kumbhaṁ payaḥ-mukham.* * Avoide such friend who acts against you behind your back, while he is a sweet talker in front of you. He is a poison filled jar with

a sweet looking spout.

(38) पयसा कमलम्, कमलेन पयः। पयसा कमलेन विभाति सरः। *payasā kamalaṁ kamalena payaḥ, payasā kamalena vibhāti saraḥ.* * With water the lotus, with lotus the water and with water and lotus the lake looks beautiful.

(39) शशिना च निशा, निशया च शशी। शशिना निशया च विभाति नभः। *śaśinā ća niśā niśayā ća śaśī, śasinā niśayā ća vibhāti nabhaḥ.* * With the moon the night, with the night the moon and with the moon and the night the sky looks beautiful.

(40) मणिना वलयम्, वलयेन मणिः। मणिना वलयेन विभाति करः। *maṇinā valayaṁ valayena maṇiḥ, maṇinā valayena vibhāti karaḥ.* * With the pearl the bracelet, with the bracelet the pearl and with the pearl and the bracelet the hand looks beautiful.

(41) सभया च भवान्, भवता च सभा। सभया भवता च विभाति जगत्।। *sabhayā ća bhavān bhavatā ća sabhā, sabhayā bhavatā ća vibhāti jagat.* * With assembly you, with you the assembly and with the assembly and you the world looks beautiful.

(42) सद्भिः तु लीलया प्रोक्तम् शिला-लिखितम् अक्षरम्। असद्भिः शपथेन अपि जले लिखितम् अक्षरम्।। *sadbhiḥ tu līlayā proktaṁ śilā-likhitam akṣaram, asadbhiḥ śapathena api jale likhitam akṣaram.* * A word spoken even casually by the wise is like a letter carved in a stone. A word spoken by unwise people, even on oath, is like a letter written on the surface of water.

(43) एकेन अपि सु-पुत्रेण, विद्या-युक्तेन भासते। कुलम् पुरुष-सिंहेन चन्द्रेण इव हि शर्वरी।। *ekena api su-putreṇa vidyā yuktena bhāsate, kulaṁ puruṣa-simhena ćandreṇa iva hi śarvarī.* * With even one good, learned and brave son the family looks glorious just as the night with moon.

(44) यथा हि एकेन चक्रेण न रथस्य गतिः भवेत्। एवम् पुरुष-कारेण विना दैवम् न सिद्ध्यति।। *yathā hi ekena ćakreṇa na rathasya gatiḥ bhavet, evaṁ puruṣa-kāreṇa vinā daivaṁ na sidhyati.* * Just as a chariot does not run with only one wheel,

similarly things can not be accomplished by man only with action without the help of luck.

(45) चक्षुषा मनसा वाचा कर्मणा च चतुर्-विधम्। प्रसादयति यः लोकम् तम् लोकः अनुप्रसीदति।। *ćakṣuṣā manasā vāćā karmaṇā ća ćatur-vidham, prasādayati yaḥ lokaṁ taṁ lokaḥ anuprasīdati.* * He who pleases plople with his vision, mind, speech and work, to him people also please in return.

(46) विद्या विवादाय धनम् मदाय। शक्तिः परेषाम् परिपीडनाय। खलस्य साधोः विपरीतम् एतत्। ज्ञानाय दानाय च रक्षणाय।। *vidyā vivādāya dhanaṁ madāya, śakti pareṣāṁ paripīḍanāya, khalasya sādhoḥ viparītam etat, jñānāya dānāya ća rakṣaṇāya.* * Of the unwise person, the knowledge is for arguing, wealth for intoxication and power for hurting others. Of wise person it is opposite - (their knowledge is) for erudition, (wealth) for charity and (power) for protection of others.

(47) रामाय राम-भद्राय राम-चन्द्राय वेधसे। रघु-नाथाय नाथाय सीतायाः पतये नमः। *rāmāya rāma-bhadrāya rāma-ćandrāya vedhase, raghu-nāthāya nāthāy sītāyāḥ pataye namaḥ.* Salutation to Lord Rāma, Rāmabhadra, Rāmaćandra, the Creator, the Raghunātha, The Master, the Husband of Sītā.

(48) विद्या ददाति विनयम् विनयात् याति पात्रताम्। पात्रत्वात् धनम् आप्नोति धनात् धर्मः ततः सुखम्।। *vidyā dadāti vinayam, vinayāt yāti pātratām, pātratvāt dhanam āpnoti, dhanāt dharmaḥ tataḥ sukham.* * Learning gives humility; from humility one attains competence; from competence one attains wealth; and from wealth, the Dharma; and from there, the happiness.

(49) आदित्यानाम् अहम् विष्णुः ज्योतिषाम् रविः अंशुमान्। मरीचिः मरुताम् अस्मि नक्षत्राणाम् अहम् शशी।। *ādityānām ahaṁ viṣṇuḥ jyotiṣāṁ raviḥ aṁśumān, marīćiḥ marutām asmi nakṣatrāṇām ahaṁ śaśī.* * Among the sons of Aditi, I am Viṣṇu; among the luminaries, I am the radiant Sun; among the planets I am the Moon.

(50) वेदानाम् साम-वेद: अस्मि देवानाम् अस्मि वासव: इन्द्रियाणाम् मन: च अस्मि भूतानाम् अस्मि चेतना।। *vedānaṁ sāma-vedaḥ asmi, devānām asmi vāsavaḥ, indriyāṇāṁ manaḥ ća asmi, bhūtānām asmi ćetanā.* * Among the Vedas I am the Sāma; among the Gods I am the Indra; Among the sense organs I am the mind and; in the beings I am the consciousness.

(51) नरस्य आभरणम् रूपम् रूपस्य आभरणम् गुण: गुणस्य आभरणम् ज्ञानम् ज्ञानस्य आभरणम् क्षमा।। *narasya ābharaṇaṁ rūpam, rūpasya ābharaṇaṁ guṇaḥ, guṇasya ābharaṇaṁ jñānam, jñānasya ābharaṇaṁ kṣamā.* * Beauty is the adornment of the mankind, virtue is the ornament of the beauty, knowledge is the beauty of the virtue and forgiveness is the beauty of the virtue.

(52) यस्य नास्ति स्वये प्रज्ञा शास्त्रम् तस्य करोति किम्। नेत्राभ्याम् तु विहीनस्य दर्पण: किम् करिष्यति।। *yasya nāsti svaye prajñā, śāstraṁ tasya karoti kim? netrābhyāṁ tu vihīnasya, darpaṇaḥ kiṁ kariṣyati?* * One who does not have his own intelligence, what good are the scriptures for him? One who does not have vision, what will a mirror do?

(53) आदानस्य प्रदानस्य कर्त्तव्यस्य च कर्मण: क्षिप्रम् अ-क्रियमाणस्य काल: पिबति तत् रसम्।। *ādānasya pradānasya karttavyasya ća karmaṇaḥ, kṣipram-a-kriyamāṇasya kālaḥ pibati tat rasam.* * The act of receiving, the act of giving and the act that ought to be done (must be done as early as possible); the time takes away the sweetness from the things put off.

(54) अयम् निज: पर: वा इति गणना लघु-चेतसाम्। उदार-चरितानाम् तु वसुधा एव कुटुम्बकम्।। *ayaṁ nijaḥ paraḥ vā iti gaṇanā laghu-ćetasām, udāra-ćaritānāṁ tu vasudhā eva kuṭumbakam.* * 'This person belongs to us and this one does not,' is the outlook of those with a small heart; for the whole hearted ones, the whole world is one family.

(55) दक्षिणे लक्ष्मणः यस्य वामे तु जनक–आत्मजा। पुरतः मारुतिः यस्य तम् वन्दे रघु–नन्दनम्।। *dakṣiṇe lakṣmaṇaḥ yasya vāme tu janaka-ātmajā, purataḥ mārutiḥ yasya taṁ vande raghu-nandanam.* * On whose right side is Lakṣamaṇa, on the left side is King Janaka's daughter (Sītā) and in front is Māruti, to that Son-of-Raghu (Lord Rāma) I salute.

(56) मातृ–वत् पर–दारेषु पर–द्रव्येषु लोष्ट–वत्। आत्म–वत् सर्व–भूतेषु यः पश्यति सः पण्डितः। *mātṛ-vat para-dāreṣu para-dravyeṣu loṣṭa-vat, ātma-vat sarva-bhūteṣu yaḥ paśyati saḥ paṇḍitaḥ.* * He who looks upon others' women as his mothers, others' wealth equal to a piece of stone and other beings as his own self, is a wise person.

(57) कर्मणि एव अधिकारः ते मा फलेषु कदाचन।। *karmaṇi eva adhikāraḥ te, mā phaleṣu kadāćana.* * Your duty is only to do what ought to be done, and not to desire the fruit there of.

(58) दुःखेषु अनुद्विग्न–मनाः सुखेषु विगत–स्पृहः वीत–राग–भय–क्रोधः स्थितधीः मुनिः उच्यते।। *duḥkheṣu anudvigna-manāḥ, sukheṣu vigata-spṛhaḥ, vīta-rāga-bhaya-krodhaḥ sthitadhīḥ muniḥ ućyate.* * One who is neither sad in suffering nor has desire for pleasures, and who is away from attachment, fear and anger, that person of steady wisdom, is called a Muni.

(59) रसः अहम् अप्सु कौन्तेय प्रभा अस्मि शशि–सूर्ययोः। प्रणवः सर्व–वेदेषु शब्दः खे पौरुषम् नृषु।। *rasaḥ aham apsu kaunteya! prabhā asmi śaśi-sūryayoḥ, praṇavaḥ sarva-vedeṣu śabdaḥ khe pauruṣaṁ nṛṣu.* * O Arjuna! I am the sapidity of the waters, I am the rediance of the moon and the sun, I am the Om mentioned in all the Vedas, I am the sound in the space and I am the manhood of the men.

(60) पुण्यः गन्धः पृथिव्याम् च तेजः च अस्मि विभावसौ। जीवनम् सर्व–भूतेषु तपः च अस्मि तपस्विषु।। *puṇyaḥ gandhaḥ pṛthivyāṁ ća, tejaḥ ća asmi vibhāvasau, jīvanaṁ sarva-bhūteṣu tapaḥ ća asmi tapasviṣu.* * O Arjuna! I am the pure aroma in the

earth, I am the heat in the fire, I am the life in all living beings and I am the austerity in the ascetics.

(61) तस्मात् सर्वेषु कालेषु योग-युक्तः भव अर्जुन।। *tasmāt sarveṣu kāleṣu, yoga-yuktaḥ bhava arjuna!* * Therefore, O Arjuna, at all times be steadfast in Yoga.

(62) समः शत्रौ च मित्रे च तथा मान-अपमानयोः। शीत-उष्ण-सुख-दुःखेषु समः सङ्ग-विवर्जितः। *samaḥ śatrau ća mitre ća tathā māna-apamānayoḥ, śīta-uṣṇa-sukha-duḥkheṣu samaḥ saṅga-vivarjitaḥ.* * One who is indifferent to a foe and friend, honour and dishonour, cold and warmth, pleasure and pain;

(63) समम् सर्वेषु भूतेषु तिष्ठन्तम् परमेश्वरम्।। *samaṁ sarveṣu bhūteṣu, tiṣṭhantaṁ parameśvaram.* * The Lord, dwelling alike in everything,

(64) धर्मः जयति न अधर्मः सत्यम् जयति न अनृतम्। क्षमा जयति न क्रोधः देवः जयति न असुरः। *dharmaḥ jayati na adharmaḥ, satyaṁ jayati na anṛtam, kṣamā jayati na krodhaḥ, devaḥ jayati na asuraḥ.* * The right always wins, not the unrighteousness, The truth always wins, not the false, forgiveness always wins not the anger, God always wins not a demon.

(65) कुर्यात्, क्रियेत, कर्तव्यम्, भवेत्, स्यात् इति पञ्चमम्। एतत् स्यात् सर्व-वेदेषु नियतम् विधि-लक्षणम्।। *kuryāt kriyet kartavyam, bhavet syāt iti pañćamam, etat syāt sarva-vedeṣu niyataṁ vidhi-lakṣaṇam.* * Should do, Should be done, ought to be done, should become and the fifth, may be - this is fixed in all Vedas as the sign of the Potential Mood.

(66) गते शोकः न कर्तव्यः भविष्यम् न चिन्तयेत्। वर्तमानेन कालेन प्रवर्तन्ते विचक्षणाः। *gate śokaḥ na kartavyaḥ, bhaviṣyaṁ na ćintayet, vartamānena kālena, pravartante vićakṣaṇāḥ.* * The thing that has passed ought not to be grieved upon, the wise people act with the present time.

(67) लालयेत् पञ्च-वर्षाणि दश-वर्षाणि ताडयेत्। प्राप्ते तु षोडशे वर्षे पुत्रम् मित्र-वत् आचरेत्।।

lālayet pañća-varṣāṇi, daśa-varṣāṇi tāḍayet, prāpte tu ṣoḍaśe varṣe putraṁ mitra-vat āćaret. * Up to five years a son may be cuddled, up to ten he may be punished, at sixteen he should be treated like a friend.

(68) दृष्टि-पूतम् न्यसेत् पादम् वस्त्र-पूतम् पिबेत् जलम्। सत्य-पूताम् वदेत् वाचम् मनः पूतम् समाचरेत्।। *dṛṣṭi-pūtaṁ nyaset pādam, vastra-pūtaṁ pibet jalam, satya-pūtāṁ vadet vāćam, manaḥ-pūtaṁ samāćaret.* * One should set foot where eyes can see clearly, one should drink water that is filtered (with cloth), one should speak that which is purified with truth and one should act with a clean mind.

(69) सर्वे भवन्तु सुखिनः सर्वे सन्तु निरामयाः सर्वे भद्राणि पश्यन्तु मा कश्चित् दुःख-भाग् भवेत्।। *sarve bhavantu sukhinaḥ, sarve santu nirāmayaḥ, sarve bhadrāṇi paśyantu, mā kaśćit duḥkha-bhāg bhavet.* * May all be happy; may all be healthy; may all see well; no one may face sorrow.

(70) सद्भिः एव सहासीत सद्भिः कुर्वीत सङ्गतीम्। सद्भिः विवादम् मैत्रीम् च न असद्भिः किंचित् आचरेत्।। *sadbhiḥ eva sahāsīta, sadbhiḥ kurvīta saṅgatīm, sadbhiḥ vivādaṁ maitrīṁ ća, na a-sadbhiḥ kiñćit āćaret.* * One should stay with good people, with good people one should keep compaany, with good people one should argue and do friendship, one should not associate even briefly with bad people.

(71) यदि माम् अ-प्रतीकारम् अ-शस्त्रम् शस्त्र-पाणयः। धार्तराष्ट्राः रणे हन्युः तत् मे क्षेम-तरम् भवेत्।। *yadi mām a-pratikāram, a-śastraṁ śastra-pāṇayaḥ, dhārtarāṣṭrāḥ raṇe hanyuḥ, tat me kṣema-taraṁ bhavet.* * Even if the weapon bearing sons of Dhṛtarāṣṭra were to kill me, unresisting and unarmed in the battle, it would be better for me.

(72) सुखार्थी वा त्यजेत् विद्याम् विद्यार्थी वा त्यजेत् सुखम्। सुखार्थिनः कुतः विद्या विद्यार्थिनः कुतः सुखम्।। *sukhārthī vā tyajet vidyāṁ vidyārthī vā tyajet sukham, sukhārthinaḥ kutaḥ vidyā vidyārthinaḥ kutaḥ sukham?* * The pleasure loving people should give up learning, the learner should give up the pleasures; Where will merry

makers earn knowledge? Where is the merry making for the learners?

(73) प्रथमे न अर्जिता विद्या द्वितीये न अर्जित: अर्थ: (अर्जितम् धनम्)। तृतीये न अर्जितम् पुण्यम् चतुर्थे किम् करिष्यति।। *prathame na arjitā vidyā, dvitīye na (arjitaḥ arthaḥ arjitaṁ dhanam), tṛtīye na arjitaṁ puṇyam, ćaturthe kiṁ kariṣyati?* * If one has not earned education in the first (quarter of life), wealth in the second quarter, goodness in the third quarter, what will he do in the fourth quarter?

(74) लोक हितम् मम करणीयम्। मनसा सततम् स्मरणीयम्। वचसा सततम् वदनीयम्। न भोग-भवने रमणीयम्। न च सुख-शयने शयनीयम्। अहर्निशम् जागरणीयम्। न जातु दु:खम् गणनीयम्। न च निज-सौख्यम् मननीयम्। कार्य-क्षेत्रे त्वरणीयम्। दु:ख-सागरे तरणीयम्। विपत्ति-विपिने भ्रमणीयम्। लोक-हितम् मम करणीयम्।। *loka hitaṁ mama karaṇīyaṁ manasā satataṁ smaraṇīyam; vaćasā satataṁ vadanīyaṁ na bhoga-bhavane ramaṇīyam; na ća sukha-śayane śayanīyam aharniśaṁ jāgaraṇīyam; na jātu duḥkhaṁ gaṇanīyaṁ na ća nija-saukhyaṁ mananīyam; kārya-kṣetre tvaraṇīyaṁ duḥkha-sāgare taranīyam; vipatti-vipine bhramaṇīyaṁ loka-hitaṁ mama karaṇīyam.* * I must do good for people; I must memember not to relax in the pleasures, not to indulde in enjoyments, not to think of my own good, to be quick in my duty, to cross over the ocean of pains, to pass through the jungle of challenges, I must do good for people.

(75) सदृशम् त्रिषु लिङ्गेषु सर्वासु च विभक्तिषु । वचनेषु च सर्वेषु यत् न व्येति तत् अव्ययम् ।। *sadṛśaṁ triṣu liṅgeṣu sarvāsu ća vibhaktiṣu, vaćaneṣu ća sarveṣu yat na vyeti tat avyayam.* * That, which is same in three genders and same all cases and that which dees not change in all three numbers, is an 'indeclinable' word.

(76) एवम् उक्त्वा अर्जुन: संख्ये रथ-उपस्थे उपाविशत्। विसृज्य स-शरम् चापम् शोक-संविग्न-मानस:। *evam uktvā arjunaḥ saṅkhye ratha-upasthe upāviśat, visṛjya sa-śaraṁ ćāpaṁ śoka-saṁvigna-mānasaḥ.* * Having spoken thus on the battlefield and

having kept away his bow and arrow, Arjuna, distressed with sorrow, sat in the middle part of the chariot.

(77) सिद्धि-असिद्ध्योः समः भूत्वा समत्वम् योग उच्यते।। *siddhi-asiddhyoḥ samaḥ bhūtvā samatvaṁ yoga ućyate.* * Being even, the evenness of mind in the success and failure, is known as Yoga.

(78) योगिनः कर्म कुर्वन्ति सङ्गम् त्यक्त्वा आत्म-शुद्धये।। *yoginaḥ karma kurvanti saṅgaṁ tyaktvā ātma-viśuddaye.* * The devotees of Karmayoga perform action, having renounced attachment, for the purification of the heart.

(79) श्रोतुम् कर्णौ वक्तुम् अस्यम् सु-हास्यम् घ्रातुम् घ्राणम् पाद-युग्मम् विहर्तुम्। द्रष्टुम् नेत्रे हस्त-युग्मम् च दातुम् ध्यातुम् चित्तम् येन सृष्टम् सः पातु।। *śrotuṁ karṇau vaktum asyaṁ su-hāsyaṁ ghrātuṁ ghrānaṁ pāda-yugmaṁ vihartum, draṣṭuṁ netre hasta-yugmaṁ ća dātuṁ dhyātuṁ ćittaṁ yena sṛṣṭaṁ sa pātu.* * He who has given two ears for hearing, mouth for speaking and smiling, nose for smelling, two feet for walking, two eyes for seeing, two hands for giving and mind for meditation, may he protect us.

(80) न कश्चित् अपि जानाति, किम् कस्य श्वः भविष्यति। अतः श्वः करणीयानि कुर्यात् अद्य एव बुद्धिमान्।। *na kaśćit api jānāti kiṁ kasya śvaḥ bhavati, ataḥ śvaḥ karaṇīyāni kuryāt adya eva buddhimān.* * Nobody knows what will happen to who tomorrow, therefore, a wise person should do it today what is to be done tomorrow.

(81) दिवा पश्यति न उलुकः काकः नक्तम् न पश्यति। विद्या-विहीनः मूढः तु, दिवा नक्तम् न पश्यति।। *divā paśyati na ulukaḥ, kākaḥ naktaṁ na paśyati, vidyā-vihīnaḥ mūḍhaḥ tu, divā naktaṁ na paśyati.* * The bat can not see in the day time, a crow can not see in the night time, but the uneducated fool does not see in the day as well as in the night.

(82) यथा पर-उपकारेषु नित्यम् जागर्ति सज्जनः। तथा पर-अपकारेषु नित्यम् जागर्ति दुर्जनः।। *yathā para-upakāreṣu nityaṁ jāgarti sajjanaḥ, tathā para-apakāreṣu nityaṁ jāgarti durjanaḥ.* * As a virtuous person is alert all the time to help others, so is a bad person busy all the time to cause harm to others.

(83) यथा देशः तथा भाषा यथा राजा तथा प्रजा। यथा भूमिः तथा तोयम्, यथा बीजम् तथा अंकुरः।। *yathā deśaḥ tathā bhāṣā, yathā rājā tathā prajā, yathā bhūmiḥ tathā toyam, yathā bījaṁ tathā aṅkuraḥ.* * As is a country so is its language, as is the king so are his subjects, as is the land so is its water, as is the seed so is its seedling.

(84) स्वभावः न उपदेशेन शक्यते कर्तुम् अन्यथा। सु-तप्तम् अपि पानीयम् पुनर् गच्छति शीतताम्।। *sva-bhāvaḥ na upadeśena śakyate kartum anyathā, su-taptam api pānīyaṁ punar-gaććhati śītatām.* * It is not possible to alter somebody's nature by advice, as a drink even boiled long enough, cooles off again.

(85) क्षणशः कणशः च एव, विद्याम् अर्थम् च साधयेत्। क्षण-त्यागे कुतः विद्या, कण-त्यागे कुतः धनम्?।। *kṣaṇaśaḥ kaṇaśaḥ ća eva, vidyām arthaṁ ća sādhayet, kṣaṇa-tyage kutaḥ vidyā, kaṇa-tyāge kutaḥ dhanam?* * Education and wealth are to be earned little by little, how can education be earned by wasting moments and how can wealth be gained by wasting money little by little?

(86) पूर्व-पदार्थ-प्रधानः अव्ययीभावः उत्तर-पदार्थ-प्रधानः तत्पुरुषः। अन्य-पदार्थ-प्रधानः बहुव्रीहिः उभय-पदार्थ-प्रधानः द्वंद्वः। *pūrva-padārtha-pradhānaḥ avyayībhāvaḥ, uttara-padārtha-pradhānaḥ tatpuruṣaḥ, anya-padārthaḥ-pradhānaḥ bahuvrīhiḥ, ubhaya-padārtha-ptadhānaḥ dvandvaḥ.* * Where the first word is dominant, it is avyayī-bhāva samāsa; when the last word is dominant, it is Tatpuruṣa samāsa; when an outside word is dominant, it is Bahuvrīhi samāsa; when both (all) words are dominant, it is Dvandva samāsa.

(101) अ-विचार्य न वक्तव्यम् वक्तव्यम् सु-विचारितम्। किम्-च तत्र-एव वक्तव्यम् यत्र उक्तम् सफलम्

भवेत्।। *a-vićārya na vaktavyam, vaktavyaṁ su-vićāritam, kiṁ-ća tatra-eva vaktavyam, yatra uktaṁ saphalaṁ bhavet.* * One should not speak without thinking, one should speak what is properly thought, one should speak only there where the spoken word may accomplish something.

(102) उपकारः अपि नीचानाम् अपकारः हि जायते। पयः पानम् भुजङ्गानाम् केवलम् विष-वर्धनम्।। *upakāraḥ api nīćānām apakāraḥ hi jāyate, payaḥ-pānaṁ bhujaṅgānāṁ kevalaṁ viṣa-vardhanam.* * A favour done to bad people turns into a loss to yourself, as the milk fed to the snakes only turns into poison.

(103) क्षमा-शस्त्रम् करे यस्य दुर्जनः किम् करिष्यति। अ-तृणे पतितः वह्निः स्वयम् एव उपशाम्यति।। *kśamā-śastraṁ kare yasya, durjanaḥ kiṁ kariṣyati? a-tṛṇe patitaḥ vahniḥ svayam eva upaśāmyati.* * What a bad person can do to him who holds the weapon of forgiveness? The fire fell on a grassless bare ground extinguishes by itself.

(104) यत् अ-शक्यम् न तत् शक्यम् तत् शक्यम् शक्यम् एव यत्। न जले शकटम् याति न च नौः गच्छति स्थले।। *yat a-śakyaṁ na tat śakyam, tata śakyaṁ śakyam eva yat, na jale śakaṭaṁ yāti, na ća nauḥ gaććhati sthale.* * What is impossible is not possible, what is possible that only is possible; neither a cart runs on water nor a boat goes on the ground.

(105) अ-कृत्वा पर-सन्तापम् अ-गत्वा खल-मन्दिरम्। अनुत्सृज्य सताम् वर्त्म यत् स्वल्पम् अपि तत् बहुम्।। *a-kṛtvā para-santāpam, a-gatvā khala-mandiram, anusṛjya satāṁ vartma yat svalpam api tat bahum.* * Not doing that which will hurt others, not visiting the place of a bad person and not leaving the path of righteousness, whatever little is obtained is plenty.

(106) कुसुमम् वर्ण-सम्पन्नम् गन्ध-हीनम् न शोभते। न शोभते क्रिया-हीनम् मधुरम् वचनम् तथा।। *kusumaṁ varṇa-sampannam, gandha hīnaṁ na śobhate, na śobhate kriyā-hīnam, madhuraṁ vaćanaṁ tathā.* * A colourful flower without fragrance has no beauty.

Similarly, an actionless sweet, is no good.

(107) उद्यमेन हि सिध्यन्ति कार्याणि न मनोरथैः। न हि सुप्तस्य सिंहस्य प्रविशन्ति मुखे मृगाः। *udyamena hi sidhyanti, kāryāṇi, na manorathaiḥ, na hi suptasya siṁhasya, praviśanti mukhe mṛgāḥ.* * The things are accomplished by action, not with imagination, because, the animals do not enter in the mouth of the lion that is sleeping.

(108) उद्यमः साहसम् धैर्यम् बुद्धिः शक्तिः पराक्रमः। षड् एते यत्र वर्तन्ते तत्र दैवम् प्रसीदति।। *udyamaḥ sāhasaṁ dhairyam, buddhiḥ śaktiḥ parākramaḥ, ṣad ete yatra vartante, tatra daivaṁ prasīdati.* * Where industriousness, boldness, courage, intelligence, strength and bravery these six exist, there luck stays.

(109) गच्छन् पिपीलिका याति योजनानाम् शतानि अपि। अ-गच्छन् वैनतेयः अपि पदम् एकम् न गच्छति।। *gaćchan pipīlikā yāti, yojanānāṁ śatān api, a-gaćchan vainateyaḥ api, padam ekaṁ na gaćchati.* * A moving ant goes hundreds of miles, non-moving eagle does not advance a foot.

(110) स्व-गृहे पूज्यते मूर्खः स्व-ग्रामे पूज्यते प्रभुः। स्व-देशे पूज्यते राजा विद्वान् सर्वत्र पूज्यते।। *sva-gṛhe pūjyate mūrkhaḥ, sva-grāme pūjyate prabhuḥ, sva-deśe pūjyate rājā, vidvān sarvatra pūjyate.* * A fool is respected in his house, a chief is respected in his town, a king is respected in his country, but the wise is respected everywhere.

(111) सर्प-दुर्जनयोः मध्ये वरम् सर्पः न दुर्जनः। सर्पः दंशति कालेन दुर्जनः तु पदे पदे।। *sarpa-durjanayoḥ madhye, varaṁ sarpaḥ na durjanaḥ, sarpaḥ daṁśati kālena, durjanaḥ tu pade pade.* * Between a snake and a bad person, the snake is better. The snake bites only at times, but the bad person stabs all the time.

(112) रविः चन्द्रः घनाः वृक्षाः नदी गौ च सज्जनाः। एते परोपकाराय भुवि दैवेन निर्मिताः।। *raviḥ ćandraḥ ghanāḥ-vṛkṣāḥ, nadī gau ća sajjanāḥ, ete paropakārāya bhuvi daivena nirmitāḥ.* * Sun, moon, dense trees, river, cow and good men are created on the

earth by God for the benefit of others.

(113) छायाम् अन्यस्य कुर्वन्ति तिष्ठन्ति स्वयम् आतपे। फलानि अपि पर-अर्थाय वृक्षाः सत्-पुरुषाः इव।। *ćhāyām anyasya kurvanti, tiṣṭhanti svayam ātape, phalāni api para-arthāya, vṛkṣāḥ sat-puruṣāḥ ive.* * Trees give shadow to others, while they remain themselves in the heat. Like good men (who themselves remain in distress while helping others), they also give fruits to others.

(114) यः ध्रुवाणि परित्यज्य अ-ध्रुवम् परिसेवते। ध्रुवाणि तस्य नश्यन्ति अ-ध्रुवम् नष्टम् एव च।। *yaḥ dhruvāṇi parityajya, a-dhruvaṁ parisevate, dhruvāṇi tasya naśyanti, a-dhruvaṁ naṣṭam eva ća.* * He who runs after temporary things, leaving aside the lasting one, his lasting as well as temporary things vanish.

(115) यस्मिन् देशे न सन्मानः न वृत्तिः न च बान्धवाः। न च विद्यागमः अपि अस्ति वासम् तत्र न कारयेत्।। *yasmin deśe na sanmānaḥ, na vṛttiḥ na ća bāndhavāḥ, na ća vidyāgamaḥ api asti, vāsaṁ tatra na kārayet.* * Where there is no respect, no business, no brotherly people and no learning, one should not live there.

(116) न देवः विद्यते काष्ठे न पाषाणे न मृन्मये। भावे हि विद्यते देवः तस्मात् भावाः हि कारणम्।। *na devaḥ vidyate kāṣṭhe, na pāṣāṇe na mṛnmaye, bhāve hi vidyate devaḥ, tasmāt bhāvāḥ hi kāraṇam.* * God does not exist in wooden, stone or in the earthern idole. God exists in the faith only. Therefore, the faith therein is the reason (of idole worship).

PRONOUN DERIVATIVES

Pron◦	→ Derivatives
अस्मद्	मदीय, मामक, मामकीन (my, m◦ n◦)
अस्मद्	अमदीय, अस्माक, आस्मामकीन (our, m◦ n◦)
अस्मद्	मदीया, मामिका, मामकीना (my, f◦)
अस्मद्	अमदीया, आस्माकी, आस्मामकीना (our, f◦)
युष्मद्	त्वदीय, तावक, तावकीन (my, m◦ n◦)
युष्मद्	युष्मदीय, यौष्माक, यौष्माकीण (our, m◦ n◦)
युष्मद्	त्वदीया, तावकी, तावकीना (my, fn◦)
युष्मद्	युष्मदीया, यौष्माकी, यौष्माकीणा (our, f◦)
अस्मद्	मादृश्, मादृश, मादृशी (like me, m◦ n◦ f◦)
अस्मद्	अस्मादृश् अस्मादृश, अस्मादृशी (like us, m◦ n◦ f◦)
युष्मद्	त्वादृश्, त्वादृश, त्वादृशी (like you, m◦ n◦ f◦)
युष्मद्	युष्मादृश्, युष्मादृश, युष्मादृशी (like you, m◦ n◦ f◦)

Pron◦	→ Derivatives
तद्	तदीय (His, its, m◦ n◦)
तद्	तदीया (her, f◦)
तद्	तादृश् तादृश तादृशी like it, m◦ n◦ f◦
इदम्	ईदृश् ईदृश ईदृशी like this, m◦ n◦ f◦
एतद्	एतादृश् एतादृश एतादृशी like it m◦ n◦ f◦
यत्	यादृश् यादृश यादृशी like which, m◦ n◦ f◦
किम्	कीदृश् कीदृश कीदृशी like what, mnf◦
भवत्	भवादृश् भवादृश भवादृशी like you mnf◦

ANSWERS TO THE EXERCISES

Uttarāṇi उत्तराणि।

EXERCISE 1 : (1) आ (2) ओ (3) ए

EX∘ 2: (1) र् + आ + म् + अ (2) स् + ई + त् + आ (3) प् + उ + ष्+ प् + अ (4) क् + ऋ + ष् + ण् + अ (5) स् + अं + स् + क् + ऋ + त् + अ (6) म् + अ + न् + अ + स् + अ (7) भ् + आ + न् + उ (8) व् + अ + ध् + ऊ (9) व् + ए + द् + अ (10) व् + ऐ + द् + य् + अ (11) ब् + र् + अ + ह् + म् + आ

EX∘ 3 : 1. क, ब, क 2. ब, व, ब 3. व, क, ब 4. ब, व, क 5. क, व, ब 6. व, ब, क

EX∘ 4 : 1. प, फ 2. फ, ब 3. व, प, क 4. प, ष, ण 5. फ, ष, प 6. ष, प, फ।

EX∘ 5 : 1. म, भ 2. भ, ग 3. म, न 4. क, त, ग 5. व, ष 6. प न

EX∘ 6 : 1. क, च, ण, प 2. ल, म, ज, त 3. भ, फ, ष 4. मन, मनन 5. कण, वन 6. लभ, चल

EX∘ 7: 1 च, ज, ल 2 ञ, ज, च 3 ल, च, ज 4 स, ख, र 5. स, श, ख 6. र, स, श 7. ćа, ja, ña, la 8. ra, sa, kha, śa. 9. *ćala* (moving), *jala* (water), *jana* (person) 10. *kalaśa* (pot), *ćaraṇa* (foot), *rasa* (juice), *śara* (summary), *sama* (equal), *phala* (fruit), *kamala* (lotus), *sarala* (straight), *bharata* (Bharat) 11. *ćaṇaka* (chikc pea), *ćarama* (extreme), *samara* (battle), *tana* (body), *mana* (mind), *kaṇa* (particle), *parama* (supreme), *ćapala* (quick), *pata* (fall), *nara* (man) 12. *nabha* (sky), *naraka* (hell), *jala* (water), *khala* (enemy), *śara* (summary), *para* (other), *sama* (equal), *ćala* (moving), *śaraṇa* (surrender), *sabala* (powerful).

EX∘ 8 : 1. च, ग, छ 2. न, च, म, छ 3. भ, च, घ 4. gha, dha, na, ga 5. ćha, ća, bha, ta 6. ma, ćha, bha, ća

7. *naga* (mountain), *ghana* (dense), *dhana* (wealth) 8. *tana* (body), *manana* (contemplation), *gata* (gone) 9. *mama* (my), *vaćana* (speech), *kanaka* (gold) 10. *ćhala* (cunning), *vadha* (murder), *dhavala* (white), *maraṇa* (death), *vamana* (vomit), *khara* (donkey), *bala* (strength), *pala* (moment), *phala* (fruit), *mala* (dirt)

EX◦ 9 : (A) 1. छ, घ, ध 2. ध, घ 4. कष, ज्ञ 5. घ, ज्ञ, य, थ 6. ज्ञ, ध, थ, घ

(B) 4. क्षय (decline), शर (arrow), यक्ष (a demon) 5. यज्ञ (a sacrifice), रथ (chariot), धन (wealth) 6. घन (dense), यम (control), क्षर (perishable) 7. तन (body) मय (full of) धन (wealth), वध (slaughter), जय (victory), लय (decline), यजन (performing yajña), छल (cheating), सधन (wealthy), घन (thick), सम (equal), शरण (surrendered); 8. भय (fear), शयन (sleep), रण (war), रक्षण (protection), कक्ष (room), क्षण (moment), पक्ष (wing), लभ (obtaining), तरल (liquid), सरल (simple), गरल (poison) 9. चल (movable), मत (opinion), यज्ञ (a sacrifice), भक्षण (eating), कर (hand), वर (better), धर (holding), भर (filling), खर (donkey), चर (moving), नर (man), हर (Shiva), शर (arrow) 10. भक्ष (food), यक्ष (a demon), रक्ष (protect), तक्षक (snake), तज्ञ (expert), कक्ष (room), यम (lord of death), शम (control), क्षण (moment), रक्षण (protection), सज्ञ (educated), यज्ञ (sacrifice), कक्ष (room), पक्ष (wing), भक्ष (food), लक्ष (aim), वक्ष (bosom), रक्षक (protector), भक्षक (eater), सयज्ञ (yajña performer)।

EX◦ 10 : 1. ठ, ट, ड, ह 2. ड, ट, ठ 3. ङ, ड, ठ 4. ढ, ड, झ 5. द, ढ, झ 6. ट, ठ, ड, ढ 7. दल (army), दम (conrol), लभ (attainment), जनन (reproduction) 8. डयन (flying), रम (entertain), बक (stork), झष (fish), हत (defeated), कर (hand), तमस (darkness), तल (bottom), दम (control), शम (quietning), पवन (wind), हर (Shiva) 9. झष (fish), वर (better), नर (man), मद (intoxication), पट (cloth), पटल (layer),

पद (foot), बल (power), वन (jungle), सतत (always), खग (bird), चल (moving) 10. भव (earthy), मन (mind), बक (stork), भज (worship), वश (win), लक्ष (aim), लक्षण (sign), घन (thick), धन (wealth), वरण (choosing), हय (horse)।

EX॰ 11 : (4) अक्ष (eye) आगम (scripture) आगार (storehouse) (5) ओघ (flow) ओज (power) (6) औदक (watery) औक्ष (ox)

EX॰ 12 : 1. अ, आ 2. इ, ई 3. आ, आ. 4. अ, ई 5. आ, ई 7. i, ī, *īraṇa* (going), *iha* (here), *īḍa* (praise), *īśaḥ* (god), *īkṣaka* (exhibitor), *itara* (other), *ikṣava* (sugarcane), *īkṣaṇa* (eye), *iva* (as if, like).

EX ॰13 : (2). उक्षण (spraying), उदर(stomach) 3. उप (subordinate), उपग (follower) कृपा (mercy) 4. उपपद (subordinate term), अवकर (garbage, dirt) 5. उपमान (similar), उपल (stone) 6. ऊत (stiched), ऊषक (morning)

EX॰ 14 : 1. एक (one) एकतर (one in two) एषण (desire) ऐक्षव (sugar) ऐरावत (Indra's elephant) ऐल (Iḍā's son) एतद् (this) एकादश (elevan) ऐरावण (Indra's elephent) ऐश (godly)

EX॰ 15 : 1. जयी (victor), जयति (he wins), जिगीषा(enquiry) 2. जिगीषु (desirous), कति (how many) 3. शृणु (please listen), कृपा (mercy) 4. दीप (lamp) हृदयं (heart), पूत (purified) पूति (rotten) 5. पूजक (worshipper), पूजन (worship) 6. दृति (rush), दृढ (firm) 7. ज्ञानी (wise), महा (great), अहङ्कार (ego) सुख (pleasure), दुःख (pain), दृश् (to see), दूषण (polution), वृथा (false), पृथा (Kuntī), पृथिवी (earth) 8. ज्ञानयोग (yoga of knowledge) महाभारतीय (of mahabharata) संशय (doubt) नील (blue) पौराणिक (of Puranas), भिक्षु (begger) पितृणाम (of forefathers), गुरु (teacher), रूप (form), तरु (tree), तरुण (youth), करुण (kind)

EX॰ 23 : 1. युक्तम् 2. दशरथ 3. रामः 4. नियोजयामि 5. वयम्

EX॰ 25 : 1. भज 2. नामानि 3. समस्त 4. गोकुलेश 5. नाथ 6. गोविन्द।

EX॰ 27 : (1) पाण्डवा: (2) दक्षिणम् (3) दूरे।

EX॰ 29 : (1) मधुसूदन: (2) विषमे (3) त्यक्त्वा।

EX॰ 37 : (A) 1. We are 2. She is 3. They are 4. You are 5. You are 6. They are. (B) 1. आवाम् स्व: 2. ता: सन्ति 3. एतत् अस्ति 4. ते स्त: 5. सा अस्ति 6. तानि सन्ति 7. राम: अस्ति 8. सीता अस्ति 9. बालका: सन्ति 10. बालिका: सन्ति।

EX॰ 38 : A - (1) एक: बालक:। एका बालिका। एकं गृहम्। (2) चत्वार: बालका:। चतस्त्र: बालिका:। चत्वारि गृहाणि। (3) स: एक: नर: अस्ति। सा एका स्त्री अस्ति। तद् एकं गृहम् अस्ति। (4) तानि पुस्तकानि सन्ति। ता: बालिका: सन्ति। ते बालका: सन्ति।

B - (1) I am a man. (2) We are ladies. (3) We are four ladies. (4) Four houses. (5) There are four poems. (6) One boy. One girl. One book. (7) Four boys. Four girls. Four books. (8) He is a man. She isa woman. That is a house. (9) Those are books. They are ladies. They are boys.

EX॰ 40 : (A) (1) बालक:। बालिका। नर:। स्त्री (2) पुस्तकम्। गृहम्। गीतम्। (3) लता। नदी। भा।

B - (1) एक: बालक: द्वे बाले त्रीणि च गृहाणि। (2) नव नद्य:। नव सरिता:। एका नदी। द्वे नद्यौ। (3) पञ्च पुष्पाणि षट् शिला: सप्त च पर्वता:।

EX॰ 41 : (1) तद् पुस्तकम्। का बाला। (2) कस्य (कस्या:) गृहम्? (3) किं कारणं (4) स: अस्ति। सा अस्ति। तत् (तद्) अस्ति। (5) भवान् अस्ति or भवती अस्ति। (6) ते (ता:) के (का:) सन्ति?

EX॰ 42 : (1) अहम आगच्छामि। स: आगच्छति। (2) सा पठति। (3) ते वदन्ति। ता: वदन्ति। (4) सा लिखति। (5) त्वं पिबसि भवान् पिबति। यूयम् पिबथ भवन्त: पिनन्ति। (6) वयं खादाम:।

EX॰ 43 : (1) चेतन:-जन्तु:-जीव: प्राणी-पशु: धेनु:-गौ: कुक्कुर:-भषक:-शुनक:-श्वान: (2) बिडाल:-मार्जार: उन्दरु:-मूषक: अश्व:-तुरङ्ग:-हय: (3) कुञ्जर:-गज:-सिंह:-केसरी; कपि:-मर्कट:-वानर: (4) वराह:-शूकर: मृग:- हरिण: झष:-मत्स्य-मीन:

EX॰ 45 : A - (1) √क्षिप्, √स्था, √धाव् (2) √रुद्, उप√विश्, √क्षल्

B - (1) Sītā read; Rāma was; Bharata saw; (2) Rāma, Bharata and Sītā saw (3) We are throwing stones, we throw stones; He is threw a stone (4) I salute Kṛṣṇa, I salute Rāma, I salute Sītā (5) The dog, cat and mouse stood; They (f◦) stand up, they are standing up. (6) The cow, goat and horse ran (7) Men and ladies laughed. The child cried, the boy cried.

EX◦ 47 : (A) (1) हंस: मत्सं खादिष्यति। (2) क्रौञ्च: बक:-सारस: जलं पास्यति। (3) कुक्कुटय: च कुकुटा: च बीजानि खादन्ति। (4) भूजन्तव: भूमिम् खनिष्यन्ति।

EX◦ 48 : (1) Tomorrow (3) श्व:। (2) Day before yesterday (7) परह्य:। (3) When (8) यदा। (4) Today (1) अद्य। (5) Dayafter tomorrow (6) परश्व:। (6) Yesterday (2) ह्य:। (7) Then (4) तदा। (8) When? (5) कदा?

EX◦ 49 : (1) अहं फलं खादामि। (2) त्वं मयूरं पश्यसि। (3) स: पत्रम् अलिखत्। (4) सा भविष्यति। भवती भविष्यति। (5) ते-ता: दूग्धम् आनिष्यन्ति। (6) अहं संस्कृतं पठामि। (7) राम: पुस्तकं पठति। (8) व्याघ्र: अजं खादिष्यति। (9) खगा: नीडं रचियिष्यन्ति। (10) अश्व: अधावत्। (11) वयम् अधावाम। (12) अहं संस्कृतं जानामि। (13) ते-ता: अखादन्। (14) कपय: फलानि खादन्ति। (15) फलं वृक्षात् पतति। (16) पर्णं लताया:पतति। (17) स: बालक: अस्ति। (18) सा गृहं गमिष्यति।

EX◦ 50 : (1) It happens. एतत् घटते। (2) It looks good. एतत् शोभते। (3) She attains. सा लभते। (4) He jumps स: कूर्दते। (5) I desire अहं कामये। (6) He bargains. स: पणते।

EX◦ 51 : (1) Intr. (2) Tr. (3) Intr. (4) Intr. (5) Tr. (6) Tr. (7) Intr. (8) Tr. (9) Intr.

EX◦ 52 : (1) I अहम् (2) She सा (3) Cow गौ: (4) Dog कुकुर: (5) One parrot एक: शुक: (6) शोक: शोक: शोक: शोकसम: रिपु: (7) वृक्षाग्रवासी, पक्षिराज: त्रिनेत्रधारी, शूलपाणि: जटाभिर्युक्त: सिद्धयोगी, बिभ्रत्, घट: मेघ:

EX◦ 53 : A - (1) पाकशालाम्; ओदनम्-भक्तम्-तण्डुलम्। रोटिकाम्-रोटीम्-पूपिकाम्-पोलिकाम्-अभ्यूषम् (2) तैलम्, नवनीतम्, लवणम् (3) लवङ्गम्, जीरकम्, कफघ्नीम्।

B. (1) Rice; Wheat; Chick-peas (2) Corn, Oil, Clarified Butter (3) Buttermilk, Yogrut, salt (4) Cumin seeds, Cardamon, Cloves.

EX◦ 54 : (1) राम: - सिंहम् (2) सा - शुकम् (3) गौ: - दुग्धम् (4) अश्व: - घासम् (5) सर्प: -

मूषकम् (6) n॰ शीलम् – परम् भूषणम् (7) अहिम् नृपम् शार्दूलम् किटिम् बालकम् परश्वानम् मूर्खम् सप्त सुप्तान् (8) चौरहार्यम् राजहार्यम् भ्रातृभाज्यम् भारकारि विद्याधनम् सर्वधनप्रधानम् (9) कार्यहन्तारम् प्रियवादिनम् तादृशम् मित्रम् विषकुम्भम् पयोमुखम्

EX॰ 55 : (1) शाकः–शाकम्; आलुः–गोलालुः; पलाण्डुः–सुकन्दकः (2) आर्द्रकम्; लशुनम्; रक्ताङ्गः (3) उर्वारु–कर्कटी–चर्मटिका; पालकी; मरीचम्।

EX॰ 56 : (1) अहं हस्तेन कन्दुकम् (2) सः तेन–सह क्रीडनकम् (3) सा कारयानेन (4) वयं त्वया–सह (5) ते दुग्धेन–सह ओदनम् (6) चक्षुषा मनसा वाचा कर्मणा। यः, लोकम्, तम्, लोकः।

EX॰ 57 : (1) सूचिकया (2) कर्तरीकया (3) कुकुरेण सह (4) विद्यया (5) अक्ष्णा पादेन (6) धर्मेण–हीनः पशुना

EX॰ 58 : (1) चमसः नौः कासारः (2) रात्रिः कलपः–घटः–कुम्भः छुरिका (3) कर्तरिका–कर्तरी; सूचिः–सूचिका–सेवनी; आदर्शः–दर्पणः–मुकुरः (4) फेनिलः मार्जनवस्त्रं; पर्यङ्कम्–शय्या (5) मञ्चः–फलकः पत्रकम्; विद्या।

EX॰ 59 : (1) तस्मै (2) मे (3) अर्जुनाय (4) बालाय (5) अग्नये (6) विवादाय मदाय परिपीडनाय ज्ञानाय दानाय रक्षणाय (7) रामाय रामभद्राय रामचन्द्राय वेधसे रघुनाथाय नाथाय सीतायाः पतये।

EX॰ 60 : (1) पेटिकायाः। (2) गृहात् (3) कस्मात्–कुतः। (4) इतः–अत्रतः। (5) प्रजाभ्यः (6) पुष्पेभ्यः। (7) हिमालयात् (8) ज्ञानात्– विना। (9) विनयात् पात्रत्वात् धनात् ततः।

EX॰ 62 : (1) स्वस्य (2) सीतायाः (3) माम् (4) भारतस्य (5) भारतस्य (6) श्रीलङ्कायाः (7) नरस्य रूपस्य गुणस्य ज्ञानस्य (8) यस्य नेत्राभ्यां विहीनस्य (9) आदानस्य प्रदानस्य कर्तव्यस्य कर्मणः क्षिप्रक्रियमाणस्य (10) लघुचेतसाम् उदारचरितानाम्

EX॰ 63 : (1) कुलं–वंश–परिवारः मित्रं–बन्धुः–सुहृद्–सखा–सखी; पिता–जनकः तातः (2) माता–जननी–अम्बा; पुत्री–कन्या–सुता–तनया–आत्मजा; भ्राता–सहोदरः सोदरः (3) भगिनी–स्वसा; पत्नी–भार्या–जाया–वधूः–दारा–स्त्री; पुत्रः।

EX॰ 64 : (1) पुस्तके, पुस्तकेषु (2) मालायाम्, मालासु (3) नदीषु (4) कर्मणि, कर्मसु (5) भर्तृषु (6) परदारेषु परद्रव्येषु सर्वभूतेषु (7) कर्मणि फलेषु (8) दुःखेषु सुखेषु (9) अप्सु (शशिसूर्ययोः – षष्ठी) सर्ववेदेषु खे नृषु (10) पृथिव्याम् विभावसौ सर्वभूतेषु तपस्विषु (11) सर्वेषु कालेषु (12) शत्रौ मित्रे मानापमानयोः शीतोष्णसुखदुःखेषु (13) सर्वेषु भूतेषु।

EX◦ 65 : (1) चिरं–वसनम्–वस्त्रम्–वासः चोलः निचुलः युतकम्; (2) उपानह्–पादत्राणं–पादुका; शाटी–शाटिका (3) स्तरणम्, प्रस्तारणं; आस्तारणम्।

EX◦ 66 : (1) खादामि। (2) पठन्ति (3) गायामः (4) अभिलिख्यते (5) खाद्यते (6) गीयते (7) दृश्यते (8) दृश्यते।

EX◦ 67 : (1) द्वारम् अपावृतं नास्ति। (2) अहं तेन सह कर्म न करिष्यामि। (3) कृपया तस्मिन् कक्षे मा उपविशतु। (4) एष तव व्यापारः नास्ति। (5) तव उपदेशः अधिकः अवश्यकः नास्ति।

EX◦ 68 : (1) कः? का? (2) किं कारणम्? (3) किम्? (4) कदा? (5) कथम्? (6) कुत्र? (7) कम्? काम्? (8) कियतं कालम्? (9) कियत्? (10) कति?

EX◦ 69: (1) आगच्छ, आगच्छतु (2) लिख, लिखतु (3) उपविशतु (4) कुरु, करोतु (5) गृह्यस्व (6) भव, भवतु (7) खादानि? (8) पृच्छानि? (9) गच्छाम?

EX◦ 70 : (1) कुरुत (2) कुरुत (3) आगच्छेयुः (4) गच्छेम

EX◦ 72 : A-1 द्वौ 2 पीतानि 3 उष्णं 4 नूतनं 5 सुन्दराणि B- 1. रक्तं 2. नूतनानि 3. चतुरः 4. सत्यं 5. विशाला

EX◦ 73 : (A) 1. क्षुद्रतर 2. दृढतर, ह्रस्वतर 3. स्थिरतर (B) 1. क्षुद्रतम 2. दूरतम 3. दीर्घतम, महत्तम, विद्वत्तम।

EX◦ 74 : 1 खादितम् भूतम् भक्षितम् 2. पठितः रक्षितः श्रुतम् पतिताः 3. दृष्टा कृतम् कृतानि 4. पृष्टः नीता नीतः

EX◦ 75 : (1) गच्छत्, भवत्, भक्षितवन्तः (2) पठत्, श्रुण्वत्, (3) पश्यत्, कुर्वत् (4) पृष्टत्, नयत्, नीतवन्तः।

EX◦ 76: 1. खादित्वा 2. उक्त्वा 3. विक्रीय, क्रित्वा 4. प्रष्टुम् 5. स्मृत्वा 6. प्राप्य 7. छेत्तुम् 8. स्मर्तुम् 9. ज्ञातुम्

EX◦ 77 : (1) किं कारणम् (2) कथम् (3) स्पष्टम् (4) अतीव (5) अलम्

EX◦ 78 : (1) यथा तथा यथा तथा यथा तथा यथा तथा (2) अन्यथा अपि (3) क्षणशः कणशः एव कुतः कुतः।

EX◦ 79 : (1) आम्राणि एवं (2) पत्रं वर्तिकां च। (3) क्रीणाति च विक्रीणाति च। (4) लेखनीं तथैव पत्रकम् (5) अथवा (6) बसयानेन कारयानेन वा। (7) न च अभद्रं न वा भद्रम्। (8) यत् (9)

अन्यथा क्षुधितः तिष्ठतु। (10) अन्यथा। (11) परन्तु (12) परम् (13) तथापि। (14) यद्यपि सः याचितवान्। (15) यद्यपि सः (16) येन (17) यावत् – तावत् (18) कूर्मः इव (19) यतः (20) यतः अहं (21) यदा (22) तत्र – यत्र (23) यावत् – तावत्, तत्र एव (24) यदा यदा (25) यत्र यत्र (26) तस्मात्।

EX◦ 80 : (1) अति, अधि, अनु, अनु। (2) अन्तर्, अप, उप, अप, उप। (3) अपि, अभि, अभि, अव। (4) अव, अव, आ, आ, उद्, उत्। (5) उद्, उप, उप, दुर्. दुस्। (6) नि, निस्, निर्। (7) परा, प्रति, प्रति। (8) वि, वि, वि। (9) सम्, सम्, सु, सु।

EX◦ 81: सु, प्र, सम्, वि, आ, उद्, आ, अप, सम्, प्र, अनु, परा, प्र, प्र, दुस्, वि, उत्, अभि, उत्, उत्, अ, अ, वि, अ, प्रति, उप, अति, अति, आ, दुर्, दुर्, दुर्, दुस्, परि, परि, वि, वि, वि, वि, आ, अ, आ, अ, सम्, अनु, प्रति, प्रति, उप, प्र, अव, वि, वि, परि, अनु, उप, वि।

EX◦ 83: 1. अधुना सा कथम् अस्ति 2. तस्य नामधेयं किम् 3. कृपया आस्यताम् 4. अहं कृतज्ञः उपकृतः अस्मि 5. साफल्याय हार्दिकाः शुभेच्छाः 6. आरोग्यं शीघ्रं भूयात् 7. कोलाहलं मा कुरु 8. तूष्णीं तिष्ठ 9. धैर्यं धारयतु 10. सम्यक् चल–चलतु 11. इतः आगच्छतु 12. मां मार्गं दर्शयतु 13. उच्चैः (मन्दम्) मा वदतु 14. कृपया मम हस्तं धरतु 15. त्वं पाठशालां गच्छसि–गच्छति वा 16. कोपं मा कुरु–करोतु 17. मम व्यापारे हस्तक्षेपं मा कुरु–करोतु 18. इदं दुग्धं मा पिबतु 19. तं मा बाधस्व–बाधयताम् 20. विलम्बं मा कुरु–करोतु।

REFERENCES

Apte, Vaman Shivram; *The Practical Sanskrit English Dictionary*; MLBD Pubulishers. Pvt. Ltd, Dehli, 1998.

Kale, M.R.; *A Higher Sanskrit Grammar*; Motilal Banarasidas, Delhi, 1995

Katre, Sumitra M**;** *Astadhyayi of Panini*; MLBD Pubulishers. Pvt. Ltd, Dehli, 1989.

Monir-Williams, Sir Monir; *A Sanskrit-English Dictionary*; Motilal Banarasidass Pvt. Ltd, Dehli, 1993.

Monir-Williams, Sir Monir; *A Practical Grammar of Sanskrit Language*; Oriental Books Reprint Co., New Dehli, 1978

Narale, Ratnakar; *Sanskrit for English Speaking People*; Prabhat Prakashan, New Delhi, 2003

Whitney, William Dwight; *The Roots Verb-forms And Primary Derivatives of the Sanskrit Language*; MLBD, Delhi 1997

Wilson, Prof. H.H.; *An Introduction to the Grammar of Sanskrit Language*; Choukhamba Sanskrit Series XI., Varanasi, 1979

गोयल, डा. प्रीतिप्रभा; संस्कृत व्याकरण, राजस्थानी ग्रन्थागार, जोधपुर, 2000

झा, पं. रामचन्द्र व्याकरणाचार्य; रूपचन्द्रिका; हरिदास संस्कृत ग्रन्थमाला 156; चौखम्बा संस्कृत सीरीज, वाराणसी, सं 2051.

द्विवेदी, पद्मश्री डॉ. आचार्य कपिलदेव; संस्कृत-व्याकरण एवं लघुसिद्धान्तकौमुदी; विश्वविद्यालय प्रकाशन, वाराणसी, 1996.

मिश्र, पं. गोमतीप्रसादशास्त्री; श्री वरदाचार्यकृत लघुसिद्धान्तकौमुदी, चौखम्बा सुरभारती प्रकाशन, वारााणसी, 1999

मिश्र, पं. हरेकान्त; बृहद्धातुकुसुमाकरः; चौखम्बा संस्कृत प्रतिष्टान, दिल्ली, 2003

वैद्य, आचार्य रामशास्त्री; संस्कृत-शिक्षण-सरणी, आर्यसमाज कार्यालय, दिल्ली, 1960

शर्मा, चतुर्वेदी द्वारकाप्रसाद; **झा,** पण्डित तारिणीश; संस्कृत-शब्दार्थ-कौस्तुभ; रामनारायणलाल बेनीप्रसाद; इलाहाबाद 1928

शास्त्री, चक्रधर नौटियाल हंस; बृहद्-अनुवाद-चन्द्रिका; मोतीलाल बनारसीदास; दिल्ली 1999

सातवलेकर, पं. श्रीपाद दामोदर; संस्कृत-पाठ-माला, स्वाध्याय मंडल, पारडी, 1988

सोमयाजी, पं. धन्वाडगोपलकृष्णाचार्य; तिङन्तार्णवतरणि; कृष्णदास संस्कृत सी. 31; कृष्णदास अकादमी, वाराणसी, 1980

www.ingramcontent.com/pod-product-compliance
Lightning Source LLC
Chambersburg PA
CBHW081103080526
44587CB00021B/3424
9781897416594